Harald Christa

Grundwissen Sozio-Marketing

Harald Christa

Grundwissen Sozio-Marketing

Konzeptionelle und
strategische Grundlagen
für soziale Organisationen

VS VERLAG

Bibliografische Information der Deutschen Nationalbibliothek
Die Deutsche Nationalbibliothek verzeichnet diese Publikation in der
Deutschen Nationalbibliografie; detaillierte bibliografische Daten sind im Internet über
<http://dnb.d-nb.de> abrufbar.

1. Auflage 2010

Alle Rechte vorbehalten
© VS Verlag für Sozialwissenschaften | Springer Fachmedien Wiesbaden GmbH 2010

Lektorat: Stefanie Laux

VS Verlag für Sozialwissenschaften ist eine Marke von Springer Fachmedien.
Springer Fachmedien ist Teil der Fachverlagsgruppe Springer Science+Business Media.
www.vs-verlag.de

Umschlaggestaltung: KünkelLopka Medienentwicklung, Heidelberg
Druck und buchbinderische Verarbeitung: Ten Brink, Meppel
Gedruckt auf säurefreiem und chlorfrei gebleichtem Papier

ISBN 978-3-531-17010-7

Inhalt

Einleitung

In den vergangenen zwei Dekaden haben sich einschneidende Veränderungen im Umfeld sozialer Organisationen vollzogen, deren Folgen sich für die betroffenen Institutionen mit verstärktem Wettbewerb, Zwang zu Effizienz- und Effektivitätssteigerung, gestiegenem Druck zu Kundenorientierung und größerer Notwendigkeit zur Legitimation von Leistung umschreiben lassen. Der Gesetzgeber hat in weiten Bereichen der Sozialarbeit, der Pflege, der Rehabilitation und weiteren sozialen Sektoren Rahmenbedingungen etabliert, die vom Management der betroffenen Träger, Einrichtungen und Dienste nunmehr eine marktorientiertere Führung der Organisation einfordern. Soziale Organisationen sind mittlerweile als »sozialwirtschaftliche Unternehmen« aufzufassen, die in »Sozialmärkten« agieren (müssen).

Gleichzeitg sind die finanziellen Spielräume im Sozialstaat enger und die Ansprüche an die Leistungsfähigkeiten für die Akteure höher geworden. Wenn sich diese Trends weiter verschärfen – und wenig spricht dagegen – dürfte die Fähigkeit, auf konkurrenz- und leistungsintensiven Märkten selbstbewusst und nachhaltig handeln zu können, zu den überlebensnotwendigen Tugenden einer jeden Sozialorganisation gehören. Gefordert sind dabei die Leitungskräfte der Institutionen ebenso wie die Mitarbeitenden, denn der Marktdruck kann alle Bereiche, Funktionen und Ebenen einer sozialen Organisation betreffen.

Erfolgreiches Agieren in wettbewerblichen und in Marktkontexten ist das Gebiet des Marketings. Obgleich das Marketing in den einschlägigen betriebswirtschaftlichen Lehrbüchern für soziale Organisationen durchgehend als notwendiger Bestandteil anerkannt ist, wird diesem Feld in der Regel nur wenig Raum gewidmet. Einzelpublikationen sind klein an Zahl, konzentrieren sich auf wenige Teilbranchen des Sozialen und behandeln meist nur einzelne Facetten eines ganzheitlichen Sozio-Marketings. Es fehlte bislang die systematische Darlegung eines umfassenden Rahmens für das Marketing speziell von Trägern, Einrichtungen und Diensten der Wohlfahrtspflege.

Diese Lücke im Publikationswesen soll mit dem vorliegenden Buch geschlossen werden. Schrittweise sollen die Elemente des Marketings für soziale Dienstleister als integratives und strukturierendes Konzept dargestellt werden. Es soll gezeigt werden, dass und wie sich die zentralen Elemente des klassischen Marketings auf den Sektor der Wohlfahrtspflege übertragen lassen. Als Grundlage wurden etablierte Zugänge zu Instrumenten und Strategien des erwerbswirtschaftlichen Marketings gewählt. Diese weisen eine haltbare innere Logik auf und haben sich in Praxis bewährt. Den Besonderheiten sozialer Dienstleistungen sollte jedoch bei der Konstitution eines Sozio-Marketings explizit Rechnung getragen werden.

Inhaltlich war uns wichtig zu verdeutlichen, dass Marketing auch im Sozialsektor weit mehr als Werbung und Öffentlichkeitsarbeit umfasst, dass das Sozio-Marketing für institutionelle Akteure der Wohlfahrtspflege ganz wesentliche strategische Implikationen aufweist, die im Dienste einer zukunftsfähigen Politik von keinem Anbieter in diesem Bereich mehr gänzlich außer Acht gelassen werden können. Strategische Planung und Markterschließung sind in dieser vorliegenden Konzeption ebenso wichtige Teile des Marketings sozialer Organisationen wie die klassischen Instrumente der Leistungs-, Preis-, Distributions- und Kommunikationspolitik.

Die thematischen Schwerpunkte werden in dieser Publikation wie folgt gesetzt:
- Nach der Schilderung von Grundlagen des Sozio-Marketings (Abschnitt A) und dem Aufbau des Sozio-Marketing-Konzepts (Abschnitt B)
- werden Ansätze zur Umfeldanalyse (Abschnitt C) und zur Marktforschung (Abschnitt D) sowie grundlegende marktstrategische Optionen (Abschnitt E) dargestellt.
- Auf dieser Basis werden dann (Abschnitt F) ausführlicher die Aktionsfelder des Marketing-Mix mit der Leistungs-, Preis-, Distributions- und Kommunikationspolitik behandelt.
- Der letzte Teil des Buches widmet sich (Abschnitt G) wichtigen Spezialfeldern des Marketings für soziale Organisationen mit Schwerpunktsetzung auf Fundraising und Personalmarketing sowie (Abschnitt H) wesentlichen Zugängen und Anforderungen an die Weiterentwicklung einer speziellen Sozio-Marketing-Lehre.

Dieses Buch wurde verfasst für Entscheider und Praktiker ebenso wie für Studierende in den Fachbereichen Soziale Arbeit, Pflegemanagement, Rehabilitation sowie Elementar- und Hortpädagogik. Ihnen soll ein betriebswirtschaftlich orientiertes Grundwissen zu den Bestandteilen eines konzeptionell geschlossenen Marketings für soziale Organisationen vermittelt werden.[1] Marketingerfahrene Führungskräfte der Sozialwirtschaft sind eingeladen, das Buch als Impulsgeber und als strukturierende Arbeitshilfe zu lesen, es aber nicht mit Ratgeber-Literatur zu verwechseln. Es gilt für diese sozialwirtschaftliche Publikation die Maßgabe, die bereits Busch/Fuchs/Unger (2008, S. V) in ihrem Lehrbuch zum erwerbswirtschaftlichen Marketing hervorgehoben haben: »Wissenschaft kann niemanden sagen, was getan werden soll. Wissenschaft ist aber dazu in der

---

1 Aus Gründen der leichteren Lesbarkeit wurde überwiegend die männliche Form verwendet.

Lage, zu sagen, welche Möglichkeiten Entscheidungsträger haben; kann also Alternativen aufzeigen«.

Jeder Abschnitt kann im Prinzip unabhängig von den anderen gelesen werden, die Gesamtarchitektur sowie ein systematischer Zusammenhang erschließen sich allerdings erst mit der kompletten Lektüre und bei der Einhaltung der Reihenfolge der Abschnitte. Im Zuge der Befassung mit der Thematik werden die Leser mit jedem Abschnitt mehr die diversen Querverbindungen zwischen den einzelnen Elementen des Sozio-Marketing-Konzepts feststellen. Praktisch alle der im Folgenden zu referierenden Marketing-Bausteine stehen in enger Beziehung zueinander. Redundanzen waren nicht gänzlich zu vermeiden, an einigen Stellen sogar beabsichtigt, um das Verständnis vom Aufbau des Modells und der gegenseitigen Abhängigkeiten der Module zu vertiefen.

An verschiedenen Stellen konnte aufgrund der Intention dieses Buches, Grundwissen zu vermitteln, nicht sehr tief in die Materie eingedrungen werden. Es wurde dann – wo möglich und sinnvoll – auf weiterführende Literatur verwiesen. An einigen wenigen Stellen werden etwas ausführlicher Beispiele aus dem weiten Feld des Sozialsektors angeführt, um Missverständnisse zu vermeiden und bestimmte Kontexte nachvollziehbar zu schildern. Es war angestrebt, eine diesbezüglich akzeptable Balance zu halten. Der Heterogenität und Komplexität der Wohlfahrtspflege, den mannigfaltigen Arbeitsfeldern, Institutionen und Anliegen konnte gleichwohl nur bedingt Rechnung getragen werden. Wenn die folgenden Darlegungen weiter- und tiefergehende Analysen in der Kollegenschaft, bei Studierenden und bei Praktikern provoziert hätten, wäre das sehr erfreulich.

A Grundlagen

Die Vermittlung von Basiswissen zum Marketing für soziale Organisationen soll beginnen mit einer Klärung der Hintergründe, Möglichkeiten und Grenzen der Übertragung dieses originär betriebswirtschaftlichen Handlungsfeldes auf Institutionen der Wohlfahrtspflege.

- Es werden in diesem Abschnitt Grundkenntnisse zum heutigen Verständnis vom Marketing vermittelt. Marketing soll als Denkhaltung und als betriebliches Element der freien Wirtschaft beschrieben werden.
- In einem zweiten Schritt werden die Besonderheiten des »sozialen Sektors« analysiert, welche die Rahmenbedingungen eines Transfers in den Bereich der Wohlfahrtspflege vorgeben und die hieraus abzuleitenden besonderen Perspektiven einer »Sozio-Marketing-Lehre« verdeutlichen.

1 Das moderne Verständnis von Marketing

Das Marketing für soziale Organisationen findet seine Ursprünge in der Absatzwirtschaft als Teil der Betriebswirtschaftslehre für den kommerziellen Sektor. Eine Herleitung der Philosophie und der konkreten Zugänge des Sozio-Marketings soll deshalb über die ursprünglichen erwerbswirtschaftlichen Ansätze erfolgen.

Die Grundgedanken des Marketings sind jedoch kaum nachzuvollziehen ohne eine zumindest kurze Betrachtung der Entwicklung dieser Fachrichtung sowie die wirtschaftlichen Hintergründe, die dazu geführt haben, dass das Marketing heutzutage wesentliche Funktionen im betriebswirtschaftlichen Geschehen einnimmt. Es sollen daher im ersten Teilabschnitt die bedeutenden inhaltlichen Meilensteine dieser Genese in Form einer kurzen Geschichte des Marketings dargelegt werden.

Darüber hinaus ist es angezeigt, die zentralen Perspektiven des modernen Marketings noch einmal gerafft darzustellen, um einen gedanklichen Horizont für die Übertragung des Denkens in Marketing-Kategorien sowie wesentlicher strategischer und instrumenteller Herangehensweisen des Marketings auf Organisationen und Felder der Wohlfahrtspflege zu generieren.

1.1 Eine kurze Geschichte des Marketings

Die Geschichte des Marketings lässt sich in den Industrienationen bis zu den Anfängen des 20. Jahrhunderts zurückverfolgen. Allerdings kann erst mit dem Wandel vom Nachfrage- zum Angebotsüberhang (beziehungsweise vom Verkäufer- zum Käufermarkt) in den fünfziger und verstärkt in den sechziger Jahren dieses letzten Jahrhunderts von einer Entwicklung hin zum modernen Marketingverständnis ausgegangen werden. Vor der wachsenden Angebotsvielfalt, dem aufkommenden Wettbewerb und der Verkaufsorientierung des Marketings stellte sich die Situation für Unternehmen in den USA und in Europa so dar, dass die Nachfrage das Angebot überstieg. Man sprach deshalb von einem »Verkäufermarkt: Alles, was produziert wurde, konnte auch ohne Probleme verkauft werden. Die Ausrichtung betriebswirtschaftlicher Entscheidungen erfolgte deshalb beinahe ausschließlich auf die Produktion und die Materialwirtschaft« (Thommen/Achtleitner 2009, S. 132). Es war für die Wirtschaftsunternehmen mithin lange Zeit nicht notwendig, sich Gedanken zur Wettbewerbsfähigkeit der hergestellten und vertriebenen Produkte und Dienstleistungen zu machen.

Die Unternehmen mussten also erst ab der Mitte des Jahrhunderts etwas tun, um im Zeichen der Konkurrenz um knappe und anspruchsvolle Kunden (also in einem sog. »Käufermarkt«) überleben zu können. Hier soll unsere kurze Geschichte des Marketings beginnen. Erst mit einer spürbaren Zunahme des Wettbewerbs und einem wachsenden Druck auf die Unternehmen, sich an veränderte Nachfragebedarfe anzupassen, wurde für die Verantwortlichen der erwerbswirtschaftlichen Organisationen das marktgerichtete Handeln zu einer wesentlichen Komponente des Erfolgs. Zu dieser (frühen) Zeit herrschte allerdings noch ein vergleichsweise triviales Verständnis von gezielten Marktaktivitäten dergestalt vor, dass Marketing gleichgesetzt wurde mit massenhafter Werbung, manipulativen Techniken des Verkaufs, technischen Fragen des Vertriebs sowie der Preisgestaltung. Wesentliche Weiterentwicklungen erfuhren (zunächst in den USA, mit einigen Jahren Verspätung dann auch im europäischen und deutschsprachigen Raum) schließlich ab den 60er Jahren das Selbstverständnis und die Techniken des Marketings mit diversifizierteren (d.h. preislich und qualitativ vielschichtigeren) Märkten und dem noch weiter internationalisierten Wettbewerb um die Käufer. Verändert hat sich dabei auch die Wahrnehmung von Marketingfunktionen (d.h. Aufgaben und Positionen) innerhalb von betrieblichen Hierarchien: Marketing im Unternehmen wurde schließlich neben Produktion, Organisation, Rechnungswesen und Personalmanagement als gleichwichtige Aufgabe angesehen.

Folgende Entwicklungslinien sind dabei für unser Verständnis von modernen Marketingkonzeptionen wichtig:

- In den sechziger Jahren wurden die Konzepte der werblichen Ansprache der Konsumenten professionalisiert, die kommunikationspolitische Beeinflussung der Kunden stand in dieser Zeit neben Fragen der am Wettbewerb ausgerichteten Preispolitik und der Markenbildung im Mittelpunkt des absatzpolitischen Interesses von Unternehmen. Es ging den Unternehmen also nicht mehr nur darum, den angemessenen Preis für die Produkte zu finden (Preispolitik), sondern auch um die Suche nach den optimalen Werbekonzepten, um den bestmöglichen Absatz zu erreichen. In dieser Zeit intensivierte sich auch die absatzwirtschaftliche Forschung. Viele Unternehmen entdeckten dabei die Vorzüge von Markenpolitik. Die Elaboration von Instrumenten und Methoden zur Analyse des Konsumentenverhaltens und die genauere Messung von Werbewirkung gerieten in das Zentrum der marketingwissenschaftlichen Untersuchungen.

- In den siebziger Jahren war zu beobachten, dass die langfristige strategische (d.h. längerfristige) Planung von Unternehmen in wachsendem Maße mit dem Marketing verknüpft wurde. Da sich die wirtschaftliche Entwicklung ebenso wie der Absatz nicht mehr gesichert und stetig nach oben bewegte, war es wichtig, so frühzeitig als möglich über Veränderungen (des Bedarfs, der Kaufkraft, der Moden etc.) informiert zu sein. In den Unternehmen wurden Marketingabteilungen als eigenständige Fachressorts eingerichtet, bei strategisch wichtigen Entscheidungen wurden immer häufiger auch die Marketingexperten des Hauses beteiligt. Im Selbstverständnis des Marketings etablierte sich in dieser Phase auch, dass gelungene Absatzpolitik im Wettbewerb von der Fähigkeit eines Anbieters abhängen, dem zunehmend individualisierten Bedarf beziehungsweise den spezifischen Bedarfsstrukturen der Konsumenten erfolgreicher als die Konkurrenten entsprechen zu können.

- In den achtziger Jahren setzte sich die Erkenntnis schließlich vollends durch, dass Marketing als Führungskonzeption einerseits bedingt, jede Entscheidung und Handlung im Unternehmen auch unter Marketinggesichtspunkten zu betrachten und zu überprüfen. In wachsendem Maße wurde mit dem Siegeszug der »Dienstleistungsgesellschaft« andererseits deutlich, dass alle Mitarbeitenden im Kundenkontakt Marketing betreiben (können). Ein auf den Dienstleistungssektor spezialisiertes Marketing wurde ausformuliert. Zunehmend wurde in dieser Zeit auch das ursprünglich auf den Käufer beziehungsweise die Nachfrager konzentrierte Marketing ausgeweitet auf andere Funktionen und Unternehmensaktivitäten. Die Unternehmen der Erwerbswirtschaft installierten ein professionelles Personalmarketing und verfeinerten ihre Potenziale in der allgemeinen Öffentlichkeitsarbeit und im Lobbyismus. Das Marketing konzentrierte sich im Kontext von Unternehmenskultur und Corporate Identity intensiver auf die Frage, auf welchen Wegen der »Unternehmenswirkung« zusätzliche neue Wettbewerbsvorteile zu erringen sind.

- In den neunziger Jahren gerieten im Zeichen des noch weiter beschleunigten sozialen Wandels die Möglichkeiten und Fähigkeiten eines Anbieters, sich rechtzeitig und möglichst schneller als die Konkurrenten auf soziale, politische und ökologische Veränderungen einzustellen, in das Zentrum des

Interesses der Unternehmen. Mit dem Siegeszug der neuen Technologien ist das Marketing spätestens seit der Mitte der Neunzigerjahre auch konfrontiert mit Problemen des Umgangs mit technologischen Innovationen, den veränderten Strukturen des Konsums und der medialen Nutzung. Aber auch weitere soziale Phänomenen der Postmoderne mussten vom Marketing rezipiert werden: Die Individualisierung der Gesellschaft, demographische Veränderungen, neue Rollenbilder bei Mann und Frau wurden zu einem relevanten absatzwirtschaftlichen Thema.

- Mit dem zunehmenden Druck zur Steigerung von Effizienz (sparsames Wirtschaften) und Effektivität (Erreichung der wirtschaftlichen Ziele) erfuhr in den vergangenen zehn Jahren schließlich auch das Konzept des »Relationship-Marketing« (Management von Beziehungen) eine wachsende Berücksichtigung im betrieblichen Denken und Handeln. Die Strategie der bewussten Pflege von Kundenbeziehungen erfreut sich mittlerweile höchster Popularität aufgrund der Erkenntnis, dass die erfolgreiche »Bindung« eines Kunden an die eigene Unternehmung ökonomisch höchst wertvoll ist. Zufriedene Stammkunden sind in der Regel wesentlich ertragreicher, da Kosten der ständigen Neugewinnung von Abnehmern wegfallen und das Unternehmen größere Sicherheit bei der Absatz- und Produktionsplanung hat. Mit den wachsenden Ansprüchen der Kunden an die Werteorientierung von Unternehmen intensiviert sich gegenwärtig überdies das Marketing von Werten: die Kommunikation ökologischer und sozialer Ausrichtungen von Unternehmen sowie die verschiedenen Diversity-Thematiken gewinnen an Bedeutung.

1.2 »Broadening the Concept of Marketing«

Die Geschichte des Marketings ist aber auch gekennzeichnet von dem Versuch, die Logik und die Philosophie dieser Disziplin auf andere als nur rein kommerzielle Sektoren des gesellschaftlichen Lebens zu übertragen. In unserem Zusammenhang bedeutsam ist die sukzessive voranschreitende Ausweitung des Marketings auf den (sozialen) Nonprofit-Sektor. In den Vereinigten Staaten schlugen einzelne Wirtschaftswissenschaftler bereits im Laufe der siebziger Jahre des vergangenen Jahrhunderts vor, Marketing in nicht-erwerbswirtschaftlichen Bereichen anzuwenden, das »semantische Label« erhielt die gedankliche Erweiterung des Marketingkonzepts sogar noch etwas früher von Kotler/Levy (1969). Aber erst mit zunehmenden strukturellen Affinitäten (Isomorphien) von Erwerbs- und Sozialwirtschaft wurde eine entsprechende Übertragung in den sozialen Bereich auch in Deutschland etwas umfassender thematisiert (vgl. Bruhn/Tilmes 1989; Christa/Halfar 1991; Christa 1997). Unter »strukturellen Affinitäten« ist in diesem Zusammenhang zu verstehen, dass zwei Bereiche hinreichend übereinstimmen (also »isomorph« sind), um einen Transfer von Methoden und Instrumenten von einen Bereich (kommerzielle Wirtschaft) in den anderen (Sozialsektor) als zumindest potenziell ertragreich ansehen zu können.

Wichtige Impulse hierzu gab die Einführung der Sozialen Pflegeversicherung in den Jahren 1995 (ambulant) und 1996 (stationär), die marktähnliche Bedingungen in der Versorgung Pflegebedürftiger schuf (vgl. Christa 1997). Reformen leistungsrechtlicher Vorgaben in anderen wesentlichen Feldern der Wohlfahrtspflege führten in den darauffolgenden Jahren dazu, dass nunmehr eine hinreichende basale Homologie (Gleichartigkeit) von Organisationen des Profit- und des Nonprofit-Bereichs unterstellt werden darf.

Das Wesen sozialer wie erwerbswirtschaftlicher Organisationen wird

- nicht nur als »System« mit Innen- und Außenbezügen verstanden, welches spezifische und ökonomisch bedeutsame Relationen zu diversen Umwelten unterhält,
- sondern welches seine Aktivitäten auch in Markt- und Wettbewerbssituationen entfalten muss sowie mit existenziellen bzw. Bestandsbedrohungen konfrontiert ist.

Inzwischen kann es als unbestritten bezeichnet werden, dass wesentliche Methoden und Instrumente des kommerziellen Marketings auch im sozialen Bereich erfolgreich implementiert werden können. Nach wie vor sind allerdings eine Anpassung der Methoden und Instrumente an sowie die Berücksichtigung von Spezifika des sozialen Sektors unumgänglich – sie konstituieren gleichsam das Wesen des Sozio-Marketings.

Im Zuge der Professionalisierung und der instrumentellen Verfeinerung kommerzieller Marketingtechnologien etablierte sich mit ersten Kampagnen bereits in den siebziger Jahren, verstärkt dann aber seit Mitte der Neunzigerjahre im europäischen und deutschsprachigen Raum auch ein »Social-Marketing« im Sinne einer »Vermarktung sozialer Ideen«. Im Wesentlichen ist dieses Handlungsfeld kommunikationspolitisch angelegt: Im Zentrum stehen Kampagnen und andere werbliche Maßnahmen, die Verhaltensänderungen oder Änderungen in der Einstellung breiterer Schichten der Bevölkerung intendieren. Große Kampagnen bezogen sich in der Frühzeit primär auf das Thema der Sicherheit im Straßenverkehr, heutzutage kennen wir Social-Marketing-Maßnahmen beispielsweise im Zusammenhang mit AIDS-Prävention, für einen verantwortungsvollen Umgang mit Alkohol und für die verstärkte soziale Integration von Migranten. Auftraggeber solcher groß angelegten Aktionen sind meist staatliche Instanzen wie das Bundesgesundheitsministerium. Kampagnen zur Förderung sozial erwünschten Verhaltens können jedoch auch von Nichtregierungsorganisationen ins Leben gerufen werden. Ein Beispiel hierfür sind die bundesweiten Plakate der »Gesellschafter«, eine Initiative der »Aktion Mensch« und anderer freier Träger der Wohlfahrtspflege, u. A. zur Unterstützung ehrenamtlichen Engagements.

Dieses Feld »Social-Marketing« ist jedoch abzugrenzen von dem in der vorliegenden Publikation in Rede stehenden »Sozio-Marketing«. Das »Sozio-Marketing« ist auf eine konkrete Organisation der sozialen Arbeit bzw. der Wohlfahrtspflege bezogen und umfasst weit mehr als rein kommunikationspolitische Facetten. Zur Verdeutlichung der wichtigen thematischen Abgrenzung von gesellschaftspolitischen Kampagnen zum Marketing für und von sozialen Organisationen soll im folgenden Schaubild auf die Position des »Sozio-Marketing« hingewiesen werden, wobei auch entsprechende Grenzziehungen zu anderen Sektoren des Nonprofit-Marketings wie beispielsweise dem Marketing in den Feldern des Amateursports, der Kultur, der Erziehung und anderen Gebieten nicht-kommerzieller Betätigung vorgenommen werden sollen.

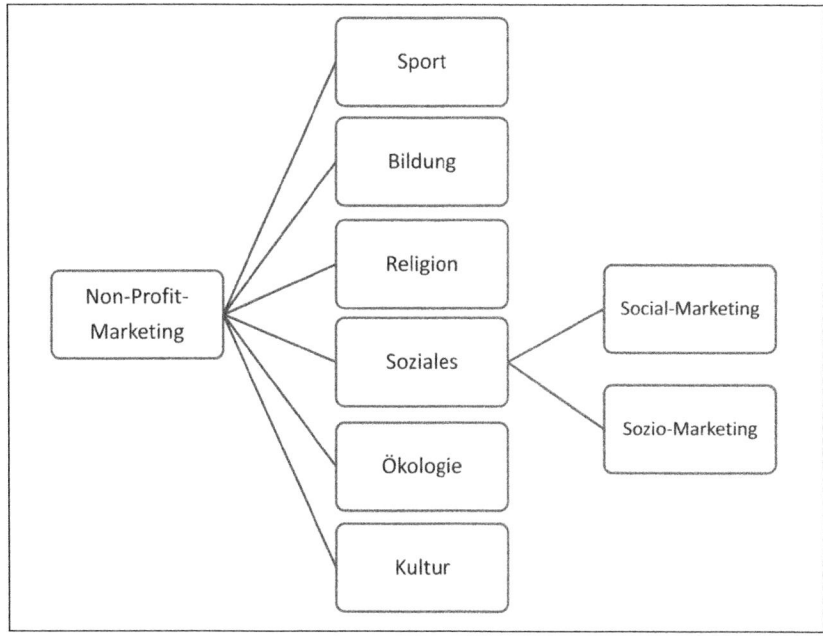

Abb. 1: Non-Profit-Marketing, Sozio- und Social-Marketing

Aufgrund der Besonderheiten der einzelnen Bereiche des Nonprofit-Sektors ist es unumgänglich, spezifische Marketingfelder zu konzipieren. Im Selbstverständnis sowie in der Eigenart der jeweiligen Strukturen lässt sich das Feld der sozialen Arbeit, der Pflege, der Rehabilitation, der Elementar- und Hortpädagogik und der gesundheitsbezogenen Berufe nicht mit kulturellen, sportlichen, kirchlichen, schulischen und umweltschützenden Bereichen gleichsetzen. Überschneidungen und einige Gemeinsamkeiten mögen vorliegen. Ein Marketing, welches gleichsam bereichsübergreifend konstituiert wäre, wäre jedoch aufgrund der zu großen Unterschiede im Gegenstand zu allgemein angelegt und müsste ins Leere greifen.

Inzwischen kennt die Praxis des Marketings für Non-Profit-Organisationen in Analogie zur Ausdifferenzierung anderer betriebswirtschaftlichen Teilbereiche eine Reihe spezieller Anwendungsgebiete, so z.b. für Amateursportvereine, Schulen, kulturelle Einrichtungen und sogar für Klöster und andere kirchliche Institutionen. Im Zusammenhang mit den Bestrebungen von »Neuer Steuerung« und Bürgernähe sind auch für den Bereich der öffentlichen Verwaltung inzwischen die Gedankengänge und Methoden des Marketings interessant geworden. In die öffentliche Betriebswirtschaftslehre ist demgemäß auch das Marketing als eigenständige Disziplin bereits ansatzweise aufgenommen worden.

1.3   Die vier Säulen des modernen Marketing

Wie jedes andere wichtige betriebswirtschaftliche Feld erfuhr auch das Marketing in der Geschichte seiner wissenschaftlichen Entwicklung eine Fülle von Definitionen. Das heutige Verständnis von Marketing kann anhand der in der Literatur weitgehend unumstrittenen »AMA-Definition« sowie der in der Lehre weitgehend im Konsens hervorgehobenen Elemente der jeweiligen Begriffsbestimmungen dargestellt werden.

Praktisch übereinstimmend wird in der gegenwärtigen Marketinglehre die Definition des amerikanischen Marketingverbandes AMA (American Marketing Association) akzeptiert und verwendet. Marketing bezeichnet demnach »die Aktivitäten, Institutionen und Prozesse zur Schaffung, Kommunikation, Bereitstellung und zum Austausch von Angeboten, die einen Wert haben für Kunden, Auftraggeber, Partner und die Gesellschaft insgesamt« (Übersetzung aus dem Amerikanischen von Kuß/Kleinaltenkamp 2009, S. 11).

Der Konsens in den Begriffsbestimmungen bzw. im Verständnis vom Marketing in der einschlägigen jüngeren Literatur (vgl. bspw. Meffert/Bruhn 2009; Meffert/Burmann/Kirchgeorg 2008) bezieht sich insbesondere auf folgende Faktoren:

*   Marketing beinhaltet ein bewährtes Set von Instrumenten zur Marktforschung, Marktbearbeitung und strategischen Ausrichtung von Organisationen
*   Marketing ist eine Unternehmensaufgabe beziehungsweise eine »Funktion« im Unternehmen

- Marketing muss als marktorientiertes »Führungskonzept« verstanden werden
- Marketing strebt eine optimale »Gestaltung von Kundenbeziehungen« an.

Das Verständnis von einem modernen Marketing wird im Folgenden näher ausgeführt, da sich die Anforderungen an marktgerichtetes Handeln sozialer Organisationen ebenso daraus ableiten wie die Maßgaben zur Anwendung von spezifischen Instrumenten und Methoden des Marketings.

(a) Marketinginstrumente
In der Theorie und Praxis des modernen Marketings haben sich eine Reihe von Instrumenten (beziehungsweise Methoden) etabliert, die als bewährtes Handwerkszeug zur Erforschung und Analyse von Märkten, zur Entscheidungsfindung bei der konkreten Marktbearbeitung sowie bei der Wahl der langfristigen strategischen Konzeption einer Organisation gelten.
Konsensfähige Bausteine eines Marketingkonzepts sind:
- Instrumente der Umfeldanalyse (Zielgruppenanalyse, Monitoring des Umfelds, Analyse der entscheidenden Marktfaktoren)
- Instrumente der Marktforschung (Marktanalyse, qualitative Analysen des Marktes und der Kundenbeziehungen)
- Instrumente der Entscheidungsfindung bei der strategischen Wahl (strategische Optionen)
- Instrumente der Marktbearbeitung (Marketing-Mix: Politik der Leistung, des Preises, der Distribution und der Kommunikation).

Hervorzuheben ist, dass die genannten Bausteine im Rahmen einer durchdachten konzeptionellen Anlage ihre Anwendung finden müssen. Ausgehend von Analysen der Umfelder und der konkreten Märkte, mit welchen eine Organisation konfrontiert ist, sind strategische Optionen zu überprüfen und wahrzunehmen sowie konkrete Maßnahmen der Marktbearbeitung (im Marketing-Mix) einzuleiten.
   Dabei ist bedeutsam, dass Marketingkonzeptionen nicht nach einmaligem Durchlauf als abgeschlossen gelten können, sondern »Redundanz« dahingehend aufweisen, dass Analysen der Umfelder und des Marktes, der strategischen Ausrichtung sowie die Anwendung der konkreten Marktbearbeitungsinstrumente eine dauerhafte Aufgabe darstellen. Dies begründet sich mit der für die meisten Organisationen zu unterstellenden »Turbulenz« der Umfelder und der Märkte, das heißt mit dem Umstand des dauerhaften Wandels. Lediglich solche Organisationen, die in der Lage sind, Veränderungen zu erkennen und erfolgreich darauf zu reagieren, können als »zukunftsfähige« Institutionen im Sinne des modernen Marketings angesehen werden.

Das Marketing versteht sich allerdings nicht als »normativ« in dem Sinne, dass generelle Handlungsanweisungen gegeben werden können, die für alle denkbaren Situationen einer Organisation gelten. Vielmehr versteht sich die Marketinglehre als »optativ« dergestalt, dass sie Optionen und Möglichkeiten aufzeigt und damit durch Bereitstellung von Instrumenten der Analyse und Strukturierung konkrete Entscheidungen erleichtert. Nicht nur die Wahl einer Strategie und der konkreten Maßnahmen der Marktbearbeitung, sondern auch die Implementation (Umsetzung) müssen den Verantwortlichen und Mitgliedern einer jeden Organisation überlassen bleiben. Individualität und Freiheit der Akteure eines Marktes bleiben erhalten.

(b) Marketing ist eine zentrale Unternehmensaufgabe beziehungsweise eine wesentliche »Funktion« im Unternehmen

In seinem modernen Verständnis, aber auch in seiner aktuellen Anspruchshaltung ist das Marketing inzwischen als ein Faktor anzusehen, der im Denken und Handeln des Managements ebenso prominent wie nachhaltig verankert ist. Dies unterscheidet das Marketing von kurzlebigen Trends wie dem der Hinwendung zur dezentralen Steuerung, zum Lean Management (Management der »schlanken Organisationsform«) und anderen Ansätzen, deren Halbwertzeit in wenig mehr als einer Dekade zu messen ist. Seit Jahrzehnten bereits nimmt das Marketing eine gleichberechtigte Position in den betriebswirtschaftlichen Feldern neben Personalwirtschaft, Controlling, Kostenrechnung etc. ein, dies kann an der Position des Marketings in der organisationalen Struktur von Unternehmen ersehen werden. Dieser Befund gilt auch für strategisch wichtige Entscheidungen in den Unternehmen: Bei allen wichtigen Erörterungen und Weichenstellungen reklamiert das Marketing inzwischen erfolgreich eine mitentscheidende Rolle, die Kompetenzen der Marketingexperten im Hinblick auf absatzwirtschaftliche Fragestellungen, aber auch bei Fragen der Markenpolitik und der Kundenbindung werden in der Erwerbswirtschaft mittlerweile ebenso breit anerkannt wie genutzt.

In der Wirtschaft gilt nunmehr seit Langem auch unhinterfragt das Postulat, dass die gesamte organisatorische Ausrichtung des Betriebs auf die effektive Befriedigung der Kundenbedarfe und eine möglichst hohe Kundenbindung ausgerichtet sein muss. Die Funktion des Marketings verbindet die Kundenperspektive mit der absatzwirtschaftlichen Perspektive der Unternehmung und ist damit ein unverzichtbares inhaltliches Element im Managementgefüge von Entscheidung, Planung, Organisation, Kontrolle und Steuerung. Bei genauerem Hinsehen erweist sich die Prominenz des absatzwirtschaftlichen Blicks auch als gut nachvollziehbar, denn bereits bei der Vorbereitung einer Produktionsperiode ist ersichtlich, dass jede betriebliche Herstellungs- bzw. Leistungsplanung (Material, Geräteauslastung, Personalplanung) lediglich auf absatzplanerischen Vorgaben des Marketings beruhen kann.

(c) Marketing muss als »Führungskonzept« verstanden werden

Da sich in Theorie und Praxis der Betriebswirtschaft die Erkenntnis durchgesetzt hat, dass das Marketing als Unternehmensaufgabe alle Ebenen des betrieblichen Geschehens durchdringt beziehungsweise durchdringen muss, wurde in den vergangenen 20 Jahren auch die Frage der marketingorientierten Führung in wachsendem Maße aufgeworfen. Sie wurde dahingehend beantwortet, dass es zur Aufgabe der Führungskräfte unzweifelhaft gehört, allen Mitarbeitenden die große Relevanz der Kundenorientierung und Kundenbindung zu vermitteln. Es hat sich in der Praxis inzwischen die Erkenntnis etabliert, dass in der Wahrnehmung vieler (wenn nicht gar aller) Kunden das Personal im Kundenkontakt ein Unternehmen letztendlich »repräsentiert« und in absatzwirtschaftlicher Hinsicht in hohem Maße positiv wie negativ wirksam sein kann.

Dies gilt für den individuellen Verkauf ebenso wie für die langfristige emotionale und absatzwirtschaftliche Beziehung eines Kunden an eine Organisation. Im modernen Marketing gilt daher die Maßgabe, dass faktisch alle Mitarbeitenden sich als Botschafter ihrer Unternehmung verstehen sollten und dass das Management nicht nur ein entsprechendes Bewusstsein für die Relevanz dieser Funktion zu entwickeln, sondern auch die entsprechenden betrieblichen Rahmenbedingungen hierfür bis hinein in Felder der Mitarbeiterzufriedenheit und der Identifikation mit dem eigenen Unternehmen zu schaffen hat.

Allerdings können die qualifiziertesten und engagiertesten Mitarbeitenden ihre Aufgaben nicht optimal erfüllen, wenn die dahinterstehende Organisation ihre Tätigkeit nicht unterstützt. So geht das Marketingdenken der Betriebe und Unternehmungen davon aus, dass Strukturen und Prozesse darauf auszurichten sind, fehlerfrei und bedarfsgerecht die Arbeit an den entscheidenden Schnittstellen zum Kunden zu unterstützen.

(d) Marketing als Konzept der optimalen »Gestaltung von Kundenbeziehungen«

Das moderne Verständnis von unternehmerischer Ausrichtung auf die Realisierung eines möglichst optimalen Kundennutzens zieht als Konsequenz nach sich, dass alle Aktivitäten eines Unternehmens beziehungsweise einer Organisation stetig auf diesen Faktor und die Möglichkeit von entsprechenden Verbesserungen überprüft werden müssen. Diese Leitidee korrespondiert stark mit den Maßgaben des Qualitätsmanagements wie Fehlerfreiheit, optimale Prozessgestaltung, Integration von Struktur-, Prozess-und Ergebnisqualität. Die Perspektive des Marketings verweist jedoch in besonderem Maße auf das Gebot der optimalen Kundenausrichtung von organisationalen Prozessen und Hervorbringungen. Im Zeichen der wachsenden Bedeutung von Dienstleistungen erfährt dieser Faktor eine weitere Aufwertung.

Eine besondere Rolle spielt hierbei auch, dass im Zeichen sehr starker Positionen der Nachfrager ein Fokus der betroffen Organisationen auf die möglichst ideale Befriedigung von Kundenbedarfen ausgerichtet sein muss, weil der Kunde ansonsten zu einem der vielen Wettbewerber abwandern würde. Somit gerieten in den vergangenen Dekaden unter dem Stichwort »Convenience« (im Sinne von Annehmlichkeit, Freundlichkeit etc.) die Bedürfnisse und Bedarfsstrukturen der aktuellen und potenziellen Kunden in noch weit größerem Maße in die Aufmerksamkeit der Anbieter von Produkten und Dienstleistungen, als dies vorher der Fall gewesen ist. Entsprechende Marktforschungen und Zufriedenheitsanalysen sind mittlerweile fester Bestandteil des Repertoires an Erhebungsinstrumenten in erwerbswirtschaftlichen Organisationen, um das Bemühen um Fehlerfreiheit und ständige Verbesserung kundenspezifischer Dienstleistungsprozesse mit objektiven Informationen zu unterstützen.

Darüber hinaus sind im Zusammenhang mit der Hinwendung zum Marketing als »Beziehungsmanagement« (Bruhn 2001) insbesondere Strategien der Gestaltung längerfristiger positiver Beziehungen als ein wichtiger Faktor für nachhaltigen Erfolg von Unternehmen in den Mittelpunkt der Aufmerksamkeit der Verantwortlichen gerückt. Neue und erweiterte Konzepte der Servicepolitik sind eine Folge entsprechender Strategien der Kundenbindung über »Mehrwert«. Eine mitentscheidende Rolle spielt schließlich auch der erweiterte Blick des Marketings über die Beziehung zum eigentlichen Kunden hinaus auf die vielfältigen Anspruchsgruppen (Stakeholder), die (subjektiv oder objektiv) von der Existenz und von der Leistung einer Organisation betroffen sind. In dieser vom Marketing inspirierten Erweiterung unternehmerischer Perspektiven spiegelt sich die verstärkte Sensibilität der Öffentlichkeit gegenüber den ökologischen, ökonomischen und sozialen Folgen der Geschäftstätigkeit von Unternehmen ebenso wieder wie das zunehmende Bewusstsein, dass diese als gesellschaftliche Akteure eine Verantwortung tragen für die Konsequenzen ihrer wirtschaftlichen Aktivitäten.

2 Sozio-Marketing: Die institutionellen Spezifika

Marketing wurde im vorstehenden Abschnitt definiert, die zentralen »Säulen« dieser betriebswirtschaftlichen Disziplin wurden genannt. »Sozio-Marketing« wäre dann in einer vereinfachten Lesart nichts weiter als die Anwendung der Denkweisen und Instrumente des Marketings in und für soziale Organisationen. Eine der originär für erwerbswirtschaftliche Marktakteure konzipierten Lehre auf die Felder und Institutionen der sozialen, pflegerischen und rehabilitativen Arbeit ist jedoch mit einigen Hindernissen verbunden.

Der Sektor der sozialen Arbeit weist eine ganze Reihe von Besonderheiten auf, die bei der Anwendung von Marketinginstrumenten, Marketingmethoden und Marketingkonzepten zu berücksichtigen sind. Diese Spezifika sind in der Literatur an verschiedenen Stellen ausführlich erörtert worden (vgl. bspw. Bauer 2001), so dass bei den folgenden Betrachtungen eine Beschränkung auf die für das Thema wesentlichen Besonderheiten des »sozialen Bereichs« und der »sozialen Märkte« vorgenommen werden soll.

Diese für ein Sozio-Marketing besonders bedeutsamen institutionellen Spezifika sind im Einzelnen:
- die Heterogenität des Sozialsektors,
- die spezifischen Faktoren personenbezogener sozialer Dienstleistungen sowie
- die spezifischen Rahmenbedingungen organisierter Leistungserbringung in der Wohlfahrtspflege.

2.1   Die Heterogenität des sozialen Sektors

»Wer sind wir? Und wenn ja: wie viele?« Diese in Anlehnung an den Titel eines populären Philosophielehrbuchs kürzlich formulierte Frage einer Mitarbeiterin der sozialen Arbeit ist kennzeichnend für die unklare Positionierung des Sozial-, des Pflege- und Rehabilitationswesens, der Elementar- und Hortpädagogik sowie anderer Felder im Gefüge der (sozial-) wirtschaftlichen Bereiche unserer Gesellschaft.

Die Unsicherheiten betreffen nicht nur terminologische Unschärfen. Mit Begriffen wie »Wohlfahrtspflege«, »soziale Arbeit«, »Sozialwirtschaft«, »sozialer Sektor« etc. wird meist ein und dieselbe »Großbranche« der personenbezogenen sozialen Dienstleistungen umschrieben, ohne dass jedoch exakt anzugeben wäre, wo diese Branche beginnt und wo sie aufhört, welches die konstituierenden Merkmale dieses Segments wären, anhand welcher Eigenschaften der Leistungserbringung eine Inklusion und Exklusion eines Leistungsfelds exakt festzumachen ist.

Mindestens in zweierlei Hinsicht stellt sich der Sozialsektor auch nach langjährigen Diskussionen als ein schwer abgrenzbarer beziehungsweise nicht ohne Weiteres fassbarer Bereich dar: es ist von einer für ein übliches Verständnis von Märkten ungewöhnlichen Vielfalt an Leistungsfeldern, aber auch von einer außergewöhnlichen Diversität der Gegebenheiten in den Branchen und Teilbranchen der Wohlfahrtspflege auszugehen. Klassische Abgrenzungen versagen überdies zunehmend aufgrund veränderter politischer und rechtlicher Rahmenbedingungen.

Bereits die Abgrenzung des »sozialen Sektors« gegenüber »nicht-sozialen« Arbeitsbereichen und Märkten wirft Schwierigkeiten auf. Traditionellerweise und nach wie vor unzweifelhaft sind alle Felder der Sozialpädagogik bzw. der Sozialarbeit dem sozialen Sektor zuzurechnen. Entsprechende »soziale Branchen« finden sich dann in der Kinder- und Jugendhilfe sowie im weiteren Bereich der unterschiedlichen sozialen Hilfen. Es ist indes darauf hinzuweisen, dass Sozialarbeit/Sozialpädagogik als Berufsgruppe sehr wohl auch in den verschiedenen stationären wie ambulanten Hilfen für Menschen mit Behinderung und im Bereich der gesundheitsbezogenen Dienstleistungen tätig ist. Dem sozialen Sektor üblicherweise zugerechnet, jedoch gänzlich oder teilweise von anderen Berufsfeldern als der Sozialarbeit und Sozialpädagogik betreut, können überdies die heilpädagogischen Leistungen sowie die Leistungen nach SGB XI werden. Dies gilt schließlich auch für das Feld der von Trägern der Rehabilitation finanzierten Arbeit, denn dort sind ebenfalls sozialpädagogische Leistungen vorzufinden. Eine solche Abgrenzung wird auch erschwert durch den Umstand, dass die traditionellen Träger der sozialen Arbeit beziehungsweise der Wohlfahrtspflege in all den oben genannten Feldern engagiert sind, zum Teil als Marktführer.

Somit kann eine rigide Abgrenzung über die reine Zuordnung zum Arbeitsfeld der Sozialpädagogik oder Sozialarbeit nicht vorgenommen werden, ohne wichtige Leistungsbereiche auszublenden. Eine Kindertagesstätte wäre in dieser Logik bereits nicht mehr Gegenstand des Sozio-Marketings. Dieses Leistungsfeld erfolgt zwar maßgeblich unter den normativen Voraussetzungen des Kinder- und Jugendhilfegesetzes, dort sind allerdings nahezu ausschließlich erziehende Berufsgruppen tätig, nur in einigen wenigen Fällen sowie in Leitungsfunktionen beschäftigen diese Einrichtungen auch Personen mit sozialpädagogischer Qualifikation.

Zu plädieren ist daher für eine Abgrenzung über das Merkmal der Legitimation über eine leistungsrechtliche Vorgabe nach dem Sozialgesetzbuch und/oder die faktische Leistungserbringung über einen anerkannten Träger der Wohlfahrtspflege. Dieses Vorgehen würde auch die Schwierigkeiten bei der Abgrenzung über das Merkmal der Gewinnorientierung beheben. Während noch bis vor zwei Dekaden der soziale Sektor überwiegend bis ganz mit einer Nonprofit-Ausrichtung identifiziert werden konnte, hat sich das Bild mit dem Wegfall der Zulassungsbegrenzungen für gewerbliche Anbieter in fast allen Gebieten des Sozialwesens (einschließlich der Sozialpädagogik/Sozialarbeit) gewandelt: Nicht nur in der Pflege für Senioren sowie im gesamten Gesundheitsbereich, auch in bis vor kurzem noch den freien Trägern der Wohlfahrtspflege nahezu exklusiv vorbehaltenen Bereichen wie der Kinder- und Jugendhilfe und der Rehabilitation nach SGB IX sind gewinnorientierte Anbieter mittlerweile vorzufinden. Die Spanne der Organisationsform und der Organisationsgröße ist hierbei weit: von der Zweipersonengesellschaft des bürgerlichen Rechts (GbR) bis hin zur Aktiengesellschaft von Großinvestoren reicht die Varianz der privaten Unternehmungen, die sich auf Sozialmärkten inzwischen vorfinden lassen. An dieser Stelle ist noch anzufügen, dass mit dem Eindringen von privaten kommerziellen

Anbietern in die Branchen der sozialen Arbeit auch eine formale Zuordnung des Sozio-Marketings zu einem betriebswirtschaftlichen Non-Profit-Feld (siehe oben) mehr und mehr unscharf wird.

Die Schwierigkeiten, eine klare Ab- bzw. Ausgrenzung für ein Sozio-Marketing vorzunehmen, zeigt sich auch dann, wenn in die Überlegung der Umstand einbezogen wird, dass nicht wenige Einrichtungen mit kommerziellem und »sozialen« Märkten gleichzeitig konfrontiert sind. Am Beispiel einer Werkstatt für Menschen mit Behinderung kann diese spezifische Situation expliziert werden: so wird diese Einrichtung zu einem hohen Maße von einem öffentlichen Kostenträger finanziert und unterliegt somit den leistungsrechtlichen Vorgaben der einschlägigen Sozialgesetzgebung. Die Werkstatt ist andererseits jedoch mit den von ihr hergestellten Produkten in einem freien erwerbswirtschaftlichen Markt (häufig Zulieferbranche für die Automobilindustrie, Druckereiwesen und Verpackung) engagiert und hat dabei den mikroökonomisch relevanten Determinanten von Angebot und Nachfrage in der Preisgestaltung, im Qualitätsmanagement, in der Werbung etc. zu folgen. Die (an sich über Rehabilitation und Heilpädagogik konstituierte) Einrichtung ist auf dieser Seite des Marktes im Grunde gezwungen, wie ein kommerzieller Anbieter von Waren und Dienstleistungen zu agieren.

Die vorstehenden Überlegungen sind nicht unwesentlich für die Frage der Generalisierbarkeit der Anwendung von Instrumenten und Konzepten des Sozio-Marketings. Sie sind auch wichtig für die Entscheidung, welche Leistungsfelder des Sozialsektors in die Überlegungen bei der Übertragung von Instrumenten und Methoden des Marketings berücksichtigt werden sollen/müssen. Im Folgenden soll in den Beispielen der »soziale Sektor im engeren Sinne«, das heißt der Bereich der Sozialen Arbeit bzw. Sozialpädagogik betrachtet werden, ohne jedoch auf Hinweise zur hohen Relevanz des Marketings in den genannten anderen Feldern gänzlich zu verzichten. Eine Begrenzung des Blicks soll lediglich dahingehend erfolgen, dass Leistungsfelder, die nicht direkt oder indirekt über Normierungen des Sozialgesetzbuches als »sozial« ausgewiesen sind, keine explizite Berücksichtigung in der Konzeption zukommt.

2.2 Spezifische Faktoren der Leistungserbringung

Die soziale Arbeit jenseits der geschilderten produzierenden Teilbranchen zeichnet sich im Hinblick auf die Leistungserbringung durch sektorale Besonderheiten aus: sie wird im überwiegenden Maße als Dienstleistung erbracht, sie weist nahezu durchweg einen personenbezogenen Charakter auf und erfolgt, obgleich mittlerweile mit ressourcenorientierter Methodik, in der Regel originär in einem »defizitorientierten« Kontext. (Da der letztgenannte Hinweis zu Missverständnissen führen könnte, sei betont, dass bei der Bezeichnung »Defizitorientierung« lediglich der Umstand herausgestellt wird, dass soziale Arbeit, Pflege, Rehabilitation etc. typischerweise mit sozialen Problemen, mithin gesellschaftlichen, gesundheitlichen etc. Defiziten konfrontiert sind).

Bereits der Dienstleistungscharakter der sozialen Arbeit ist eine wesentliche Besonderheit, die im Marketing zu berücksichtigen ist. Dienstleistungen sind in ihrer Anlage häufig sehr weitgehend immateriell, das heißt nicht-dinglich und nicht lagerbar. Soziale Dienstleistungen sind in physischer und sinnlicher Hinsicht nicht in der Form wahrnehmbar und zu vermarkten, wie es bei Produkten möglich ist. Leistungen dieser Art haben keine Farbe und keine Haptik, d.h. man kann sie nicht durch Berührung erfahren und nur sehr eingeschränkt testen. Diesbezügliche Möglichkeiten der Kommunikation von Eigenschaften und Vorzügen eines sozialen Angebots sind häufig begrenzt. Während also die Hersteller von Produkten als verkaufsfördernde Maßnahme beispielsweise Warenproben verteilen und auf eine bestimmte wie relativ verlässlich herzustellende Qualität ihrer produzierten Güter verweisen können, hängen die Erfolge von Dienstleistungen nicht selten vom Einzelfall ab, sie sind nicht (bzw. zum gegenwärtigen Zeitpunkt zumindest nur ansatzweise) standardisierbar. Alleine diese Umstände haben nach sich gezogen, dass mit dem Dienstleistungsmarketing bereits vor mehr als drei Dekaden eine spezielle Marketinglehre ins Leben gerufen wurde.

Zu beachten ist zudem der Umstand, dass Dienstleistungen häufig die Koproduktion beziehungsweise Integration eines externen Faktors benötigen, im Falle der sozialen Arbeit ist dies der Adressat, der als wesentlicher Mitwirkender an dem Dienstleistungsgeschehen in den Prozess eingebunden beziehungsweise einzubinden ist. Dieser Umstand ist ein Grund, weshalb Dienstleistungen nicht in der exakt gleichen Form wiederholbar, schwerlich »transportfähig« sein sowie in ihrer konzeptionellen Anlage nicht ohne Vorbehalt als raum-, zeit und kontextunabhängig übertragbar gelten können. Eine Organisation in einer sozialen Dienstleistungsbranche kann somit im Hinblick auf die Gewährleistung von Qualität im besten Fall Leistungsfähigkeiten (Leistungspotenziale) bereitstellen, jedoch keine standardisierte Leistung im Sinne eines wirklich gesicherten und garantierten Erfolges gewährleisten. Leistungsversprechen und Leistungsvergleiche sind zumindest in einigen Feldern des Sozialen nicht bzw. nicht ohne Weiteres möglich.

Personenbezogene »soziale« Dienstleistungen sind wie erwähnt typischerweise sozialrechtlich normiert, sie erhalten ihren eigentlichen sozialen Charakter allerdings in der konkreten Praxis häufig dadurch, dass sie im Fokus für benachteiligte Gruppen der Gesellschaft erbracht werden. Leistungen im sozialen Sektor gewinnen damit eine tendenziell negative Konnotation. Die Zielgruppen im Sozialwesen weisen überwiegend spezifische Defizite, nicht selten multiple soziale Problematiken auf, die lediglich mit einem erheblichen und kombinierten pädagogischen, psychologischen, medizinischen etc. Aufwand einer

Lösung zugeführt werden können. Einige Angebote der sozialen Arbeit sind gesellschaftlich nach wie vor umstritten. Dienstleistungen der Wohlfahrtspflege können auch vor diesem Hintergrund nicht in der gleichen Weise »vermarktet« werden wie kommerzielle Produkte und Dienste.

Die Schwierigkeit, dass die soziale Arbeit nicht auf standardisierte bzw. standardisierbare Technologien im Sinne von wissenschaftlich letztgültig gesicherten Methoden und Instrumenten der Problemlösung zurückgreifen kann und qualitative Vergleiche von Anbietern nach den gegenwärtigen Stand der Forschung mit Unsicherheiten verbunden sind, verweist auf eine Situation, die in der Institutionenökonomik mit dem Tatbestand der »asymmetrischen Informationsverteilung« skizziert wird. Die eigentliche Leistung der sozialen Arbeit ist weder perfekt beobachtbar, noch über eindeutige Parameter zur Wirkung konsensfähig messbar. Unsere aktuellen Untersuchungen zeigen, dass die Einrichtungen der sozialen Arbeit wenn überhaupt, dann über sehr unterschiedliche Instrumente und Verfahren des »fachlichen Controllings« (Wirkungskontrolle und Wirkungssteuerung) verfügen und die Mehrzahl der Kostenträger (als »Käufer« der Leistung) nicht in der Lage ist, die Wirkung der Leistungserbringung mit fundierten Instrumenten zu überprüfen und auf der Basis von belastbaren Daten zu vergleichen. Nach wie vor gilt somit aus Sicht des Marketings, dass die Entscheidung eines solchermaßen nicht-informierten »Nachfragers« für einen bestimmten (und damit gegen alle anderen) Anbieter einer sozialen Branche ein erhebliches Risiko darstellt, die falsche Wahl getroffen zu haben (vgl. hierzu ausführlicher Christa 2006). Ein »konsumtives Lernen« für Klienten und Kostenträger, aber auch für die Sozialpolitik und die Öffentlichkeit ist unter diesen Bedingungen so gut wie nicht möglich. In informationsökonomischer Hinsicht ist die soziale Arbeit als »Vertrauensgut« einzustufen. Wenn der »Käufer« nicht auf objektiven Informationen bei seiner Kaufentscheidung zurückgreifen kann, ist er gezwungen, indirekte und subjektive Parameter zur Einschätzung von Qualität und Wirksamkeit einer Leistung heranzuziehen. Für die Marktbeziehungen sozialer Organisationen zu ihren Leistungs- bzw. Kostenträgern ergeben sich damit gleichermaßen Chancen wie Risiken.

Die besondere Zielgruppe der sozialen Arbeit lässt schließlich auch das im Marketing erwerbswirtschaftlicher Produkte und Dienstleistungen postulierte Gebot der »Kundenorientierung« fragwürdig erscheinen. So kann soziale Arbeit nicht in jedem Falle dem »Kundenbedarf« der Klienten voll und ganz entsprechen, aus methodischen beziehungsweise pädagogischen Gründen muss sie an verschiedenen Stellen einer professionellen Intervention unter Umständen sogar genau eine gegenteilige Ausrichtung pflegen. Die Sozialpädagogik als ein an die »Exit Strategie« ausgerichteter Leistungszweig ist letztendlich, d.h. mit Blick auf die eigentliche Wirkung, zudem gerade nicht an einer maximalen »Kundenbindung« des Adressaten interessiert, sondern ganz im Gegenteil an der möglichst raschen und möglichst umfassenden Beseitigung der Problematik. In nicht wenigen Feldern des Sozialen ist allerdings die Beziehungsaufnahme und ein vertrauensvolles Verhältnis zum Adressaten eine wichtige Voraussetzung für das Gelingen der beraterischen, pädagogischen, pflegerischen etc. Arbeit. Wie im Folgenden zu zeigen sein wird, weist jedoch die soziale Arbeit mehr als diesen genannten Kundentypus auf, so dass das Interesse an einer guten Kundenbeziehung und langfristigen Kundenbindung noch in einer ganz anderen Weise zum Tragen kommen kann.

Wie zu erkennen ist, liegen aufgrund der Besonderheiten in der Leistungserbringung für Organisationen im Sozialsektor unzweifelhaft Einschränkungen in der freien Anwendung von klassischen Instrumenten und Methoden des Marketings vor. Es wird an vielen Stellen der späteren Darlegungen dennoch ersichtlich werden, dass trotz aller Restriktionen und sozialwirtschaftlicher Komplexitäten eine beachtliche Vielfalt von Anwendungsmöglichkeiten für soziale Organisationen (im Sinne eines «Sozio-Marketings») vorliegen. Die Eigenarten sozialer Märkte und sozialer Dienstleistungen machen die Übertragung nicht unmöglich, sondern lediglich etwas komplizierter.

2.3 Spezifische Rahmenbedingungen personenbezogener sozialer Dienstleistungen

Nicht nur die Leistung personenbezogener sozialer Dienste ist für die Überlegungen zu einem speziellen Sozio-Marketing bedeutsam, in vielfältiger Hinsicht können schließlich dem Bereich der sozialen Arbeit auch besondere Umfelder, Rahmenbedingungen und diesbezügliche Einflüsse unterstellt werden: Neben Besonderheiten in der Finanzierung und spezifischen leistungsrechtlichen Vorgaben sowie den sich daraus ergebenden Marktbedingungen sind bezogen auf den Zugang des Marketings vor allem die Mehrdeutigkeiten im Kundenbegriff zu diskutieren.

Die Finanzierung personenbezogener sozialer Dienstleistungen erfolgt in den meisten Branchen nicht direkt über eine Bezahlung des Kunden, sondern (aufgrund sozialpolitischer Willensbildung beziehungsweise der typischerweise vorliegenden Nichtzahlungsfähigkeit der Adressaten) mehrheitlich über eine Vergütung, Kostenerstattung oder Förderung eines »Kostenträgers« der öffentlichen Hand. Das Sozio-Marketing hat in den meisten Bereichen der Wohlfahrtspflege das »sozialrechtliche Leistungsdreieck« zu berücksichtigen.
Folgende Beziehungen bestehen in diesem Dreiecksverhältnis:
- die Leistung wird von einem »Leistungserbringer« an beziehungsweise für einen Adressaten erbracht,
- der einen Leistungsanspruch gegenüber einen »Leistungsträger« aufweist.

- Dieser »Leistungsträger« erbringt jedoch den Dienst nicht selbst, sondern beauftragt und vergütet einen »Leistungserbringer« (eine soziale Organisation).

Da dieses Leistungs- und Finanzierungsverhältnis eine eminente Bedeutung für den Markt und das Marketing in der Sozialen Arbeit hat, soll die Sachlage auch noch einmal in grafischer Form dargestellt werden. Traditionellerweise wird das Auftrags-, Leistungs- und Finanzierungsverhältnis zwischen den drei Parteien folgendermaßen visualisiert:

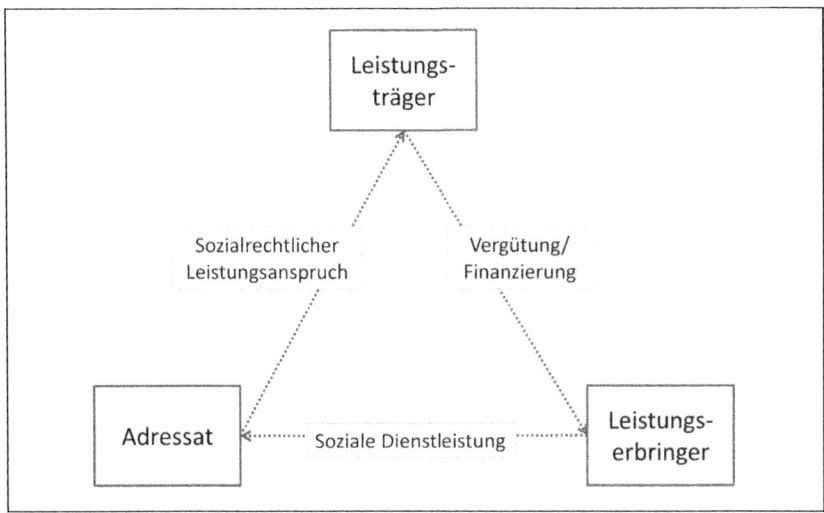

Abb. 2: Sozialrechtliches Leistungsdreieck

Dieses Beziehungsgefüge ist »im Prinzip« konstituierend für die Marktlage der Mehrheit sozialer Organisationen sowie deren Angebote. Die obenstehende Abbildung simplifiziert allerdings die wahren Marktgegebenheiten für viele Anbieter sozialer Dienstleistungen erheblich. Denn die mittlerweile als »Marktrealität« in den meisten Feldern des Sozialen anzutreffende Situation ist so ausgestaltet, dass mehrere Leistungsanbieter um den Auftrag des Kosten- bzw. Leistungsträgers konkurrieren.

Für eine Situation, in welcher der Kostenträger als »Monopolkunde« gegenüber mehreren Leistungserbringern (als Anbieter bzw. Wettbewerber) auftritt, ist somit die folgende Marktlage prägend:

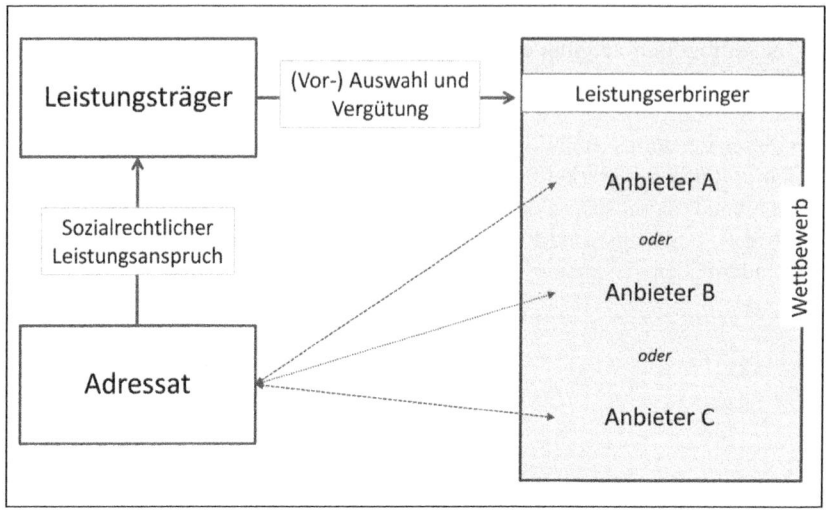

Abb. 3: Monopolkunde Kostenträger

Mit Bezug auf das oben diskutierte engere oder weitere Verständnis von Wohlfahrtspflege, sozialer Arbeit und Sozialwesen ist jedoch darauf hinzuweisen,
dass in einzelnen Sektoren wie Pflege oder Rehabilitation sehr wohl ein direkter
Kundenbezug in der Vergütung sowie in der Preisgestaltung vorliegen kann und
im Leistungsbereich von SGB IX seit Kurzem das Persönliche Budget nach §
17 im Sinne einer Subjektfinanzierung den Adressaten die Möglichkeit eröffnet,
über ein vom Leistungsträger in bar bereitgestelltes Budget eigenständig soziale
Dienstleistungen einzukaufen.

Die Einführung des persönlichen Budgets ist der bisherige Höhepunkt der
Bestrebungen des Gesetzgebers, mehr »Markt« bzw. mehr Wettbewerb in den
Bereich der personenbezogenen sozialen Dienste, der Pflege, Rehabilitation,
zum Teil auch in den Sektor der Elementar- und Hortpädagogik einzuspeisen.
Das oben dargestellte sozialrechtliche Leistungsdreieck muss für nicht wenige
Sektoren der Wohlfahrtspflege mittlerweile so dargestellt werden, dass auf der
Seite der Leistungserbringer nicht nur eine Institution (als Monopolist) abge-
bildet wird, sondern mehrere Organisationen, die sich entweder direkt um den
Kostenträger (als Auftraggeber) oder sogar unmittelbar um den Adressaten (als
unmittelbaren Kunden) bewerben.

Das Verhältnis der Beziehungen von Leistungserbringer, Adressat und Kostenträger im Falle einer »Subjektfinanzierung«, wie es seit Einführung des persönlichen Budgets gemäß § 17 SGB IX im Bereich der Rehabilitation als Option
eingerichtet worden ist, kann folgendermaßen dargestellt werden:

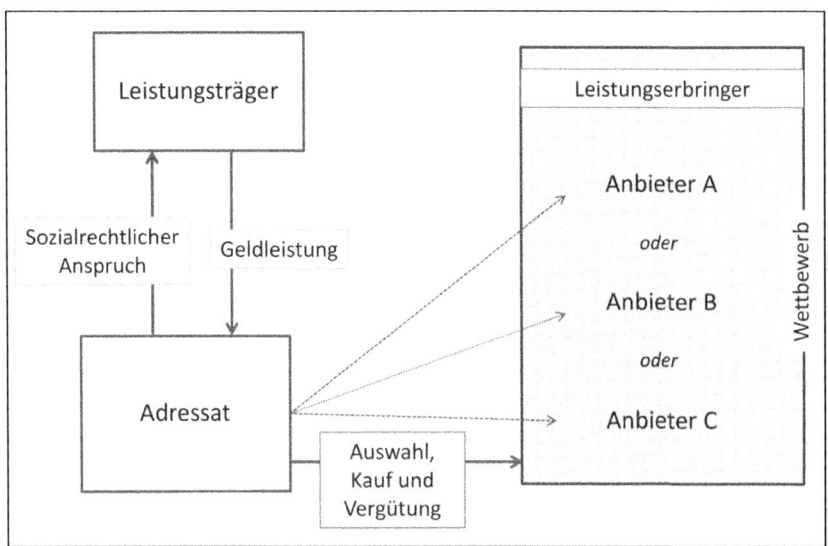

Abb. 4: Geldleistung an Adressaten (Subjektfinanzierung)

Es sollte ebenfalls nicht übersehen werden, dass selbst in klassischen sozialen Leistungsfeldern vereinzelt Selbstzahler entweder direkt als Privatpersonen oder über Versicherungen als Kunden auftreten. Darüber hinaus ist auf den für das Marketing nicht unwesentlichen Aspekt hinzuweisen, dass beispielsweise Einrichtungen der offenen Jugendhilfe ihren Adressaten mit Abendveranstaltungen oder mit bestimmten Outdoor- und Urlaubsaktivitäten Leistungen anbieten, welche von den Kunden aus dem eigenen Budget (teil-) finanziert werden müssen und im Wettbewerb (in diesem Falle der kommerziellen Abend- und Freizeitanbieter) stehen. Es wird in späteren Abschnitten auf verschiedene Sozialmärkte und den Wandel konstitutiver Faktoren einzelner sozialer Branchen noch zurückzukommen sein.

Ein weiteres besonderes Kennzeichen der Rahmenbedingungen des sozialen Sektors (und aus den obigen Schaubildern direkt ableitbar) ist der Umstand, dass freie Träger in nahezu allen Arbeitsfeldern mit zwei oder mehr Kundentypen konfrontiert sind: während die eigentliche soziale Arbeit am beziehungsweise mit dem Adressaten erbracht wird, obliegt die Finanzierung und nicht selten die konkrete Auftragsvergabe wie gesehen einem für die Leistung in der Regel eigentlich letztverantwortlichen (finanzgebenden) Kostenträger. Trotz des in der Sozialgesetzgebung vielfach gewährten Wunsch- und Wahlrechts der Adressaten muss aus Sicht des Marketings berücksichtigt werden, dass der Kostenträger in der Praxis aufgrund seiner zentralen Position im Leistungsdreieck als »Monopolkunde« agiert beziehungsweise agieren kann, der freie Träger in der Konsequenz häufig mit einem einzigen und für die Existenz der Organisation nahezu ausschließlich relevanten »Käufer« konfrontiert ist. Dieser Umstand birgt existenzielle Gefahren für den Leistungserbringer in sich, nicht wenige Insolvenzen freier Träger in den vergangenen Jahren sind in der Ursache auf den (ebenso überraschenden wie plötzlichen) Rückzug eines solchen Kunden zurückzuführen gewesen.

Aufgrund der institutionellen Spezifika haben sich Organisationen der sozialen Arbeit auf allen Ebenen darüber hinaus mit einer vergleichsweise großen Zahl an mittelbaren Kunden in Gestalt von Interessengruppen auseinander zu setzen. So ist eine Einrichtung der Wohlfahrtspflege gleichermaßen mit den Ansprüchen ihres Trägers und seiner verbandlichen Interessenvertreter wie mit denjenigen des Kostenträgers, der Adressaten und der gesamten Öffentlichkeit konfrontiert. Nicht wenige Angebote und Methodiken der sozialen Arbeit sind – wenn es denn schon ausreichend versucht worden ist – einer breiten Öffentlichkeit überdies nur sehr schwer zu vermitteln. Die institutionelle Verfasstheit Sozialer Arbeit findet faktisch also in einem erheblichen Spannungsfeld von Wahrnehmungen, Interessen und Anforderungen statt, das Marketing hat über den Bereich der Kommunikationspolitik hinaus gegenüber unterschiedlichsten Stakeholdergruppen diesem Umstand dezidiert Rechnung zu tragen.

Diese Problematik betrifft nicht nur soziale Organisationen, welche direkt bzw. operativ entsprechende Leistungen erbringen, sondern auch verbandliche Ebenen aller Art. So ist beispielsweise ein Landesverband in der sozialen Arbeit konfrontiert mit den Anforderungen seiner Träger auf regionaler oder kommunaler ebenso wie mit den Anspruchshaltungen, sozialpolitischen Kurssetzungen, Themenschwerpunkten und fachlichen Positionen der bundesverbandlichen Ebene. Soziale Arbeit wird mithin nicht nur gegenüber zwei Kundentypen, sondern in einem breiten Feld von Ansprüchen und Betroffenheiten erbracht, wobei die artikulierten Anforderungen an die Leistung durchaus uneinheitlich bis widersprüchlich sein können. Dies ist ein Umstand, dem sich das Marketing sozialer Organisationen mit seiner Herangehensweise und Instrumenten stellen muss und der das spezifisch soziale Element des Sozio-Marketings mit prägt.

Aufgrund ihrer Bedeutung für ein Marketing sozialer Organisationen sollen wesentlichen Besonderheiten im folgenden Schaubild noch einmal zusammengefasst dargestellt werden.

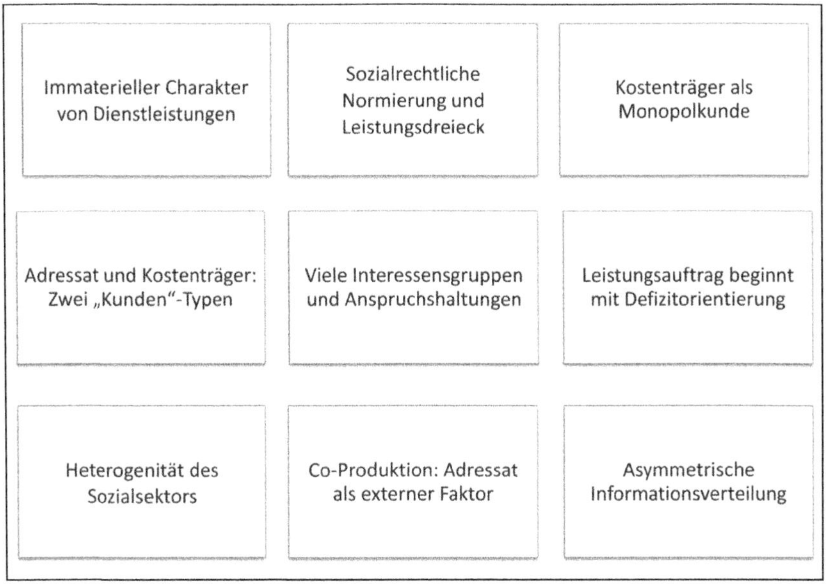

Immaterieller Charakter von Dienstleistungen	Sozialrechtliche Normierung und Leistungsdreieck	Kostenträger als Monopolkunde
Adressat und Kostenträger: Zwei „Kunden"-Typen	Viele Interessensgruppen und Anspruchshaltungen	Leistungsauftrag beginnt mit Defizitorientierung
Heterogenität des Sozialsektors	Co-Produktion: Adressat als externer Faktor	Asymmetrische Informationsverteilung

Abb. 5: Besonderheiten der Wohlfahrtspflege

Die genannten Eigenarten legen es nahe, ein Marketing sozialer Organisationen nicht durch unhinterfragten Transfer erwerbswirtschaftlicher Konzepte und Instrumente zu konzipieren, sondern als eine spezielle Marketinglehre mit Sensibilität für die besonderen Bedingungen sozialwirtschaftlicher Unternehmen und sonstiger Institutionen dieses Sektors zu formulieren. Ein situativer Zugang ist angezeigt aufgrund der oben beschriebenen Heterogenität des sozialen Sektors sowie der unterschiedlichen Rahmenbedingungen (Wettbewerbssituation, Nachfragesituation etc.) der verschiedenen sozialen Institutionen in den einzelnen Leistungsfeldern. Es können dabei allerdings Kategorien ähnlicher bzw. vergleichbarer Kontexte und Situationen gebildet werden, mitunter können für einzelne Situationscluster Handlungsoptionen formuliert werden.

B   Sozio-Marketing-Konzept

1   Konzeptionelle Grundlagen: Elemente und Logik des Aufbaus

Die in den nächsten Abschnitten zu schildernden Elemente eines systematischen Marketings für soziale Organisationen folgen in ihrer Reihenfolge und Darstellung einem konzeptionellen Aufbau. Diese Konzeption besteht aus vier Modulen mit jeweils mehreren Elementen, wie im untenstehenden Schaubild illustriert:

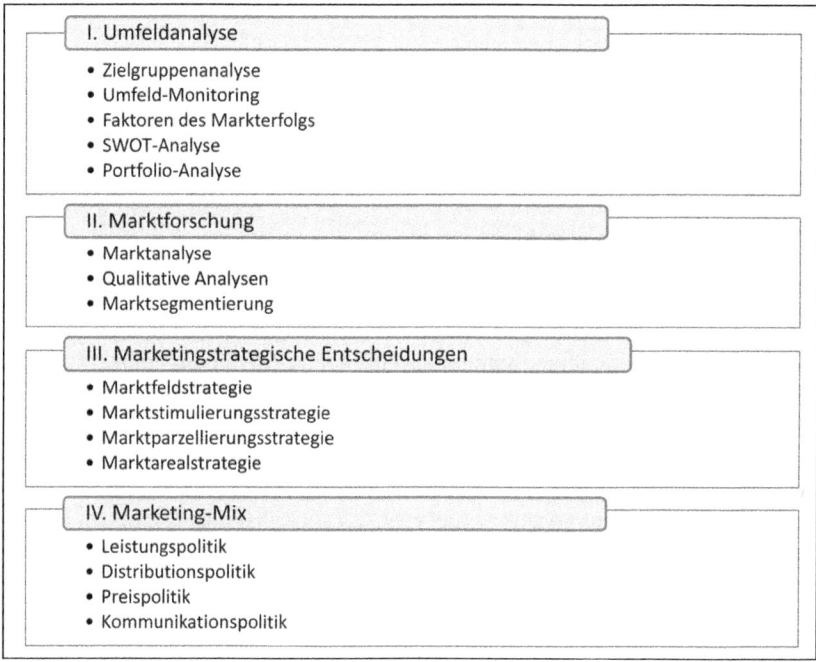

Abb. 6: Elemente des Sozio-Marketing-Konzepts

Die Grundlogik der Strukturierung dieser Marketingkonzeption folgt der an Effektivität und Effizienz ausgerichteten Maßgabe,
* dass vor dem Handeln das Entscheiden stehen muss,
* welches wiederum lediglich auf der Grundlage fundierter Informationen sinnvoll ist.

Der vierteilige modulare Aufbau mit seinen Schwerpunktsetzungen auf »Umfeldanalyse«, »Marktforschung«, »Marketingstrategische Entscheidung« sowie »Marketing-Mix« legt Wert auf die Beschaffung und Verwertung von Information in den ersten beiden Abschnitten, bevor dann Entscheidungen sowie die konkreten mittel- und langfristig bindenden Umsetzungen erfolgen können.

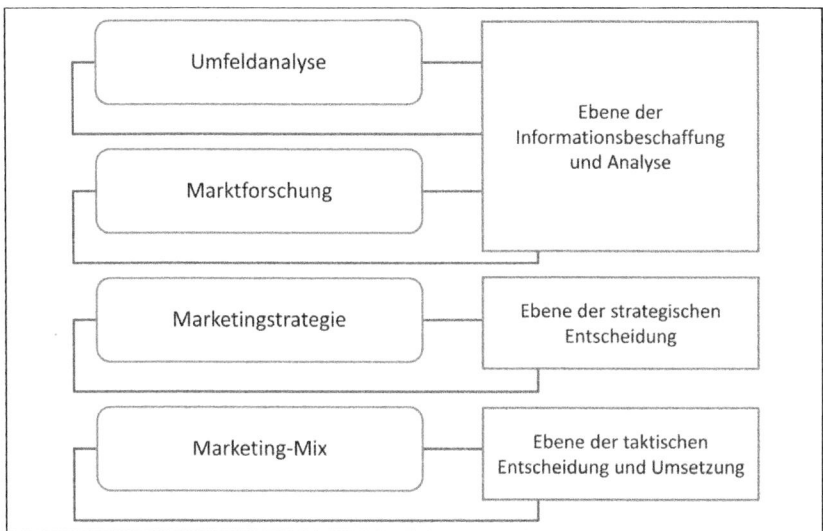

Abb. 7: Analyse- und Entscheidungsebenen des Sozio-Marketing-Konzepts

Folglich stehen in den ersten beiden Abschnitten der Umfeldanalyse und der Marktforschung entscheidungsrelevante Fragen der »informierten Organisation« im Vordergrund, erst dann können langfristige Festlegungen zum Marketing getroffen werden und im Marketing-Mix entsprechende marktbezogene Ausgestaltungen erfolgen.

2   Orientierung an rationalen Entscheidungen und relevantem Wissen

Es ist wichtig zu betonen, dass sich das Marketing möglichst vollumfänglich an rationalen Entscheidungen auf der Basis von relevantem Wissen orientieren muss. Hierbei können qualitative Vorgaben herangezogen werden, wie sie beispielsweise in den Anforderungen an Portale für das Wissensmanagement formuliert werden (vgl. bspw. Prange 2002):

- Ein direkter und schneller Zugriff auf handlungsrelevante Informationen muss möglich sein.

- Die Informationen sollten aus internen und systemübergreifenden Quellen stammen,
- sich auf wesentliche interne und externe Faktoren erstrecken sowie
- inhaltliche Korrektheit aufweisen.
- Entsprechende Informationsportale sollten die Möglichkeit haben, Informationen abzurufen und Informationen einzustellen.
- Das Informationsportal sollte eine gemeinsam nutzbare Ablage beinhalten und allen für das Marketing relevanten Personen/Mitgliedern der Organisation zur Verfügung stehen.

Expliziert werden kann der Faktor »relevantes Wissen« am Beispiel der Konkurrenzbeobachtung. Albach (2003) nennt Gütekriterien mit Verweis auf die Unternehmensberatung Boston Consulting Group, wonach das Wissen über Wettbewerber
- sich auf die wichtigsten Konkurrenten beschränken sowie
- glaubwürdig sein sollte
- und sich auf die entscheidenden Faktoren des Wettbewerbs beziehen muss.

3   Konzeption und Individualität

Marketingkonzeptionen können die Verantwortlichen sozialer Organisationen in marktbezogenen Fragen zu einer angemessenen Entscheidung befähigen, Sie können jedoch die konkrete Entscheidung aus verschiedenen Gründen nicht vorgeben.
- So müssen wir ganz allgemein davon ausgehen, dass jede konkrete Entscheidung beziehungsweise Umsetzung abhängig ist von den Gegebenheiten des jeweiligen Umfeldes der betroffenen Organisation sowie ihrer spezifischen Ressourcen.
- Darüber hinaus ist es auch Kennzeichen moderner unternehmerischer/sozialunternehmerischer Politik, eigenständige beziehungsweise individuelle Strategien zu entwerfen und zu verfolgen. Eine eigenständige Strategie kann und darf nicht von externen Instanzen vorgegeben werden.

Somit muss eine marktbezogene Entscheidung aus der eigenständigen Sondierung und der Individualität einer jeweiligen Organisation resultieren, übrigens auch unter Einbeziehung der Mitarbeiter, die letztendlich eine entsprechende Entscheidung und ihre Implikationen kurz-, mittel- sowie langfristig tragen müssen.

Dem Marketingkonzept verbleibt jedoch die nicht unwesentliche Aufgabe, für die marketingbezogenen Sondierungen, Analysen, Bewertungen sowie die anschließenden Entscheidungen ebenso stringente wie nachvollziehbare Konzeptionen bereit zu stellen und damit die Wahrscheinlichkeit zu erhöhen, dass der Weg zur Entscheidung strukturiert sowie unter dem Einsatz aller wesentlichen Instrumente und Verfahren beschritten worden ist.

Mit der vorliegenden Marketing-Konzeption für soziale Organisationen soll mithin ein Überblick über die notwendigen Abschnitte, Arbeitsschritte und Bestandteile gegeben und die Anwendung von diesbezüglich vorliegenden Instrumenten der Analyse und Entscheidung skizziert werden, um die Führungskräfte wie sonstigen Mitglieder einer Sozialen Organisation zu (mehr) Effektivität und Effizienz in marktbezogenen Entscheidungen unter Beachtung aller wesentlichen internen und externen organisationalen Gegebenheiten zu befähigen.

C   Umfeldanalyse

Die erste Stufe eines Marketingkonzepts soll mit dem Komplex der Umfeldanalyse nun beschritten werden. Sie dient vor allem der Ermittlung der Chancen und Risiken einer Unternehmung. Die verschiedenen Ansätze der Beobachtung und Bewertung richten sich zunächst nach außen mit dezidiert analytischem Blick auf die für eine jeweilige Sozialorganisation relevanten Umweltsegmente, die Innenperspektive wird dabei aber nicht außer Acht gelassen.

Je nach Bedarf und Kontext einer sozialen Organisation können verschiedene Instrumente eingesetzt werden. Das folgende Schaubild gibt eine Übersicht zu jenen bewährten Instrumenten, die in diesem Abschnitt besprochen werden sollen:

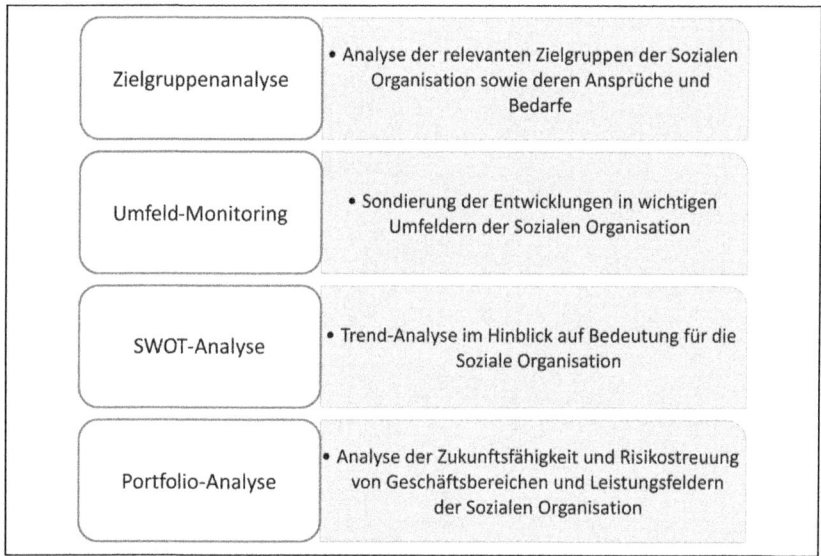

Abb. 8: Instrumente der Umfeldanalyse

Die Bedeutung der Klärung der Umfeldsituation sollte nicht unterschätzt werden, denn sie ist die Basis aller weiteren Schritte im Sozio-Marketing-Konzept. Eine Umfeldanalyse kann Ausgangspunkt für eine Innovation ebenso sein wie für eine preisliche Reaktion und vieles Andere mehr. Im Prinzip dient die Sondierung und Analyse von Umwelten aber zunächst einmal der möglichst frühzeitigen Problemerkennung und der möglichst baldigen Wahrnehmung von Marktchancen.

Buchner/Friedrich/Kunkel (2005, S. 143) formulieren die Relevanz der Umweltbeobachtung im Zusammenhang mit dem Marketing für Nichtregierungsorganisationen sehr deutlich mit dem Hinweis, dass die Umfeldanalyse als »Schlüssel zum Erfolg« wahrgenommen werden muss, aber umgekehrt Folgendes gilt:»Stimmt die Umfeldanalyse nicht oder wird sie lückenhaft durchgeführt, dann läuten noch vor dem Start der Kampagne die Totenglocken«. Es ist mithin die augenblickliche Ausgangslage einer sozialen Organisation so präzise als möglich zu erheben, zu dokumentieren, zu analysieren und zu bewerten, um aktuelle und zweckdienliche Anhaltspunkte für das weitere Vorgehen zu haben.

1   Zielgruppenanalyse

Dieser auch als »Stakeholder-Analyse« bezeichnete Untersuchungsschritt soll die soziale Organisation befähigen,

- einen Überblick über die für ihren Erfolg wesentlichen Institutionen im Umfeld zu gewinnen,
- den Anspruch beziehungsweise die Anforderungen zu klären, die diese Institutionen an die soziale Organisation stellen, sowie
- eine Konzentration des mittel- und langfristigen Marketinghandelns auf die Anliegen der zentralen bzw. besonders wichtigen Interessensträger im Umfeld vornehmen zu können.

Hintergrund dieses Abschnitts ist der Umstand, dass es auch für soziale Organisationen nicht genügt, sich ausschließlich auf die rein fachlichen Aspekte ihrer Tätigkeit zu konzentrieren. Organisationen sind eingebettet in soziale und kulturelle Kontexte bzw. Umwelten, sie müssen ihre Verhaltensweisen zu einem bestimmten Maße entsprechend den Erwartungen und Anforderungen ihrer sozialen Umwelten ausgestalten. In nicht unerheblichem Maße sind auch die Anbieter sozialer Dienstleistungen auf die Erfüllung der Erwartungen wichtiger Institutionen aus der Umwelt ihres Wirkens angewiesen, wobei es sich auch um Erwartungen handelt (bzw. handeln kann), die nicht unbedingt mit der Erfüllung von Fachstandards korrelieren oder mit diesen bereits befriedigend erfüllt sind.

Der Begriff von der »Interessensgruppe« beziehungsweise vom »Stakeholder« kann zunächst einmal relativ weit gefasst werden. Bea/Haas (2004, S. 89) sprechen davon, dass das »Betroffensein« von der Unternehmenstätigkeit bereits ausreichen kann, »um eine Beziehung herzustellen zwischen Umsystem und Unternehmung«. Zweck der Zielgruppenanalyse ist es, von der Umwelt ausgehende Unsicherheiten abzubauen. Im Bereich der sozialen Arbeit ist die Analyse der Stakeholder und deren Anforderungen allerdings besonders anspruchsvoll, weil soziale Organisationen in der Regel nicht nur mit diversen Aufgaben und Anliegen, sondern auch mit einer Vielzahl von wichtigen Stakeholdergruppen und Interessenscluster konfrontiert sind.

Eine Zielgruppenanalyse sollte in mehreren Schritten vollzogen werden:
(a) Zunächst sind alle für die Organisation relevanten Institutionen herauszuarbeiten. Nicht selten verdeutlicht diese Maßnahme den Verantwortlichen sowie den Mitarbeitenden zum ersten Mal, wie groß die Zahl von Interessen und Interessensgruppen ist, die für die Arbeit eine Rolle spielen. Zu den Stakeholdern einer Jugendhilfeorganisation zählen beispielsweise neben den Kostenträgern und natürlich den tatsächlichen wie potenziellen Klienten sowie deren Eltern auch die Nachbarschaft der Einrichtung, die allgemeine Öffentlichkeit, die Politik und die Medien. Wie die Systemtheorie betont, sind jedoch nicht nur externe Institutionen in diese Betrachtung aufzunehmen, auch die in der Organisation tätigen Personen sind aus dieser Perspektive heraus betrachtet »Umwelt«. Der Kreis der Interessen und Interessensgruppen kann systemtheoretisch korrekt also auch noch erweitert werden um die professionellen Mitarbeiter und Ehrenamtlichen der Organisation, den Vorstand, den Träger und den Landes- wie im Spitzenverband der betreffenden Institution.
Das folgende Schaubild zeigt ein typisiertes Umfeld einer sozialen Organisation auf:

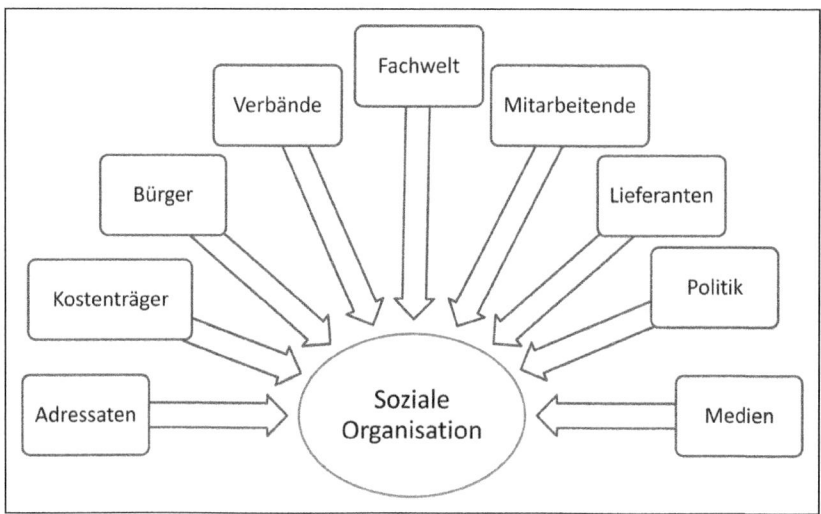

Abb. 9: Zielgruppen/Stakeholder einer sozialen Organisation

Nachdem dieser Schritt vollzogen ist, sind für jede der identifizierten Stakeholdergruppen die spezifischen Interessen, das heißt der Anspruch, der an die Sozialorganisation gestellt wird, zu identifizieren. Diese für die Situationsklärung einer sozialen Organisation nicht unwesentliche Analyse zeigt nicht nur die in der Regel beträchtliche Vielfalt der Anspruchshaltungen gegenüber der jeweiligen Organisation auf, nicht selten werden an dieser Stelle Paradoxien beziehungsweise widersprüchliche Interessen deutlich, mit welchen die betreffende Organisation konfrontiert ist. Deutlich kann unter Umständen auch werden, in welcherlei Hinsicht an eine soziale Organisation Ansprüche gestellt werden, die diese aus Gründen ihres fachlichen oder ethisch-normativen Selbstverständnisses gar nicht erfüllen kann.

Nachfolgend drei Beispiele zur Illustration des Problems:
• Nicht selten werden soziale Organisationen beispielsweise mit Ansprüchen aus dem Kreis der Bürgerschaft konfrontiert, die eine einfache Lösung sozialer Probleme einfordern. Regelmäßig muss diesbezüglich ein Konflikt mit fachlichen Grundlagen sozialer Arbeit konstatiert, aber auch austariert werden. So ist es ein typisches Beispiel, dass Geschäftsführende in Einkaufstraßen von der offenen Jugendhilfe eine „Beseitigung" von trinkenden Jugendlichen in ihrem Geschäftsbereich einfordern, dabei jedoch die Komplexität sozialer Problematiken ebenso verkennen wie Aufwand und Nebenwirkungen sozialer Interventionen.
• Pflegeeinrichtungen und Pflegedienste sind einerseits konfrontiert mit der ökonomisch nachvollziehbaren Forderung, entsprechende Leistungen so kostengünstig als möglich zu erbringen, damit die Abgaben für Versicherte und Steuerzahler auf Dauer nicht das Maß des Tragbaren übersteigen. Diese Anforderung wird in ähnlicher Form auch an soziale Institutionen im Gesundheitswesen herangetragen. Auf der anderen Seite sind die Forderungen von betroffenen pflegebedürftigen und erkrankten Menschen sowie deren Angehörigen nach einer menschenwürdigen und fachlich qualitätsvollen Pflege, Betreuung und Behandlung ebenso verständlich. Die solcherart mit paradoxen Erwartungen konfrontierten Träger und Einrichtungen können auf Dauer nicht in einem solchen »Spagat« tätig sein, insbesondere nicht vor dem Hintergrund von über Leitbilder und ähnlichen Selbstverpflichtungen geäußerten unhaltbaren Leistungsversprechen.
• Ebenfalls nicht selten ist die Situation der »unklaren Auftragslage«, in welcher die »Ziele« beziehungsweise »Erfolge« sozialpädagogischer und anderer sozialer Interventionen nicht spezifiziert sind. Diese auf den ersten Blick für die betroffenen Organisationen komfortable Ausgangslage ist aus Sicht des Marketings dann problematisch, wenn die Wirkungen von sozialer Arbeit von den Stakeholdern unterschiedlich bis willkürlich inter-

pretiert werden können. Sobald hierbei Unsicherheit und Kontingenz bestehen, birgt dies für die jeweilige Organisation immer die Gefahr, dass die Wirkung ihrer Arbeit von einzelnen Interessens- und Zielgruppen negativ ausgelegt wird und die soziale Organisation damit Einbußen im Image, in der Nachfrage und u.U. langfristig auch im Selbstverständnis erleidet.

Die nachfolgende Abbildung zeigt eine Vorlage für eine Analyse der Stakeholder-Erwartungen und den Realisationsgrad bzw. entsprechende Realisierungspotenziale einer sozialen Organisation. In der Regel werden sehr schnell Widersprüche zwischen Erwartungshaltungen, Möglichkeiten, Grenzen und Unmöglichkeiten der Erfüllung sowie die Notwendigkeit deutlich, Selektionen vorzunehmen. Vermieden werden muss das Problem einseitiger Interpretationen ebenso wie das der „weißen Flecken" in der Wahrnehmung relevanter Umwelten. Diesbezügliche Informations- und Unsicherheitsprobleme können nur durch eine Einbeziehung möglichst vieler Perspektiven reduziert werden.

Zielgruppe	Priorität	Erwartungen	Grad der Entsprechung

Abb. 10: Discussion Sheet zu Stakeholdererwartungen, Prioritäten und Potenzialen der Entsprechung

(b) Die Analyse der Stakeholder und ihrer Ansprüche soll also die Organisation in die Lage versetzten, auf der Grundlage einer möglichst ganzheitlichen und mehrdimensionalen Betrachtung Komplexitäten zu reduzieren, Widersprüche und Prioritäten zu erkennen und ggf. Konsequenzen für das Marketing abzuleiten.

Da nicht alle der Stakeholder gleich relevant für das Selbstverständnis sowie den Erfolg und Bestand einer sozialen Organisation sind, muss in einem letzten Schritt analysiert werden, welche die besonders bedeutsamen Institutionen sind, die im besonderen Fokus der Aufmerksamkeit auch der Marketingbemühungen der in Rede stehenden Organisation stehen können bzw. sollen. Damit ist eine Prioritätensetzung im Hinblick auf die Erfüllung von Ansprüchen aus der Umwelt der betroffenen Sozialen Organisation verbunden, d.h. die Organisation muss sich u.u. entscheiden, welchen Anforderungen sie in besonderem Maße entsprechen kann, will und muss. Solche Weichenstellungen haben im Zweifel gravierende Konsequenzen für spätere Festlegungen im Marketing-Mix, d.h. bei der Ausgestaltung von Leistung, Preis, Kommunikation etc. Sie sollten gut begründet sein und bedürfen des Rückhalts von allen wichtigen internen Stakeholdern.

Letztgenannter Hinweis gilt in einem besonderen Maße für Institutionen der Freien Wohlfahrtspflege. Seit vielen Jahren wird die soziale Arbeit (inklusive der Behindertenarbeit, großer Teile des Pflegewesens und auch einiger Bereiche der Gesundheitsversorgung) von freigemeinnützigen Organisationen getragen. Diese Organisationen basieren auf eine lange Tradition der gemeinnützigen und durch Werte ebenso inspirierten wie gebundenen sozialen Arbeit. Ihr organisatorisches Selbstverständnis, ihre Vorstellungen von Sinn und Zweck sozialer Arbeit sowie diesbezüglicher Dienstgemeinschaften etc. fußen auf bestimmten sozialpolitischen und/oder religiösen Werten, die nicht hinterfragt werden können, ohne die Organisationsform selbst infrage zu stellen. Um die Identität/Integrität dieser Trägerschaften aufrecht zu erhalten, sind klare Positionierungen angesichts teilweise eklatant widerstrebender Anforderungen verschiedener Zielgruppen unumgänglich.

2   Umfeld-Monitoring

Ein zweites Modul der Umfeldanalyse betrifft die Beobachtung und Einschätzung wichtiger Veränderungen des betrieblichen Umfeldes. Dieses Element kann auch als »Trend-Monitoring« bezeichnet werden, da es einen gewissen Überwachungscharakter aufweist. Es ist in das Marketing aufgenommen worden, weil sich die Erkenntnis durchgesetzt hat, dass das Überleben bzw. der Erfolg von Organisationen in hohem Maße davon abhängen, inwieweit sie den Veränderungen in ihrer Umwelt entsprechen können (vgl. bspw. Bruhn 2007). Über ein Umfeld-Monitoring soll die Organisation sich in die Lage versetzten, die für ihren Erfolg zentralen Faktoren in ihrer Entwicklung so umfassend zu beobachten, dass diese in nächsten Schritten sukzessive geordnet, bewertet und schließlich daraufhin analysiert werden können, ob und welcher Handlungsbedarf im Hinblick auf eine Anpassung an die veränderten oder absehbar sich verändernden Umweltfaktoren besteht.

Die Komplexität und Vielfalt der Umweltsphären zwingt zur sachdienlichen Modellbildung, Vereinfachungen sind einerseits unumgänglich, sollten andererseits so ausgestaltet werden, dass das Konstrukt für eine Beobachtung und Analyse von wesentlichen Faktoren tauglich ist.

In der Marketing-Theorie hat sich für die globale Betrachtungsdimension ein faktorielles Modell etabliert, das die globale Unternehmensumwelt in die Sphären (a) ökonomische Umwelt, (b) sozio-kulturelle Umwelt, (c) technologische Umwelt sowie (d) politisch-rechtliche Umwelt ausdifferenziert (vgl. bspw. Hungenberg 2004; Sander 2004).

(a) Zur Sphäre der ökonomischen Umwelt sozialer Organisationen zählen Faktoren wie Einkommensverhältnisse, Wirtschaftsentwicklung und Steueraufkommen, Infrastruktur- und Branchenentwicklung ebenso wie Zahlungsfähigkeiten von Kommunen und Ländern, Spendenbereitschaft der Bevölkerung, Tendenzen im Sponsoring oder auch die Zahl der aktuellen und potenziellen Konkurrenten.

(b) Die Sphäre der sozio-kulturellen Umwelt beinhaltet Elemente wie die Entwicklung von Werte- und Normenstrukturen in der Gesellschaft, Trends wie Individualisierung oder Anomietendenzen ebenso wie Veränderungen bei Konsumgewohnheiten, demographische Faktoren usw.

(c) Die technologische Umwelt enthält im sozialen Sektor Elemente wie Neuerungen im Bereich der Informationstechnologie, der Mobilität, aber auch die Entwicklung von fachlichen Standards und von Evaluationstechniken.

(d) Die politisch-rechtliche Umwelt sozialer Organisationen umfasst neben sozialrechtlichen Elementen auch den Bereich der politischen beziehungsweise sozialpolitischen Willensbildung auf der Ebene des Bundes sowie auf Landes- und kommunaler Ebene.

In der jüngsten Zeit wurde von einzelnen Autoren auch die »natürliche« Umwelt von Unternehmen beziehungsweise Organisationen als zusätzlicher Faktor aufgenommen oder in eine der bestehenden Dimensionen integriert.

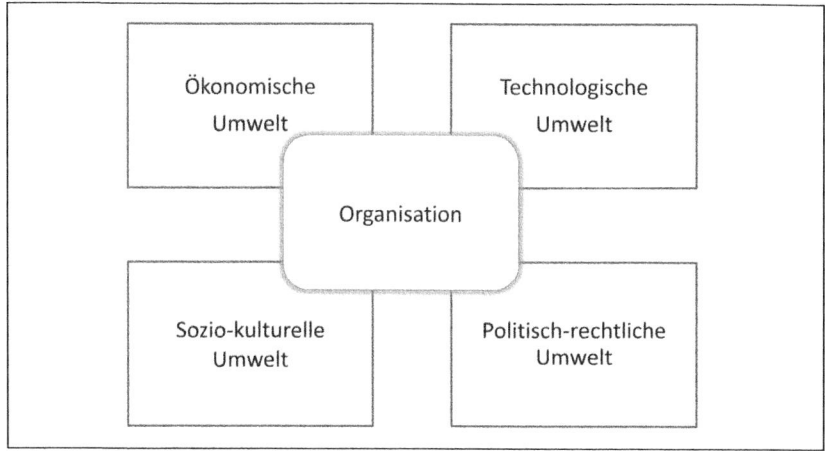

Abb. 11: Umfeld-Monitoring – globale Betrachtungsdimension

In Ergänzung hierzu werden häufig spezifische Faktoren vorgeschlagen (vgl. bspw. Krech 1998). Im Zusammenhang mit dem Sozio-Marketing sind vor allem die drei Segmente:

- Branche
- Markt sowie
- Wettbewerb

von Bedeutung, um eine hinreichend spezifische Ergänzung der globalen Faktoren zu gewährleisten.

Um die Branche bzw. den Geschäftszweig strukturiert betrachten zu können, empfiehlt sich das etablierte Modell der fünf Wettbewerbskräfte nach Porter (1995). Er unterscheidet dabei in:

- Markteintritte
- Gefahr durch Ersatzleistungen (Substitute)
- Verhandlungsstärke der Kunden
- Verhandlungsstärke der Lieferanten sowie
- Rivalität unter den bestehenden Wettbewerbern.

Dabei ist zu beachten, dass nicht alle fünf Kräfte gleichbedeutend für die Konstitution eines aktuellen Marktes sein müssen. Es ist durchaus möglich, dass einzelne Elemente den Markt stark dominieren. In der sozialen Arbeit kann dies beispielsweise die Verhandlungsstärke der Kostenträger sein, mithin die monopolartige Ausgangslage dieser Kundengruppe beim »Kauf« von Sozialleistungen. Durchaus praxisnah ist jedoch auch die Situation, dass in attraktiven Sozialmärkten Markteintritte durch andere Träger zu verzeichnen sind, mithin die Wettbewerbsintensität absehbar zunimmt.

Somit ergibt sich folgendes Bild von den Faktoren bzw. Dimensionen, die im Umfeld-Monitoring Beachtung finden müssen.

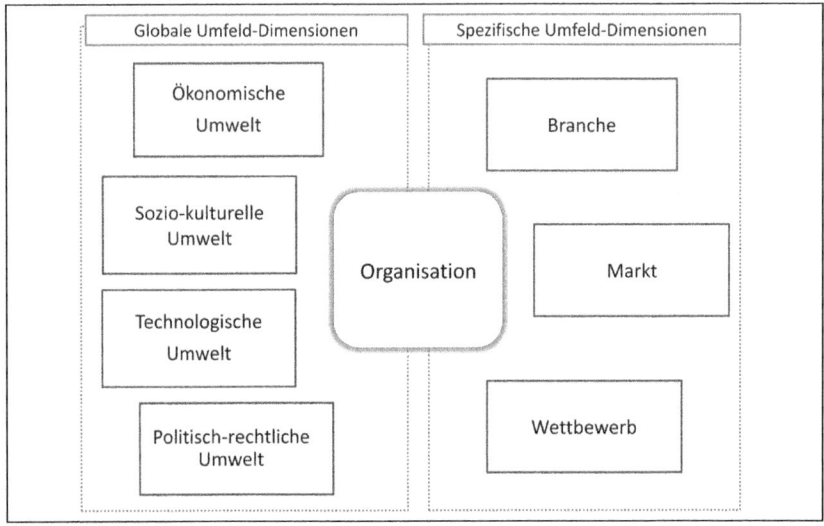

Abb. 12: Globale und spezifische Umfeld-Dimensionen

Soziale Organisationen sind aufgrund ihrer notwendigerweise limitierten Kapazitäten prinzipiell nicht in der Lange, jeden Umweltfaktor zu beobachten. In einem ersten wichtigen Schritt sind somit die für die betroffene Einrichtung oder den in Rede stehenden Träger die entscheidenden Umweltsegmente herauszuarbeiten, bevor sie einer systematischen Betrachtung unterzogen werden. In der Praxis der sozialen Arbeit haben sich verschiedene wichtige thematische Cluster herausgebildet, wobei neben fachlichen Standards und Bedarfen insbesondere technologische Veränderungen, veränderte Wettbewerbsstrukturen und wirtschaftliche Trends hervorzuheben sind.

Dies kann damit begründet werden, dass soziale Organisationen als bedarfsorientierte Fachinstitutionen den entsprechenden Veränderungen sowie den Standards der fachlichen Problemlösung besondere Aufmerksamkeit schenken müssen. Gleichzeitg sind sozialwirtschaftliche Unternehmen überwiegend auf Kostensätze und Zuwendungen aus öffentlichen Haushalten angewiesen, welche wiederum von Steuergeldern und damit letztendlich der wirtschaftlichen Entwicklung abhängen. Für den sozialen Sektor kann ausgesagt werden, dass sich wirtschaftliche Entwicklungen (meist mit einer gewissen Verzögerung, jedoch relativ sicher) in der Nachfrage nach sozialen Dienstleistungen durch die öffentliche Hand niederschlagen. Ein konjunktureller Einbruch in einem Jahr hat in der Regel bzw. für viele Sozialbranchen Rückgänge im Finanzierungspotenzial kommender Perioden bei Bund, Ländern und Gemeinden zur Folge.

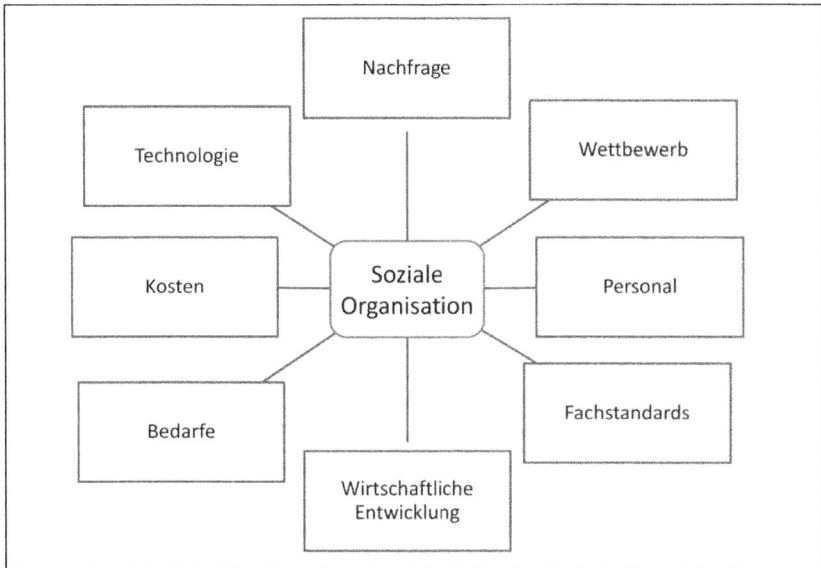

Abb. 13: Umfeld-Monitoring – thematische Cluster

Aber auch Trends, die im Bereich Personal oder Kosten liegen, können von großer Bedeutung für die erfolgreiche Arbeit einer Organisation im sozialen Bereich sein.

Die regelmäßige Analyse der wesentlichen Einflussfaktoren im Umfeld einer Einrichtung ermöglicht es den Organisationen in den folgenden Schritten, problematische, aber auch günstige Veränderungen rechtzeitig und gegebenenfalls schneller als andere Anbieter wahrzunehmen und sich auch rechtzeitig und schneller auf Veränderungen einzustellen. Absehbare Engpässe bei der Nachfrage, veränderte Anforderungen der Adressaten oder der Kostenträger, aber auch absehbare Schwierigkeiten bei der Gewinnung von Mitarbeitenden aufgrund rückläufiger Nachwuchszahlen oder einem starken Ausbau eines bestimmten Leistungsbereiches und der damit verbundenen großen Nachfrage nach Personal können so rechtzeitig erkannt werden und frühzeitig in die Strategie einer sozialen Organisation einfließen.

Lüdkemeier (2004, S. 79 f.) schildert die Notwendigkeit einer Umfeldanalyse für den Bereich der Hilfen zur Erziehung sehr anschaulich: »Sich rechtzeitig und konsequent mit Veränderungen auseinander zusetzen ermöglicht eine solide Form, fachlich, wirtschaftlich und unternehmenspolitisch notwendige Entscheidungen treffen zu können. Damit werden Risiken reduziert. Die Auseinandersetzungen über damit verbundene Chancen, aber auch persönliche und institutionelle Grenzen müssen frühzeitig geführt werden. Wer Auseinandersetzungen erst führt, wenn sich Veränderungen bereits vollzogen haben, wird im Wettbewerb keine Chance haben«.

Er führt an gleicher Stelle einige Umfeldveränderungen an, die als typisches Beispiel für Jugendhilfelandschaften im Bereich der Hilfen zur Erziehung gelten können:

- »Die Finanzierung öffentlicher Ausgaben wird auf Jahre hinaus massiv abnehmen.
- Die demographische Entwicklung wird die Zahl der zu betreuenden Kinder deutlich reduzieren.
- Konzepte zur Förderung der Unterbringung von Kindern in Pflegefamilien anstelle von Heimen werden Schwerpunktthema viele Jugendämter.
- Ganztagsgrundschulen werden neben Freizeitbetreuungsangeboten logischerweise auch Teile einer psychosozialen Versorgung integrieren müssen.
- Schon kurzfristig steigt der Druck auf die Betreuungs- und Pflegesätze, der erste große Wohlfahrtsverbände aus tariflichen Bindungen aussteigen lässt. Nur durch Einsparungen im Personalbereich lassen sich Kosten minimieren.
- Die gesellschaftlichen Vorstellungen dessen, was Kindeswohlgefährdung überhaupt ist, werden auseinander gehen und möglicherweise dazu führen, Interventionsgründe seltener zu akzeptieren.
- Es wird ein massiver Wettbewerb um Aufgaben zwischen den Trägern entfacht. Bindungen und Verpflichtungen aus ‚alten Zeiten' verschwinden in den nächsten fünf Jahren.
- Das Arbeitsfeld der erzieherischen Hilfen wird komplexer und schwieriger und die Aufgaben werden nur von im Höchstmaß befähigten MitarbeiterInnen zu bewältigen sein«.

Assoziationen mit Begriffen wie »Radar« und »Frühwarnsystem« sind bei diesem Instrument durchaus erlaubt. Häufig ist es in sozialen Organisationen notwendig, ein Bewusstsein für die Relevanz und Turbulenz von Umweltfaktoren zu schaffen, jedoch im Anschluss hieran auch ein System der Beobachtung zu konzipieren, welches die Gewähr einer nachhaltigen Sicherheit gegenüber vermeintlich überraschenden Umweltveränderungen geben kann. Eine Person (bspw. in Form eines Geschäftsführers) ist in größeren Organisationen häufig nicht mehr in der Lage, eine solche Aufgabe (alleine) zu übernehmen. Nicht selten sind Sozialorganisationen in zu vielen Geschäftsfeldern gleichzeitig engagiert, als dass es möglich wäre, die Vielfalt an relevanten Veränderungen in den genannten Segmenten der Umwelt noch zu beobachten und ein ausreichendes Risikomanagement zu betreiben. Einige größere Träger der Wohlfahrtspflege sind mittlerweile dazu übergegangen, systematische Marktbeobachtungen und die Analyse von Trends auszulagern an spezialisierte wissenschaftliche Agenturen und/oder Hochschulinstitute.

Allerdings sollte eine Organisation in der sozialen Arbeit für sich nicht nur die Möglichkeiten schaffen, eine dauerhafte Beobachtung der relevanten Umweltsegmente vornehmen zu können, sie muss auch in der Lage sein, Beobachtungen zu deuten und bei Bedarf frühzeitig Konsequenzen aus einem antizipierten Wandel zu ziehen. Es genügt also nicht, von Veränderungen zu wissen, diese müssten auch interpretiert und so rasch als möglich in Handlungen umgesetzt werden.

3   Analyse der Faktoren des Markterfolgs

»Ein Markt ist die Gesamtheit der wirtschaftlichen Beziehungen zwischen Anbietern und Nachfragern eines bestimmten Gutes oder einer bestimmten Gütergruppe« (Bea/Haas 2004, S. 92). Für das Marketing ist die Passung von System und Umwelt sehr wichtig, man spricht in diesem Zusammenhang von einem strategisch angemessenen »System-Umwelt-Fit« (a.a.O., S.20). Für die Beantwortung der Frage, welchen der potenziell vielen Umweltfaktoren in der Beobachtung und Bewertung eine besondere Aufmerksamkeit zukommen sollte, kann die Bestimmung der Faktoren des Markterfolges hilfreich sein. In der Regel sind auch in sozialen Märkten nicht alle Faktoren gleich wichtig, praktisch jeder Markt weist eine überschaubare Zahl an zentralen Elemente auf. Es ist jedoch darauf hinzuweisen, dass sich (möglicherweise sogar kurzfristig) Veränderungen ergeben können.

Im untenstehenden Schaubild wurde eine Reihe von potenziellen Faktoren des Markterfolges aufgenommen. Wie zu sehen ist, reicht die Palette möglicher Gründe für nachgefragte soziale Organisation von der fachlichen Fähigkeit zur Problemlösung (aus Sicht des Kostenträgers oder der Adressaten) über den Ruf einer Organisation, ihre Ausstattung, ihre Kooperationsmöglichkeiten bis hin zum Preis und zu besonderen Kompetenzen der Mitarbeiter.

Elementarfaktoren für Markterfolg sind in der Erwerbswirtschaft traditionellerweise der Preis sowie die Qualität eines Angebotes. Diese Gründe für die Inanspruchnahme oder Nicht-Inanspruchnahme eines Angebotes haben in der Sozialen Arbeit in den vergangenen 20 Jahren ebenfalls an Bedeutung zugenommen. Mittlerweile treffen wir auch im sozialen Sektor auf lokale Märkte, die von strengen preislichen oder qualitativen Vorstellungen der Kostenträger dominiert sind. Zu berücksichtigen sind dabei auch spezifische Kombinationen von Preis, Leistung, Ausstattung, Image etc. Darauf wird in kommenden Abschnitten noch genauer zurück zu kommen sein.

Image des Trägers	Image der Einrichtung	Fachlichkeit	Problemlösungs- kompetenz
Kompetenz der Mitarbeiter	Management- qualitäten	Zuverlässigkeit	Beziehungen nach außen
Preis	Qualität	Ausstattung	Kapazität
Kooperations- möglichkeiten	Standort	Produktpalette	Substitutions- möglichkeiten des eigenen Angebots
	Substitutions- möglichkeiten anderer Angebote	Innovations- fähigkeit Flexibilität	

Abb. 14: Potenzielle Faktoren des Markterfolgs

Infrage kommen darüber hinaus noch Faktoren wie der Standort (bei stationären Einrichtungen, bei Beratungsstellen, aber auch bei publikumsabhängigen Einrichtungen wie Jugendtreffs, Familienbegegnungsstätten etc.) sowie die Substitutionsmöglichkeiten eines Angebotes. Üblicherweise erleidet eine Leistung, die von einer günstigeren Leistungsform mit vermeintlich gleicher Wirkung ersetzt werden kann, sehr rasch einen Einbruch in der Nachfrage. Umgekehrt sind Leistungsformen mit hoher Problemlösungskompetenz, die nicht oder nur schwer ersetzbar sind sowie vergleichsweise wettbewerbsfrei angeboten werden können, in der Regel mit einer hohen und nachhaltigen Nachfrage versehen.

4 SWOT-Analyse

Zur Analyse von Umwelttrends bedient sich das Marketing über die genannten Instrumente hinaus einiger weiterer Vorgehensweisen, die originär im strategischen Management entwickelt wurden. Eines der bekanntesten Analyseinstrumente, die hierzu adaptiert worden sind, ist die so genannte »SWOT-Analyse«.

Das Konzept wurde bereits in den 60er Jahren des letzten Jahrhunderts von der amerikanischen Harvard Business School entwickelt, um ein einfaches System der Analyse mit Bewertungsmöglichkeiten zu erhalten. (Vgl. bspw. zu Knyphausen-Aufseß 2004) »SWOT« entstammt als Abkürzungsreihe dem englischen Sprachraum und bedeutet die Analyse der Stärken (S für engl. Strenghts), der Schwächen (W für engl. Weakenesses), der Gelegenheiten (O für engl. Opportunities) sowie der Gefahren (T für engl. Threats).

Bei dieser Betrachtung werden also alle von der Sozialorganisationen beobachteten und als wichtig angesehen Umfeldveränderungen in einer nach innen gerichteten Analyse daraufhin überprüft, ob sie den bisherigen Stärken der Organisation entsprechen oder ob ein Trend in der Umwelt zu erkennen ist, der mit einer Schwäche der Organisation korreliert. Da im Zentrum der Überlegungen immer mögliche Wettbewerbsvorteile bzw. die Vermeidung von Wettbewerbsnachteilen stehen, ist für die Analyse der künftigen Marktchancen folglich im nächsten Schritt die Untersuchung von Umwelttrends daraufhin bedeutsam, ob sie für die jeweilige betroffene Organisation als eine Gelegenheit im Sinne einer »Marktchance« zu verstehen sind, oder sie eine Gefahr darstellen.

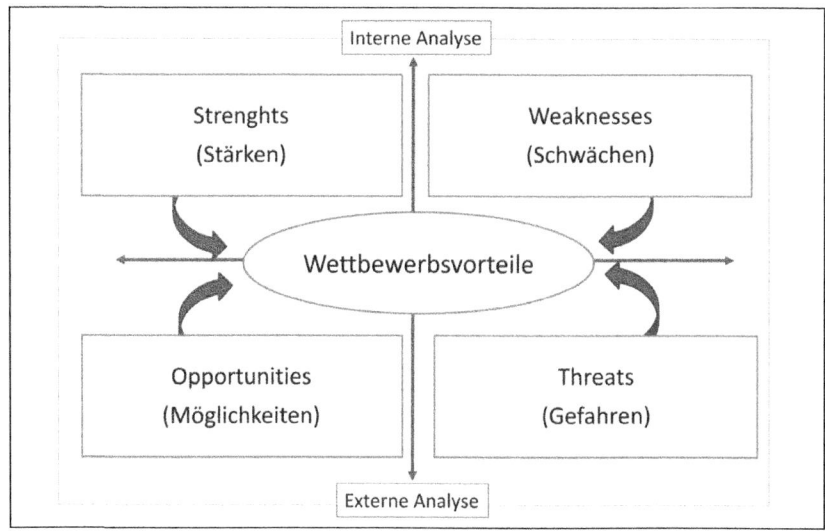

Abb. 15: SWOT-Analyse

Auch für den Sozialmarkt gilt mittlerweile der Befund, dass nichts so stetig ist, wie der Wandel. Nicht alle Organisationen im Bereich der Wohlfahrtspflege haben im Zuge der Veränderungen der letzten beiden Dekaden die »Zeichen der Zeit« erkennen können – nicht wenige jener Organisationen, die sich nicht, nicht rechtzeitig oder falsch auf Veränderungen eingestellt haben, mussten zahlungsunfähig aus dem Kreis der Anbieter ausscheiden. Es ist davon auszugehen, dass auch künftig die Umwelten sozialer Organisationen instabil bleiben, unter Umständen könnte die Geschwindigkeit des Wandels in einigen Sektoren des Sozialmarkts auch noch zunehmen. Wie stark sich Trends im Bereich der sozialpolitischen Willensbildung und der fachlichen Entwicklung letztendlich auch auf eine veränderte Nachfrage nach sozialen Dienstleistungen niederschlagen können, zeigte sich bei der zunehmend stärkeren Hinwendung zu preisgünstigen Leistungen auf Seiten der Kostenträger, die erhebliche Verschiebungen in der Auftragslage von stationär zu ambulant und (dort wiederum zu weniger aufwändigen Angeboten) nach sich gezogen hat.

Seitdem die sozialpolitische Willensbildung eine Abkehr von sozialplanerischen Vorgaben und Zugängen sowie eine Hinwendung zu Markt und Wettbewerb auch im Bereich der sozialen Arbeit vollzogen hat, sind Anbieter von sozialen Dienstleistungen in den meisten Feldern gezwungen, auch die Zahl der Wettbewerber als einen wichtigen Umweltfaktor in die Beobachtung und in das Kalkül einzubeziehen. Im Bereich der Altenpflege sind nicht wenige Insolvenzen daraufhin zurückzuführen gewesen, dass zwar die Zahl der Nachfrage richtig, die Zahl der konkurrierenden Anbieter jedoch falsch, das heißt zu niedrig angesetzt wurde und entsprechende Entwicklungen von den betroffenen Organisationen nicht rechtzeitig wahrgenommen worden sind. Veränderungen sind jedoch auch im Bereich der Jugendhilfe zu beobachten, hier sind in einigen Regionen deutliche Verschiebungen im Konkurrenzspektrum u. A. durch das gestiegene Engagement gewerblich ausgerichteter Anbieter zu konstatieren.

Einige konkretere Beispiele sollen die SWOT-Analyse in Praxis verdeutlichen:

- Eine Anlauf- und Beratungsstelle für Strafgefangene und Haftentlassene erfährt aus Justizkreisen, dass im Vollzug künftig ein stärkeres Gewicht auf neue Konzepte des Übergangsmanagements gelegt werden soll. Da die Anlauf- und Beratungsstelle bereits über entsprechende Kompetenzen in anderen Zusammenhängen verfügt, bringt sie bei den Beratungen und Konzeptionen eines neuen Übergangsmanagements des Landkreises ihr Wissen aktiv ein und stabilisiert damit ihre gute Imageposition bei Kostenträgern und politischen Entscheidern. Hier wurden also Gelegenheiten bzw. Chancen identifiziert, die mit Stärken der Organisation korrelieren.
- Eine Einrichtung der Kinder- und Jugendhilfe erfährt von ihrem zuständigen Jugendamt, dass künftig über ein fachliches Controlling die Qualität der

Leistungserbringer überprüft und auch die Auftragsvergabe über die Ergebnisse einer regelmäßigen Evaluation gesteuert wird. Die Einrichtung hat sich bisher noch nicht mit Fragen des fachlichen Controlling und der Evaluation/ Selbstevaluation beschäftigt. Da dies einerseits als Schwäche, andererseits als Bedrohung der Marktposition wahrgenommen wird, entschließt sich die Einrichtung, weitere Sondierungen vor- sowie die Beratung eines externen wissenschaftlichen Instituts wahrzunehmen.

- Ein Träger der Jugendhilfe erhält die Prognose, dass mittelfristig die Höhe der Zuwendungen in seinem Arbeitsgebiet bestenfalls stagnieren, wahrscheinlich sogar abnehmen wird. Im Benchmarking mit anderen Trägern wurde erkannt, dass der Umfang der über Spendengelder finanzierten Arbeit bei diesem Träger sehr gering ist. Dies wird als Schwäche wahrgenommen, die in Zukunft geringeren Zuwendungen der öffentlichen Hand werden als Bedrohung angesehen. Maßnahmen zur Qualifizierung der Drittmittelakquise werden unternommen, Flexibilisierungen von Arbeitsverhältnissen werden angestrebt.

- Ein Träger der Familienhilfe erfährt, dass die politisch relevanten Institutionen im Sozialraum in den kommenden Jahren viel Wert auf Netzwerkarbeit und Netzwerk-Management legen möchten. Eine entsprechende politische Entscheidung mit bindendem Charakter steht unmittelbar bevor. Der Träger nimmt dies eindeutig als Chance war, weil er schon über vielfältige Kompetenzen in der Netzwerkarbeit verfügt, als Organisation nachgewiesenermaßen sehr netzwerkfähig ist und weil der Träger beziehungsweise seine Mitarbeiter bereits in der Vergangenheit als engagierte Netzwerkpartner im Sozialraum bekannt geworden sind.

In der Handhabung der SWOT-Analyse sind einige Hinweise zu beachten, um die Analyse als fundierte Datenbasis für weitere Sondierungen und Entscheidungen nutzen zu können (vgl. Bickhoff 2008):
- Die Aussagen im Rahmen der SWOT-Analyse sind stets deskriptiv zu halten. Eine Ableitung von Handlungen oder Handlungsalternativen ist im Rahmen dieses Instrument ist noch nicht vorgesehen. Die SWOT-Analyse ist als ein Werkzeug gedacht, welches lediglich Informationen vorsortiert. Normative Schlüsse sind zu diesem Zeitpunkt noch nicht angezeigt. Insofern haben wir in einigen unserer obenstehenden Beispiele zum Teil bereits das Feld der deskriptiven Analyse verlassen und sind in den Handlungskontext eingetreten.
- Es muss eine Konzentration auf Informationen zur externen Analyse erfolgen. Der Weg der Informationswahrnehmung und der Verarbeitung geht von außen nach innen. Es werden bei diesem Instrument Informationen über Veränderungen in der Umwelt der sozialen Organisation als Gelegenheit oder als Gefahr sowie (im Anschluss) im Abgleich mit Stärken und Schwächen

der jeweiligen Organisation untersucht. Damit ist die SWOT-Analyse eine Vorgehensweise, die explizit auf eine für die Umwelt sensible Organisation abstellt und die die Relevanz von Veränderungen im Umfeld erkennt. Signale der Veränderung werden erst im zweiten Schritt mit Stärken und Schwächen abgeglichen.

• Die Trennschärfe bei der Unterscheidung zwischen interner und externer Analyse ist möglichst durchgehend aufrecht zu erhalten. Jegliche Form von Vermischung behindert die einer SWOT-Analyse nachgeordneten Überlegungen zu Handlungsalternativen. Insoweit sind die Sondierungen von Gefahren oder Chancen der Umfeldveränderungen zunächst gedanklich zu trennen von den Überlegungen zu diesbezüglichen Stärke-/Schwächen-Positionen der Organisation. Eine Verbindung erfolgt erst im zweiten Schritt.

Die externe Analyse wird übrigens üblicherweise als »Business-Perspektive«, also als Blick auf die Geschäftswelt- oder Aussichten bezeichnet, die interne Analyse von Stärken und Schwächen dagegen als »Corporate-Perspektive« also als Blick auf die Möglichkeiten und Grenzen des Leistungspotenzials einer Organisation.

Um die Möglichkeiten einer Verortung von verschiedenen Umfeldinformationen in die vier Felder des SWOT-Analyserasters auch in einem komplexeren Zusammenhang zu verdeutlichen, soll folgendes konkretes Beispiel aus der Praxis der Privatisierung von Kindertagesstätten herangezogen werden: Im Zuge der Aufgabenentlastung werden vom zuständigen öffentlichen Träger bislang städtische Einrichtungen an freie Träger im Rahmen eines Wettbewerbsverfahrens (unter Beteiligung des öffentlichen Trägers, der Ortsvorstände sowie der Elternvertreter) vergeben. Ein freier Träger der Jugendhilfe erwägt nun, diese Option wahrzunehmen und sich für die Übernahme einer Kindertagesstätte in einem konkreten Sozialraum zu bewerben.

Folgende Faktoren wurden im Zuge der SWOT-Analyse nach Bekanntgabe der Privatisierungspläne des öffentlichen Trägers herausgearbeitet:

Tab. 1: SWOT-Analyse am Beispiel Kindertagesstätte

Nr.	Information	Bewertung
1	Der Betrieb einer Kindertagesstätte harmoniert mit dem bisherigen Image der Trägerschaft	Stärke
2	Eine Kindertagesstätte im Portfolio der Angebote würde das bisherige Image des Trägers noch weiter aufwerten	Chance
3	Die Privatisierung von Kindertagesstätten wird in den kommenden Jahren mit Subventionen jener Träger begleitet, die entsprechende Einrichtungen übernehmen	Chance
4	Die allgemeine politische Aufwertung der frühkindlichen Bildung lässt erwarten, dass Kindertagesstätten in Zukunft angemessen ausgestattet werden	Chance
5	Im betreffenden städtischen Gebiet herrscht bereits eine hohe Angebotsdichte an Kita-Plätzen	Gefahr
6	Private Anbieter planen, im betreffenden Einzugsgebiet ebenfalls Kindertagesstätten zu öffnen	Gefahr
7	Der Mitarbeitermarkt ist im Bereich der frühkindlichen Bildung äußerst angespannt	Gefahr
8	Der Träger hat keine ausreichende Ebene des mittleren Managements aufzuweisen, um beispielsweise Aufgaben der Fachberatung und der Führung und Leitung oberhalb von Einrichtungsleitung qualitativ hochwertig zu erfüllen	Schwäche
9	Über das Betreiben einer Kindertagesstätte ergibt sich für den Träger die Möglichkeit der zusätzlichen beziehungsweise ergänzenden Mitfinanzierung von Gemeinkosten wie Geschäftsstelle, technische Dienste etc.	Chance
10	Die Analysen der Migration zwischen den Sozialräumen in dieser Stadt ergaben, dass Familien mit Kindern eine zunehmende Tendenz zum Abwandern aus dem betreffenden städtischen Gebiet aufweisen	Gefahr
11	Die demographische Entwicklung in diesem kommunalen Raum insgesamt lässt eine abnehmende Zahl an Kunden in den kommenden Jahren erwarten	Gefahr

Die entsprechenden Einschätzungen der einzelnen Informationen sind nun in die SWOT-Matrix einzutragen. Dies wird im Folgenden über die Nummer der jeweiligen Informationen in der linken Spalte der Tabelle geschehen, um eine Übersichtlichkeit bei der Verortung aufrechtzuerhalten:

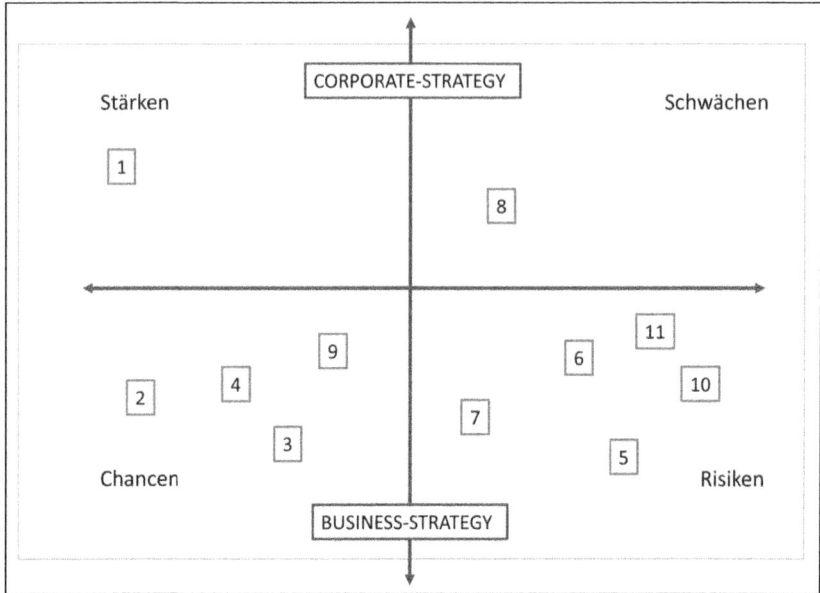

Abb. 16: SWOT-Matrix – Übernahme einer Kindertagesstätte

5   Portfolio-Analyse

Ursprünglich wurde die Portfolio-Analyse von Wertpapieranlegern genutzt, um die Risikostreuung ihrer Anlagen einzuschätzen. Das Ziel dieser Betrachtung war letztendlich die Realisierung einer akzeptablen Mischung aus Papieren mit hohem Wagnis (und potenziell höherer Rendite) sowie solchen mit niedrigerem Risiko (und entsprechend geringeren Renditeaussichten). Es war mithin das Bestreben der Portfolio-Analyse, die Eigner der Wertpapiere in den Stand einer kalkulier- und beherrschbaren Risikostreuung ihrer Investitionen zu versetzen.

Die Portfolio-Analyse wurde in den siebziger Jahren von der amerikanischen Boston Consulting Group in den Bereich der Analyse diversifizierter Geschäftstätigkeiten größerer Unternehmen einbezogen (vgl. Henderson 1971; Wolf 2005). Sie hat sich als im Laufe der Zeit als ein überschaubares und praktikables Instrument zur Reduktion komplexer Umweltinformationen bewährt. Im Zeichen wachsender Unternehmen und einer zunehmend größeren Zahl an verschiedenen Märkten, in welchen Unternehmen gleichzeitig vertreten sind, ist dieses Instrument mittlerweile im erwerbswirtschaftlichen Management und Marketing verbreitet präsent, um eine fundierte Übersicht zu Risiken und Nebenwirkungen des unternehmerischen Wirkens zu erhalten.

Dieses Instrument ist im Sozio-Marketing ebenfalls anwendbar, um die Risikostreuung der einzelnen Geschäftsfelder abzuschätzen. Relevant ist diese Analyse der Zukunftsperspektiven einzelner Angebote und Leistungen für solche soziale Organisationen bzw. Träger, die mehrere Einrichtungen bzw. Angebote in mehreren Leistungsbereichen vorhalten. Besonders zu empfehlen ist das Instrument in solchen Sozialorganisationen, die eine komplexere sowie historisch gewachsene Angebotsstruktur aufweisen. Sicherlich erreichen Trägerschaften in der Wohlfahrtspflege nicht die Größenordnungen erwerbswirtschaftlicher Multis. Träger, deren Einrichtungen und Dienste in zehn und mehr Feldern der Sozialpädagogik, Pflege, Rehabilitation, Beratung usw. tätig sind, können jedoch nicht als besondere Ausnahme angesehen werden, sondern sind der Normalfall eines mittelständischen Sozialunternehmens.

Ausgangspunkt der Analysen ist die nach der Boston Consulting Group genannten »BCG-Matrix«, die Marktanteil und Marktwachstum als entscheidende Parameter beinhaltet. Es geht dabei im Einzelnen darum,

- rechtzeitig zu erkennen, welche der verschiedenen Angebotsformen sich mittel- und langfristig auf einen Rückgang der Nachfrage einzustellen haben,
- und umgekehrt welche der Leistungsbereiche eines Trägers oder einer Einrichtung zukunftsfähig sind und damit größeres Engagement verdienen.

Die Portfolio-Analyse ist Basis für die anschließende grundsätzliche Entscheidung über das weitere Engagement in den jeweiligen Feldern. Die Arbeitsfelder werden dabei als strategische Geschäftseinheiten behandelt. Strategische Entscheidungen haben gewöhnlich eine längerfristige Bindung, weisen also eine mindestens drei-, meist sogar eine fünf- bis sieben-jährige Perspektive auf.

Die Analyse erfolgt anhand von zwei Dimensionen bzw. Faktoren, die für die Zukunft eines Geschäftsfeldes von eminenter Bedeutung sind:

- Jedes Geschäftsfeld beziehungsweise jede Leistungsform wird daraufhin untersucht, welches Marktwachstum beziehungsweise welche Nachfrage künftig zu erwarten ist.
- Zudem werden die Geschäftsfelder mit der Frage konfrontiert, welche augenblickliche Akzeptanz das Angebot aufweist. Üblicherweise wird die gegenwärtige Akzeptanz beziehungsweise Nachfrage mit dem Marktanteil zum Ausdruck gebracht.

Damit ist beabsichtigt, eine Korrelation der Zukunftsaussichten mit dem augenblicklichen Erfolg eines Angebots auf dem Markt herzustellen und damit auch die Position im zukünftigen Gefüge des Angebotsspektrums eines Trägers beziehungsweise einer Einrichtung herauszuarbeiten.

Das folgende Schaubild zeigt die Portfolio-Analyse in graphischer Form:

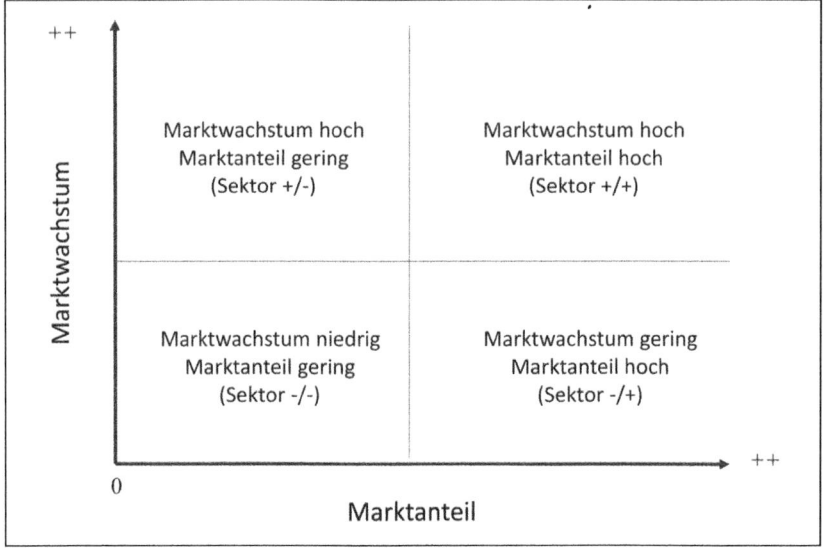

Abb. 17: Portfolio-Analyse

Nachdem jedes der untersuchten Angebote bzw. Leistungsfelder als strategische Geschäftseinheit eine Position im Gefüge des Portfolios erhalten hat, kann eine Bewertung des weiteren Vorgehens dergestalt vorgenommen werden,

- dass insbesondere jene Angebotsformen als „Star" gepflegt und mit Investitionen bedacht werden, die sowohl ein künftiges Marktwachstum erwarten dürfen, als auch bereits jetzt von den »Kunden« geschätzt werden beziehungsweise einen hohen Marktanteil aufweisen. Diese Angebotsformen finden üblicherweise im Sektor (++) wieder, welcher rechts oben in dem Portfolio liegt.

- Umgekehrt sollten sich jene Angebotsformen oder Geschäftsfelder auf eine mehr oder weniger rasche Einstellung der Geschäftstätigkeit beziehungsweise erheblich reduzierte Investitionen vorbereiten, welche eine (schwierige) Position im Quadranten (--) links unten einnehmen müssen, denn in diesem Bereich ist kein oder ein nur geringes künftiges Wachstum der Nachfrage sowie ein nur geringer Marktanteil bzw. eine geringe Akzeptanz bei den »Kunden« zu konstatieren.

- Jene Angebote oder Geschäftsfelder, die aufgrund eines zwar hohen Marktanteils, aber geringem Marktwachstum im Quadranten (- +) rechts unten eingeordnet werden müssen, genießen zwar einerseits noch hohe Aufmerksamkeit aufgrund ihrer guten Akzeptanz in der Nachfrage, weisen jedoch wegen geringer Marktaussichten unterdurchschnittliche Zukunftsperspektiven auf.

Diese Angebotsformen werden üblicherweise mit geringeren Investitionen bedacht, weil sie aufgrund des antizipiert mangelhaften Marktwachstum zumindest mittel- bis langfristig wenig Perspektiven haben.

• Schwieriger einzuschätzen ist die Lage jener Angebote, welche in das Portfolio links oben eingeordnet werden. Diese Angebotsformen befinden sich zwar in einem wachsenden Markt und können auf eine künftig höhere bis hohe Nachfrage hoffen, weisen andererseits zum gegenwärtigen Zeitpunkt noch keinen hohen Marktanteil auf. Hier wäre zu entscheiden, ob beispielsweise durch Investitionen in die Qualität (wenn möglich) oder in die Kommunikationspolitik die Akzeptanz in der Nachfrage gesteigert werden kann und somit an dem künftig insgesamt höheren Marktwachstum partizipiert werden kann. Aber gerade die Investition in ein Geschäftsfeld mit Fragezeichen bleibt ein riskantes Unterfangen und sollte nicht übertrieben werden.

Idealtypische Reaktionen auf Portfolio-Positionen von Geschäftsfeldern sind in der folgenden Matrix zusammengefasst:

Abb. 18: Typische Reaktionen auf Portfolio-Positionen

Wie zu sehen ist, kann bei Trägern der Wohlfahrtspflege mit einem größeren Geschäftsfeldaufkommen eine Portfolio-Analyse »Überhänge« bzw. Einseitigkeiten im Produktportfolio aufdecken und das Risiko der Streuung von Angebots-/Geschäftsfeldern darstellen wie mindestens mittelfristig minimieren. In nicht wenigen Fällen haben sich Träger der sozialen Arbeit mit einem falschen Mix aus Leistungen und Leistungsfeldern in (finanzielle) Schwierigkeiten gebracht, so beispielsweise bei einer zu starken Dominanz von lediglich zuwendungsfinanzierten Jugendhilfeangeboten, welche stets mit dem schwer kalkulierbaren Risiko der kurzfristigen Förderung und Unsicherheiten über die mittelfristige Zukunft behaftet sind. Mit der Analyse kann die Frage nach der Entsprechung von Angebotsmix und künftige Anforderungen und Nachfragestrukturen beantwortet werden.

Entsprechende Untersuchungen erleichtern aber auch die Entscheidung, in welche seiner Bereiche ein Träger künftig (primär) investieren sollte. Zu betonen ist, dass es sich dabei nicht notwendigerweise um klassische Formen der Investition in Sachanlagen handeln muss. Gerade in der sozialen Arbeit als Feld der personenbezogenen Dienstleistungen ist mit dem Engagement in ein Geschäftsfeld dezidiert auch Wissensentwicklung, Mitarbeitereinsatz, Öffentlichkeitsarbeit etc. verbunden. Im Bereich der stationären Hilfen (Pflege, Wohnen oder Werkstätten für Menschen mit Behinderung) können allerdings durchaus siebenstellige Investitionssummen im baulich-räumlichen Bereich sowie in der Ausstattung notwendig sein, um ein Leistungsangebot zu realisieren. Gerade dieser letzte Hinweis soll die allgemeine Maßgabe unterstreichen, dass die als Basis von Investitionen in Geschäftsfelder herangezogenen Prognosen eine möglichst fundierte Grundlage aufweisen müssen.

Das Ergebnis einer Portfolio-Analyse eines kleinen bis mittleren Trägers der sozialen Arbeit könnte folgendermaßen aussehen:

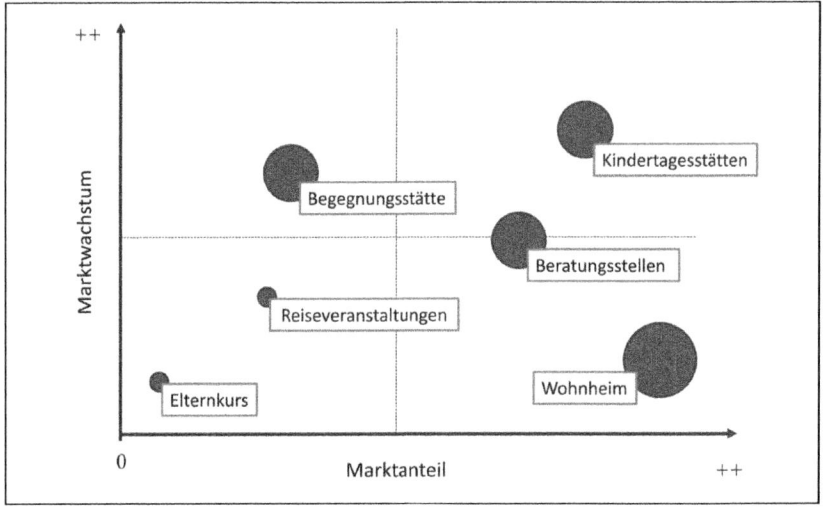

Abb. 19: Portfolioanalyse – Beispiel

Im Bereich der sozialen Arbeit ist bei der Portfolio-Analyse darüber hinaus zu bedenken, dass nicht unbedingt die beiden traditionalen Parameter »Marktwachstum« und »Marktanteil« als entscheidende Kenngrößen Verwendung finden müssen. In besonderen Fällen kann beispielsweise für die Bewertung eines Geschäftsfeldes auch die Honorierung durch die Öffentlichkeit oder durch spezifische Zielgruppen durchaus eine große Rolle spielen. So haben einige traditionsreiche Träger der sozialen Arbeit bestimmte Angebote lediglich deswegen noch in ihrem Portfolio erhalten, weil die Öffentlichkeit diese Leistungsformen als zentral für die soziale Ausrichtung des jeweiligen Trägers ansieht. Es können also mit anderen Worten auch Imagegesichtspunkte bei der Bewertung von Angeboten oder Angebotsformen hochrelevant sein. Nicht nur die materielle, auch die immaterielle Wertschöpfung zeichnet die Philosophie viele Träger der Wohlfahrtspflege aus.

Überlegungen ähnlicher Art können auch handlungsleitend sein für das Engagement in Geschäftsbereichen, welche überwiegend von ehrenamtlichen Mitgliedern eines Trägers ausgeführt werden. Nach wie vor sind viele Träger der sozialen Arbeit mit dem Faktor »Ehrenamt« in der Öffentlichkeit sowie in ihrem Selbstverständnis eng verbunden. Es wäre also aus Sicht der Profilierung, aber auch aus Sicht der subsidiären Einbindung freier Träger in breitere Bevölkerungskreise nicht unbedingt eine Eliminierung eines bestimmten Geschäftsfeldes angezeigt, nur weil sich (möglicherweise lediglich temporär) bestimmte negative Nachfrageentwicklungen nach einer bestimmten sozialen Leistung abzeichnen.

D   Marktforschung

In diesem Abschnitt sollen die Ansätze zur Gewinnung von Information über den Markt einer sozialen Organisation beschrieben werden. Im Zentrum entsprechender Analysen stehen Markstrukturen und Marktpartner.

Der besondere Zweck der im Folgenden zu referierenden Ansätze und Instrumente ist in Anlehnung an Koch (2004) zu umreißen mit:

- Informationsversorgung: Beschaffung von Information über Angebot und Nachfrage
- Unsicherheitsreduktion: Unklarheiten über aktuelle und künftige Marktgegebenheiten sollen verringert werden
- Planungssicherheit: Die Entscheidungen und Planungen des Marketings sollen fundiert werden
- Frühwarnung: Marketingbezogene Probleme und Gelegenheiten sollen frühzeitig identifiziert werden.

Ähnlich wie im vorstehenden Abschnitt zur Umweltanalyse können die Bedingungen, die an die Informationsbeschaffung gestellt werden, mit den Gütekriterien des relevanten Wissens umschrieben werden, so dass auf die entsprechenden Ausführungen zu verweisen ist.

Die Einsatzgebiete der Marktforschung sind je nach Branche teilweise sehr weit angelegt. Es soll bei der Abhandlung wichtiger Elemente der Marktforschung im Sozio-Marketing eine Konzentration auf folgende wesentliche Facetten erfolgen:

- in quantitativer Hinsicht (Analyse der Marktform, Marktanalyse durch Kennzahlen und Marktprognose),
- in qualitativer Hinsicht (Analyse von Kundenbeziehungen und Kundenbedarfen, Analyse der Wahrnehmung von Leistungsqualität) sowie
- in struktureller Hinsicht (Kundenstrukturen, Segmentierungen).

Wir befinden uns damit nach wie vor in der Analysephase, es sollten mit den Ansätzen der Marktforschung jedoch bereits klarere Hinweise für strategische Marketingentscheidungen und die anschließende Umsetzung im Marketing-Mix herausgearbeitet werden.

Das untenstehende Schaubild zeigt als Gesamtschau die nachfolgend zu referierenden Elemente der Marktforschung:

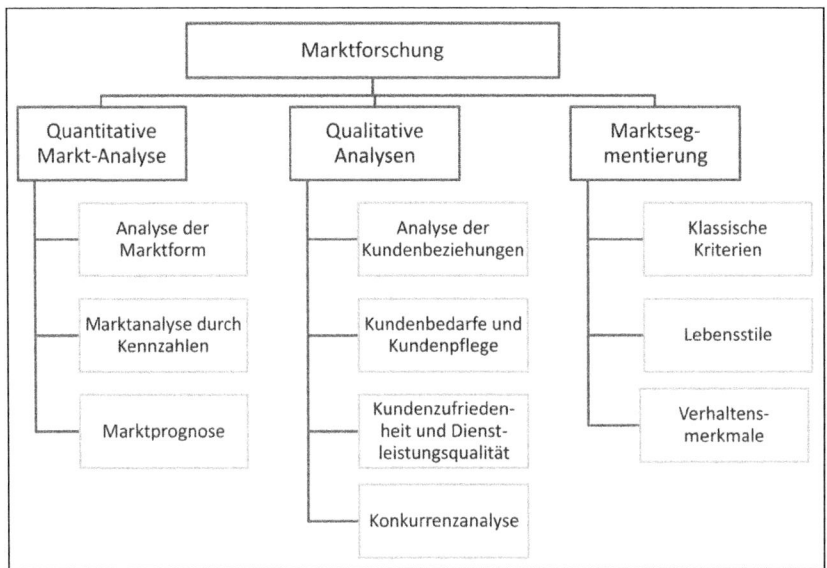

Abb. 20: Schwerpunkte der Marktforschung im Sozio-Marketing

1 Makro und mesoanalytischer Zugang: Markt-Analyse (Statische und dynamisch-strategische Betrachtung)

Im Kern des Marketings steht der richtige Umgang mit den jeweiligen Bedingungen von Angebot und Nachfrage, d.h. im Marketing müssen die qualitativen, aber auch die quantitativen Gegebenheiten des Marktes stets beachtet werden. Ein wichtiges Element jeder Marketingkonzeption ist folglich die aktuelle Analyse der Marktsituation sowie entsprechende Prognosen künftiger Konstellationen von Angebot und Nachfrage. Entsprechende Untersuchungen sind klassisches Repertoire des Marketings seit nahezu einhundert Jahren.

Die Analyse der aktuellen und künftigen Marktbedingungen ist für alle Arbeitsfelder des sozialen Sektors sinnvoll, können wir doch davon ausgehen, dass in jedem Bereich ein Angebot auf eine Nachfrage trifft und entsprechende Relationen Auskunft geben über die Situation, in welcher sich eine Einrichtung diesbezüglich befindet. Daher soll dieses Element der Marketinglehre etwas ausführlicher betrachtet werden.

Wir beginnen bei der Analyse der Marktform, im Anschluss daran erfolgt eine Erläuterung der Markt-Analyse durch Kennzahlen und abschließend eine Skizze der Potenziale einer dynamischen Betrachtung.

1.1   Analyse der Marktform

Für das Sozio-Marketing interessant ist zunächst die Marktform, innerhalb welcher eine soziale Organisation ihre Leistung erbringt. Die klassische Marktformenlehre orientiert sich an der Zahl der Marktteilnehmer und unterscheidet entsprechende Markttypen folgendermaßen (vgl. Woll 1974, eigene Ergänzung):

Tab. 2: Markttypen

Angebot \ Nachfrage	viele	wenige	einer
viele	Polypol/Vollständige Konkurrenz	Nachfrage-Oligopol	Nachfrage-Monopol
wenige	Angebots-Oligopol	Zweiseitiges Oligopol	Beschränktes Nachfrage-Monopol
einer	Angebots-Monopol	Beschränktes Angebots-Monopol	Zweiseitiges Monopol

Das Marketing für kommerzielle Produkte und Dienstleistungen analysiert die Marktform gemäß der Zahl der Anbieter (Unternehmen) und der Nachfrager (private Käufer beziehungsweise andere Unternehmen, wenn es sich um Investitionsgüter handelt). In Sozialmärkten ist zu unterscheiden, ob auf der Nachfragerseite die Adressaten oder die Kostenträger zu veranschlagen sind. In solchen Märkten, in welchen der Leistungs- bzw. Kostenträger der alleinige oder dominante Entscheider über die Inanspruchnahme einer Leistung ist, muss dieser in die Betrachtung als »Kunde« beziehungsweise Nachfrager einbezogen werden. In solchen Sozialbranchen, in welchen die direkte Entscheidung der eigentlichen Adressaten von absatzwirtschaftlicher Relevanz ist, sind sie es, die als »Kunden« die entscheidende Rolle auf der Nachfrageseite spielen und damit die Marktform mitbestimmen.

Im Verlauf der jüngeren Geschichte des sozialen Sektors haben sich im Hinblick auf die Marktform in einigen zentralen Leistungsfeldern erhebliche Veränderungen ergeben:

- In nur noch wenigen Bereichen der sozialen Arbeit ist die für die betroffene Organisation komfortable Situation eines Angebots-Monopols dergestalt festzustellen, dass lediglich ein Anbieter einer Vielzahl von Nachfragern gegenübertritt. Dies war nicht immer so: Noch in den achtziger Jahren des vergangenen Jahrhunderts waren »soziale Märkte« als weit gehend »geschlossen« anzusehen gewesen, weil aufgrund sozialplanerischer Vorgaben erhebliche Markteintrittsbarrieren vorlagen und das Angebot an sozialen

Dienstleistungen im Bereich der Jugend-, Alten- und Behindertenarbeit planerisch kontingentiert (also erheblich beschränkt) worden ist. Damals waren in vielen Sektoren personenbezogener sozialer Dienstleistungen ausgewählte Einrichtungen und Dienste »zuständig« für einen bestimmten Raum und/oder eine bestimmte Bevölkerungszahl, ohne Konkurrenz befürchten zu müssen. Korrespondierend hierzu war zur damaligen Zeit die finanzielle Zuwendung für diese Anbieter in der Regel objektorientiert ausgerichtet, das heißt die Organisation beziehungsweise ihre Leistungsformen wurde ungeachtet der faktischen Ausbringungsmenge garantiert kostendeckend finanziert. Die Leistung konnte von der betroffenen Organisation ökonomisch weitestgehend risikofrei erbracht werden, denn eine Insolvenz aufgrund zu geringer Auslastung oder unter den Kosten liegenden Preisen war nahezu ausgeschlossen.

- Mit der Umstellung von Sozialmärkten auf Wettbewerb und Leistungsorientierung erfolgte in den meisten Bereichen des Sozialwesens eine sukzessive Entgrenzung von Anbieterstrukturen und Anbieterzahlen, es wuchs die Zahl der oligopolistisch ausgeformten Märkte, in welchen eine übersichtliche Zahl an größeren Anbietern den Nachfragern gegenübersteht. In der Jugendhilfe haben sich in nicht wenigen Kommunen auch Teil-Oligopole dergestalt herausgebildet, dass wenige große und mehrere kleine Anbieter auf dem Markt tätig sind. In einigen Leistungsfeldern wie beispielsweise der ambulanten Pflege finden wir gelegentlich polypolistische Marktformen vor, welche von relativ vielen (kleineren) Anbietern und relativ vielen Nachfragern gekennzeichnet sind. Angebots-Oligopole finden sich in jenen Bereichen der Kindertagesstätten, wo sich relativ viele Eltern einer überschaubaren Zahl an Trägern und Einrichtungen gegenüber finden, ohne dass ein öffentlicher Träger als Monopolkunde entscheidenden Einfluss auf die Nachfrage nimmt. Die Situation der vollständigen Konkurrenz (vollständige Markttransparenz bzw. perfekte Information aller Marktteilnehmer) und der atomistischen Marktform (extrem viele Anbieter und extrem viele Nachfrager) ist im Sektor der sozialen Arbeit eher selten bis nicht gegeben und soll daher für die Analysen vernachlässigt werden. Ein zweiseitiges Monopol ist dann gegeben, wenn ein (hochspezialisierter) Leistungserbringer einem einzigen Kostenträger gegenübersteht. Diese seltenen Marktformen können sich hier und da bspw. im Bereich der psychiatrischen Angebote für Jugendliche finden und sind regional begrenzt.

- Der Extremfall eines Nachfragemonopols ist in der Erwerbswirtschaft tendenziell die Ausnahme, gerade im Bereich der sozialen Arbeit jedoch keine Seltenheit, treten doch beispielsweise im Bereich der Jugendhilfe die Kostenträger häufiger als alleiniger und damit monopolistischer »Kunde« einer mehr oder weniger größeren Zahl von anbietenden sozialen Organisationen gegenüber. Es wurde weiter oben bereits diesen Umstand als eine nicht unerhebliche Besonderheit des sozialen Sektors erwähnt. In einigen Fällen haben Leistungserbringer aufgrund eines überregionalen Einzugsgebiets mehrere Kostenträger als Kunden, womit ein Nachfrage-Oligopol gegeben ist.

Für das Marktverhalten eines Anbieters ist auch in der Sozialen Arbeit die jeweils dominierende Marktform eine wichtige Ausgangslage. So ist es unmittelbar nachvollziehbar, dass mit zunehmender »Entfernung« vom Monopol die Situation einer Organisation aufgrund von Wettbewerb und diesbezüglichen Aktivitäten der Konkurrenz (beispielsweise Preissenkungen, Qualitätsverbesserungen, Werbeoffensiven) als weniger »komfortabel« gelten kann. So kann ein Anbieter in der Monopolsituation zweifelsohne seine Preisvorstellungen leicht realisieren, dies ist einer Organisation mit steigendem Wettbewerb tendenziell weniger möglich. Die soziale Organisation im Wettbewerb muss sich mit ihrer Leistung, mit ihren Preisen und gegebenenfalls mit anderen Instrumenten der Wettbewerbspolitik in dem Gefüge der verschiedenen anderen Anbieter verorten und ist in einem wesentlich höheren Maße als der Monopolist gezwungen, bedarfsgerecht und kundenfreundlich zu agieren. Gerade dieser letztgenannte Umstand im Zusammenhang mit der Erwartung sinkender Preise dürfte es gewesen sein, welcher den Gesetzgeber dazu bewogen hat, in den vergangenen 20 Jahren Schritt für Schritt den Wettbewerb im Sozialwesen zuzulassen und zu fördern.

Eine intensive Konkurrenzsituation ist also auch für Organisationen im Sozialwesen zweifelsohne kein betriebswirtschaftlich idealer Zustand. Eine – wenn auch nicht statthafte – Möglichkeit, sich den Zwängen eines starken Wettbewerbs zu entziehen, ist die Bildung eines »Kartells«. Dabei wird über Preisabsprachen der Anbieter ein »künstlicher Marktpreis« geschaffen, der bei einem freien Wettbewerb in dieser Höhe nicht realisierbar wäre. In Deutschland ist die Kartellbildung gesetzlich verboten. Die entsprechenden Regelungen sind im Gesetz gegen Wettbewerbsbeschränkungen (GWB) unmissverständlich normiert.

Eine ganz andere Form, intensiven Wettbewerbssituationen zu begegnen, ist allerdings durchaus erlaubt: das Marketing eröffnet ganze Reihe von Möglichkeiten, solch hohe Akzeptanz- und Sympathiewerte bei den Kunden zu erringen, dass dies einer leistungspolitischen oder emotionalen Monopolstellung durchaus gleichkommt. Es ist an verschiedenen Stellen dieses Buchs darauf noch zurück zu kommen.

1.2 Marktanalyse durch Kennzahlen

Für die quantitative Analyse des Marktes sind eine Reihe von Kennzahlen entwickelt worden, die auch für Einrichtungen und Dienste des Sozialbereichs anwendbar sind. Am Beispiel einer Kindertagesstätte kann man aufzeigen, dass diese Kennzahlen durchaus für die Interpretation der aktuellen Marktlage, aber auch für prognostische Zwecke eine hohe Bedeutung haben können (vgl. bspw. Böcker/Helm 2003).

Die folgende Tabelle zeigt und beschreibt die gängigsten Kennzahlen (vgl. bspw. Preißler 2008). Die rechten Spalte enthält eine Übertragung auf Kindertagesstätten.

Tab. 3: Marktanalyse durch Kennzahlen am Beispiel einer Kindertagesstätte

Kennzahl	Beschreibung	Beispiel Kita
Marktpotential	Die Gesamtheit möglicher Absatzmengen auf einem bestimmten Markt (Aufnahmefähigkeit des Marktes)	Alle Kinder im entsprechenden Alter innerhalb des Einzugsgebietes der Kindertagesstätte.
Marktvolumen	Die realisierte bzw. prognostizierte effektive Absatzmenge einer Branche	Alle Kinder, die (aktuell oder prognostiziert) eine Kindertagesstätte im jeweiligen Einzugsgebiet besuchen.
Absatzvolumen	Die realisierte bzw. prognostizierte effektive Absatzmenge eines Unternehmens	Die aktuelle beziehungsweise prognostizierte Zahl an Kindern, die unsere Kindertagesstätte besuchen.
Marktanteil	Das Verhältnis eines Absatzvolumens eines Unternehmens zum Marktvolumen	Das Verhältnis des Absatzvolumens unsere Kindertagesstätte zum Marktvolumen

Es ist durchaus möglich, mit Hilfe dieser Kennzahlen die Marktposition eines Anbieters zu bestimmen, die jeweilige Einrichtung im Gesamtgefüge von Angebot und Nachfrage gleichsam zu verorten. Für eine entsprechende Darstellung der Position einer Einrichtung im Vergleich zum gesamten Markt bietet sich die visualisierte Form an. In der folgenden Abbildung soll ein Beispiel hierfür gegeben werden.

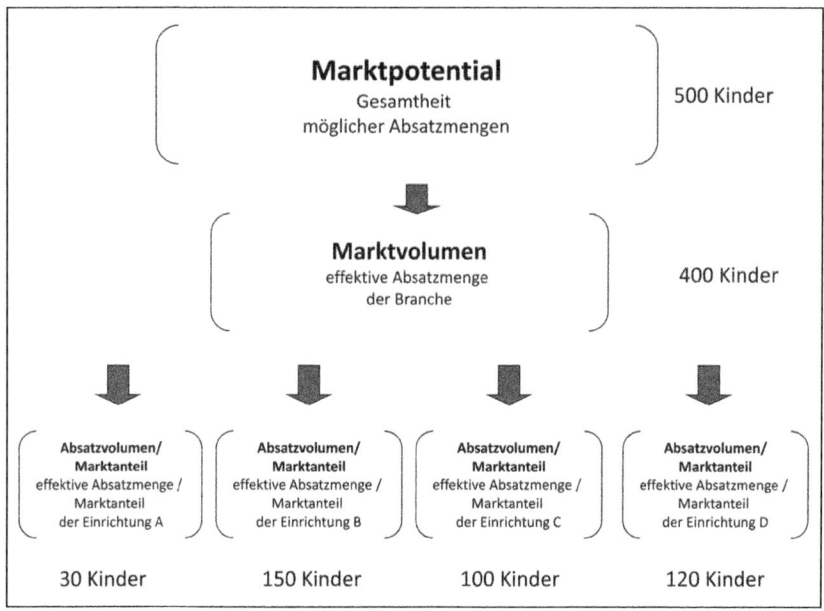

Abb. 21: Visualisierte Marktsituation – Beispiel

Es handelt sich hierbei um die Abbildung einer Marktanalyse mit Bezug auf die aktuelle Situation eines Marktes und seiner Anbieter:

- Zunächst ist darauf hinzuweisen, dass das Marktvolumen stets kleiner ist (und von der Definition her auch kleiner sein muss) als das Marktpotential, denn beim Marktpotential handelt es sich ja um alle Kunden, die potenziell ein Angebot einer jeweiligen Branche in Anspruch nehmen könnten. Beim Marktpotenzial ist also stets der Konjunktiv zu beachten.
- Da nicht alle potenziellen Kunden ein Angebot bzw. eine Angebotsform in Anspruch nahmen, werden wir in nahezu jeder Branche einen »Verlust« am Übergang von Marktpotential zum Marktvolumen vorfinden. Bei der Übertragung auf das Beispiel einer Kindertagesstätte wird dies deutlich, denn es ist eigentlich immer davon auszugehen, dass nicht alle Kinder beziehungsweise Eltern, die für die Inanspruchnahme einer Kindertagesstätte infrage kämen, dies auch faktisch tun. So werden einige Kinder typischerweise von den Großeltern betreut, andere von Vater und/oder Mutter, wiederum andere von konkurrierenden Institutionen wie Tagesmütter etc.

In unserem Beispiel nehmen wir an, dass von 500 potenziellen »Kunden« lediglich 400 zum Marktvolumen gehören, das heißt eine Kindertagesstätte in Anspruch nehmen. Zu erkennen ist bereits an dieser Betrachtung, dass aus Sicht des Marketings für solche Einrichtungen, die (beispielsweise aus Gründen der Unterauslastung) an einer Erhöhung ihres Absatzvolumens interessiert sind, eine genauere Analyse jener »Kunden« interessant sein könnte, die zwar zum Marktpotential, aber (noch) nicht zum Marktvolumen gehören.

Wir gehen in unserem (ebenso fiktiven wie aus didaktischen Gründen vereinfachten) Beispiel weiter davon aus, dass sich das Marktvolumen auf vier Einrichtungen im jeweiligen Einzugsbereich verteilt, hier unterstellen wir, dass eine Beispieleinrichtung mit einem Absatzvolumen von 30 Kindern und einem Marktanteil von 7,5 % zu den eher kleineren Einrichtungen dieses Marktes gehört. Dem gegenüber stehen drei weitaus größere Einrichtungen, der »Marktführer« hat einen realisierten »Absatz« von 150 Kunden und erreicht damit einen Marktanteil von 37,5 %.

Würden wir nun weiterhin unterstellen, dass Einrichtung B und C zum gleichen Träger gehören, könnten wir eine realisierte »Marktmacht« dieses Trägers erkennen: dieser Leistungserbringer beziehungsweise diese Trägerschaft würde in diesem Falle mit 250 Kunden einen Marktanteil von 62,5 % erreichen. Mehr als jeder zweite Kunde in dieser regionalen Branche würde also das »Produkt Kindertagesstätte« von einer einzigen »Marke« (nämlich diesen Träger) in Anspruch nehmen.

Im Hinblick auf die Analyse des Marktes ist noch anzufügen, dass über die beschriebenen Standardkennzahlen eine ganze Reihe von weiteren Indices bildbar ist, wobei im Bereich der sozialen Leistungen nicht jede Kennzahl sinnvoll beziehungsweise ohne Weiteres zu erheben ist. In einigen sozialen Branchen durchaus einsetzbar ist allerdings die Kennzahl zum »Marktwachstum«, die zeigt, inwieweit Märkte expandieren beziehungsweise wie schnell dies geschieht. Für absatzpolitische Strategien kann dies ein sehr wichtiger Indikator im Hinblick auf das Engagement in einzelnen Märkten und Teilmärkten sein. Die Kennzahl wird gebildet durch die Division von Marktausweitung x 100 durch das Marktvolumen im Vorjahr (vgl. Preißler 2008).

Zu berücksichtigen ist dabei, dass je nach sozialem Geschäftsfeld die entsprechenden Parameter unterschiedlich sein können. Die üblicherweise in Geldeinheiten ausgedrückte Kennzahl ist im sozialen Sektor tendenziell in Fälle, Inanspruchnahmen, Bedarfslagen der Versorgung oder in Erkrankungen zu übertragen. Dieser Hinweis gilt auch für die bereits oben referierten Kennzahlen, auch hier sind Geldeinheiten möglicherweise nicht anwendbar, dafür aber »Stückzahlen« in Form von Inanspruchnahmen.

1.3 Marktprognose

Dass die Marktanalyse gerade über eine Betrachtung der aktuellen Situation hinaus für Institutionen des Sozialen Sektors einen Sinn ergibt, zeigt sich in der dynamischen Untersuchung, wenn also im Rahmen von Prognosen verschiedene Nachfragekonstellationen der Zukunft untersucht werden, um entsprechende Konsequenzen sowie gegebenenfalls anfallende Handlungsnotwendigkeiten für die jeweilige soziale Organisation ableiten zu können.

Prognosen von Marktsituationen starten bei der Betrachtung des zukünftigen Marktpotentials. Die potenziellen Absatzmengen können sich in der sozialen Arbeit bereits aus demographischen Gründen beträchtlich verändern. Jede Anbieterinstitution im sozialen Bereich ist von solchen Veränderungen potenziell betroffen, wenn ihre Leistungsausrichtung vom Alter der Adressaten abhängt. Diesbezügliche Prognosen betreffen also nicht nur Kindertagesstätten, sondern auch Einrichtungen der Jugendhilfe, Organisationen der Pflege sowie viele weitere Anbieterformen im Bereich der Dienstleistungen für Senioren. An dieser Stelle sei weiterhin darauf hingewiesen, dass auch der Sektor der Hilfen für Menschen mit Behinderungen durchaus von demographischen Veränderungen tangiert ist.

Neben demographischen Faktoren sind je nach Leistungsfeld durchaus noch andere Einflüsse auf das Marktpotential zu berücksichtigen.
Hierzu einige Beispiele:

- Jeder soziale Anbieter mit sozialräumlichem Einzugsgebiet hat Migrationsbewegungen zwischen städtischen Räumen ebenso in das Kalkül des lokalen Bedarfspotenzials einzubeziehen wie sonstige soziale und wirtschaftliche Entwicklungen, die unter anderem Belastungsformen in Familienhaushalten ausprägen und gegebenenfalls das Marktpotential im Sektor der sozialen Beratung erhöhen/verringern können.
- Aufgrund von medizinischem Fortschritt ist von einem erheblichen Rückgang an bestimmten Behinderungsformen im Bereich der Rehabilitation auszugehen. Andererseits dürfen wir in Zukunft einen signifikanten Anstieg psychischer Erkrankungen und Mehrfachbelastungen erwarten, so dass im Hinblick auf bestimmte andere Leistungsformen sich Marktpotentiale deutlich erhöhen werden.

Es ist zu berücksichtigen, dass in der Regel eine Veränderung des Marktpotentials sich auch im Marktvolumen niederschlägt. In konkreten Analysen kann für die soziale Organisation als »Marktteilnehmer« eine (wahrscheinliche) Zukunft antizipiert werden, wobei im Bedarfsfalle bereits frühzeitig Maßnahmen bei Erwartung verkleinerter, aber selbstverständlich auch für expandierende Märkte ableitet werden sollten. So kann sich eine Einrichtung der Kinder- und

Jugendhilfe bei guter Datenlage vergleichsweise frühzeitig auf eine potenziell zurückgehende Nachfrage aufgrund demographischer Veränderungen ebenso einstellen wie ein Anbieter im Bereich der Seniorendienstleistungen auf einen (potenziell) umfangreicheren Markt.

Eine Abschätzung künftiger Marktsituationen hat indes noch weitere Einflussfaktoren in die Kalkulation der Potenziale und Volumina einzubeziehen. Da in der sozialen Arbeit Potenziale nicht nur über natürliche Gegebenheiten entstehen, sondern auch und gerade über sozialrechtliche Normierungen bestimmt werden, kann ein Marktpotential sowie ein Marktvolumen durchaus auch über Bedarfs- und Bedürftigkeitsdefinitionen des Gesetzgebers beeinflusst sein. Es können Altersgrenzen verschoben werden, Problemdefinitionen verändert werden, aber auch sozialpolitische Entscheidungen wie die Subvention bestimmter Inanspruchnahmen können eine signifikante Vergrößerung oder Verringerung des Potenzials und des Volumens eines Sozialmarkts nach sich ziehen. So wurde in den vergangenen Jahren im Zusammenhang mit verschiedenen politischen Offensiven im Bereich der frühkindlichen Bildung in wachsendem Maße die Inanspruchnahme von Kindertagesstätten erleichtert. Bei gleich bleibendem Marktpotential hat sich daraufhin das Marktvolumen entscheidend erhöht.

Es ist allerdings darauf zu verweisen, dass die künftige Nachfragesituation auch von der künftigen Wettbewerbssituation flankiert wird. In weniger optimalen Situationen kann eine Einrichtung in einem expandierenden Markt trotz insgesamt steigender Nachfrage einen geringeren Absatz erhalten, wenn sich die Zahl der (attraktiven) Wettbewerber erhöht. Folglich ist der zu prognostizierende Markt nicht nur auf der Nachfrageseite zu betrachten, sondern auch auf der Ebene der Anbieter, das heißt im Hinblick auf die Zahl und die Leistungsfähigkeit der konkurrierenden Organisationen. Nicht wenige Anbieter des Betreuten Wohnens für Senioren haben massive Schwierigkeiten in der Auslastung erleben müssen, weil sie zwar die Zahl der Nachfrager und die Zahlungsbereitschaften richtig, den Umfang des Wettbewerbs dagegen nicht in dem dann eingetretenen Maße erwartet haben.

Einrichtungen, die aktuell eine zu geringe Auslastung aufweisen oder aufgrund von Marktprognosen eine solche befürchten, können aufgrund von Marktprognosen auch frühzeitig erörtern, ob sie in jenem noch unerschlossenen bzw. unentschlossenen Bereich des Marktpotentials aktiv werden, welches noch nicht zum Marktvolumen geworden ist. Basis dieser Strategie ist die bereits oben angedeutete Überlegung, dass in der Regel nicht das gesamte Marktpotential zum Marktvolumen übergeht, das heißt nicht alle potenziellen Kunden zu tatsächlichen Kunden werden. Es liegt in nahezu allen Branchen der sozialen Arbeit ein solches Potenzial vor, nicht alle älteren Menschen einer bestimmten Region nutzen tatsächlich Seniorendienstleistungen, nicht alle Jugendlichen, die dafür infrage kämen, besuchen regelmäßig eine Jugendfreizeitstätte usw. Dieser Hinweis kann auch auf Spezialgebiete wie das Spendenmarketing und die Akquise von Sponsoren übertragen werden.

Häufig ist das Engagement in solchen potenziellen Kundengruppen jedoch mit einem größeren Aufwand verbunden, denn in der Regel verbirgt sich hinter der Nichtinanspruchnahme einer sozialen Dienstleistung auch ein entsprechendes Nutzenkalkül bei den Zielgruppen. Mit anderen Worten ist bei der Akquise solcher nicht ausgeschöpfter potenzieller Kundengruppen ein vergleichsweise hoher Widerstand gegenüber der Inanspruchnahme der jeweiligen Dienstleistung zu erwarten und gegebenenfalls die Attraktivität des Angebotes der sozialen Organisation (nochmals) zu erhöhen oder Leistungspotenziale an den Bedarf anzupassen.

Eine grundlegende Voraussetzung für diese strategisch sehr wichtigen Überlegungen ist, dass ein fundierter Überblick zur aktuellen wie mittel- bis langfristigen Marktsituation vorliegt. Hierzu sind die Daten der regionalen beziehungsweise kommunalen Sozialplanung ebenso auszuwerten wie sonstige Trendberechnungen und Prognosen. Wichtige Quellen sind auch die Daten der statistischen Ämter, die meistens bis weit in die regionale beziehungsweise kommunale Ebene hineinreichen.

Von eindimensionalen Prognosen (und diesbezüglich vorschnellen Schlussfolgerungen) ist aufgrund der vielfältigen Einflussfaktoren und den möglichen Datenlücken in prognostischen Systemen abzuraten. Vielmehr ist es bei der Antizipation von Marktformen beziehungsweise Marktsituationen angezeigt, zunächst einmal Handlungsoptionen für drei Varianten zu entwerfen, nämlich in Form:

- einer optimistischen,
- einer mittleren sowie
- einer pessimistischen Prognose.

Lediglich ein solches Vorgehen bietet Schutz vor der Gefahr, auf der Basis eines einzigen Zukunftsmodells Weichenstellungen vorzunehmen, die lediglich mit einem größeren Aufwand wieder zu revidieren sind. Erst wenn sich eine der prognostischen Varianten als realistisch verdichtet hat, sollten strategisch fundamentale Entscheidungen organisatorisch und finanziell umgesetzt werden.

An dem folgenden Beispiel sollen die Hinweise zur Variantenbildung noch einmal verdeutlicht werden:

Tab. 4: Varianten in der Marktanalyse – Beispiel

	Marktpotenzial	Marktvolumen
Optimistische Variante	650	600
Mittlere Variante	600	550
Pessimistische Variante	550	500

2   Mikroanalytischer Zugang: Qualitative Analysen des Marktes

Neben den rein quantitativen sowie auf die makro- und mesoanalytischen Ebenen bezogenen Betrachtungen von Marktformen, Marktstrukturen und Erfolgsfaktoren eines Marktes ist die auf qualitative Aspekte der sozialen Dienstleistung gerichtete Untersuchung der Marktsituation die zweite wichtige Säule von Marktforschung für Organisationen der Wohlfahrtspflege.

Zur Analyse der qualitativen Position eines Anbieters im Gefüge der Nachfrage und des Wettbewerbs eines Sozialmarkts sollen folgende Zugänge gewählt werden:

- Analyse der Kundenbeziehungen und Sondierung der Kundenbedarfe
- Sondierung von Möglichkeiten zur Kundenpflege
- Bestimmung der Kundenzufriedenheit und der Dienstleistungsqualität
- Analyse der Wettbewerber sowie
- Benchmarking als modernes Instrument der qualitativen Informationsbeschaffung.

Auch in diesem Abschnitt wird der Umwelt einer sozialen Organisation als wesentlicher Parameter des Abgleichs von Anspruch und Realisierung ein großes Gewicht beigemessen. Wie zu sehen sein wird, unterscheidet sich die qualitative Analyse eines Marktes und einer Marktposition im Bereich der Wohlfahrtspflege in Teilen erheblich vom analytischen Zugang in kommerziellen Gütermärkten sowie auch vom Marktforschungsverständnis im erwerbswirtschaftlichen Dienstleistungssektor. So sind beispielsweise Produkttests und Massenbefragungen als Verfahren für die meisten mittleren und kleineren Organisationen der Wohlfahrtspflege eher zu vernachlässigen. In einem hohen Maße sind jedoch auch im Sozio-Marketing die direkt leistungsbezogenen Anforderungen sowie die sonstigen Ansprüche der Stakeholder auf der einen, der Grad der Realisierung durch eine soziale Organisation auf der anderen Seite zu thematisieren. Die Erwartungen wesentlicher institutioneller Anspruchsgruppen sowie die Erfüllung sollten im Einklang stehen, um erfolgreich als Anbieter auch im Sozialmarkt bestehen zu können.

Um Missverständnisse zu vermeiden, sei betont, dass in der vorliegenden Publikation unter dieser mikroanalytischen Rubrik »Qualitative Analysen des Marktes« insbesondere die Bestimmung des Verhältnisses von Kundenanforderungen und Entsprechung durch die soziale Organisation verstanden werden soll. Dieser Themenkomplex sollte nicht mit Instrumenten und Methoden der qualitativen Marktforschung (vgl. bspw. Buber/Holzmüller 2009) gleichgesetzt werden, wobei darauf hinzuweisen ist, dass im Zuge der qualitativen Analysen im vorliegenden Verständnis neben quantitativen Methoden und Instrumenten empirischer Sozial- und Wirtschaftsforschung (standardisierte Befragung, Da-

tenanalysen usw.) selbstverständlich auch qualitative Methoden wie Tiefen-
interviews, Fallstudien etc. zum Einsatz gebracht werden können. Qualitative
Methoden der Sozialforschung sind insbesondere dann angezeigt, wenn nach
ersten allgemeinen Sondierungen präzisere Analysen zu Störungen, aber auch
zu erfolgreichen Kundenbeziehungen herausgearbeitet werden sollen. Wie später noch zu sehen sein wird, genügt es nicht zu erheben, ob der Kunde ganz
allgemein zufrieden oder nicht zufrieden ist. Es ist im Anschluss an solche Untersuchungen nicht selten notwendig, die genauen Ursachen für Zufriedenheit
oder Unzufriedenheit herauszufinden.

2.1 Formale Analyse der Kundenbeziehungen

Im Marketing hat sich die Betrachtung der qualitativen Aspekte von Markttrans-
aktionen inzwischen auf den Kundenbedarf sowie die dauerhaften Kundenbeziehungen im Sinne eines »Netto-Nutzen-Vorteils« konzentriert. Dabei hat sich
der Begriff des »Relationship-Marketing« nach Bruhn (2001) durchgesetzt, womit verdeutlicht werden soll, dass die Zielrichtung der Marketingaktivität auf
die Maximierung dauerhafter erfolgreicher Kundenbindungen ausgerichtet sein
soll.

In dieser Orientierung an dem Bedarf der Nachfrager ist darüber hinaus die
Perspektive der Generierung von »Wettbewerbsvorteilen« eingebunden. So ist
es das Ziel des Marketings, vorteilhafte Positionen im Sinne von eindeutigen,
möglichst dauerhaften Leistungsmerkmalen zu generieren, die einen ebenso
sichtbaren wie nachhaltigen Vorsprung gegenüber konkurrierenden Marktteil-
nehmern gewährleisten. Anders formuliert: aus Sicht des Marketings genügt es
nicht, wenn ein Angebot für den Kunden attraktiv ist, es muss auch attraktiver
sein als jenes der Wettbewerber. In der Praxis spricht man diesbezüglich von
»einzigartigen Vorteilen«, die im Idealfall dauerhafte Positionen gewährleisten
können.

Für das Sozio-Marketing können eine Reihe von Maßgaben abgeleitet werden, die in der Lehre des mittlerweile stärker ausformulierten beziehungsorien-
tierten Marketings hervorgehoben werden:
*   So ist unter anderem die »Stärke der Kundenbeziehung« zu den wichtigen
    Kunden beziehungsweise Kundengruppen herauszuarbeiten und zu beurtei-
    len. Wichtige Parameter sind dabei psychographische Faktoren wie die Zu-
    friedenheit mit den bisherigen Leistungen und das Vertrauen, das der Kunde
    in die Leistung der sozialen Organisation setzt. An dieser Stelle ist daran zu
    erinnern, dass es sich bei sozialen Dienstleistungen tendenziell um »Vertrau-
    ensgüter« handelt, weil der Erfolg beziehungsweise die Wirkung Sozialer
    Intervention nach wie vor nicht hinreichend zu bestimmen sind beziehungs-
    weise weil immer noch beachtlicher Spielraum bei der Interpretation von

Wirkungen personenbezogener Dienstleistungen vorliegen. Regelmäßige Analysen der Kundenzufriedenheit sind insbesondere in Situationen erforderlich, in welchem ein Monopolkunde die Beziehung beherrscht.

- Zu empfehlen sind jedoch auch verhaltensbezogene Analysen. Hier konzentriert sich die Betrachtung auf das »Kaufverhalten« von Kunden sowie auf Faktoren wie die Bereitschaft zur Weiterempfehlung an andere Kundengruppen. Ersteres ist wichtig, weil es auch darum geht, mit dem Angebot beziehungsweise Gegenleistungspotenziale eines Angebotes an der »entscheidenden Stelle« eines Kaufaktes präsent zu sein. Zweiteres muss berücksichtigt werden, weil in einem Sektor, der von »Vertrauensgütern« dominiert ist, der Kunde nicht anhand objektiver Kriterien, sondern über subjektiv nachvollziehbare Indikatoren die Qualität einer Leistung vor dem Kauf antizipieren muss.

- Schließlich können Kundenbeziehungen in ihrer Stärke auch über ökonomische Analysen wie Umsatzanteile, Relevanz für den Gewinn/Überschuss einer Organisation beziehungsweise Renditerelevanz einzelner Kundengruppen bestimmt werden. Im Zeitalter der betriebswirtschaftlichen Orientierung sozialer Organisationen sind diese objektiven Indikatoren für die Beziehung zum Kunden nicht mehr marginal. Die Betrachtung von Kundenbeziehungen über ökonomische Analysen kann nicht zuletzt auch Potenziale des »Cross-Selling«, also Möglichkeiten, bestehenden Kunden neben der bisherigen Leistung auch andere Angebote der eigenen Organisation zu verkaufen, aufzeigen.

2.2   Sondierung von Kundenbedarfen

Im Rahmen qualitativer Analysen von Kundenbeziehungen sind aus Sicht des Marketings auch regelmäßige Analysen der Bedarfsstrukturen beziehungsweise der »Kaufmotive« notwendig. Dabei kann die Wahrnehmung von Organisationen der sozialen Arbeit für die Bedürfnisse der Kunden ebenso geschärft, wie die Fähigkeit der Organisation zur Optimierung ihrer Leistung verbessert werden.

Informationen zu den Bedarfsstrukturen der Kunden können von größeren Organisationen des sozialen Sektors selbst erhoben werden, es ist jedoch auch auf die Möglichkeit zu verweisen, im Rahmen einer »Sekundärdatenanalyse« auf Forschungsergebnisse von Hochschulen oder veröffentlichten Untersuchungen von Marktforschungsinstituten zurückzugreifen. Es muss darauf hingewiesen werden, dass Bedürfnisse als konstant gelten, die Bedarfe sich im Laufe der Zeit jedoch ändern können. Angesichts zunehmend turbulenteren wirtschaftliche Umwelten, wachsender sozialer Verwerfungen in der Gesellschaft, Instabilitäten in der Berufsbiografie und in sozialen Netzwerken ist davon auszugehen, dass Bedarfsstrukturen in der Bevölkerung weiterhin einem raschen Wandel unterliegen werden. Die Sondierung von Bedarfen und Bedarfsstrukturen durch soziale Organisationen müssen sich in ihrer Taktung diesem Wandel anpassen.

Folgende Auszüge aus einer Analyse des von Eltern artikulierten Bedarfs bei Kindertagesstätten sollen das informative Potenzial von Erhebungen zu qualitativen Kundenerwartungen verdeutlichen:

So ergab eine Befragung von rd. 4.000 Eltern und rd. 800 ErzieherInnen in Rheinland-Pfalz im Frühjahr/Sommer des Jahres 2002 ein klares Ranking von Erwartungshaltungen an Kindertagesstätten (vgl. Hemmerling 2007). An erster Stelle wurde nahezu übereinstimmend das »Wohlbefinden des Kindes« genannt, als hoch relevant einzustufen sind aber auch Faktoren wie »das Kind wird als Person anerkannt«, »gute Betreuung« sowie »qualifizierte Erzieherinnen« und »Förderung von Eigenverantwortung«. Die Eltern möchten des Weiteren gewährleistet wissen, dass ihr Kind eine hinreichende Schulvorbereitung erfährt und sie möchten über die Entwicklung ihres Kindes ebenso regelmäßig wie ausreichend informiert werden.

Aus dem Wissen um die Präferenzen der Eltern beziehungsweise die Anforderungen, die diese Kundengruppe an die Leistung von Kindertagesstätten stellen, können beziehungsweise müssen Konsequenzen für die Leistungspolitik ebenso gezogen werden wie für kommunikationspolitische Maßnahmen. Die betroffene Einrichtung weiß nun, welche Anforderungen mit welcher Priorität an ihre Arbeit gestellt werden und kann ihr Marketing auf die für die Kunden wichtigen Faktoren konzentrieren.

Ein Beispiel für die Erwartungen der Eltern an Kita-Bildung aus der genannten Studie soll verdeutlichen, dass es innerhalb der Gruppe der Eltern durchaus unterschiedliche Vorstellungen geben kann (vgl. Abb. 22).

Zu beachten ist bei der Interpretation dieses Schaubilds, dass die Abstände zwischen den Werten nicht so hoch sind, wie es die Grafik auf den ersten Blick suggeriert. Die Relationen wurden optisch von den Verfassern der Studie überdeutlich herausgestellt. So liegt der Höchstwert in der Befragtengruppe »kein Abschluss« zwar bei 4,6 Punkten (also bei »sehr wichtig«), der niedrigste Wert in der Befragtengruppe »Abitur« jedoch immer noch bei dem relativ hohen Wert von 3,6 (also noch bei »wichtig«).

Die Studie zeigte auch, dass es Diskrepanzen zwischen Fachkräften und Kunden bei einzelnen Dienstleistungsparametern geben kann. So betonen Eltern »wesentlich stärker als die pädagogischen Fachkräfte die im Kinder- und Jugendhilfegesetz festgelegten Mitbestimmungsmöglichkeiten der Elternschaft. (…) Speziell die Mitarbeiterinnen kirchlicher Träger legen mehr Wert auf die religiöse Erziehung in den Einrichtungen als ihre jeweilige Elternschaft« (Schreiber 2005, S. 4).

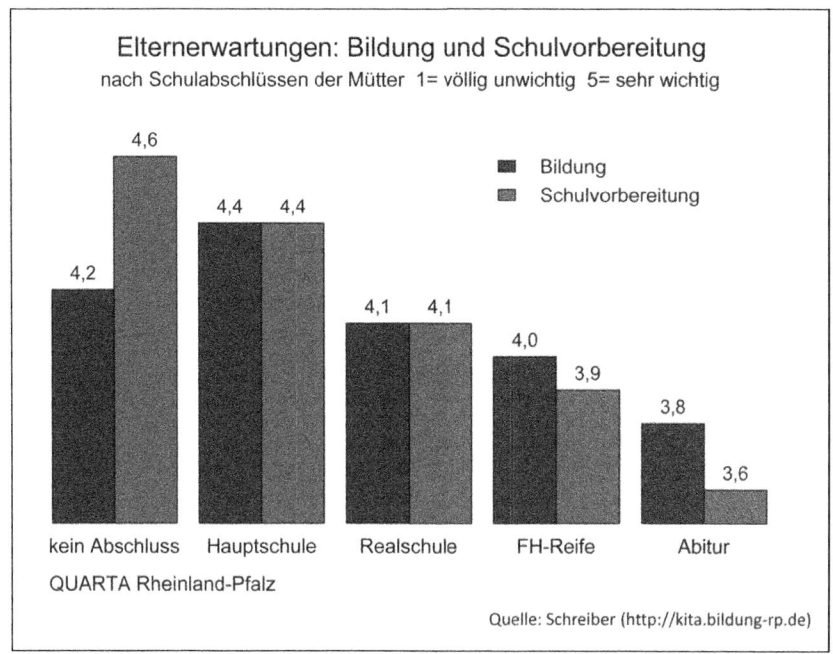

Abb. 22: Beispiel für unterschiedliche Erwartungen von Zielkunden in Kindertagesstätten

In diesem Kontext ist jedoch darauf hinzuweisen, dass jede Organisation bei der Umsetzung eines solchen Wissens gezwungen ist, die Frage zu beantworten, wie wesentliche qualitative Facetten im konkreten sichtbaren Arbeitsalltag für die Kunden wahrnehmbar realisiert werden sollen. Dies kann verdeutlicht werden an einem weiteren für die Eltern wichtigen Faktor, nämlich der »Mitentscheidung der Eltern«. Hier müssen die verantwortlichen Leitungskräfte und die MitarbeiterInnen der betroffenen Organisation klären, in welchen Punkten eine solche Mitentscheidung der Eltern realisiert ist beziehungsweise realisiert werden kann und inwieweit den Eltern die Partizipation an verschiedenen Stellen des Organisationsgeschehens besonders wichtig ist. Ebenso sinnvoll ist eine Sondierung der Frage, in welchem Turnus, mit welchen Schwerpunkten und mit welcher Detailliertheit die Eltern über die Entwicklung des Kindes informiert werden wollen.

Es darf nicht verkannt werden, dass der Kundenbedarf nicht immer den Möglichkeiten einer sozialen Einrichtung entspricht, dass aber auch in einigen Fällen der von den Kunden artikulierte Bedarf nicht mit fachlichen Standards des jeweiligen Leistungsfeldes korrespondiert. Da es sich bei personenbezogenen Leistungen der sozialen Arbeit jedoch um ein Gut handelt, welches ein hohes

Maß an Vertrauen der Adressaten und sonstigen Kundengruppen benötigt, ist aus Sicht des Marketings zu diesen Fragen ein offener, konstruktiver und nachhaltiger Diskurs mit den Zielgruppen unbedingt zu empfehlen.

Nachfolgend werden zwei weitere Beispiele für die Sondierung von Kundenbedarfen in den Bereichen Seniorenpflege und Gesundheitswirtschaft vorgestellt.

Aus einer Analyse des Instituts für Demoskopie Allensbach geht hervor, dass die wichtigsten »Wohlfühlfaktoren« in einem Pflegeheim selbstverständlich von einer guten Pflege und der medizinischen Betreuung, aber in einem sehr hohen Maße eben auch von gutem Essen, Sauberkeit und Ordnung, Unterhaltung und Anregung, Gemütlichkeit und Wohnlichkeit, Achtung der persönlichen Privatsphäre sowie Freundlichkeit und menschliche Wärme des Pflegepersonals dominiert werden (vgl. Junker 2000):

Abb. 23: „Wohlfühlfaktoren" in einem Pflegeheim

Ein weiteres Beispiel für qualitative Analysen des Kundenbedarfs bzw. der Bedarfsstrukturen ist die von Jungblut-Wischmann (2000, S. 288) publizierte »Bedürfnispyramide der Klinikkunden«. Demnach ist davon auszugehen, dass neben den fachlich-medizinischen Aspekten weitere (weiche) Faktoren wie »Nestwärme«, »Information und Kommunikation« auch organisatorische Belange sowie die »Hotelkompetenz« eine erhebliche Rolle bei der Bewertung eines Krankenhauses durch die Patienten einnehmen (vgl. hierzu auch Ziesche 2008).

Von Jungblut-Wischmann (2000, S. 88) wurde auch eine »Einweiser-Pyramide« erstellt, was einerseits auf den Umstand verweist, dass Kliniken die zuweisenden Ärzte als Kunden bzw. Absatzmittler in das Kalkül ihrer qualitativen Beziehungspflege einzubeziehen haben und dies auch tun. Andererseits wird damit auf die durchaus unterschiedlichen Anspruchshaltungen sowie entsprechend notwendige doppelte Marketingaktivitäten dieser Institutionen aufmerksam gemacht:

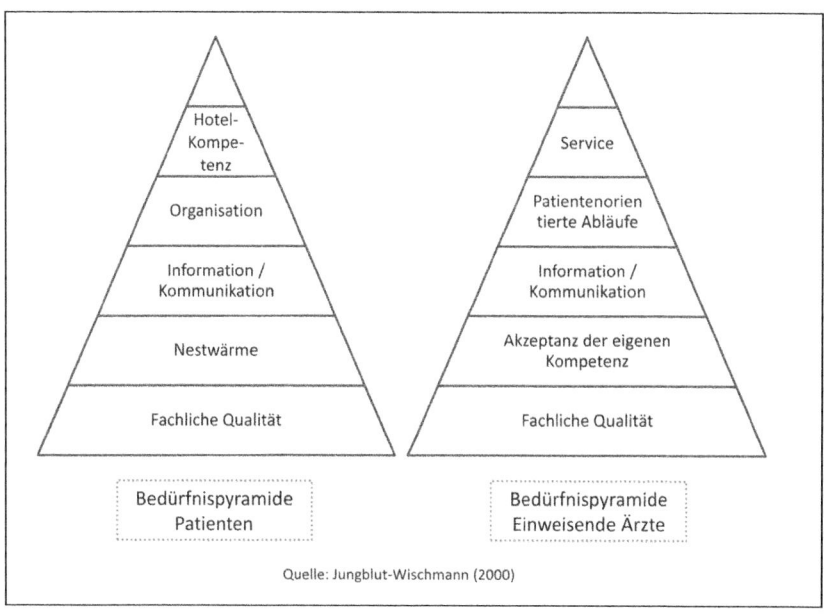

Abb. 24: Bedürfnispyramide der Klinikkunden: Patienten und einweisende Ärzte

Wie zu erkennen ist, gibt es bei Patienten und einweisenden Ärzten Übereinstimmungen in der Einstellung (fachliche Qualität, Information/Kommunikation sowie Organisation beziehungsweise patientenorientierte Abläufe). Unterschiede zeigen sich naturgemäß darin, dass einweisende Ärzte ihre eigene Kompetenz anerkannt wissen wollen und auf eine gute Rückkopplung durch das Krankenhaus (unter anderem in Form von Patientenbriefen) bestehen. Für die betroffenen Patienten steht dagegen die »Hotelkompetenz« einer Klinik im Ranking der Anspruchshaltungen weit vorne.

Auch im Bereich der sozialen Arbeit ist es möglich, durch gezielte Maßnahmen die Beziehung zum Kunden aufrecht zu erhalten und zu verbessern. In jenen Feldern, in welchen der Erfolg von der Beziehung zum Bewohner, Patienten, Adressaten etc. selbst abhängt, sind die personalen Faktoren von großer Wichtigkeit, der Erfolg zeigt sich dort in der Befriedigung der persönlichen Bedürfnisse. In jenen Segmenten, in welchem die Beziehung zum sekundären Kunden, also zu Kostenträgern oder auch Eltern/Verwandten der eigentlichen Adressaten von großer Relevanz ist, sind andere Vorgehensweisen angezeigt.

Sondierungen von Ansätzen zur Kundenpflege sind stark abhängig von der Sozialbranche und diesbezüglicher Kooperationsstrukturen:

- So kann eine Einrichtung oder ein Träger beispielsweise in der Jugendhilfe seine Beziehung zum Kostenträger durch besondere Aktivitäten im Rahmen von Qualitätskonferenzen oder Qualitätsentwicklungsrunden im lokalen oder regionalen Raum ausgestalten.

- Bei Kindertagesstätten ist die Beziehung zu den Eltern (insbesondere zu den Meinungsführern unter den Erziehungsberechtigten) unter anderem in Elternkonferenzen beziehungsweise in der Zusammenarbeit mit den Elternvertretungen zu beeinflussen. Dabei ist nicht zu vergessen, dass es sich gerade in diesem Bereich um eine Leistung handelt, deren Ruf auch von der Meinung der Eltern abhängt und das Image von der direkten Kommunikation mit anderen Interessierten beeinflusst wird.

- Im Spendenmarketing haben sich inzwischen Großspendertreffen etabliert, in welchen einerseits die Kundenbindung durch Kontakte gepflegt wird, andererseits spezifische Bedarfe bei den Zuwendungsgebern auch im persönlichen Gespräch sondiert werden können. Diese Veranstaltungen nehmen dabei nicht selten den Charakter von Events an, in welchen auch Faktoren wie Exklusivität der Mitgliedschaft eine Rolle spielen. Als Sekundäreffekt sind Geschäftskontakte und Absprachen für die beteiligten Spender und Sponsoren ein wertvoller Anreiz für die Teilnahme.

Beide Faktoren der Kundenpflege werden weiter unten noch ausführlicher thematisiert.

2.3 Analyse der Kundenzufriedenheit

Die regelmäßige Erhebung der Zufriedenheit von Kunden ist ein traditionell zentrales Element der Marktforschung und des Marketings. Die große Bedeutung der Kundenzufriedenheit im Marketing erklärt sich aus der üblicherweise hohen Korrelation von Zufriedenheit mit einem Produkt oder einer Dienstleistung und der Bereitschaft zu einer erneuten Inanspruchnahme und einer Weiterempfehlung der Leistung. Das moderne Marketing ist mittlerweile in erheblichem

Maße darauf ausgerichtet, gegenüber dem Kunden eine erfolgreiche positive Bindung aufzubauen, um auf diese Weise Wiederholungs- bis Stammkunden zu generieren, deren im Idealfall hohe Treue skalenökonomische Effekte durch Cross-Selling (siehe oben) erzeugt beziehungsweise den Aufwand für die Akquise neuer Kundengruppen minimiert.

Ein weiterer Grund für die bedeutende Relevanz der Kundenzufriedenheit ist der Umstand, dass ein zufriedener Kunde über die Empfehlung gegenüber anderen potentiellen Kunden als ein authentischer Werbeträger für die Organisation oder ihre Dienstleistung auftreten kann. Aus empirischen Erhebungen ist bekannt, dass ein unzufriedener Kunde in höchstem Maße negativ auf die Absatzchancen eines Produktes oder einer Dienstleistung einwirken kann, ein zufriedener Kunde dagegen als »Sympathisant« des Produktes oder der Dienstleistung mit seinen Erfahrungsberichten und Ratschlägen durchaus großen Einfluss auf Kaufentscheidungen im Bekannten- oder Freundeskreis hat (vgl. bspw. Scharnbacher/Kiefer 2003). Dies gilt umso mehr, wenn ein Kunde als »Meinungsträger« auftritt, das heißt, wenn er offensiv in der persönlichen Kommunikation seine Einstellung vertritt und gleichzeitig von den Empfängern der Botschaft als kompetent und authentisch wahrgenommen wird. Gerade diese Kundengruppe steht für das professionelle Marketing im besonderen Fokus entsprechender Bemühungen um Kundenbindung (vgl. bspw. Homburg 2008).

Die fachliche Qualität von Beziehung ist in der Sozialpädagogik, im Rehabilitations- und Pflegewesen, in der Beratung etc. ohnehin evident. Für den Bereich der Wohlfahrtspflege ist aus Sicht des Marketings darüber hinaus jedoch zu vermerken, dass die Zufriedenheit von Klienten, aber auch von Kostenträgern und anderen Stakeholdern nicht unwesentlich auf den Ruf einer Sozialorganisation einwirkt und auch in absatzwirtschaftlicher Hinsicht überaus ernst zu nehmen ist. Gerade die spezifische Stellung der sozialen Arbeit im Hinblick auf ihre Eigenarten als personenbezogene Leistung bedarf besonderer Anstrengungen zur emotionalen »Bindung« solcher Kundengruppen, die in der gesamten Öffentlichkeit, in der Fachöffentlichkeit oder (wie beispielsweise die Eltern im Bereich der Kindertagesstätten) auch im privaten Kreise als Meinungsführer auftreten.

Es dürfte aus diesen vorgenannten Gründen nicht überraschen, wenn wir uns der Thematik der Wahrnehmung von Dienstleistungsqualität in der sozialen Arbeit etwas ausführlicher zuwenden.

2.3.1 Kundenzufriedenheit im Sozio-Marketing und im sozialen Qualitätsmanagement

Die Bestimmung beziehungsweise Messung der Kundenzufriedenheit als ein wichtiges Teilgebiet der Marktforschung und des Marketings hat nicht nur direkte absatzwirtschaftliche Bedeutung, sondern weist unmittelbare Anschlussfähigkeit an das soziale Qualitätsmanagement auf. Nahezu alle Ansätze im

Bereich der sozialen Arbeit beinhalten ein Modul zur Bestimmung der Dienstleistungsqualität, in der Regel wird der Fokus dabei auch auf die Analyse der subjektiven Zufriedenheit der Kunden gelegt.

- Im weithin anerkannten (sowie im sozialen Bereich durchaus häufiger eingesetzten) EFQM-System der »European Foundation for Quality Management« ist bspw. die Beurteilung der Produkte, Dienstleistungen und der Kundenbeziehungen der Organisation aus Sicht der Kunden zu erheben. Dies soll direkt durch Befragung geschehen sowie über zusätzliche Messgrößen wie z.b. Reklamationen, die auf die Zufriedenheit der Kunden mit der Organisation schließen lassen und möglicherweise auch direkte Schlussfolgerungen organisationalen Veränderungsbedarf ermöglichen (vgl. zum 2009 revidierten Modell http://ww1.efqm.org/en). In diesem System des Qualitätsmanagements wird auch verpflichtend eingefordert nachzuweisen, was die Organisation bei der Erfüllung der Erwartungen der lokalen Community leistet. Hierzu gehören die Bewertung der Einstellung der Organisation zur Lebensqualität, zur Umwelt und der Erhaltung der globalen Ressourcen ebenso wie die Messgrößen der Organisation selbst bezüglich ihrer (sozialen) Effektivität. Enthalten sind auch die Beziehungen zu Behörden und Körperschaften, die ihre Geschäftstätigkeit beeinflussen oder regulieren. Es sollte von einer sozialen Organisation, die von sich behauptet, gute Qualität aufzuweisen, mithin belegt werden können, dass die relevanten Komplementärorganisationen ebenso wie weitere im sozialen Zusammenhang wichtige gesellschaftliche Gruppen des Einzugsgebiets die betreffende Institution mindestens gut, wenn nicht gar sehr beurteilen.
- Die dem japanischen Streben nach Qualitätsoptimierung entsprungene Philosophie des TQM (Total Quality Management) weist ebenfalls eminente Schnittstellen zu den Perspektiven des Marketings auf (vgl. bspw. Wächter/ Wedder 2001). So beinhaltet TQM zunächst generell eine unabdingbare Orientierung am Kunden, darüber hinaus institutionelle Maßnahmen zur Qualitätssicherung und Qualitätsentwicklung. Integriert ist darin unter Anderem ein dezidiertes »Management der Beschwerde«, wobei entsprechende Bemühungen von der Annahme von Beschwerden über die Weiterleitung bis hin zur Auswertung und anschließenden Verbesserung von Schwachstellen gehen müssen. TQM erfordert übrigens ein strikt auf objektiven Daten basiertes Vorgehen, auch hier sind gemeinsame Linien mit dem Marketing erkennbar.
- Die seit dem Jahre 2000 reformierten Qualitätsnormen DIN EN ISO 9000 ff. schließlich haben mittlerweile ebenfalls ein explizit an dem Kundenbedarf ausgerichtetes Verständnis von Qualität und entsprechender Normierungen (vgl. bspw. Pfitzinger 2001; Pfitzinger 2002). Auch hier herrscht ein sachbe-

zogener Ansatz zur Entscheidungsfindung vor, Unternehmensstruktur und Unternehmensabläufe sind eng an die Bedürfnisse bzw. Bedarfe der Kunden auszurichten. Regelmäßige Befragungen sind durchzuführen, entsprechende Ergebnisse sollen in Verbesserungsmaßnahmen beziehungsweise eine entsprechend bessere Qualität einfließen. Dies alles ist übrigens sehr detailliert nachzuweisen, wenn eine soziale Organisation eine Zertifizierung und eine anschließende Bestätigung durch die neutralen Prüfinstanzen erreichen möchte. Letztendlich strebt auch das Normengerüst DIN EN ISO 9000 ff. eine an kontinuierlicher Verbesserung ausgerichtete Organisation an, die Kundenzufriedenheit im engeren und weitere Sinne als höchstes Gut ihrer Tätigkeit ansieht.

Es ist hier deutlich zu erkennen, wie die Anliegen führender Philosophien, Verfahren und Systeme des Qualitätsmanagements mit der Perspektive des Marketings korrelieren, darüber hinaus wird die »erweiterte Perspektive« von Marketing und Qualitätsmanagement ersichtlich. Sie geht über den Tunnelblick einer ausschließlich auf den Kunden gerichteten Fokussierung hinaus und bezieht weitere wichtige Stakeholder ein, da in komplexen Umfeldern der Erfolg einer Institution maßgeblich von der Akzeptanz wie der Zufriedenheit von weiteren Interessensgruppen abhängen kann.

An dieser Stelle muss nun allerdings explizit auf eine ganz besondere Perspektive des Marketings hingewiesen werden, welche den Blick des Qualitätsmanagements auf absatzwirtschaftliche Belange fokussiert:

* Während sich das Qualitätsmanagement in der Sozialen Arbeit auf viele Facetten der Qualitätsentwicklung und Qualitätssicherung konzentriert,
* richtet das Marketing seinen Blick auf die für die Kundenzufriedenheit besonders wichtigen, weil entscheidenden Stellen der Bewertung.

Es ist folglich zu berücksichtigen, dass das Qualitätsmanagement möglichst umfassend die einzelnen Dimensionen der sozialen Arbeit analysiert und optimiert, das Marketing in besonderem Maße jedoch jene Schnittstellen betrachtet, an welchen die Organisation (und die Mitarbeitenden) in einem direkten Kontakt mit dem Kunden steht. Diese Schnittstellen nämlich sind die bestimmenden Faktoren, anhand welcher der Kunde sich überhaupt einen Eindruck von der Leistungsfähigkeit und Qualität der Organisation machen kann. Wir sprechen hier insbesondere von jenen Konstellationen, in welchen sich der Entscheider/ Käufer vom eigentlichen Adressaten der sozialen Dienstleistung unterscheidet.

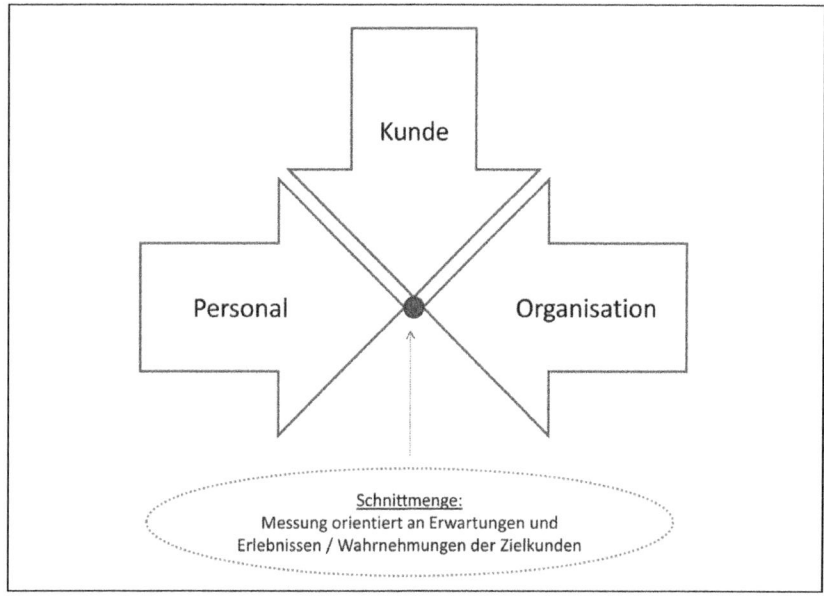

Abb. 25: Qualität und Schnittstellen des Kundenkontakts

Es darf davon ausgegangen werden, dass auch in der Sozialen Arbeit sich viele Kunden nur an ganz wenigen Stellen des organisationalen Alltags überhaupt in einem Kontakt mit der Institution aufhalten (können).

- So haben beispielsweise Eltern von Kindern, die eine Tagesstätte besuchen, täglich nur wenige Minuten einen direkten Berührungspunkt mit einer Kita. Weitere Möglichkeiten ergeben sich für sie in der Regel nur noch im Rahmen von Sprechstunden, Versammlungen, Kita-Festen und Anlässen wie dem Tag der offenen Tür.
- Für einen öffentlichen Kostenträger sind die Schnittstellen mit einem finanzierten Leistungserbringer in der Regel sogar noch seltener: Hier reduzieren sich die Kontakte typischerweise auf wenige kurze Besuche im Jahr sowie gelegentliche Telefonate und Kostensatzverhandlungen, die jedoch üblicherweise im Hause des Kostenträgers durchgeführt werden.
- Viele öffentliche Finanzgeber sind zum gegenwärtigen Zeitpunkt technisch auch noch nicht in der Lage, durch ein fachliches Controlling die Leistungsqualität von Einrichtungen und Trägern objektiv zu bestimmen und somit auf den subjektiven Eindruck angewiesen, der bei den wenigen Kontakten an der Schnittstelle zwischen dem öffentlichen Träger und dem Leistungserbringer entsteht. In nicht wenigen Fällen der geförderten Jugendarbeit sind einige Mitglieder eines Jugendhilfeausschusses als finanzgebende Teil-

kundengruppe einer betroffenen Einrichtung entscheidend für die Zukunft der Leistungsgewährung, haben jedoch selten oder gar (noch) nie einen unmittelbaren Kontakt mit diesem Anbieter gehabt.

Während also das Qualitätsmanagement in der sozialen Arbeit gleichsam im »Hinterland« des direkten Kundenkontaktes um Verbesserung und Konsolidierung bemüht ist, legt das Marketing den höchsten Wert auf die positive Wirkung an der »entscheidenden Stelle«. Nicht selten ist es so (siehe oben), dass hierfür erst einmal ein Berührungspunkt zwischen Kunde und Einrichtung geschaffen werden muss, damit er sich einen Eindruck von der Leistungsfähigkeit verschaffen kann. In jenen Fällen, in welchen sporadische oder regelmäßige Schnittstellen bereits vorliegen, sind diese konstant auf Fehlerfreiheit und Verbesserungsmöglichkeiten zu überprüfen.

Um Missverständnissen vorzubeugen, sei darauf hingewiesen, dass hiermit nicht gemeint ist, Qualitätsmanagement solle sich auf die qualitative Pflege und Entwicklung an den genannten Schnittmengen beschränken. Im Gegenteil kann häufig ein guter Eindruck im Kundenkontakt lediglich über die Entwicklung und Pflege von Struktur- und Prozessqualität ermöglicht werden. Somit erkennt das Marketing selbstverständlich die Bedeutung von qualitätsbezogenen Ansätzen im Vorfeld des Kundenkontakts an. Es ist jedoch kontraproduktiv, wenn die Konzentration des Qualitätsmanagements ausschließlich auf solche Faktoren reduziert wird, die nicht im Zusammenhang mit dem unmittelbaren Kundenkontakt stehen. Denn aus Sicht des Marketings ist jegliche Vorarbeit des Qualitätsmanagements vergebens, wenn an der entscheidenden Stelle der Berührung für den Kunden ein »schlechter Eindruck« entsteht.

Es ist eine Besonderheit des Sozio-Marketings, dass Kundenkontakte und damit die Möglichkeit der Bewertung von Leistungsfähigkeit und Engagement einer sozialen Organisation durch Außenstehende tendenziell im »Krisenfall« erfolgen (können). In solchen Fällen ist der Kunde nicht nur in einem hohen Maße sensibilisiert für den Eindruck, den die Organisation macht. Es handelt sich darüber hinaus nicht selten um eine Krisensituation, die für die Betroffenen stressintensiv ist und auch den zuständigen Vertreter der Sozialorganisation im Kundenkontakt möglicherweise besonders unter (psychischen und/oder physischen) Druck setzt. So kann z.B. in einer solchen Situation in fachlicher Hinsicht alles richtig gemacht worden sein, ein falsches Wort oder eine unbedachte Geste gegenüber den Kunden kann eine nachhaltige negative Wertung nach sich ziehen, obgleich die Qualität im engeren Sinne als tadellos anzusehen war.

2.3.2 Die Bestimmung der Kundenzufriedenheit

Soziale Organisationen sind ebenso wie erwerbswirtschaftliche Anbieter von Produkten und Dienstleistungen angehalten, regelmäßig und auf einer möglichst objektiven Datenbasis die Zufriedenheit ihrer Kunden zu messen. Die Bestimmung des aktuellen Standes der Zufriedenheit der Kunden erfolgt mit dem Ziel, Informationen für die Verbesserung der Leistung zu gewinnen. Zudem kann u.U. die Position eines Leistungsanbieters gegenüber konkurrierenden Institutionen im Vergleich bestimmt werden. Im Sozio-Marketing sind insbesondere der Abgleich von Kundenzufriedenheit und Leistungserwartung, die Relevanz von Parametern der Kundenzufriedenheit, die Dimensionierung einer Untersuchung der Kundenzufriedenheit sowie die Potenziale des Managements von Beschwerden zu thematisieren.

(a) Kundenzufriedenheit und Leistungserwartung

In formaler Hinsicht ist an den Hinweis von eben zu erinnern, dass die Bestimmung der Kundenzufriedenheit stets vor dem Hintergrund von der erwarteten und der »erlebten« Leistung vorgenommen wird (vgl. beispielsweise Bruhn 2008). Jegliche Messung der Zufriedenheit ist somit nicht nur eine Untersuchung des Ist-Standes im Bereich der Zufriedenheit, sondern (wenigstens implizit) auch ein »Ist-Soll-Abgleich«:

- Kunden haben also (mehr oder weniger bewusst) durchaus Vorstellungen von einer optimalen Leistung beziehungsweise Qualität eines Angebots.
- Bei der Messung der Kundenzufriedenheit geht man mithin davon aus, dass der Kunde eine Bewertung vor dem Hintergrund von (mehr oder weniger explizit formulierten) Leistungsanforderungen vornimmt.
- Qualität muss dabei als multiattributiv betrachtet werden, d.h. dass in der Regel mehrere, u.U. eine Vielzahl von Faktoren für einen Gesamteindruck des Kunden verantwortlich sind.

Nach Quartapelle (1996) sind folgende Determinanten generell wichtig für die Heranbildung einer konkreten Erwartung der Kunden an Dienstleistungen:

- Image des Anbieters (der allgemeine Ruf eines Anbieters ist konstituierend für die Erwartungen der Kunden an die Leistungsfähigkeit der Organisation)
- Berichte von anderen Kunden (entsprechende Erlebnisberichte sind für die Inanspruchnahme von Dienstleistungen häufig die einzige vertrauenswürdige Quelle bei der Antizipation von Qualität)
- Der Preis hat ökonomisch und psychologisch eine besondere Funktion als »Signalgeber«: je höher der Preis, desto höher die zu erwartende bzw. erwartete Qualität.
- Kommunikation des Unternehmens (mit konkreten Aussagen, aber auch mit der allgemeinen Art und Weise der Kommunikation eines Unternehmens werden auch »Leistungsversprechen« abgegeben)
- Frühere Erfahrungen des Kunden (frühere Erfahrungen des Kunden sind die einzige authentische Möglichkeit der Antizipation von Leistungsqualität eines Anbieters).

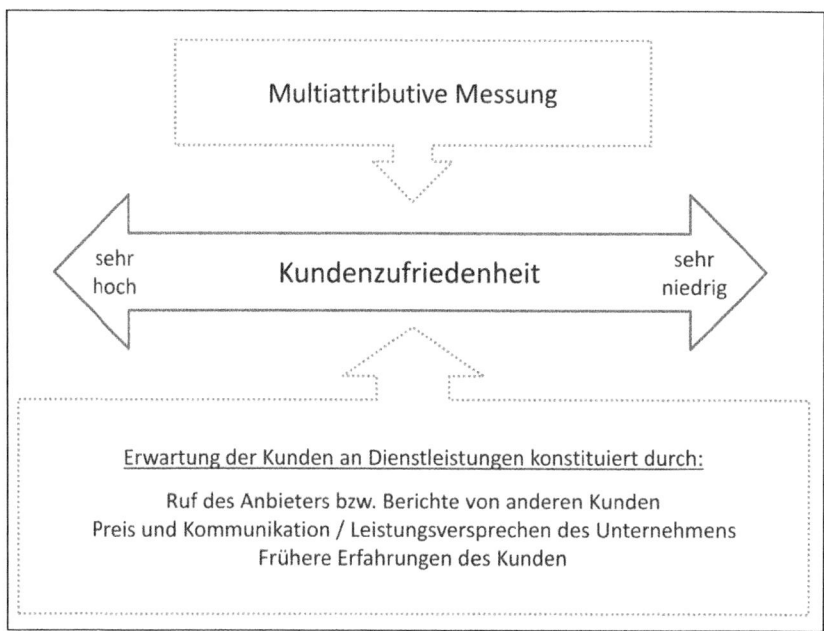

Abb. 26: Kundenzufriedenheit und Leistungserwartung

Im Zuge einer Erhebung von Kundenbewertungen (bspw. direkt nach einer erfolgten Beratung oder nach Abschluss eines Hilfeprozesses) sollten also durchaus die allgemeinen und besonderen Erwartungen abgefragt werden, die der Kunde vor Beginn oder während der Hilfeleistung an die Organisation gestellt hat.

In diesem Zusammenhang sollte zudem sondiert werden, aus welcher Quelle sich diese Erwartungshaltungen ergeben haben, denn wie aus der Liste der eben genannten Quellen für Anspruchshaltungen zu ersehen ist, hat die Organisation entsprechende Faktoren häufig selbst zu verantworten (beispielsweise durch ein bestimmtes Qualitätsniveau bei einer vorhergehenden Dienstleistung, welches beim Kunden einen »Ankerpunkt« gesetzt hat). Sie kann dann im Rahmen ihres Marketings (beispielsweise durch Preis- oder Kommunikationspolitik) darauf Einfluss nehmen.

In einer umfangreichen Analyse ist es durchaus möglich, auch die Relevanz unterschiedlicher Parameter der Kundenzufriedenheit zu bestimmen. Dabei wird davon ausgegangen, dass nicht alle möglichen Bestandteile, nicht alle denkbaren Facetten der Kundenzufriedenheit für die Betreffenden eine gleich hohe Bedeutung aufweisen. Somit wäre es beispielsweise ineffizient, bestimmte

Eigenschaften einer Leistung bei der Verbesserung der Dienstleistungsqualität besonders zu berücksichtigen, wenn der Kunde nachgewiesenermaßen nicht viel Wert auf dieses jeweilige Element der Leistung legt.

Die konkrete Messung der Dienstleistungsqualität erfolgt (auch in der sozialen Arbeit) meist über so genannte »multiattributive Verfahren«. Damit wird dem Umstand Rechnung getragen, dass die Kunden zwar für sich eine Gesamteinschätzung der Qualität beziehungsweise ihrer Zufriedenheit vornehmen, diese Einschätzung jedoch aus einem Bündel von Einzelbewertungen hervorgeht. Diese Messungen beziehen sich somit auf verschiedene Dimensionen der Zufriedenheit beziehungsweise der Qualität als »Attribute« einer Leistung.

Das folgende Schaubild visualisiert diese Vorgehensweise:

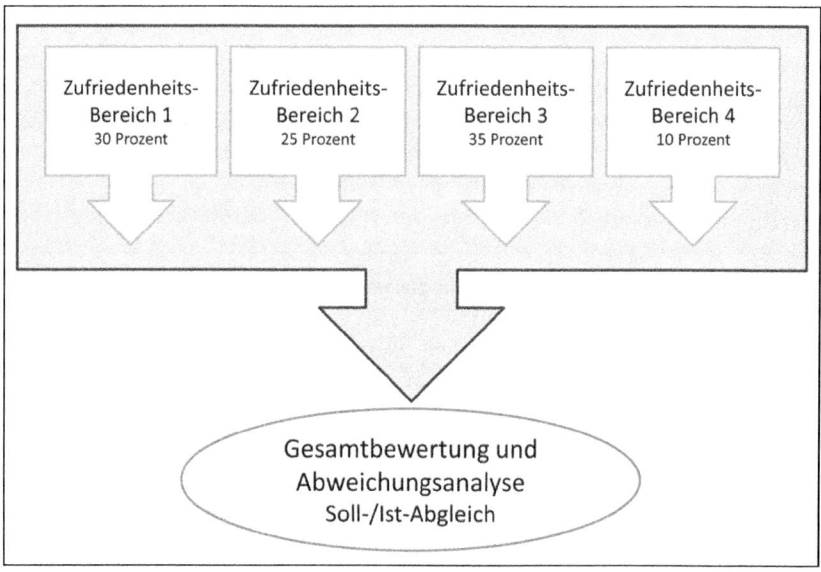

Abb. 27: Dienstleistungsqualität: Multiattributive Bestimmung der Kundenzufriedenheit

Zu sehen ist an diesem Beispiel, dass anhand von vier Bereichen der Zufriedenheit, die jeweils einzeln gemessen werden, eine Gesamtbewertung errechnet wird, wobei durchaus Gewichtungen möglich und sinnvoll sind. Im dargestellten Modell wurde beispielsweise dem Zufriedenheitsbereich Nr. 4 nur ein Wert von 10 Prozent zugesprochen. Dabei könnte es sich um die Bewertung der Ausstattung handeln, von der bekannt ist, dass die Kunden diesem Faktor nur vergleichsweise wenig Bedeutung beimessen. Andere Bereiche von Akzeptanz und Zufriedenheit wie z.B. die fachliche Kompetenz der Mitarbeitenden können dagegen eine weitaus höhere Bedeutung in der Einschätzung der Kunden aufweisen und dann auch in der Gesamtberechnung einen höheren Stellenwert, ein höheres Gewicht einnehmen. Im vorliegenden Beispiel betrifft dies insbesondere die Zufriedenheitsbereiche Nr. 1 und Nr. 3.

In der Frage, welche Elemente von Kundenzufriedenheit in eine Analyse einbezogen werden sollten, kann auf eine Reihe praxisbewährter Modelle zurückgegriffen werden. Ein bekannter und häufig angewandter Zugang zur Messung der Einstellung von Kunden gegenüber einer Organisation sowie der konkreten Zufriedenheit mit Dienstleistungen ist der bereits vor 30 Jahren entwickelte SERVQUAL-Ansatz. Das Modell erlaubt eine Beurteilung der gesamten Organisation durch Befragung des Kunden (vgl. bspw. Bruhn 2008).

Die Erhebung erfolgt über einen standardisierten Fragebogen mit 22 Items in den fünf Dimensionen »Vollständigkeit«, »Entgegenkommen«, »Einfühlungsvermögen«, »Souveränität« sowie »materielles Umfeld«. Die Dimensionen sowie die darin enthaltenen Elemente sind im folgenden Schaubild aufgezeigt. In den einzelnen Dimensionen wird auch deren Gewichtung für die Gesamtberechnung des Zufriedenheitsindexes angegeben. Wie zu sehen ist, erhält die Verlässlichkeit einer Organisation einen sehr hohen Stellenwert. Das Modell geht davon aus, dass die Gesamtzufriedenheit von Kunden erheblich von dieser Dimension bzw. ihren Elementen Zuverlässigkeit, Sorgfalt und Kontinuität bestimmt wird. Einen nicht zu unterschätzenden Einfluss haben jedoch auch die weiteren im Modell enthaltenen Faktoren, wobei der Einschätzung des materiellen Umfelds mit 11 von 100 Punkten der geringste Wert zuerkannt wird.

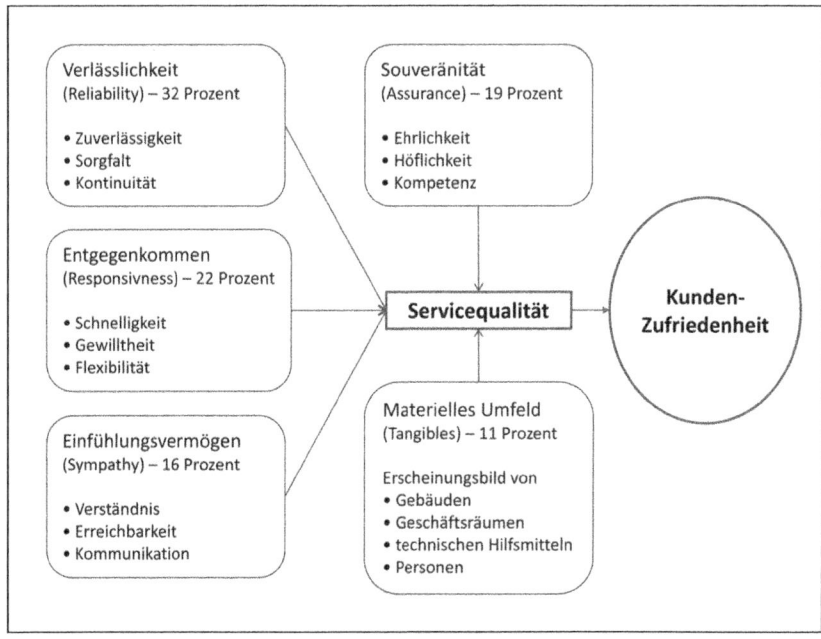

Abb. 28: SERVQUAL-Ansatz

Der international als valide bestätigte Fragenkomplex erhebt die Zufriedenheit der Kunden in Form von »Statements« zu den genannten Dimensionen,
die die Befragten auf einer differenzierten Skala ablehnend oder zustimmend
beantworten können. In der Gesamtschau ist es möglich, einzelne Dimensionen
dann zusammenfassend zu bewerten (für eine Anwendung in der sozialen Arbeit
vgl. Christa 2004). Es ist somit in relativ einfacher Weise möglich, Stärken und
Schwächen einer Organisation in Bezug auf die Wahrnehmung der Kunden herauszuarbeiten. Die Organisation kann sich somit einerseits auf die Eliminierung
von Schwachstellen in der Kundenzufriedenheit konzentrieren, sie kann über
den bewussten Ausbau von Stärken andererseits Wettbewerbsvorteile gegenüber
Konkurrenten generieren.

(b) Problemrelevanz und Problemfrequenz

Es ist allerdings darauf hinzuweisen, dass die soziale Organisation mit einer
solchen Erhebung lediglich vergleichsweise allgemeine Informationen erhält.
Wenn beispielsweise eine Einrichtung oder ein Träger Schwierigkeiten in der
Dimension »Einfühlungsvermögen« wahrnehmen muss, ist er bzw. sie angehalten, in einem weiteren Schritt herauszufinden, in welchen Bereichen der

Schnittmenge zwischen Organisation, Personal und Kunden dieser Eindruck hervorgerufen wird. So kann eine negative Beurteilung durch die Kunden in diesem Bereich ebenso aus einem direkten persönlichen Kontakt mit Mitarbeitenden der Organisation hervorgehen wie aus einem oder mehreren misslungenen Telefonaten, die auf eine schlechte Dienstleistungsqualität der Anrufzentrale des Hauses (also einer mangelhaften »telefonischen Visitenkarte«) zurückzuführen sind.

Solch detailliertere Informationen können über die Bestimmung von Problemrelevanz und Problemfrequenz ermittelt werden, und zwar mit einem konkreten rekonstruktiven Bezug auf die Stellen, an welchen Irritationen, Frustrationen, Unzufriedenheit etc. beim Kunden hervorgerufen worden sind. Problemorientierte Messverfahren werden mittlerweile auch in der sozialen Arbeit von einigen für die Bedeutung von Kundenzufriedenheit sensibilisierten Trägern eingesetzt. Zur Anwendung kommen Analysen zur Häufigkeit und Dringlichkeit der vom Kunden wahrgenommenen Probleme sowie die Untersuchung der Bedeutung des Problems beziehungsweise des Ausmaßes von Verärgerung, Verunsicherung und Frustration auf der Seite der Kunden.

Als Beispiel für eine Analyse der Problemfrequenz beziehungsweise der Problemrelevanz kann eine Untersuchung in einem Altenpflegeheim herangezogen werden, die folgende Faktoren herausgearbeitet hat:

Tab. 5: Problemrelevanz/Problemfrequenz am Beispiel eines Altenpflegeheims

Problemrelevanz/ Problemfrequenz mit Ausprägungen	Wahrgenommene Problembereiche
Problemfrequenz hoch/ Problemrelevanz hoch	• Reaktionszeit auf Notrufe sehr lang • Qualifikation der Nachtwachen unzureichend • Kommunikation zwischen Pflegekräften über die Situation von Bewohnern mangelhaft
Problemfrequenz hoch/ Problemrelevanz niedrig	• Speiseauswahl zu gering • Schlechte Parkmöglichkeiten für Angehörige vor dem Haus
Problemrelevanz hoch/ Problemfrequenz niedrig	• Unfreundlichkeit des Personals • Tischdecken im Speisesaal nicht sauber • Mangelhafte Auskunftsfähigkeit des Personals gegenüber Angehörigen
Problemrelevanz niedrig/ Problemfrequenz niedrig	• Blumenpflege im Garten der Einrichtung unzureichend

Diese tiefergehenden Untersuchungen sind also über eine erste Messung nach SERVQUAL-Kriterien hinaus notwendig, da die Frage beantwortet werden muss, welche konkreten Anlässe, Ereignisse oder Erlebnisse der Kunden im Kontakt mit der Organisation zu der Gesamtbewertung führen. Durch ereignisorientierte Messverfahren, insbesondere durch genaue Analysen der Kontaktpunkte sowie deren Hintergründe (sensible fehleranfällige kundenbezogene Prozesse, vgl. hierzu die Ausführungen weiter unten) sollen solche entscheidenden Schnittstellenproblematiken so präzise identifiziert werden, dass eine anschließende Behebung der Schwierigkeit möglichst direkt möglich ist.

Kritische Faktoren in einer Einrichtung der Jugendhilfe mit potenziell hoher Problemrelevanz können sein (vgl. Christa/Kultscher 2001):

Tab. 6: Kritische Faktoren in einer Einrichtung der Jugendhilfe mit potenziell hoher Problemrelevanz

Kritischer Faktor	Informationen
Umgang mit Anfragen	Anfragen werden falsch oder mit zu großer Verzögerung beantwortet
Vorstellungsgespräche	Vorstellungsgespräche von Klienten sind unstrukturiert und organisatorisch schlecht vorbereitet
Aufnahmeverfahren	In Aufnahmeverfahren fehlen wichtige Unterlagen der Einrichtung, es erfolgt häufig kein Bezug zur Hilfeplanung
Entlassungsverfahren	Die Entlassungsplanung ist häufig nicht termingerecht und weist Lücken auf
Hilfeplanverfahren	Häufig sind mehrere Bezugspersonen an Hilfeplanverfahren beteiligt, die sich untereinander nicht abstimmen
Betreuungsplanungen	Betreuungsplanungen erfolgen nicht immer unter Einbeziehung des zuständigen ASD
Fallbesprechungen	Fallbesprechungen erfolgen unregelmäßig und ohne Bezug auf ein fachliches Controlling
Umgang mit Telefonaten	Bei Anfragen von Kostenträgern sind Mitarbeiter häufiger unfreundlich und wenig kooperativ
Krisenmanagement	Im Krisenmanagement ist die Einrichtung zu umständlich und zu wenig flexibel
Wechsel der Betreuungsform	Die Einrichtung zeigt sich häufiger wenig kooperativ bei einem angezeigten Wechsel der Betreuungsform

Es muss an dieser Stelle der methodische Hinweis gegeben werden, dass Analysen der Kundenzufriedenheit nicht notwendigerweise die Frage objektiv beantworten, wie die Organisation mit ihren Kunden umgeht. Es kann mit entsprechenden Untersuchungen der Zufriedenheit beziehungsweise Unzufriedenheit lediglich erhoben werden, welchen individuellen beziehungsweise subjektiven Eindruck eine soziale Organisation bei ihren Kontakten hinterlässt. Da die Kundenzufriedenheit jedoch aus Sicht des Marketings ein unverzichtbarer Bestandteil des Erfolges von sozialen Organisationen im Wettbewerb darstellt, gelten in diesem Zusammenhang die Wahrnehmungen der Kunden als das »Maß der Dinge«. Denn ein unzufriedener beziehungsweise frustrierter Kunde wird sich möglicherweise auch über nachweislich objektive Indikatoren zur Qualität einer sozialen Organisation nicht mehr von der Güte ihrer Arbeit überzeugen lassen, wenn er mit eigener Wahrnehmung an für ihn subjektiv entscheidenden Schnittstellen ein negatives Erlebnis hatte.

2.3.3 Beschwerdemanagement/Beschwerdemarketing

Eine besondere Rolle bei der Sondierung von Kundenzufriedenheit kommt dem Beschwerdemanagement zu, welches bei einer guten Ausführung auch positive Effekte im Sinne eines Beschwerdemarketings nach sich ziehen kann. Dabei ist davon auszugehen, dass die von einem Kunden ausgesprochene Reklamation einer sozialen Organisation sehr wichtige Hinweise auf relevante Schwachstellen gibt bzw. geben kann, weil beschwerdeführende Kunden bei der Artikulation ihres Problems einen Aufwand in Kauf nehmen, so dass das damit verbundene Problem eine wenigstens potenziell besondere Relevanz für die Beschwerdeführer aufweisen muss (vgl. ausführlich Fürst 2005; Mende 2006).

Der Umgang mit Beschwerden sowie der Transfer von Beschwerden zu Verbesserungen weisen aus Sicht des Sozio-Marketings zwei wichtige positive Facetten für die Entwicklung einer Organisation und ihren Beziehungen zu den Zielkunden auf:

- Bei Beschwerden ist zunächst einmal zu unterstellen, dass die angesprochene Problematik für den Kunden subjektiv so wichtig ist, dass er zu einer Aktivität (nämlich einer Beschwerde) motiviert wurde. Aus der Analyse von Beschwerden erhält die Organisation folglich wichtige (und in der Regel kostenlose) Hinweise auf Möglichkeiten der Optimierung von Qualität und insbesondere der Kundenzufriedenheit. Die soziale Organisation kann also über Beschwerdemanagement nicht nur Unzufriedenheit abstellen, sie kann an einer für den Kunden sehr wichtigen Stelle auch Zufriedenheit generieren.
- Für das Marketing ist darüber hinaus die positive Wirkung relevant, die der angemessene Umgang mit Beschwerden beziehungsweise Beschwerdeführern hat. Empirisch kann belegt werden, dass (wieder) zufriedene Beschwerdeführer aufgrund einer freundlichen Annahme und einer engagierten

Bearbeitung durchaus zu einer nachhaltig positiven Einstellung gegenüber der jeweiligen Organisation bewegt werden können. Eine Reaktion kann beispielsweise schriftlich durch freundlichen Dank und Hinweis darauf geschehen, dass das in Rede stehende Problem bearbeitet wird oder bereits behoben worden ist.

Wie zu erkennen ist, tangiert das Marketing an einer solchen Stelle mit seiner speziellen Perspektive das gesamte Management der sozialen Organisation beziehungsweise ihrer Entwicklung:

- Nicht selten müssen in sozialen Organisationen die Bedingungen der Möglichkeit von Beschwerde erst geschaffen werden, den Stakeholdern von Einrichtungen und Trägern der sozialen Arbeit ist somit in nicht wenigen Fällen erst einmal die Chance zur Beschwerdeartikulation zu geben.
- Darüber hinaus ist es angeraten, in der sozialen Organisation ein Bewusstsein bei den Mitarbeitenden zu schaffen, dass Beschwerden keine unstatthafte Belästigung im Arbeitsbetrieb darstellen, sondern wichtige Gelegenheiten zur Verbesserung ihrer Qualität darstellen, die unter Umständen sogar für das Überleben einer Institution entscheidend sein können.
- Eine angestiegene Menge an Beschwerden nach gezielter Simulierung (also der bewussten Erweiterung der Möglichkeit von Beschwerden) ist kein negatives Zeichen, sondern belegt lediglich zunächst einmal wertfrei, dass vorher die Chance des Lernens über Reklamationen nicht hinreichend genutzt worden ist.
- Und schließlich sind im Rahmen von Qualitätsentwicklung und Organisationsmanagement auch Prozesse der Stimulierung, Annahme und Bearbeitung von (sowie der Reaktion auf Beschwerden) zu standardisieren.

In der Praxis haben sich einige Sozialorganisationen bereits erfolgreich mit dem Beschwerdemanagement befasst. So berichtet beispielsweise Kämmer (2008) von folgenden Maßnahmen, die aufgrund von Beschwerden im »Ida-Becker-Haus« der MÜNCHENSTIFT gGmbH eingeleitet wurden:

- Garnituren beim Abendessen
- Verschiedene Teesorten
- Verbesserte Bewohner-Beschilderung
- Checkliste Hausreinigung
- Ein Mitarbeiter des Friseurbetriebs wurde entlassen, da große Qualitätsmängel.

Bei den in diesem Beispiel genannten Beschwerden handelt es sich im Wesentlichen um strukturqualitative Momente, die von den Bewohnern moniert und daraufhin verändert worden sind. In Dienstleistungsorganisationen verweisen nicht wenige Beschwerden aber auch auf die Problematik eines mangelhaften Prozessmanagements. Dieser Umstand muss in sozialen Organisationen als mehrheitlich dezidiert personenbezogene Dienstleister mit Qualitätsanspruch in den Mittelpunkt der Organisationsentwicklung genommen werden. Aus Sicht des Marketings sind Beschwerden, die auf misslungene organisationale Prozesse zurückzuführen sind, äußerst wichtige Hinweise für die kundenorientierte Entwicklung einer Einrichtung, eines Trägers oder eines Verbands. Die Marketingperspektive präferiert Prozesslösungen, die den Ansprüchen der Kunden nicht nur »irgendwie ausreichend« entsprechen, sondern den Kundenbedarf zur vollen Zufriedenheit sowie schneller und besser als die Wettbewerber befriedigen können. Entsprechende Kennziffern im QM-System beziehen sich u. A. auf die Einschätzung der Flexibilität durch die Zielkunden sowie die Messung von Bearbeitungszeiten, welche den Kunden das Bemühen um Servicequalität signalisieren können.

Dass Beschwerdemanagement und Beschwerdemarketing mit noch darüber hinaus führenden Aspekten des Führens und Leitens, der Organisationsentwicklung und der fachlichen Entwicklung von Mitarbeitern korrelieren, soll ein Zitat von Vergnaud (2002, S. 163) aus einer Publikation zum Beschwerdemanagement in Pflegeeinrichtungen unterstreichen: »Grundsätzlich müssen unabhängig vom Beschwerdemanagement alle Mitarbeiter im Pflege- und Betreuungsbereich über Sozialkompetenz und Fachkompetenz verfügen. Sie müssen in der Lage sein, die Bedürfnisse ihrer Kunden verbal und nonverbal wahrzunehmen... Im besonderen Maß ist eine gute Kommunikationsfähigkeit der Mitarbeiter erforderlich, um schwierige Situationen meistern zu können und für jeden Bewohner das ‚richtige‘ Wort zu finden«.

2.4 Analyse der Wettbewerber

Die Analyse der Wettbewerber ist schließlich der letzte bedeutende Abschnitt der qualitativen Betrachtung der Ausgangslage von Marketingaktivitäten. Nicht selten befinden sich auch soziale Organisationen in einem Markt, der von Verdrängungsversuchen durch konkurrierende Anbieter gekennzeichnet ist. Gerade in intensiven Marktsituationen, wenn also der Druck durch ein hohes Engagement von Mitbewerbern auf jede einzelne Unternehmung ausgeübt wird, ist es notwendig, sich über die anderen Anbieter genauestens zu informieren, um die Marktfähigkeit der eigenen Organisation aufrecht zu erhalten und gegebenenfalls zu verbessern.

Die genaue Kenntnis der Fähigkeiten und Grenzen von Wettbewerbern dient zwei hauptsächlichen Zielen des Marketings:

- Durch Kenntnis der strategischen Absichten von Wettbewerbern ist es möglich, eigenständige Vorgehensweisen zu wählen, um eigene Angebote attraktiver als die der Wettbewerber auszugestalten.
- Durch Kenntnis der Stärken und Schwächen von konkurrierenden Angeboten ist es einer Organisation möglich, eine eigenständige Positionierung im Konkurrenzgefüge zu wählen, um auf diese Weise starken Wettbewerbern »aus dem Weg zu gehen«.

Das besondere Augenmerk jeder Wettbewerbsanalyse gilt dabei den Angeboten beziehungsweise Organisationen, die in einem engen Zusammenhang mit der eigenen Leistungserstellung um die gleichen Kunden wie die jeweilige soziale Organisation konkurrieren oder dicht an der eigenen Leistungsform das jeweilige Angebot der Sozialunternehmung ersetzen können. Im Kern konzentriert sich also die Untersuchung auf jene Anbieter, die mit ihren Leistungen dieselben Märkte beanspruchten beziehungsweise sich an gleiche und ähnliche Bedürfnisse und Bedarfe der Kunden richten.

(a) Horizontaler und vertikaler Wettbewerb
Somit richtet sich eine erste zentrale Untersuchungsfrage nach den wesentlichen konkurrierenden Angeboten beziehungsweise Organisationen im jeweiligen Sozialmarkt.

Der relevante Wettbewerb muss dabei auch im Sozialwesen in zweierlei Hinsicht differenziert beziehungsweise in zwei Richtungen untersucht werden:
- Zu den direkten Wettbewerbern einer sozialen Organisation zählen jene Anbieter, die eine gleiche oder ähnliche Leistung wie die jeweilige Organisation anbieten. Diese Form von Konkurrenz entspricht dem »horizontalen« Wettbewerb, da man sich mit seinen Angeboten auf der gleichen funktionalen Ebene befindet.
- Zu den indirekten Wettbewerbern einer sozialen Organisation sind jene Angebote beziehungsweise Angebotsformen zu zählen, die eine substituierende Wirkung auf das Angebot der betreffenden Organisationen ausüben können. Diese »vertikalen« Wettbewerber können also mit ihrem Leistungsangebot die Inanspruchnahme einer Einrichtung oder eines Dienstes im Vorfeld ersetzen. Nicht selten sind solche Angebote preisgünstiger als die nachgeordnete Leistung.

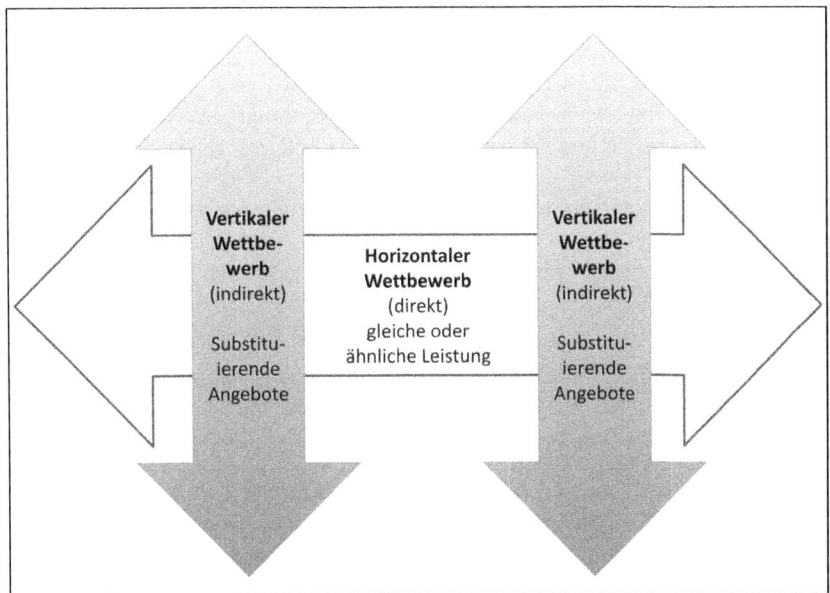

Abb. 29: Horizontaler und vertikaler Wettbewerb

(b) Untersuchungskategorien und Informationshandling

Nach der Bestimmung der wichtigen Konkurrenten sind die Parameter der Analyse genauer zu bestimmen. Dabei ist zunächst aus einer Vielzahl von möglichen Kategorien eine auf die jeweiligen Marktdeterminanten (also die für den Markterfolg der sozialen Organisation zentralen Parameter) bezogene Auswahl zu treffen.

Hinter der Forderung nach einer mehrschichtigen Analyse der Wettbewerber steht die Maßgabe des Marketings, dass die Potenziale der Organisation möglichst in mehreren Dimensionen konkurrenzfähig gegenüber den anderen Angeboten sein müssen. Eine Analyse der Konkurrenten kann zwar lediglich mit einer überschaubaren, d.h. beschränkten Zahl an Parametern realisiert werden. Sie sollte allerdings so hinreichend vielschichtig ausfallen, dass keine für den Markterfolg in der jeweiligen sozialen Branche wichtige Kategorie unberücksichtigt geblieben ist.

Es ist damit im Vorfeld der Analyse von Wettbewerb bzw. Wettbewerbern die Frage zu beantworten, welche Facetten in die Untersuchung einbezogen werden müssen, um ein adäquates Bild der eigenen Position im Gefüge der konkurrierenden Anbieter zu erhalten. In der Marketingliteratur wird eine Vielzahl von Parametern als Grundlage für die Erfassung der Potenziale und Restriktionen von Wettbewerbern vorgeschlagen, ausführliche Checklisten sind beispielsweise zu finden bei Romppel (2006), über Konkurrenzanalysen im Rahmen von Frühwarnsystemen berichtet Preißler (2000).

Die folgende Tabelle enthält eine Übersicht zu einigen im Sozio-Marketing wichtigen Kategorien und Fragestellungen von Konkurrenzanalysen:

Tab. 7: Kategorien und Fragestellungen von Konkurrenzanalysen im Sozio-Marketing

Aktueller Marktanteil %	Kapazität
Größe der Trägerschaft	Grad der der Etabliertheit am Markt
Anzahl Mitarbeiterinnen und Mitarbeiter/Entwicklung in den vergangenen fünf Jahren	Veränderung des Marktanteils in den vergangenen drei Jahren
Preisniveau relativ zu Markt und eigenem Angebot/Entwicklung in den vergangenen fünf Jahren	Leistungsqualität
Servicequalität	Angebotsspektrum
Fähigkeiten zur qualitativen Weiterentwicklung	Besondere Spezialisierungen
Standortfaktoren/Einzugsgebiet	Fähigkeiten zur fachlichen u.a. Kooperation
Marktstrategische Ziele	Verhalten gegenüber Markt/Konkurrenten in den vergangenen fünf Jahren
Beziehungen zu Kostenträger/n	Marketingaktivitäten und besondere Aktivitäten zur Verkaufsförderung
Stabilität der Abnehmerbeziehungen	Qualität des Personals und des Managements

In komplexeren und sehr wettbewerbsintensiven Sozialmärkten (z.b. Rehabilitationsbereich, Pflegewesen, Jugendhilfe) kann es angezeigt sein, eine Datenbank anzulegen, die die Profile der wichtigsten Wettbewerber enthält. Der Vorteil einer solchen Vorgehensweise ist, dass mit einer entsprechenden Dokumentation auch organisational gesichertes Marketingwissen vorliegt und dass Wissen von einzelnen Personen (Führungskräfte, Mitarbeitende) in das Know-how der gesamten Organisation einfließen kann. Der Nachteil einer entsprechenden Datenbank ist die Notwendigkeit einer regelmäßigen Pflege (Überprüfung und ggf. Aktualisierung von Eintragungen), denn veraltete Informationen sind auch bei der Wettbewerbsanalyse vollständig wertlos und sollten vermieden werden.

Der Aufbau einer entsprechenden Datenbank erfolgt üblicherweise nach der Unterscheidung von »harten« und »weichen« Daten:

- Im Abschnitt der harten Daten werden allgemein zugängliche Informationen über den Wettbewerber abgelegt. Hierzu zählen neben Angaben wie Name der Organisation, geschäftsführende Personen, Leistungsangebot, Kapazität, Mitarbeiterzahlen, gegebenenfalls auch Informationen zum Umsatz und weitere frei zugängliche betriebswirtschaftliche Informationen etc.
- Im Abschnitt der weichen Daten sind solche Informationen aufzunehmen, welche einerseits schwer bis gar nicht objektivierbar sind, andererseits sich jedoch auf wissenswerte wichtige Stärken und Schwächen der Organisation und der Leistungsangebote beziehen. Hierunter fallen wahrgenommene Strategien der Organisation ebenso wie festgestellte Qualitäten, Wahrnehmungen durch die Kunden etc.

Es ist ratsam, in eine entsprechende Datenbank die zuverlässigen Informationen zu präferieren beziehungsweise solche Informationen zu kennzeichnen, welche im Hinblick auf die Reliabilität zweifelhaft sind. Gleichzeitig ist darauf hinzuweisen, dass entsprechende »Daten« immer auch mit dem Vorbehalt betrachtet werden müssen, dass sie sich relativ schnell ändern können. Dies gilt vor allem für dynamische soziale Märkte mit sehr aktiven Wettbewerbern.

Dass es sich bei diesen Hinweisen nicht um rein akademische Anmerkungen handelt, die also in der Praxis aufgrund von einem vermeintlich sozialverträglichen Verhalten von Trägern der Wohlfahrtspflege irrelevant sind, zeigen Beispiele aus der Praxis des sozialen Marktes in den vergangenen Jahren:

- Aufgrund einer veränderten Kaufstrategie der Kostenträger wurden in einigen Segmenten der Jugendhilfe wie beispielsweise den Hilfen zur Erziehung ebenso rasche wie aggressive Marktstrategien einzelner Träger beobachtet. So wechselten nicht wenige Anbieter in diesem Bereich der sozialen Arbeit äußerst kurzfristig zu einer reinen Preisstrategie über und haben in einzelnen Fällen Angebote unter Reduzierung qualitativer Ansprüche nicht nur extrem verbilligt, sondern preisliche Offerten unterhalb der eigenen Kostenlinie unterbreitet.
- In welch konkurrenzintensivem Klima dies geschieht bzw. geschehen kann, zeigt ein Zitat von Lüdkemeier (2004, S. 79), der für den Bielefelder Raum konstatiert:»Hilfen für Kinder, Jugendliche und deren Familien sind aufgrund der Lebensbedingungen mehr denn je notwendig. Gleichzeitig verknappen sich die öffentlichen Mittel derart, dass in weiten Bereichen regelrecht um jede Fallübernahme gekämpft wird, um als Jugendhilfeträger nicht binnen kurzer Zeit in den Ruin getrieben zu werden«.
- Im Kontext eines starken Wettbewerbsdrucks sahen sich nicht wenige Anbieter der Altenpflege und des betreuten Wohnens gezwungen, sehr rasch

neue Angebotsformen zu unterbreiten beziehungsweise das eigene Leistungsangebot mit Serviceanteilen zu ergänzen.

- Im Zeichen sozialraumorientierter Präferenzen von öffentlichen Trägern sowie diesbezüglichen Bevorzugungen von Anbietern mit starken Netzwerkaktivitäten wurden in einigen Kommunen sehr rasche Strategiewechsel von Anbietern im Hinblick auf ihr Produktportfolio und ihre besondere Leistungsausrichtung beobachtet.

Während die Erhebung von Basisdaten zu Wettbewerbern in der sozialen Arbeit in der Regel ohne größeren Aufwand und fundiert möglich ist, stellt die Datenbeschaffung im Bereich der »weichen« Faktoren die Verantwortlichen sozialer Organisationen meist vor größere Probleme. Jedoch ist darauf hinzuweisen, dass auch in der erwerbswirtschaftlichen Sphäre die Informationsbeschaffung sowohl im Bereich der geschäftlichen Entwicklung von Konkurrenten, als auch bei Fragen zu Stärken und Schwächen der Wettbewerber beispielsweise in der Kundenzufriedenheit als schwierig gilt (zu Möglichkeiten und Grenzen der Informationsbeschaffung in der Konkurrenzanalyse vgl. bspw. Freiling/Reckenfelderbäumer 2010).

Somit ist die Beschaffung von Informationen zu Wettbewerberpositionen nicht selten auf Sekundärdaten und persönliche Informationen angewiesen. Entsprechend ist bei der Suche nach validem Wissen über Stand und Absichten von Wettbewerbern zunächst einmal eine Sensibilität für die Relevanz von entsprechenden Informationen bei verantwortlichen Führungskräften, unter Umständen aber auch bei Mitarbeitern der sozialen Organisation zu wecken.

Folgende Ansätze zur informellen Wettbewerberbeobachtung sind im Sozialwesen möglich:

- Nicht selten ergeben sich wichtige Hinweise über informelle Kanäle, beispielsweise in entsprechenden privaten Gesprächen mit Mitarbeitenden anderer Organisationen, über Auskünfte von Kostenträgern etc.
- Hinweise über die strategischen Absichten von Wettbewerbern ergeben sich für manche Verantwortliche auch über die Beobachtung des Verhaltens von Konkurrenten in gemeinsamen Gremien, in Arbeitsgemeinschaften sowie in Arbeitsgruppen, in der Kinder- und Jugendhilfe beispielsweise in AGs nach § 78 KJHG.
- Indirekt erschließen lassen sich strategische Aktivitäten von Konkurrenten auch über die Interpretation der Reaktionen von Kostenträgern, insbesondere im Kontext von Kostensatzverhandlungen und bei ähnlichen Anlässen. Es ist allerdings im Zusammenhang mit solchen Beobachtungen zu bedenken, dass der Kostenträger als Marktakteur selbst strategische Absichten verfolgt, diesbezügliche Andeutungen und Informationen nicht immer mit den tatsächlichen Verhaltensweisen von Konkurrenten übereinstimmen müssen.

- Probate Informationen geben häufig Aussagen von Kunden anderer Organisationen oder Mitarbeitende, die früher einmal bei einem Wettbewerber tätig gewesen sind. Jedoch ist dabei zu berücksichtigen, dass diesbezügliche Informationen bei dynamischen Konkurrenten u.U. rasch veralten können.
- Als weitere Quelle für die Beobachtung von Wettbewerbern können indirekte Informationen wie beispielsweise Stellenanzeigen oder Einschätzungen von neutralen Experten (beispielsweise aus den Hochschulen, von sozialwirtschaftlichen Unternehmensberatern oder von wissenschaftlichen Instituten) herangezogen werden.

(C) Stärke-/Schwächen-Profil der Wettbewerbssituation einer sozialen Organisation

Im Ergebnis der Recherchen und Analysen sollten von der sozialen Organisation drei Hauptfragen einer Beantwortung zugeführt worden sein:
- Wer sind im Augenblick die wichtigsten Konkurrenten der sozialen Organisation?
- Welche zentralen Stärken und Schwächen weisen diese auf?
- Welche Ziele und Strategien verfolgen sie?

Aus Marketingsicht ist es durchaus angezeigt, frühzeitig auf Ziele und Strategien der Konkurrenten zu reagieren. Ebenfalls notwendig ist eine organisatorische Reaktion auf die durch Analyse herausgearbeiteten marktrelevanten Schwächen. Jedoch sollten dabei die Stärken, die eine soziale Organisation für sich reklamieren kann, nicht aus den Augen verloren werden. Letztendlich kann ein Marketing beziehungsweise eine »Vermarktung« einer Leistung lediglich auf die Leistungs- und Problemlösungspotenziale eines Angebots, mithin auf die jeweiligen Stärken abstellen. Bei den Überlegungen zu angemessenen Reaktionen auf Verhaltensweisen von Wettbewerbern, die als bedrohlich wahrgenommen werden, ist also die Balance von markt- und ressourcenbasierten Aspekten aufrecht zu erhalten.

Um eine entsprechende Entfaltung von Stärken (im Sinne von wichtigen Ressourcen der Sozialorganisation) gewährleisten zu können, müssen diese zwei Bedingungen erfüllen:
- Stärken müssen nachgefragt, also in der Wahrnehmung der Kunden relevant sein
- Stärken müssen »sichtbar« sein, also auch vom Kunden als solche erkannt werden können.

Diese Maßgaben sind wichtig vor dem Hintergrund der Vorstellung, dass vorhandene Potenziale insbesondere in Form von »Kernkompetenzen« als strategische Ressourcen am Besten zu nutzen sind: »Im Gegensatz zu materiellen

Ressourcen nutzen sich Kernkompetenzen im Zuge ihrer Verwendung nicht ab. Im Gegenteil: je vielfältiger sie eingesetzt werden, je mehr Informationen über ihre Anwendungsmöglichkeiten erworben werden, umso größer werden ihr Entwicklungspotenzial und ihre Entwicklungsdynamik« (Hinterhuber/Handlbauer/Matzler 2003, S. 95). Der Wert für den Kunden ist dabei der entscheidende Faktor, wenn eine Kompetenz im Hinblick auf strategische Relevanz eingeschätzt wird: »Schließlich liegen Kernkompetenzen ja nicht offen zutage, sondern stellen komplexe, vielschichtige Gebilde dar« (a.a.O., S. 58). Kernkompetenzen müssen also eine breite Basis über ganz verschiedene betriebliche Faktoren haben.

Für Ableitungen beispielsweise im Hinblick auf kommunikationspolitische Maßnahmen ist die offensive Konzentration auf die Frage, welche zentrale Vorteile ein Leistungsbereich im Vergleich zu den wichtigsten Wettbewerbern aufweist, zentral, weil erfolgreiche Kommunikation positiv und problemlösungsorientiert sein muss. Im Zusammenhang mit den Instrumenten des »Marketing-Mix« wird auf diesen wichtigen Umstand noch zurückzukommen sein.

Abb. 30: Wettbewerberanalyse und Kernkompetenzen

Sich tatsächlich, bewusst und intensiv mit Konkurrenz auseinander zu setzen, ist ein noch vergleichsweise neuer Weg in der sozialen Arbeit. Zur Verdeutlichung der herausgearbeiteten Wettbewerbsposition einer Sozialorganisation oder einer ihrer Leistungen ist es möglich und ratsam, entsprechende Ergebnisse auch zu visualisieren, also in einer Grafik übersichtlich darzustellen. Es ist in der Regel notwendig, die Resultate entsprechender Sondierungen innerhalb der Mitarbeiterschaft zu kommunizieren, häufig fällt die Rezeption dabei umso leichter, je symbolintensiver beziehungsweise je bildlicher die Botschaft übermittelt wird.

In der folgenden Abbildung ist ein solches Beispiel für die Darstellung einer aggregierten Stärken-/Schwächen-Analyse aufgezeigt, die die relative Position zu den wichtigsten Konkurrenten bestimmt:

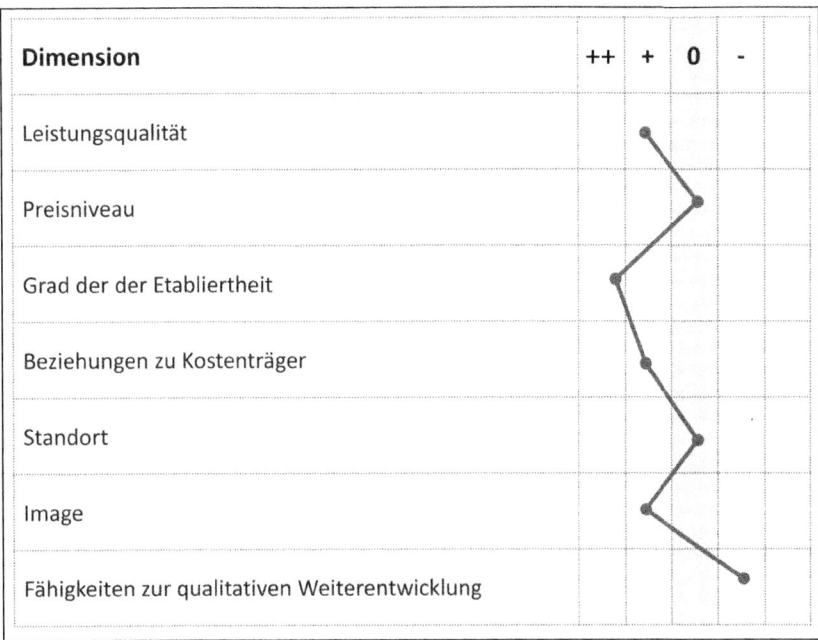

Abb. 31: Stärke-/Schwächen-Position im Wettbewerb – Beispiel

2.5 Analyse durch Benchmarking

Ein auch für das Marketing sehr interessantes Instrument der Datenbeschaffung ist der als »Benchmarking« bekannt gewordene Betriebsvergleich. Marktstrategisch wichtige Fragen können damit einer Klärung näher gebracht werden:

- »Liegen unsere Kosten im Branchendurchschnitt?«
- »Liegen unsere Auslastungen im Branchendurchschnitt?«
- »Wie ist die Position unserer Qualität im Wettbewerb?«

- »Wie ist unsere Imageposition beim Kostenträger und in der Öffentlichkeit gegenüber anderen Anbietern?«

sowie vieles Andere mehr können objektiv lediglich im Abgleich mit anderen (vergleichbaren) Anbietern beantwortet werden (vgl. Löwenhaupt 2008).

Im Benchmarking werden zentrale Aspekte einer Sozialen Organisation mit Einrichtungen und Diensten derselben Branche verglichen – Abweichungen vom Wirtschaftlichkeitsprinzip können dann ebenso schnell und einfach erkannt werden wie sonstige Positionen im Wettbewerbsgefüge des Marktes. Die standardisierte Analyse des Betriebsvergleichs dient gleichzeitig als Grundlage für qualitative Korrekturmaßnahmen des Hauses (vgl. Merchel 2004). Im Idealfall beteiligen sich die Organisationen jährlich an einer neuen Runde, um so Fortschritte ihrer Arbeit überprüfen zu können. Hervorzuheben ist, dass den beteiligten Organisationen eine völlige Anonymität garantiert werden muss. Keine der im Benchmarking befindlichen Einrichtungen und Dienste erhält direkte Einsicht in die Daten der anderen Teilnehmer.

In der Auswertung erhalten die jeweiligen Häuser die Information über ihren Stand im Vergleich mit dem Durchschnitt sowie den besten und den schlechtesten Werten des Samples. Eine Angabe ihrer Position im Ranggefüge der Teilnehmer, die sich im jeweiligen Benchmarking-Zirkel zusammengeschlossen haben, rundet das Bild ab. Für wesentliche betriebswirtschaftliche Vergleiche werden in der Regel Kennzahlen gebildet. Um eine hohe Aussagekraft der Analysen zu gewährleisten, werden in die jeweilige individuelle Auswertung nur gleichartige Einrichtungen/Dienste einbezogen bzw. durch Bildung von Indikatoren eine Vergleichbarkeit hergestellt.

Bislang liegen ausgereifte und in der Praxis bewährte Systeme für die Bereiche ambulante und stationäre Altenpflege, stationäre Jugendhilfe, Werkstätten für Behinderte sowie für Bildungsträger vor (vgl. bspw. Christa 2001). Die Bereitschaft vieler Träger an einer (weiteren) Teilnahme wächst zunehmend. Gute Benchmarkingsysteme beinhalten kosten- und leistungsrechnerische Vergleichselemente, sie beschränken sich allerdings nicht darauf. Ein ausgereiftes Verfahren flankiert die genannten Elemente mit Informationen, die für das Marketing, die Organisationsentwicklung sowie das Führen und Leiten wichtig sind.

Es ist aus Sicht des Informationsbedarfs des Sozio-Marketings davon auszugehen, dass folgende Module in einer Erhebung zwingend enthalten sein müssen, um ein hinreichendes Bild über den Stand einer Sozialorganisation im Vergleich zur Branche geben zu können:

- Organisationscheck (inklusive betriebswirtschaftlichen Daten)
- Mitarbeiterbefragung (von der Arbeitszufriedenheit bis zur Einschätzung der Entwicklungsmöglichkeiten in der Organisation)

- Kundenbefragung (Abfrage der Zufriedenheit mit allen relevanten Bereichen der Servicequalität)
- Kooperationspartnerbefragung (Abfrage der Wahrnehmung von Qualität und der Einstellung gegenüber der sozialen Organisation).

Im folgenden Schaubild ist ein Beispiel für eine zusammenfassende Bewertung einer sozialen Organisation durch die Kunden (in diesem Falle war es der Kostenträger) im Benchmarking abgebildet:

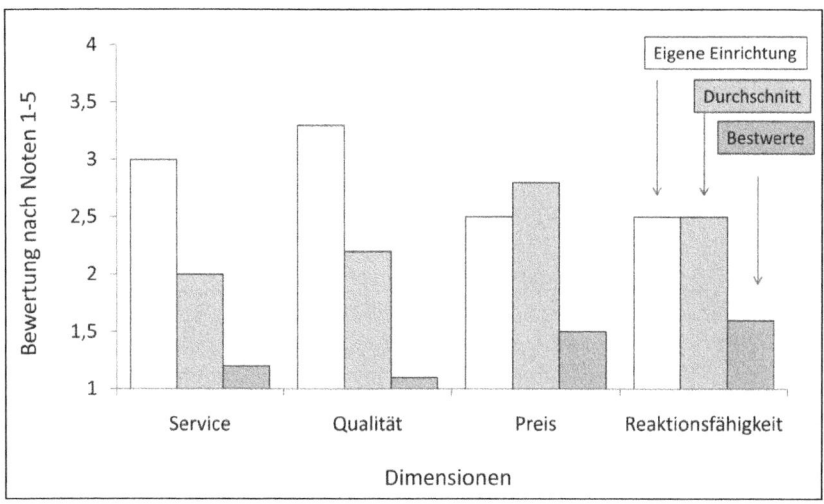

Abb. 32: Benchmarking-Bewertung einer sozialen Organisation

Die Analyse wurde auf die vier Dimensionen Service, Qualität, Preis und Reaktionsfähigkeit verdichtet. In der Abbildung ist mit der jeweils linken Säule für jede Dimension der Wert für die eigene Einrichtung, mit der mittleren Säule der Durchschnitt aller am Benchmarking beteiligten Einrichtungen sowie mit der rechten Säule der jeweilige Bestwert für die Dimensionen angegeben.

Bereits auf dem ersten Blick ist zu erkennen, dass die Einrichtung, für welche dieser Auswertung angefertigt wurde, in keiner der wichtigen Dimensionen der Kundenzufriedenheit eine gute Position aufweist. Bei genauerer Betrachtung kann die in Rede stehende Einrichtung lediglich im Hinblick auf die Reaktionsfähigkeit mit dem Durchschnitt der am Vergleich beteiligten Organisationen Schritt halten. In den Bereichen »Service« und »Qualität« ist die Position der in Rede stehenden Einrichtung sogar alarmierend schlecht. Dass die in Rede stehende Einrichtung leicht bessere Bewertungen in der Rubrik »Preis« als der Durchschnitt erhalten hat, ist keine befriedigende Position. Denn angesichts der offenbar nur geringfügig niedrigeren Preise beziehungsweise der geringfügig höheren Zufriedenheit der Kostenträger mit der Preisgestaltung dieser Einrichtung liegen die von den Kostenträgern wahrgenommenen Defizite in Service und Qualität sowie Reaktionsfähigkeit zu schwer. Aus Sicht des Marketings liegen mit einer solchem Mix aus Informationen in hinreichendem Maße Signale vor, die auf einen dringenden Handlungsbedarf nahe legen.

Wie in der oben stehenden Grafik ebenfalls zu erkennen ist, bildet ein gutes Benchmarkingsystem den Stand der eigenen Organisation auch im Abgleich mit den jeweiligen Bestwerten für einzelne Items oder Dimensionen der Untersuchung ab. Wir erkennen in der obigen Abbildung in jeder Dimension leicht, welche Referenzwerte die jeweilige Branche dominieren beziehungsweise welche Positionen in der jeweiligen Branche von einer guten Organisation erzielt werden können. Dies gilt selbstverständlich auch für alle anderen Untersuchungsbereiche des Benchmarking, also für die Zufriedenheit der Mitarbeitenden, die Zufriedenheit der Adressaten sowie alle anderen organisationsbezogene Merkmale, Kosten- und Leistungspositionen. Selbst solch hochverdichtete Analysen wie die eben dargestellte Auswertung können also aus Sicht des Marketings wichtige Impulse für ein »Lernen von den Besten« geben.

Das Benchmarking zwischen Leistungen innerhalb einer Branche oder innerhalb einer Trägerschaft gewährleistet eine Anonymität der Angaben dahingehend, dass die beteiligten Organisationen lediglich den Durchschnitt sowie die Bestwerte für Items und Dimensionen der Untersuchung erhalten, ihre jeweiligen einzelnen Daten dagegen nicht bekannt gegeben werden. Eine andere – und wesentlich öffentlichkeitswirksamere – Form des Betriebsvergleichs wird seit Mitte des Jahres 2009 im Sektor der Altenpflege bundesweit und mit verpflichtender Teilnahme aller Einrichtungen betrieben. Dabei werden alle Pflegeheime nach einheitlichen Kriterien untersucht und bewertet. Die Ergebnisse sind im Internet einzusehen, die Einrichtungen erhalten in verschiedenen Kategorien Bewertungen durch Notenstufen. Die Prüfung wird vom medizinischen Dienst im Auftrag der gesetzlichen Pflegekassen durchgeführt. Wesentliche Kategorien der Prüfung sind Pflege und medizinische Vorsorge, Umgang mit Demenzkrankenbewohnern, die soziale Betreuung und Alltagsgestaltung sowie Verpflegung, Wohnen, Hauswirtschaft und Hygiene. Die Analysen schließen auch ambulante Pflegedienste ein, wobei Teilnoten für pflegerische Leistungen, ärztliche verordnete Pflegeleistungen sowie Dienstleistungen und Organisation vergeben werden (vgl. www.pflegenoten.de; www.pflegelotse.de u.a.).

Unabhängig vom Umstand, ob es sich bei dieser Bewertung um ein objektives Bild der Pflegequalität handelt oder nicht, ist aus Sicht des Marketings diese vergleichende Bewertung insbesondere deshalb als brisant von den jeweiligen Einrichtungen und Trägern zu betrachten, weil die entsprechenden Ergebnisse im Internet einsehbar sind. Für die Suche von pflegebedürftigen Personen und deren Angehörigen nach geeigneten und qualitativ hochwertigen Einrichtungen ergibt sich damit eine ganz neue Quelle der Sondierung. Der Sektor der Altenpflege erhält damit einen völlig neuen und zumindest quasi-objektiven Branchenspiegel, der von keinem Anbieter in dieser Branche nicht mehr zu ignorieren ist. Die Gefahr für jene Einrichtungen, die nur befriedigende oder gar mangelhafte Bewertungen erhalten bzw. erhielten, ist evident: Sie dürfen erwarten, einen Einbruch in der Inanspruchnahme zu erleiden. Ein Transfer dieses Branchenspiegel-Verfahrens auf andere ambulante und stationäre Leistungen der Wohlfahrtspflege ist zu erwarten.

2.6 Nischenangebote: Die Sondierung unerfüllter Nachfrage

Märkte mit einem großen Nachfragepotenzial und akzeptablen Gewinn- beziehungsweise Renditenquoten weisen üblicherweise eine hohe Attraktivität für Anbieter auf. Allerdings ist jeder nachfrageintensive und finanziell interessante Markt von der Gefahr gekennzeichnet, dass viele andere Anbieter sich hierauf konzentrieren. Letztendlich ist in jedem attraktiven Markt die Möglichkeit nicht von der Hand zu weisen, dass einzelne Unternehmen aufgrund der starken Konkurrenz ausscheiden müssen.

In intensiven Marktsituationen ist es für die Anbieter, welche sich der Konkurrenz nicht dauerhaft stellen möchten, ein mögliches Mittel der Wahl, Konkurrenz durch»Nischenstrategien« aus dem Weg zu gehen (vgl. bspw. Trachsel 2008). Solche Nischenanbieter zeichnen sich dadurch aus, dass sie entweder hochspezialisierte Angebote für eine bestimmte Gruppe von Nutzern bzw. Konsumenten anbieten (wir kommen im folgenden Abschnitt hierauf zurück) oder ihre Angebote auf Nachfragen ausrichten, die der Markt bislang noch nicht befriedigen konnte. Organisationen, die in der Lage sind, »Minimumfaktoren« eines Marktes zu entsprechen, sind vom Wettbewerb deshalb abgeschottet, weil sie innerhalb einer besonderen Kategorie Leistungen anbieten, die von allen anderen Leistungserbringern in dieser Form nicht angeboten werden können.

Eine solche – zumindest für einen bestimmten Zeitraum – attraktive Stellung eines Anbieters versetzt diesen in die Lage, weitgehend ohne Störung durch die Markteinflüsse anderer Organisationen vergleichsweise hohe Preise realisieren und auf eine bestimmte konstante Nachfrage vertrauen zu können.

Nischenstrategien sind jedoch aus folgenden Gründen als aufwändig zu bezeichnen:

- In der Regel benötigt eine solche Strategie einen relativ hohen Aufwand an Forschung und Entwicklung. Es ist eine Sondierung von Minimumfaktoren eines Marktes notwendig, die anschließende Ein- bzw. Umstellung des eigenen Leistungspotentials auf die herausgearbeiteten unbefriedigten Bedarfe des Marktes muss gelungen sein, um entsprechende Wettbewerbsvorteile generieren zu können.

- Die soziale Organisation muss u.U. dauerhaft in der Lage sein, Märkte und Bedarfe zu beobachten und entsprechende Schlussfolgerungen für mögliche neue Nischen zu ziehen, da sie ja dem Wettbewerb entfliehen will und bei Eintreten von einem oder mehrerer neuer Konkurrenten den Markt wechseln muss. Folglich muss gewährleistet sein, dass die Organisation mehr als einmal fähig sind, ihr Leistungspotenzial auf entsprechende noch nicht befriedigte Nachfragefaktoren zu konzentrieren. Hinter dieser notwendigen Kompetenz eines Nischenanbieters steht der Umstand, dass zumindest mittelfristig zu erwarten ist, dass auch andere soziale Anbieter die Nische mit ihrem Angebot besuchen. Gerade in Dienstleistungsmärkten ist es sehr schwierig, Leistungen (beispielsweise durch Patent oder durch bestimmte Kompetenzen und Techniken) vor Nachahmung zu schützen. Entsprechend wird auch in der Wohlfahrtspflege mit höherer Wahrscheinlichkeit im Laufe der Zeit aus einem Nischenanbieter wieder ein normaler Wettbewerber, der sich mit Konkurrenz befasst sieht, welche den gleichen Kundentypus bzw. die gleichen Bedarfe mit einer gleichen oder ähnlichen Leistung anspricht.

Für soziale Organisationen, die sich dauerhaft nicht in der Lage sehen, einem gegebenen Markt beziehungsweise seinen Bedarfen im Wettbewerb entsprechen zu können, sind Suchstrategien dahingehend angezeigt, Bedarfsstrukturen zu identifizieren, die noch nicht mit einem Angebot des bisherigen Leistungsspektrums abgedeckt sind.

Im Bereich Sozialen Arbeit ist allerdings aufgrund der häufigen Nichtzahlungsfähigkeit der Adressaten bzw. der meist Leistungsinhalt und Leistungsumfang regelnden Sozialgesetzgebung sowie der besonderen Position der Kostenträger ein direkter Marktbezug zu noch unbefriedigten Nachfragen eher die Seltenheit. Somit wird ein Leistungsanbieter, der entsprechende relevante Bedarfslagen sondiert hat, erst einmal die jeweiligen Finanzierungsbedingungen abzuklären haben und/oder eine entsprechende sozial- und kommunalpolitische Willensbildung befördern müssen. Eine Ausnahme ist seit Kurzem jener vergleichsweise freie Markt, der sich mit dem persönlichen Budget gemäß § 17 SGB IX für Anbieter und Adressaten der Rehabilitation ergeben hat. Hier wird die Nichtzahlungsfähigkeit der Adressaten ausgeglichen durch Geldleistungen der Kostenträger, mit welchen sich die Betroffen selbständig Leistungen einkaufen können.

Entsprechend zwei- bis dreistufige Vorgehensweisen sind aus Sicht des Sozio-Marketings daher zu durchlaufen, bevor einer noch nicht befriedigten Bedarfslage von einem sozialen Nischenanbieter in der Praxis tatsächlich entsprochen werden kann:

- Noch nicht befriedigte Bedarfslage erkannt
- Finanzierungsgrundlagen gesichert
- Sozial- und kommunalpolitische Willensbildung generiert.

3 Marktsegmentierung/Positionierung

Ein letzter größerer Abschnitt in diesem Komplex der Analysen von Ausgangslagen und Möglichkeiten einer Sozio-Marketing-Strategie sowie diesbezüglicher konkreter Umsetzungen ist die Prüfung der Möglichkeit einer segmentier-
ten Markenstrategie.
Im Marketing wird prinzipiell unterschieden zwischen Produkten/Angeboten,
- die auf bestimmte Nutzermerkmale spezifiziert sind, und solchen Leistungen,
- die undifferenziert über alle Nutzer bzw. deren Eigenschaften und Merkmale
  hinweg als Standardangebot ausgestaltet sind.

Jene Angebote, die auf besondere Eigenschaften oder Merkmale der Kunden
vertieft eingehen, werden als »positioniert« bezeichnet (vgl. bspw. Meffert/
Bruhn 2009). Leistungen können auch mehr oder weniger positionierte Eigenschaften aufweisen, das heißt, dass in der Praxis durchaus ein Kontinuum von
sehr spezifizierten und eher weniger bis gar nicht auf Nutzermerkmale spezifizierten Angeboten vorzufinden ist. Die Optionen der Positionierung von Angeboten werden weiter unten im Rahmen der Marketingstrategien noch näher
erläutert.

3.1 Die Vorteile positionierter Angebote

Mittels einer Positionierung kann ein Angebot auf zweierlei Weise von konkurrierenden Leistungen erfolgreich unterschieden werden (vgl. bspw. Baumgarth
2004; Berekoven/Eckert/Ellenrieder2006):
- Das Angebot hat eine erkennbare Stellung im Gesamtgefüge der verfügbaren sonstigen Standard-Dienstleistungen, die positionierte Angebotsform ist
  im Wettbewerb um Nutzer besser bzw. leichter erkennbar. Ein wahrnehmbar
  klarer zugeschnittenes Angebot ragt somit aus der Vielzahl der sonstigen
  Leistungen der Wettbewerber heraus. Nicht selten haben segmentierte Angebote also (unter Anderem) einen kommunikationspolitischen Hintergrund.
- Mit einem auf bestimmte Nutzermerkmale zugeschnittenen Angebot kann
  jedoch häufig auch ein höheres »Problemlösungspotential« einhergehen.
  Dieser produktpolitische Hintergrund ist so zu verstehen, dass ein Angebot, welches auf bestimmte Eigenschaften oder Merkmale einer bestimmten

Zielgruppe spezialisiert ist, häufig besser als Standardangebote in der Lage ist, dem Bedarf der Klientel zu entsprechen.

Im Bereich der sozialen Arbeit kennen wir bereits vielfältige Spezifizierungen von Leistungen, die im Hinblick auf bestimmte Merkmale und Eigenschaften von Adressaten mit der Absicht zugeschnitten sind, besondere Bedarfe bei einzelnen Zielgruppen zu decken. Grundlegend sind bereits die Produkt- bzw. Leistungskategorien, die in der Kinder- und Jugendhilfe gesetzlich vornormiert werden. Dort werden Leistungen nach Alter und nach dem Bedarf der Kinder und Jugendlichen ausdifferenziert vorgeschrieben. Aber auch im Sektor der Hilfe für Menschen mit Behinderung nach u.a. SGB IX sowie bei Leistungen für Senioren im Pflegeversicherungsgesetz sind Segmentierungen vorhanden, die auf den Hilfebedarf der Adressaten abstellen.

Über diese Festlegungen gesetzlicher Natur hinaus gibt es in einigen Leistungsfeldern der sozialen Arbeit jedoch durchaus noch weitere Möglichkeiten der Positionierung. Aus diesem Grunde lohnt es sich, die im Marketing entwickelten Möglichkeiten der Segmentierung von Zielgruppen genauer zu betrachten.

3.2 Segmentierungskriterien

Im Marketing wurden eine Reihe von Kriterienbündel je nach Güterart und Branche entworfen (vgl. die Übersicht in Meffert/Bruhn 2009). Mit klassischen sozio-ökonomischen, biologischen und geographischen Kriterien sowie der Heranziehung von modernen psychographischen Kriterienraster stehen auch im Sozialbereich zwei prinzipielle Zugänge der Segmentierung von Klienten- beziehungsweise Kundengruppen zur Verfügung.

Die klassischen Konzepte der Kundensegmentierung setzen typischerweise die Parameter Geschlecht, Alter, Haushaltsgröße und Stellung im Lebenszyklus, Haushaltseinkommen und geografische Kriterien ein. Zu dieser Segmentierungsgruppe zählen im Bereich der Sozialen Arbeit beziehungsweise des sozialen Sektors auch der Versorgungsbedarf von Adressaten, also Hilfebedarfe, Pflegebedarfe etc. des Klientels.

Psychographische Kriterienbündel differenzieren vornehmlich nach Lebensstilen, Einstellungen (auch gegenüber der sozialen Dienstleistung selbst), wahrgenommenen Versorgungslagen sowie nach Verhaltensmerkmalen gegenüber der (sozialen) Dienstleistung und wahrgenommenen Vorteilen einer Nutzung der jeweiligen (sozialen) Dienstleistung.

Die folgende Tabelle enthält eine Übersicht zu den gebräuchlichen Kriterien für eine Markt- bzw. Kundensegmentierung:

Tab. 8: Kriterien der Kundensegmentierung

Sozio-ökonomische, geographische, biologische Kriterien	Psychologische Kriterien
Geschlecht	Motive
Alter	
Haushaltsgröße	Einstellung gegenüber der (Sozialen) Dienstleistung
Stellung im Lebenszyklus	
Ausbildung und Beruf	Lebensstile der Zielgruppe
Nationale Herkunft	
Haushaltseinkommen	Subjektiv empfundene Versorgungslagen der Zielgruppe
Mikrogeografische Kriterien	
Versorgungsbedarf	Verhaltensmerkmale gegenüber der (Sozialen) Dienstleistung
Hilfebedarf	
Pflegebedarf	Wahrgenommene Vorteile bezüglich der (Sozialen) Dienstleistung

Wie leicht zu erkennen sein dürfte, sind Konzentrationen auf eines oder mehrere Kriterien sowohl im klassischen als auch im psychologischen Bereich möglich. Die beiden oben genannten Zugänge durch klassische und psychographische Kategorien lassen sich in der praktischen Ausgestaltung eines Zuschnitts auch vermischen.

3.3   Positionierungen in der Sozialen Arbeit

Ein segmentspezifisches Ausgestalten von Leistungen ist einerseits dann anzuraten, wenn das positionierte Angebot ein höheres Potenzial an Effektivität, also Problemlösung für die Adressaten verspricht. Andererseits sehen sich Anbieter auch dann zu einem vertieft positionierten Vorgehen gezwungen, wenn sie durch eine erkennbar profilierte Leistung aus dem Spektrum der Normangebote herausragen wollen.

Im Hinblick auf Merkmale der Nutzer können Angebote differenziert unterbreitet werden, wobei die Positionierung durchaus verschiedene Alternativen wählen beziehungsweise kombinieren kann. Zur Verfügung stehen neben einer Positionierung auf bestimmte Anwendergruppen zusätzliche Aspekte, die im nachfolgenden Schaubild dargestellt werden sollen.

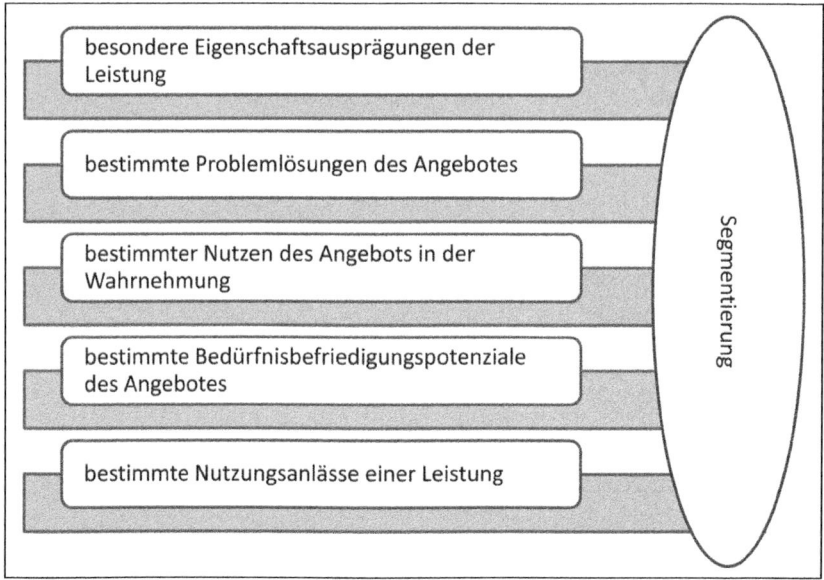

Abb. 33: Kundensegmentierung und Nutzenstiftung

Es ist darauf hinzuweisen, dass mit einem positionierteren Angebot die werbliche Ansprache der Zielgruppen erleichtert werden kann. Wenn beispielsweise genauer bekannt ist, welche Medien die gewählte Zielgruppe typischerweise nutzt, welche besonderen kulturellen Attribute mit dem Selbstverständnis der jeweiligen Zielgruppe verbunden sind, welches Selbstkonzept eine jeweilige Zielgruppe aufweist usw., lässt sich eine Adressatengruppe effizienter und effektiver kontaktieren.

Zu Segmentierungen im Sozialen Sektor sowie entsprechender Mischformen aus unterschiedlichen Kriterienbündel sollen nun einige Beispiele aufgezeigt werden:

- Jugendclubs/Jugendzentren: Offene Angebote der Jugendarbeit richten natürlich ihre Leistungen zunächst einmal nach Altersgruppen gemäß der Förderrichtlinie aus, die ihre Finanzierung bestimmt. Darüber hinaus sind solche Leistungen für bestimmte Altersgruppen in der Regel das Ergebnis sozialplanerischer Erwägungen zum Bedarf in einem Sozialraum und/oder Stadtteil. Im Jugendbereich, in welchem deutliche Ausdifferenzierungen von spezifischen Jugendkulturen vorliegen, erfolgt aus fachlichen Gründen, aber eben auch aus Gründen der Attraktivität nicht selten eine Konzentration auf bestimmte subkulturelle Merkmale und Präferenzen der Nutzer. An solchen Strategien der Spezifizierung von Leistungsmerkmalen ist erkennbar, dass die verstärkte und nachhaltige Nutzung eines Angebotes über Profilierung eine Präferenz bestimmter Jugendgruppen für bestimmte Angebotsformen unterstellt.

- Streetwork: Diese aufsuchende soziale Arbeit orientiert sich im Hinblick auf unterschiedliche Zielgruppen an die von den Klientels bevorzugten Kauf- und Aufenthaltsorte und nutzt so u. A. den Umstand, dass gerade in größeren Städten der jugendliche Adressat häufiger in Einkaufscentern und an anderen markanten Orten des öffentlichen Lebens anzutreffen ist. Auch das Streetwork operiert gemäß subkultureller Differenzierungen sowie nach klassischen Kriterien der Segmentierung.

- Kindertagesstätten: Im Gefüge der Angebote sind mittlerweile typische Ausrichtungen der Struktur, aber auch der pädagogischen Qualität auf bestimmte Positionen wie Gesundheit, Bewegung etc. zu beobachten. Hierbei ist die Positionierung meist auf die Präferenzen der Eltern ausgerichtet, die als »sekundäre Nutzer« zwar nicht die eigentlichen »Kunden« der Einrichtung sind, aber als Entscheidungsträger bei der Wahl der Kindertagesstätte von spezifischen lebensstilgeprägten Motiven geleitet sein können. Sehr deutlich sind die Merkmale und Motive von Kunden (Eltern) beispielsweise bei alternativen Kindertagestätten zu erkennen.

- Seniorendienstleistungen: Im Markt der freien Angebote für Senioren hat sich mittlerweile in nahezu allen Leistungsfeldern eine stark differenzierte Ausrichtung auf Milieus, Lebensstile, Selbstkonzepte, Zahlungsfähigkeiten und Zahlungsbereitschaften ergeben. Häufig greifen entsprechende Angebote auf klassische Kriterien zurück, jedoch richten sich einige Positionierungen auch an modernen Kriterien wie Lebensstile und Selbstkonzepte der Adressaten aus. Hierbei spielt in einigen Fällen auch die politische Einstellung der Zielgruppen sowie deren nationale Herkunft eine Rolle.

3.4 Lebensstil als modernes Segmentierungskriterium – Lebensstiltypologien

Insbesondere dann, wenn sich die Potenziale einer Segmentierung über klassische Kriterien erschöpfen, werden psychologische (oder »psychographische«) Zugänge der Ausdifferenzierung für das Marketing interessant. Vergleichsweise bekannt sind Segmentierungen nach dem »Lebensstil«. Lebensstile sind als spezifischer, jedoch in Clustern vorfindbarer, Ausdruck von Aktivitäten, Interessen und Einstellungen zu verstehen. Sie sind das Ergebnis von kulturellen, sozialen, persönlichen und psychologischen Faktoren.

Lebensstiltypologien können nach Bruhn (2003) in vier typischen Ausrichtungen vorgefunden werden:

- Themenbezogene Typologien: Hier werden vor allem Einstellungen, Meinungen, Werthaltungen und/oder Aktivitäten der Konsumenten im Rahmen eines speziellen Themas als Klassifikationskriterien herangezogen. »Der freizeitorientierte Hobby-Fußballer« oder »die anspruchsvolle Selektivleserin« sind Konsumententypen einer themenbezogenen Typologie.
- Kaufverhaltens- bzw. produktartspezifische Typologien: Hier wird von Produktinteressen und Produktansprüchen bis hin zu Kaufabsichten, Einstellungen zu Produkten oder Ausprägungen des Kaufverhaltens in bestimmten Produktfeldern als Segmentierungskriterium Gebrauch gemacht. Dies gilt selbstverständlich auch für Dienstleistungen.
- Einkaufstättenwahlbezogene Typologie: Die Gruppeneinteilung erfolgt in erster Linie auf Basis der zu beobachtenden unterschiedlichen Einkaufstättenwahl der Konsumenten, der Einkaufshäufigkeit in speziellen Einkaufsstätten sowie der Ansprüche an Einkaufsstätten.
- Kommunikationsverhaltensbezogene Typologien: Diese Studien berücksichtigen überwiegend Kriterien des aktiven bzw. passiven Kommunikationsverhaltens der Konsumenten. Die Segmentierung orientiert sich damit am Informationssuch- und/oder dem Informationsabgabeverhalten der Adressaten.

Im wachsenden Markt der Angebote für ältere Menschen werden mittlerweile auch kommerzielle Lebensstilsegmentierungen genutzt, um Angebote noch weiter zu spezifizieren bzw. zu positionieren (vgl. bspw. die Übersicht bei Pepels 2007). Oft verwendete Modelle sind die Euro-Socio-Styles der GfK Lebensstilforschung sowie das Sinus-Milieu-Konzept. Eine (beispielsweise im Kontext sozialer Aktivierung) nach wie vor interessante Segmentierung von Lebensstilen älterer Menschen ist die u.a. von Infratest verwendete Differenzierung, welche die Senioren im Hinblick auf Lebensführung und Selbstverständnis in vier Cluster einteilt:

- Die pflichtbewusst-häuslichen Älteren (rd. 30 Prozent der älteren Bevölkerung)
- Die aktiven ‚neuen Alten' (rd. 25 Prozent der älteren Bevölkerung)
- Die sicherheits- und gemeinschaftsorientierten Älteren (rd. 30 Prozent der älteren Bevölkerung)
- Die resignierten Alten (rd. 10 bis 15 Prozent der älteren Bevölkerung).

3.5   Grenzen und Gefahren der Marktsegmentierung/Positionierung

Abschließend soll noch auf die Gefahren einer zu rigiden Positionierungspolitik eingegangen werden, denn mit dem Zuschnitt eines Angebotes ist immer auch das Problem verbunden, ein zu enges Marktsegment gewählt zu haben. Gleichzeitig mit einem Zuschnitt verzichtet nämlich jede Positionierung in gewisser Weise auf »Risikostreuung«, weil das Standardangebot über viele (oder alle) Nutzermerkmale zu Gunsten eines Merkmals oder einer bestimmten Merkmalskombination aufgegeben wurde.

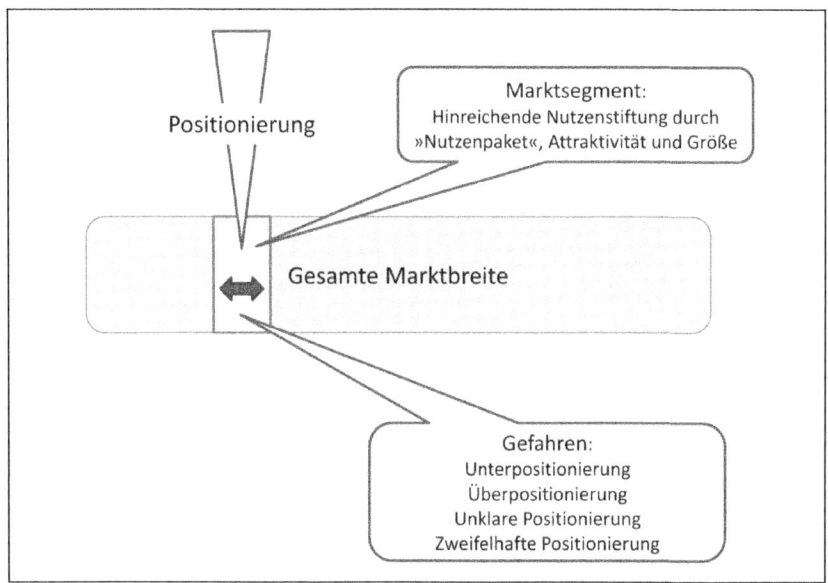

Abb. 34: Kundensegmentierung und Auswahl des Zielmarkts

Jede Positionierung muss also damit rechnen, dass sich zunächst einmal die Zahl der potenziellen Nutzer reduziert. Mit jeder Segmentierung muss somit gewährleistet sein, dass die Attraktivität des Angebotes für die jeweilige Zielgruppe wesentlich höher ist, als das bisherige Standardangebot.

Wie Kotler/Bliemel (1999, S. 496) betonen, erfordert Positionierung zum Einen, durch eine klare Verortung eines »Nutzenpakets« eindeutige Signale gegenüber den Kunden bzw. Zielgruppen zu geben. Darüber hinaus erfordert Positionierung »nicht nur Worte, sondern auch konkrete Handlungen«.

Zu vermeiden sind Fehler, wie in der folgenden Tabelle dargelegt:

Tab. 9: Strategische Positionierungsfehler

Positionierungsfehler	Erläuterung
Unterpositionierung	Kunden/Zielgruppen haben eine unklare Vorstellung von der Position des Leistungsangebots dahingehend, dass das Angebot als eines unter vielen wahrgenommen wird
Überpositionierung	Die Position des Leistungsangebotes ist zu exklusiv
Unklare Positionierung	Es herrschen bei den Kunden/Zielgruppen unterschiedliche Vorstellungen von der Position des Leistungsangebotes vor
Zweifelhafte Positionierung	Es fällt den Kunden/Zielgruppen schwer, die vom Anbieter kommunizierte Positionierung nachzuvollziehen bzw. zu glauben

E   Grundlegende marketingstrategische Optionen

Nach Abschluss der oben beschriebenen Marketinganalysen sind von der sozialen Organisation grundlegende strategische Entscheidungen über das weitere Marketingvorgehen zu treffen.
In diesem Abschnitt sollen
* ausgehend von einer Skizze der Grundfragen und Grundlagen der strategischen Wahl
* Wesen und Zweck strategischer Entscheidungen im Sozio-Marketing geklärt,
* die Notwendigkeit eines diesbezüglichen Controlling-Managements umrissen,
* sowie die für das Sozio-Marketing verfügbaren strategischen Optionen dargelegt werden.

1   Grundfragen und Grundlagen der strategischen Wahl

Krech (1998)) arbeitete für die strategische Wahl in der Erwerbswirtschaft vier Grundfragen heraus, die auf soziale Märkte übertragen werden können:
(1) Sind die gegenwärtigen Leistungen auf den aktuellen Marktanteilen noch zufriedenstellend abzusetzen?
(2) Können mit den aktuellen Leistungen zusätzliche Marktanteile erreicht oder neue Märkte erschlossen werden?
(3) Wie absatzfähig und ertragsstark können innovative bzw. neue Leistungen auf den aktuellen Märkten sein?
(4) Können mit neuen/innovativen Leistungen neue Märkte erschlossen bzw. erreicht werden?

Für die Beantwortung dieser Ausgangslagen sind die Ergebnisse der obenstehenden Analysen heranzuziehen.
Dabei ist vor allem zu klären, welche Wettbewerbsvorteile benötigt werden, um im Gefüge von Angebotsstruktur und der Nachfrage nach den jeweiligen sozialen Dienstleistungen bestehen zu können. Entsprechende Ergebnisse aus der Analyse der Schlüsselfaktoren des Marktes sowie der Untersuchung der Wettbewerbsposition bzw. der Stärken und Schwächen der Wettbewerber sind hierfür heranzuziehen.
Diese Vorgehensweise wird in der Literatur zu strategischen Optionen als marktbasierte Strategie (Market-Based-View) bezeichnet, da die Herleitung

nicht originär über die Stärken und Schwächen der sozialen Organisation, sondern aus Sicht des Marktes, also der Nachfragebedingungen sowie des Wettbewerbs erfolgt (vgl. insbes. Wolf 2008). Diese Perspektive wird auch als Outside-In bezeichnet, weil die Analyse strikt den Weg vom (aktuellen und künftigen) Markt nach innen in die soziale Organisation nimmt. Übertragen auf die Semantik der sozialen Arbeit könnte diese Philosophie der strukturierten Analyse auch als bedarfsgerechtes Vorgehen bezeichnet werden, da nicht die Leitfrage „was können wir?" die Ausgangslage bildet, sondern die (sozialen) Bedarfe den Startpunkt von Analyse und Entscheidungsfindung darstellen.

Letztendlich soll jedoch die Innenperspektive der Sozialorganisation im Sinne eines ressourcenbasierten Ansatzes weder ignoriert noch vernachlässigt werden, da eine Reaktion auf Bedarfe bzw. Nachfragen natürlich auch mit den Kompetenzen eines Leistungserbringers korrelieren muss. Die Balance zwischen der Nachfrage des Marktes und der Kompetenz der Organisation ist mithin aufrecht zu erhalten.

Um die Analyse und Entscheidung auch unter Wettbewerbsgesichtspunkten zu fundieren, ist der Blick zudem auf die aktuellen sowie potenziellen Kernkompetenzen einer Sozialorganisation zu richten. Wir können dabei den Gedanken, welcher im Kontext der in einem vorstehenden Kapitel referierten Stärke-/Schwächen- bzw. SWOT-Analyse bereits angedeutet wurde, weiter ausführen. Insbesondere ist für Sozialorganisationen zu bedenken, dass eine Reihe von Voraussetzungen erfüllt sein müssen, um von einer solchen Kernkompetenz ausgehen zu können (vgl. bspw. Wiedenhofer 2003):

Kennzeichen von Kernkompetenz auch in der sozialen Arbeit sind folgendermaßen zu beschreiben:

Tab. 10: Kennzeichen von Kernkompetenz

Kennzeichen	Erläuterung
Wertvoll/werthaltig	Kernkompetenzen müssen die Organisation dazu befähigen, Strategien zu verfolgen, die ihre Effizienz und Effektivität erhöhen
Nutzenstiftend	Wichtig sind solche Ressourcen, die vom Kunden honoriert werden
Strategisch relevant	Ressourcen müssen die eigene Organisation von den Wettbewerbern positiv unterscheiden
Dauerhaft/nachhaltig	Ressourcen müssen entscheidend und dauerhaft eine Abgrenzung vom Wettbewerb ermöglichen
Begrenzt mobil/begrenzt transferierbar/begrenzt handelbar/begrenzt imitierbar	Idealerweise entsprechen die spezifischen Ressourcen einer »Idiosynkrasie« (d.h. sind liegen in einer der jeweiligen Organisationen eigentümlichen/einzigartigen Mischung vor)
Nicht substituierbar	Die Ressource/n ist/sind vom Wettbewerber nicht durch eine andere Ressource mit gleichem Effekt zu ersetzen
Mehrfachverwertbarkeit	Die Ressourcen gewähren der Organisation idealerweise Zugang zu einem breiten Spektrum von Märkten

Gemäß diesem ressourcenbasierten Zugang kultivieren und pflegen erfolgreiche Organisationen ihre »Unterschiedlichkeit« und »Einzigartigkeit« durch spezifische Ressourcen. Hierbei ist zu berücksichtigen, dass mit der Verfolgung von Wettbewerbsvorteilen durch Kernkompetenzen eine vorrangige Aufgabe des Managements im Aufbau und Unterhaltung organisationsspezifischer Ressourcen zu sehen ist.

Auch im sozialen Sektor können Kernkompetenzen und Ressourcen bei einzelnen Organisationen identifiziert werden (vgl. Wolf 2008). Dabei handelt es sich um spezifische Fähigkeiten in folgenden Bereichen:

- Existenz langfristiger guter Beziehungen zu Kostenträgern
- Gute und exklusive Kontakte zu Schlüsselinnovationen
- Auftritt als „Systemlieferant" (umfangreiche Palette an Angeboten)
- Hohe interkulturelle Kompetenz
- Rascher Transfer von Wissen zwischen den Bereichen der (Gesamt-)Organisation
- Fähigkeit zur raschen und zielführenden Schließung von Lücken im Angebotsportfolio
- Flexible und bedarfsgerechte Leistungsausrichtung
- Konsequente Ausrichtung der Organisation auf die Kernkompetenzfelder

- Einzigartige Unternehmenskultur
- Konsequentes Markenmanagement.

Abschießend hierzu eine Gegenüberstellung der beiden Perspektiven:

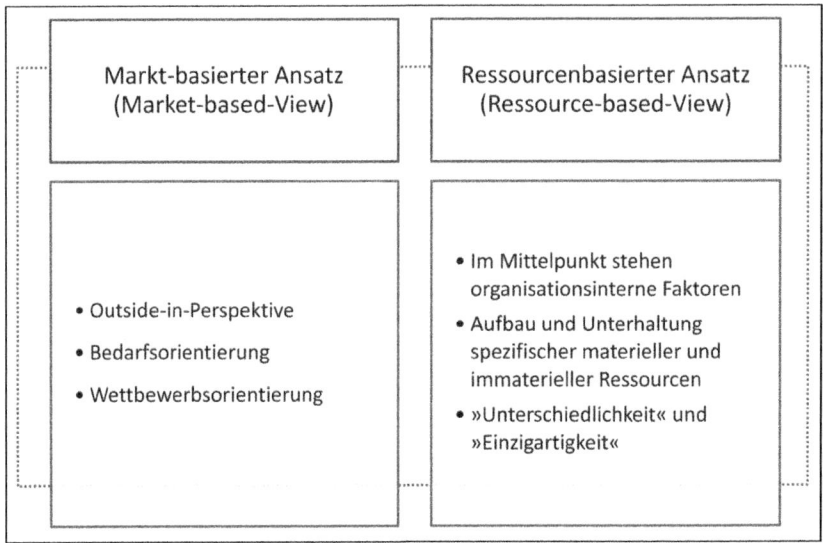

Abb. 35: Strategieentscheidungen und Perspektive

2   Strategische Entscheidungen

Auf der Basis dieser Grundlagen und -fragen sind entsprechende marketingstrategische Potenziale zu erörtern sowie diesbezügliche Festlegungen zu treffen. Da es sich dabei um tendenziell langfristig bindende Entscheidungen mit hoher Tragweite handelt, sollen vor einer Vorstellung der Optionen das Wesen und die Bedeutung von strategischen Entscheidungen sowie die Notwendigkeit eines umfassenden Steuerungsrahmens umrissen werden.

Strategisch relevante Entscheidungen unterscheiden sich von anderen Formen der Weichenstellung durch einige Besonderheiten, die in unserem Zusammenhang wichtig und von den Verantwortlichen der sozialen Organisation im Hinblick auf das Marketing ihrer Leistungen zu berücksichtigen sind (vgl. Bickhoff 2008):

- Langfristige Bindung: Strategische Entscheidungen sind auf einen längeren Zeitraum angelegt (meist über fünf, teilweise über sieben Jahre).

- Langfristige Wirkung: Erfolgreiche Strategien sind aufgrund ihrer langfristigen Anlage in ihrer Wirkung meist erst nach einiger Zeit, mitunter erst nach Jahren erkennbar.
- Verantwortung der Leitung: Da strategische Entscheidungen die langfristige Entwicklung einer Organisation betreffen, sind die entsprechenden Strategien von den für die Organisation verantwortlichen Personen zu vertreten, entsprechende Umsetzungen der Strategie sind zu unterstützen bzw. zu fördern und zu fordern.
- Rahmen- und Linienvorgabe: Strategien bedürfen in der Regel einer weiteren detaillierten Ausformulierung in Form von mittel- und kurzfristigen Planungen, Maßnahmen etc.
- Prozessimplikationen: Strategien legen nicht nur erwünschte zukünftige Zustände einer Organisation fest, sondern verweisen bereits in ihrer Formulierung mindestens implizit auf Wege und Maßnahmen der Zielerreichung. Strategien sind damit auch im Sozio-Marketing immer mehr oder weniger direkt bereits mit Prozessen der Realisierung verbunden.
- Verankerung in der Sozialorganisation: Langfristig bindende Marketingentscheidungen und diesbezügliche Planungen/Umsetzungen betreffen in der Regel die gesamte soziale Organisation. Entsprechend sind Mitarbeitende nicht nur in die Implementation von Strategien einzubeziehen, sondern auch über entsprechende strategische Hintergründe aufzuklären. Im Idealfall sind die Mitarbeitenden von einer Strategie überzeugt, wurden gar an der Formulierung beteiligt. (Dies gilt allerdings mit der Einschränkung, dass Geschäftsgeheimnisse nicht nach außen dringen dürfen).
- Oberzielorientierung: Das Oberziel jeder Strategie ist die (langfristige) Sicherung des Bestandes der sozialen Organisation. Es sind folglich mit der Marketing-Strategie auch im Sozialsektor klare Verbindungen zu Ertragszielen, Marktzielen und Leistungszielen herzustellen (siehe auch untenstehende Hinweise zu den Zielen).
- Strategien sind einem Controlling zu unterziehen: Damit ist auch im strategischen Sozio-Marketing der Controlling-Regelkreis dominierend, der von der Ausgangslage über die Zielstellung, die Strategie, die Maßnahmen und schließlich die Evaluation der Zielerreichung die ganze Steuerungsbreite der Strategieformulierung und Strategieimplementation umfasst (siehe hierzu auch untenstehende ausführlichere Hinweise zur Steuerung).
- Ausgewogenheit der Entscheidung: Jede strategische Entscheidung ist eine Auswahl, was bedeutet, dass die Organisation sich gegen Alternativen, d.h. andere strategische Möglichkeiten entschieden hat. Um die Ausgewogenheit einer entsprechenden Festlegung zu gewährleisten, sind verschiedene Perspektiven in die Wahl aufzunehmen. (Mindestens die Marktperspektive sowie

die Perspektive der Kompetenzen der eigenen Organisation, siehe oben die Hinweise zu Market-based-View und Ressource-based-View).

In der folgenden Grafik sollen die wesentlichen Implikationen einer Marketing-Strategie für die soziale Organisation noch einmal zusammengefasst dargestellt werden:

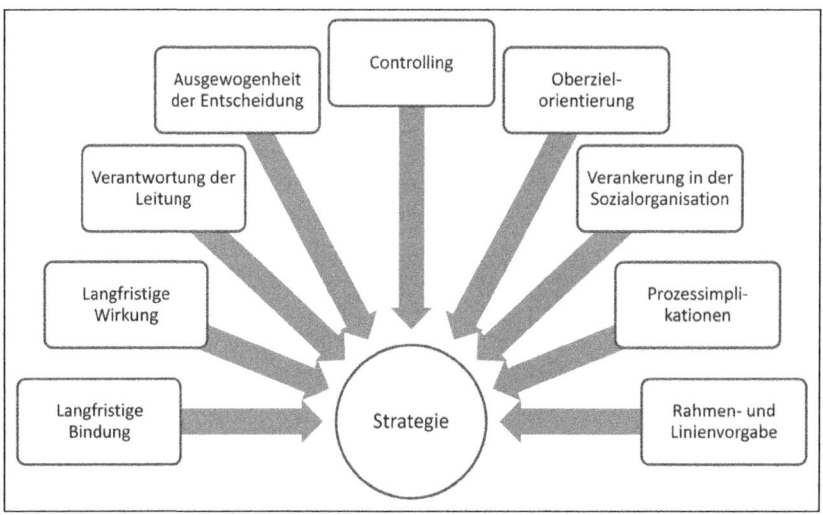

Abb. 36: Implikationen einer Marketing-Strategie

3 Zielsystem und Controlling-Regelkreis

Die beiden letztgenannten Punkte verweisen direkt auf die Notwendigkeit eines Zielsystems und eines entsprechenden strategischen Steuerungsrahmens.

Das Zielsystem einer Marketingstrategie hat mehrere zentrale Dimensionen des Organisationsbestands zu berücksichtigen. Die entscheidenden Parameter wurden im Zuge vorstehender Abschnitte bereits eingeführt, so dass eine Auflistung an dieser Stelle genügen soll.

Ausgehend vom langfristigen Bestand der sozialen Organisation werden die Unterziele im strategischen Marketing üblicherweise in folgende Dimensionen ausdifferenziert:

Tab. 11: Zieldimensionen im strategischen Marketing

Dimension	Sub-Dimensionen
Ertrag	Auslastung
	Einnahmen
	Absatz
Markt	Marktanteil
	Neue Märkte
Leistung	Qualität
	Soziale Verantwortung
	Kosten

Analyse und Bewertung, Zielfindung und strategische Entscheidung, Umsetzung und Evaluation sind regelmäßig miteinander zu verknüpfen. Der Controlling-Regelkreis ist der Steuerungsrahmen für die Formulierung um die Umsetzung der Marketing-Strategie. Die im folgenden Schaubild dargestellte Reihenfolge ist bei allen strategischen Planungen zu beachten. Zu verweisen ist auf die Einbettung der Strategie in die anderen Elemente des Regelkreises, wobei deutlich sein sollte, dass die Strategie als Element den Abschnitten »Analyse der Ausgangslage« und »Zielfindung« nachgeordnet ist beziehungsweise einen direkten integrativen Bezug zu beiden vorgelagerten Abschnitten aufweisen muss. Der Strategieformulierung ihrerseits sind die Phasen der Umsetzung sowie die Evaluation nachgeordnet.

Zu beachten sind die Feed-BackSchleifen, die im Grunde auch Lernschleifen sind, da sie im Prozess der Strategierealisierung Rückkoppelungen vom aktuellen Stand der Entwicklung auf die Strategie sowie die Umsetzung erlauben. Mit dem Controlling-Regelkreis soll gewährleistet sein, dass eine Strategieimplementierung regelmäßig einer Prüfung auf Erfolg unterzogen werden kann.

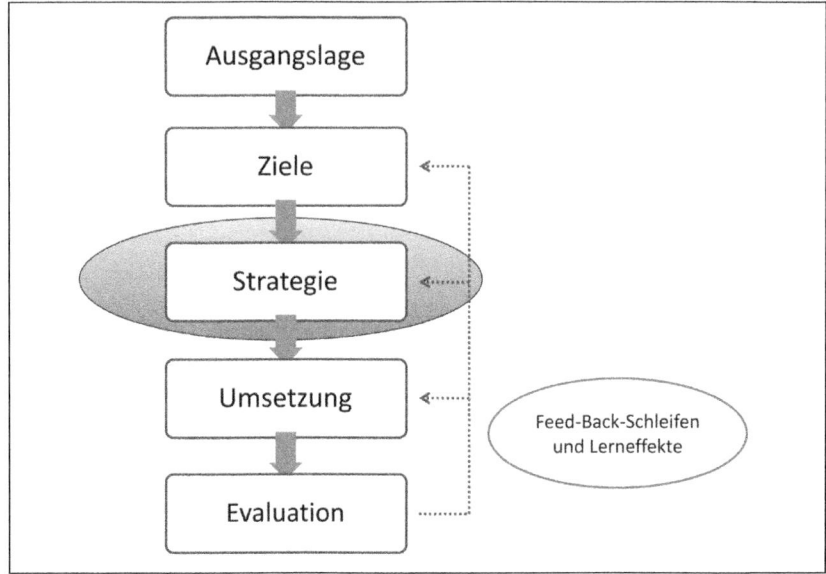

Abb. 37: Marketing-Strategie und Controlling-Regelkreis

Freiling/Reckenfelderbäumer (2010, S. 384) weisen daraufhin, dass eine wichtige Erkenntnis der Strategie- und Marketingforschung darin besteht, »dass erarbeitete Strategien auch dann oftmals nicht in verabschiedeter Form umgesetzt werden, wenn Beteiligte unterschiedlicher Hierarchieebenen an der Ausformulierung beteiligt gewesen sind und ihre Zustimmung zu den Inhalten gegeben haben. In der Praxis sind entsprechende Steuerungsregelkreise deswegen auch als integrierende Instrumente geschätzt, die Schwierigkeiten bei der Implementierung relativ frühzeitig aufdecken und an die strategisch wichtigen Elemente der Organisation zurückmelden können.

4   Marketingstrategien

Marketingstrategien können wir mit Bruhn (2007, S. 53) verstehen als »bedingte, mehrere Planungsperioden umfassende, verbindliche Verhaltenspläne von Unternehmen für ausgewählte Planungsobjekte (z.B. Produkte, strategische Geschäftseinheiten oder Unternehmen als Ganzes). Sie beinhalten Entscheidungen zur Marktwahl und -bearbeitung und legen den Weg fest, wie strategische Marketingziele eines Unternehmens zu erreichen sind«.

Bereits gegen Mitte des vergangenen Jahrhunderts wurden vier idealtypische Strategievarianten entworfen, die dem markt-basierten Ansatz folgen und insbesondere Wachstumsalternativen generieren sollten (vgl. Ansoff 1957). Diese Varianten werden auch heute noch als Basis für die Konzeptionierung einer strategischen Unternehmensführung herangezogen (vgl. bspw. Becker 2009; Freiling/Reckenfelderbäumer 2010). Wir werden vor allem deswegen diesen Ansatz übernehmen, weil er stärker auf den Markt beziehungsweise den Bedarf ausgerichtet ist und deswegen mit der konzeptionellen Anlage von sozialen Organisationen als bedarfsdeckende Institutionen der Wohlfahrtspflege gut harmonisiert. Marketingstrategien können in

- Marktfeldstrategien (Fixierung der Produkt/Markt-Kombination),
- Marktstimulierungsstrategien (Bestimmung und Art und Weise der Marktbeeinflussung),
- Marktparzellierungsstrategien (Festlegung von Art und Grad der differenzierten Marktbearbeitung) sowie
- Marktarealstrategien (Bestimmung des Markt- bzw. Absatzraumes)

eingeteilt werden (Vgl. bspw. Welge/Al-Lahm 2008; Busch/Fuchs/Unger 2008).

Diese Strategieoptionen sollen im Folgenden erläutert und die Umsetzung in die Praxis mit Beispielen aus verschiedenen Bereichen des sozialen Sektors illustriert werden. Dabei sollen vor allem absatzwirtschaftliche Erwägungen mit besonderer Berücksichtigung von Angebots- und Nachfragestrukturen des jeweiligen Markts im Vordergrund stehen.

In der folgenden Tabelle sind die Strategiebereiche sowie die diesbezüglichen Optionen als Übersicht dargestellt:

Tab. 12: Marketing-Strategien – Übersicht

Strategien	Optionen
Marktfeldstrategien	Marktdurchdringung
	Leistungsentwicklung
	Diversifikation
	Marktentwicklung
Marktstimulierungsstrategien	Präferenzstrategie
	Preis-Mengen-Strategie
Marktparzellierungsstrategien	Massenmarketing
	Marktsegmentierung
Marktarealstrategien	Lokal
	Regional
	Überregional
	National/International

4.1 Marktfeldstrategien

Im Hinblick auf Marktfeldstrategien stehen Anbietern personenbezogener sozialer Dienstleistungen die vier Varianten der
(a) Marktdurchdringung,
(b) Leistungsentwicklung
(c) Diversifikation oder
(d) Marktentwicklung
zur Disposition.

Marktfeldstrategien beziehen sich auf eine differenziert-dynamische Betrachtung von gegenwärtigen und neuen Leistungen und Märkten, der Bezug soll im folgenden Schaubild verdeutlicht werden:

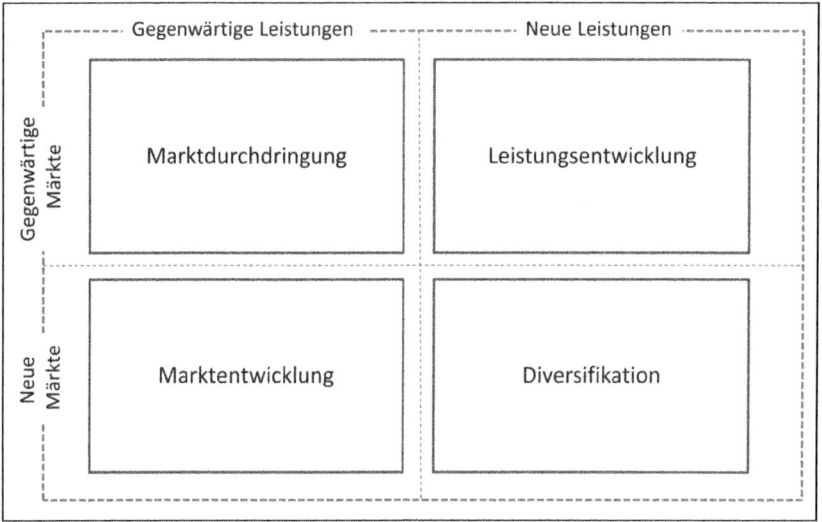

Abb. 38: Marktfeldstrategien

Die Wahl der Strategie richtet sich nach Marktlage und möglichst fundierter Marktprognose wie im Folgenden beschrieben.

(a) Das Ziel der Marktdurchdringung zur Erlangung eines größeren Marktanteils kann von einer Einrichtung bspw. durch die Erhöhung der Anzahl an Plätzen innerhalb des bestehenden Leistungsprogramms auf ihren bisherigen Märkten bzw. innerhalb ihres bisherigen Marktes angestrebt werden. Dies ist insbesondere dann sinnvoll, wenn aus der Marktanalyse hervorgegangen ist, dass auf dem gegenwärtigen Markt ein noch ungedeckter Bedarf vorliegt, die Nachfrage nach dieser bestimmten und bereits von der Einrichtung angebotenen Betreuungs- oder Versorgungsform also absehbar stark bleibt und konkurrierende Einrichtungen die Nachfrage auch zukünftig nicht gänzlich befriedigen können (bzw. die geplanten Investitionen der Wettbewerber nicht auf eine künftige Sättigung der Nachfrage schließen lassen).

(b) Ebenso ist es möglich, dass aus der Marktanalyse die Notwendigkeit einer Leistungs- bzw. Produktentwicklung gefolgert wird, weil Wachstum oder Bestand der Einrichtung mit Bezug auf den jeweiligen Zielmarkt lediglich durch eine Verbesserung der Dienstleistungsqualität ermöglicht werden können. Dies wird insbesondere dann erforderlich, wenn auf einem vom Nachfrager dominierten Markt ein intensivierter Wettbewerb um Inanspruchnahmen absehbar ist und konkurrierende Anbieter qualitative Vorsprünge bei der Leistungserbringung anstreben.

(c) Eine Diversifikation der Leistungs- bzw. Angebotslinie sozialer Organisationen ist dann möglich bzw. notwendig, wenn im Rahmen der Marktanalyse erkennbar ist, dass zukünftig auch andere als die gegenwärtige Leistungsausrichtung nachgefragt werden. Bei Diversifikationsstrategien wird üblicherweise der »ressourcenbasierte Ansatz« verfolgt. Dabei ist es wichtig zu beachten, dass die zu Grunde liegenden Ressourcen »spezifisch« sind, dass also entsprechende Diversifikationen auf besondere Kompetenzen der sozialen Organisation basieren können. Wenn eine Suchtberatungsstelle über bisherige Leistungen hinaus ein von der Krankenkasse finanziertes Muskelentspannungstraining neu konzipiert und anbietet, kann dies unter die Rubrik der Diversifikation fallen.

Hierbei sind die Möglichkeiten der horizontalen und der vertikalen Diversifikation zu unterscheiden.

- Die Variante der horizontalen Diversifikation zeichnet sich durch die Erweiterung des Leistungsprogramms um verwandte Dienstleistungen (beispielsweise für die gleiche Zielgruppe »Familie«) aus. Dies wäre bspw. dann der Fall, wenn ein Anbieter erkennt, dass im regionalen Zielmarkt künftig einem verstärkten Bedarf nach integrierten eine stagnierende oder schrumpfende Nachfrage nach isolierten (Stand-Alone-) Leistungen gegenübersteht, und daraufhin durch den Aufbau von entsprechenden integrierten Kapazitäten dem Bedarf von Adressaten und/oder Kostenträgern entsprechen will.

- Ein Beispiel für die Möglichkeit vertikaler Diversifikation im Sinne einer dem bisherigen Leistungsprogramm vorgeschalteten Leistung ist die Eröffnung einer Einrichtung zur ambulanten Betreuung und Pflege von Senioren. Diese Form der Diversifikation kann aber auch durch das relativ neuartige und der bisherigen Ausrichtung komplementäre Feld wie die Eröffnung einer Station zur Kurzzeitpflege für ältere Menschen erfolgen, die insbesonre in ihrer temporären Entlastung für (auch erwerbstätige) Angehörige von Pflegebedürftigen seit Jahren stärker nachgefragt wird.

(d) Die Strategie der Marktentwicklung folgt der Ausrichtung »altes Produkt, neuer Markt«. Obgleich im sozialen Sektor von einem Einsatz der Marketing-Instrumente zur nutzergerechten Ausgestaltung ausgegangen wird und die »persuasiven« Instrumente zur Gewinnung von Nutzern mit bestehenden bzw. unveränderten Angeboten weitestgehend ausgeblendet werden können, kann diese Option nicht gänzlich vernachlässigt werden, da durchaus Situationen vorstellbar sind, in welchen für gegenwärtige Leistungen neue Märkte gefunden werden müssen. So können beispielsweise Kompetenztrainings für Jugendliche in unterschiedlichen Leistungsfeldern angeboten werden. Dies betrifft auch die Erschließung zusätzlicher Absatzmöglichkeiten durch regionale oder überregionale Ausdehnung. Üblicherweise wird diese Strategie bei freien Kapazitäten verfolgt. Die Marktentwicklung ist auch deswegen attraktiv, weil sie relativ wenige bis keine neuen Investitionen erfordert (vgl. bspw. Busch/Fuchs/Unger 2008). Wenn beispielsweise eine Suchtberatungsstelle im Auftrag einer Krankenkasse einen Raucherentwöhnungskurs für die Versicherten durchführt, sind für die soziale Organisation zusätzliche Einnahmen, aber praktisch keine investiven Aufwendungen damit verbunden. Gleiches gilt für Inhouse-Seminare, die eine solche Beratungsstelle für Leitungskräfte in Unternehmen der freien Wirtschaft durchführt.

4.2   Marktstimulierungsstrategien

Im Kontext von Marktstimulierungsstrategien stellt das klassische Marketinginstrumentarium der Sozialorganisation mit
*   der Präferenzstrategie und
*   der Preis-Mengen-Strategie
zwei Varianten zur Verfügung.

(a) Mit einer Präferenzstrategie »sollen mehrdimensionale Präferenzen der Kunden hinsichtlich nicht-preislicher Aktivitäten geschaffen werden« (Hermann/Huber 2009, S. 112). Präferenzstrategische Überlegungen können insbesondere in jenen Feldern sozialer Dienstleistungen dominieren, die von einem intensivierten Wettbewerb und/oder geringer preislicher Unterschiede zwischen einzelnen Angeboten gekennzeichnet sind. Speziell in diesen Segmenten sind einzelne Anbieter genötigt, bedarfsgerechte Dienstleistungen mit Zusatznutzen bspw. in den Bereichen Prestige, Qualität, Stil oder Service anzubieten. Präferenzstrategien induzieren primär den Einsatz aller nicht-preislichen Instrumente. Diese eigenständige Profilierung strebt die

Erlangung einer spezifischen Kompetenz an. Ziel ist schließlich eine von den Wettbewerbern nicht leicht nachzuahmende Position im Markt. Die Konzentration auf eine Präferenzstrategie heißt allerdings, dass der jeweilige Anbieter die Bedarfe der potenziellen und tatsächlichen Abnehmer sehr genau berücksichtigt (vgl. hierzu auch die Hinweise von Becker 2009).

Lüdkemeiers (2004, S. 81 f.) Hinweise für die Positionierung der erzieherischen Hilfen seines Trägers können als Beispiel für eine Strategie der Qualitätsführerschaft im Segment der Jugendhilfe herangezogen werden: »Wir wollen stationäre Angebote entwickeln, die aufgrund der zu Grunde liegenden Konzeption vollkommen unabhängig von dem zustande kommenden Pflegesatzergebnis mit hoher Wahrscheinlichkeit für extrem schwierige Fallkonstellationen wirksame und nachhaltige Ergebnisse ermöglichen«. In Konsequenz dieser Strategie möchte der Bielefelder Träger dieses Autors eine stationäre heilpädagogische Einrichtung eröffnen, die sich auf besonders belastete Kinder konzentriert, welche bereits in Wohngruppen oder Pflegefamilien untergebracht gewesen sind, nun jedoch intensiver betreut beziehungsweise behandelt werden müssen. Als Ziel ist gesetzt, dass die Kinder bereits nach rund sechs Monaten in ihre Lebensverhältnisse zurückkehren sollen. Der Autor berichtet, dass die Nachfrage nach einer solchermaßen qualitativ intensiven und hochwertigen Leistung rege ist. Er verweist (ebenda) auch auf qualitativ anspruchsvolle Leistungen im Schnittstellenbereich: »Vor allem der familientherapeutische Dienst wird von unterschiedlichen Partnern angefragt – zurzeit umfassender, als wir die KollegInnen selbst entbehren können... Das Konzept ‚weg aus der Isolierung der Erziehungshilfe‘ scheint für uns aufzugehen. Es wird dauerhaft aber nur funktionieren, wenn die gesamte Organisation die notwendigen Denkprozesse und die sich ergebenden Handlungsschritte mit vollzieht. Das ist gerade dann nicht einfach, wenn am Anfang eines Veränderungsprozesses alle traditionellen Arbeitsformen und Angebote stark nachgefragt sind«.

Im Falle einer objektiven Profilierungsstrategie einzelner Leistungen oder Leistungsformen ist es notwendig, auf der Grundlage wahrnehmbarer qualitativer Unterschiede zwischen den Angeboten kommunikationspolitische Instrumente einzusetzen. Im Falle tendenziell homogener Leistungsangebote sowie aufgrund der begrenzten Möglichkeit einer Markierung immaterieller Versorgungsobjekte sind in der Kommunikationspolitik eher subjektive Faktoren der Profilierung zu betonen. Hervorzuheben ist in diesem Rahmen die besondere Bedeutung von Marken- und/oder Firmenimages, die einerseits aus der Sicht der Anbieter eine Beseitigung der Anonymität sozialer Dienstleistungsangebote und Gewinnung von Vertrauen, andererseits zur Differenzierung und Individualisierung von Angeboten im Kontext der Absatzförderung beitragen können (siehe die Hinweise zu Markenpolitik weiter unten). Entscheidend für präferenzpolitische Konzepte nach diesem Muster ist, dass es der Sozialorganisation gelingt,»Markenpersönlichkeiten« auf- und auszubauen bzw. zu erhalten. Prinzipiell können in dieser Frage Vorteile für freigemeinnützige Einrichtungen gegenüber konkurrierenden Anbietern aus dem privat-erwerbswirtschaftlichen und öffentlichen Bereich festgestellt werden, denn diese Einrichtungen werden aufgrund ihrer wohlfahrtsverbandlichen Trägerschaft bereits im Rahmen von Markennamen betrieben.

Seit einigen Jahren werden sowohl im Bereich der Vermarktung von Gütern als auch bei Dienstleistungen in wachsendem Maße Präferenzen über die Möglichkeit geschaffen, individuelle Produkt- oder Dienstleistungskonfigurationen zusammenzustellen. Bekannt ist dies mittlerweile beim Kauf von Computern, PKWs und Versicherungen. Das Potenzial einer Individualisierung von Dienstleistungen mit modular wählbaren »features and functions« (Hermann/Huber 2009, S. 16) ist nach unserer Einschätzung in der Wohlfahrtspflege noch nicht ausgeschöpft.

(b) Preis-Mengen-Strategien erfordern im Gegensatz zu Präferenzstrategien primär den Einsatz preis- bzw. konditionenpolitischer Mittel, wobei das akquisitorische Potenzial diesbezüglich operierender Sozialorganisationen im Wesentlichen auf einem niedrigen Angebotspreis beruhen kann. Diese Strategie ist dann erfolgreich, wenn es gelingt, Wettbewerbsvorsprünge darüber zu erzielen, dass man in jedem Falle »der billigste Anbieter« ist.

Die Bedeutung des Preises bei der Wahl eines sozialen Angebots ist in der Praxis sehr unterschiedlich, die individuellen Kosten-/Nutzenkalküle von Adressaten und Kostenträgern weisen eine große Varianz auf. Je nach Region kann beispielsweise das quantitative Potenzial von »Preis-Käufern« im Markt der stationären und ambulanten Hilfen enorm schwanken.

Es dürfte leicht nachvollziehbar sein, dass soziale Organisationen, welche eine Preis-Mengen-Strategie verfolgen, betriebswirtschaftlichen Notwendigkeiten insbesondere im Hinblick auf die Kostenorientierung entsprechen müssen. In der Regel sind Preis-Mengen-Strategien mit niedrigem Aufwand und mit reduzierten Qualitäten verbunden. Kurzfristig können aber solche Strategien auch zur Markteinführung einer Dienstleistung eingesetzt werden. Dann werden nach einer anfänglichen Zeit relativ niedriger Preise diese sukzessive erhöht, wenn die Leistung eine Akzeptanz im Markt gefunden hat. Dies betrifft allerdings nicht jene sozialen Märkte, in welchen Preisbindungen über sozialrechtliche Vorgaben vorliegen oder die Verhandlungsstärke der Kostenträger eine solche Strategie verunmöglicht. Ebenso denkbar, wenngleich im Sektor der Wohlfahrtspflege aufgrund verschiedener limitierender Momente nicht weit verbreitet, ist die so genannte »Skimming-Strategie« wobei ein neuartiges Angebot zunächst hohe Preise aufgrund von Alleinstellungsmerkmalen erzielen kann, sich aber preislich früher oder später den sukzessive in den Markt drängenden weiteren Konkurrenzangebotenen anpassen muss (vgl. zu den weiteren Implikationen einer Preis-Mengen-Strategie insbes. Olbrich/Battenfeld 2007).

Es ist zu berücksichtigen, dass die referierten Möglichkeiten einer Marktstimulierungsstrategie für soziale Organisation idealtypische Varianten bedeuten, die in der Praxis auch in Mischform auftreten können. Zur Kenntnis zu nehmen ist diesbezüglich allerdings der insbesondere im erwerbswirtschaftlichen Raum häufiger artikulierte Vorbehalt gegenüber Mischstrategien, die in polarisierten Märkten unter Umständen weder Marken- noch Preiskäufer zu mobilisieren vermögen (vgl. Becker 2009).

4.3 Marktparzellierungsstrategien

Marktparzellierungsstrategien dienen der »Feinjustierung der Marktabgrenzung« (Freiling/Reckenfelderbäumer 2010, S. 314).
Hierbei sind mit einem
(a) undifferenzierten Marketing (Massenmarketing) mit
* totaler bzw.
* partialer Marktabdeckung

sowie einem

(b) differenzierten Marketing (Marktsegmentierung) mit
* totaler (Multiple-Segment-Strategie) bzw.
* partialer Marktabdeckung (Single-Segment-Strategie)

vier grundlegende Alternativen der Parzellierung bzw. Abdeckung eines Marktes zu unterscheiden.

Es muss im Zuge dieser strategischen Wahl insbesondere entschieden werden, ob ein als relevant erachteter Markt in seiner vollen Breite abgedeckt werden kann und muss bzw. ob bestimmte Konzentrationen erfolgen sollen, aber auch, ob für einzelne Teilmärkte spezifische Formen der Marktbearbeitung gewählt werden müssen.

Diese Optionen können grafisch in Anlehnung an Becker (2009) und Freiling/Reckenfelderbäumer (2010) folgendermaßen dargestellt werden:

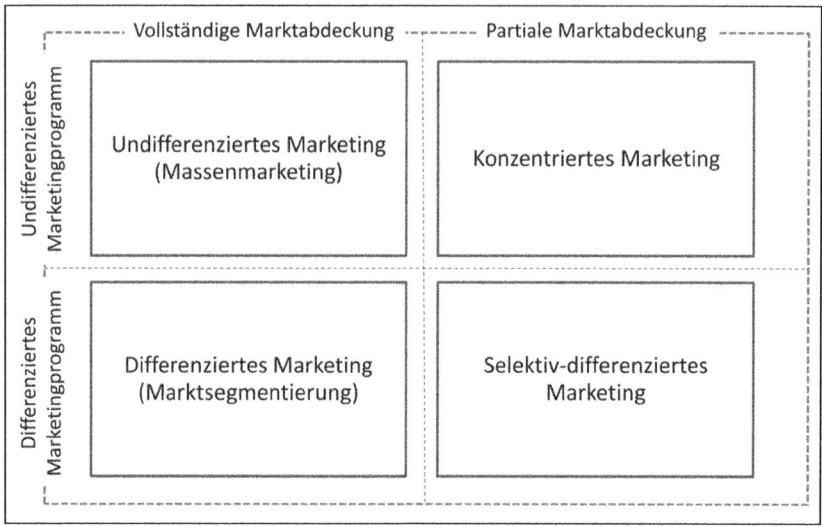

Abb. 39: Marktparzellierungsstrategien

(a) Grundlegend für die Strategie des undifferenzierten Marketings ist die Konzentration des Angebots auf verbindende Kennzeichen der Abnehmer, eine diesbezügliche Marktbearbeitung wurde von Meffert (1993, S. 254) als »Pendant zur Standardisierung und Massenproduktion« bezeichnet. Kennzeichnend für ein solches Vorgehen in einem Sozialmarkt ist die Konzeption von Standardangeboten mit generellem Bezug auf einen Grundmarkt ohne eine über die Unterscheidung in Hilfe-, Betreuungs- oder Pflegebedürftigkeit hinausgehende Differenzierung der Leistungsformen und/oder einer Zielgruppe.

Die Analyse beispielsweise der Angebotsformen stationärer Altenhilfeeinrichtungen lassen den Schluss zu, dass bis vor einigen Jahren – mit Ausnahme von Seniorenresidenzen und sonstigen einstufigen Einrichtungen, wobei letztere im Prinzip eine Massenmarktstrategie mit partialer Marktabdeckung auf der Grundlage objektiver Produktdifferenzierung praktizierten – im Hinblick auf den Spielraum der Marktsegmentierung im Nutzerbereich ein relativ undifferenziertes Marketing dominierte. Die Basis für diese Unifizierung war (bzw. ist noch in anderen Sektoren des Sozialmarkts) die mit Blick auf Kostenstrukturen, Kostenfunktionen und Vergütungsformen standardisierte Dienstleistungserbringung von Einrichtungen.

Wie bereits vorstehend konstatiert wurde, ist es möglich und einigen Bereichen der sozialen Dienstleistungen zunehmend erforderlich, die Nutzergruppen nach diversen sozio-demographischen und psychographischen Kriterien zu differenzieren und diesbezüglich zielgruppengerechte Angebote im Sinne einer intensivierten Bedarfs- und Bedürfnisorientierung auszugestalten. Insoweit kann davon ausgegangen werden, dass beispielsweise Anbieter in der stationären Altenhilfe in weiterem Maß als bisher dazu neigen werden, nicht mehr Standardleistungen zur Befriedigung durchschnittlicher Zielgruppenbedürfnisse zu offerieren, sondern vielmehr ausgehend von einer Marktsegmentierung spezielle Nutzergruppen im Sinne einer individuellen Bedarfs- und Bedürfnisbefriedigung anzusprechen. Lediglich in quasi-monopolistischen Bereichen mit geringem oder keinem Wettbewerbsdruck ist es auch weiterhin einzelnen Häusern möglich, undifferenziertes Marketing mit totaler Marktabdeckung (bspw. in ländlichen Gebieten ohne unmittelbar konkurrierende Anbieter) bzw. partialer Marktabdeckung zu betreiben.

(b) Differenziertes Marketing gewinnt in einzelnen Sozialmärkten dann Bedeutung, wenn eine Spezialisierung und somit verstärkt Herausbildungen unterschiedlicher Leistungstypen mehr Bedarfsgerechtigkeit erwarten lassen. Die Signale zukünftiger Marktformen des Pflegesektors lassen beispielsweise den vorsichtigen Schluss zu, dass vor dem Hintergrund wachsender qualitativer Ansprüche eine verstärkte Individualisierung der Nachfrage sowie die Bildung kleinerer, gegebenenfalls auch deregulierterer Marktsegmente zu erwarten sein könnten. Auch die Destabilisierung bisher gängiger Fürsorgepauschalen im Rahmen des Individuellen Budgets nach § 17 SGB IX eröffnete den Betroffenen nunmehr erhebliche Wahlfreiheiten in der Versorgung und Betreuung.

Einrichtungen auch anderer Sektoren des Sozialmarkts unterliegen im Gefolge der sozialstaatlichen Hinwendung zu Effizienz, Effektivität und Wettbewerb verstärkt der Notwendigkeit, ihre individuelle Stellung im Gefüge der Leistungserbringung zu definieren und ein differenziertes Marketing – auch unter Einbezugnahme von Ergebnissen der Konkurrenz- bzw. Marktbeobachtung – zu verfolgen. Mit den oben bereits skizzierten Trend veränderter Marktgrundlagen sowie eines zunehmenden Wettbewerbs um einzelne Segmente gerät die Leistungsausrichtung und die Leistungsintensität in ihrer Bedarfs- und Bedürfnisorientierung in das engere Blickfeld der Erfolgsdeterminanten von Einrichtungen und Diensten.

Vor allem in Überlappungszonen verschiedener Angebote und Anbieter muss die Leistung der Einrichtung dann entsprechend unverwechselbar ausgerichtet werden, um sich gegenüber Konkurrenz und Kunden zu profilieren. Dies erfordert eine Angebotsdifferenzierung nach Zielgruppensegmenten ebenso wie die Entwicklung alternativer Versorgungsleistungen, eine dezidiert selektive Absatzpolitik im Sinne einer segmentspezifischen Differenzierung anzusprechender Motivsysteme, Marktschichtung und Leistungspositionierung (vgl. hierzu auch die Hinweise von Scheuch 2002).

Einrichtungen und Dienste des sozialen Sektors können sowohl eine Single-Segment- als auch eine Multiple-Segment-Strategie verfolgen. So ist es bspw. möglich, ein Leistungsangebot auf der Grundlage der Marktsegmentierung anhand klar abgrenzbarer und wahrnehmbarer Eigenschaften für ein einzelnes spezifisches Marktsegment auszurichten. Im Kontext einer Marktparzellierung ist es jedoch auch denkbar, dass einzelne (insbesondere größere, leistungsfähigere und flexiblere) Anbieter mit jeweils differenzierten Leistungen unterschiedliche Nutzergruppen ansprechen und mithin eine umfassendere Marktabdeckung gewährleisten können.

Zu verweisen ist im Zusammenhang mit diesen geschilderten Strategieoptionen auf die bei jeder Segmentierung vorliegende Gefahr einer »Oversegmentation« und »Overconcentration«. Schindewolf (2002, S. 118) gibt ein Beispiel für die Risiken einer Oversegmentation im Seniorenpflegewesen wie folgt: »Das INSELHAUS spezialisiert sich auf das Segment der ,Luxuspflege' und versorgt ausschließlich diesen Kundenkreis mit einem speziellen Marketing-,Mix'. Vorteil bei dieser Konzentrierung auf nur ein Marktsegment sind enorme Gewinne bei dieser ,Hochpreispflege'. Im Produktportfolio wird eine große ,Melkkuh' erzeugt, die dem INSELHAUS hohe Gewinne sichert. Nachteil dieser Strategie ist, dass das unternehmerische Risiko allein auf diesem Marktsegment lastet. Wenn ein anderer ,Luxuspflege'-Anbieter in diesem Markt mit einem für den Kunden attraktiveren Marketing-,Mix' eindringen würde, dann könnten die Umsätze schnell einbrechen und wir hätten kein anderes ,Standbein', um diesen Umsatzeinbruch abzufedern«.

Bereits an dieser Stelle soll die Möglichkeit illustriert werden, ein Strategieprofil zu entwickeln, welches die Marktparzellierungsstrategie mit den anderen Strategieebenen verbindet. Das folgende Schaubild wurde in Anlehnung an eine Darstellung und ein Beispiel von Busse von Colbe/Hammann/Laßmann (1993, S. 92) entwickelt:

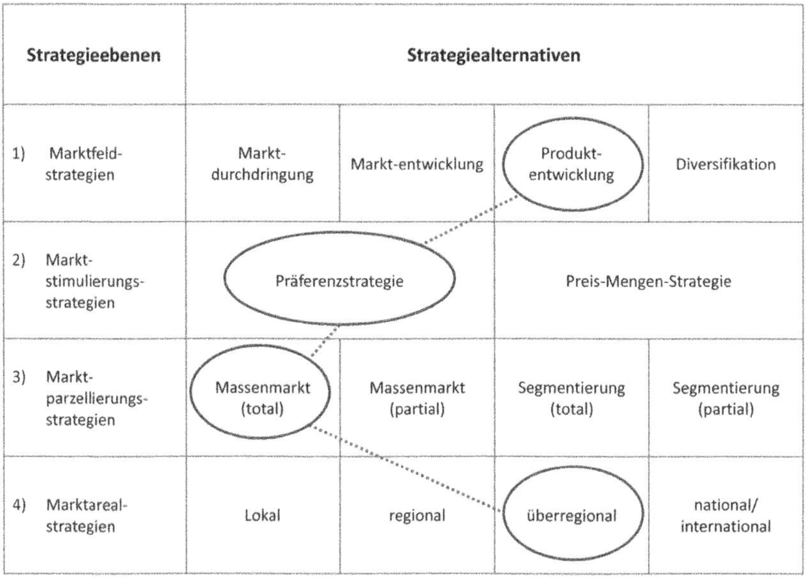

Strategieebenen	Strategiealternativen			
1) Marktfeld-strategien	Markt-durchdringung	Markt-entwicklung	Produkt-entwicklung	Diversifikation
2) Markt-stimulierungs-strategien	Präferenzstrategie		Preis-Mengen-Strategie	
3) Markt-parzellierungs-strategien	Massenmarkt (total)	Massenmarkt (partial)	Segmentierung (total)	Segmentierung (partial)
4) Marktareal-strategien	Lokal	regional	überregional	national/ international

Abb. 40: Strategieprofil – Beispiel

4.4   Marktarealstrategien

Als vierte und letzte strategische Basisalternative zur Fundierung des Einsatzes marketingtechnischer Mittel sind gebietsstrategische Fragestellungen zu erörtern. Es kann davon ausgegangen werden, dass die Standortfrage im Rahmen des Dienstleistungsangebots sozialer Organisationen durchaus Bedeutung aufweist, denn bestimmte Formen personenbezogener Dienstleistungsunternehmen unterliegen dem Zwang, ihren Standort abnehmer- bzw. nutzerorientiert zu wählen. Zentral stellt sich diese Problematik vor allem bei Neuplanungen von Einrichtungen oder Diensten, aber auch im Rahmen des aktuellen bzw. des angestrebten Einzugsbereich bestehender Angebote können sich besondere auf das Marktareal bezogene Strategiefragen ergeben.

Marktarealstrategien im Bereich der sozialen Dienstleistungen können im Rahmen einer lokalen, regionalen, überregionalen, nationalen oder auch internationalen Markterschließung verfolgt werden. Hierbei ist vor allem zu beachten, dass Strategien der Markterschließung in der Regel mit programm- bzw. leistungsstrategischen Überlegungen verbunden sind.

Beispiele aus dem Sektor des Wohnens für Senioren sollen im Folgenden typische Marktarealentscheidungen aus der Praxis verdeutlichen:

- So gehen Seniorenresidenzen mit der besonderen Zielgruppe der einkommensstarken Nutzer von einem mindestens regionalen – in der Regel jedoch überregionalen – Markt aus, da im lokalen und regionalen Umfeld der Einrichtungen häufig kein quantitativ hinreichendes Klientel akquiriert werden kann.
- Einige spezifische Leistungen von Alten- bzw. Pflegeheimen – bspw. Häuser, die aufgrund ihrer Kompetenz zur geriatrischen Rehabilitation spezifische Versorgungsverträge mit Krankenkassen abschließen konnten – können aufgrund der spezifischen Positionierung in einer Marktlücke mit einem Zustrom auch aus dem regionalen und überregionalen Gebiet rechnen.
- Einige Anbieter haben sich auf Standorte in attraktiven Regionen bzw. Naherholungsgebieten spezialisiert (bspw. Bayerischer Wald, Fränkische Schweiz, Voralpenland, Taunusgebiet) und werben vorzugsweise in der überregionalen Presse. Überlegungen zur Errichtung von Residenzen und Altenwohnheimen in ausländischen Urlaubsgebieten wurden bereits in den vergangenen 15 Jahren umgesetzt, seit SGB-XI-Leistungen auch für Versicherte im Ausland gezahlt werden, betrifft dies auch Pflegeeinrichtungen. Diese Einrichtungen können auch ein internationales Publikum ansprechen.
- Die Einbeziehung geographischer Variablen schildert Schindewolf (2002, S. 116) aus einer noch anderen Perspektive auf Marktareale in einem Beispiel für die Seniorenpflege: »Da das INSELHAUS Kunden aus verschiedenen Teilen der Republik aufnimmt, werden Marktsegmente nach der geographischen Herkunft des Kunden gebildet. So entstehen die Marktsegmente ‚Küstenbewohner‘ oder ‚Süddeutsche‘. Das INSELHAUS gestaltet die Zusatzleistung ‚Mahlzeiten‘ dann zum Beispiel durch das Angebot badischer Spezialitäten so, dass die Kunden aus dem Marktsegment ‚Süddeutsche‘, wenn sie wollen, die lokalen Mahlzeiten ihrer Heimat bestellen können«.

Abschließend zu diesem Kapitel sollen die geschilderten strategischen Optionsfelder sowie ihre einzelnen Varianten im Schaubild noch einmal zusammenfassend dargestellt werden:

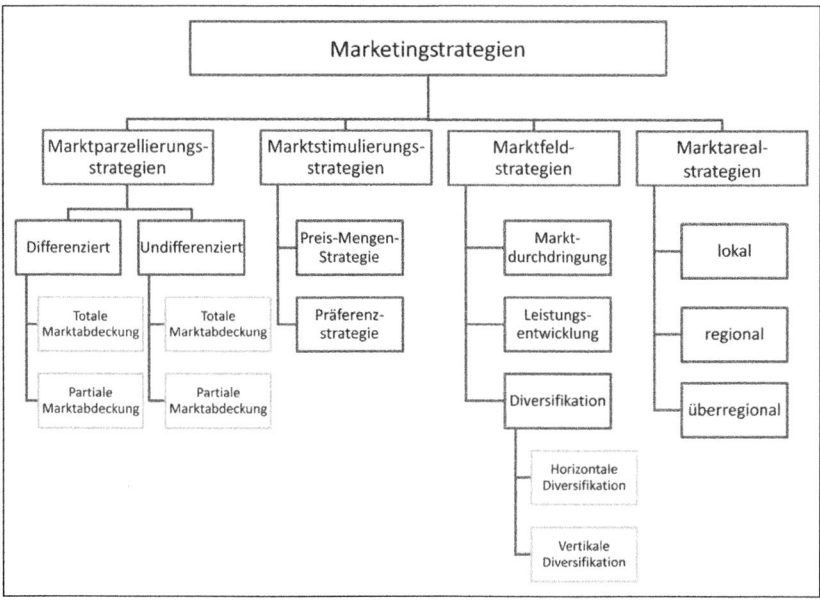

Abb. 41: Marketingstrategien – Übersicht

F   Marketing-Mix

Nach dem Feld der strategisch-langfristigen Festlegungen betreten wir nun den Abschnitt des Marketing-Mix, in welchem mittelfristig bindende Konkretisierungen vorzunehmen sind. In den Marketing-Mix fließen alle Erkenntnisse und Entscheidungen aus den vorstehenden Arbeitsschritten ein.

In der Marketinglehre hat sich für das Feld des Marketing-Mix die Umschreibung »Aktionsfelder« (Actionfields of Marketing) ebenso etabliert wie die »4-P- Strukturierung « (vgl. bspw. Meffert/Bruhn 2009; für NPOs vgl. Wymer/ Knowles/Gomes 2006; für das Gesundheitsmarketing vgl. bspw. Harms/Gänshirt 2005).

Es handelt sich um die vier Elemente:
- Leistungspolitik (»Product«)
- Preispolitik (»Price«)
- Distributionspolitik (»Place«) sowie
- Kommunikationspolitik (»Promotion«).

Plakativ und nachvollziehbar vermittelt Broda (2005, S. 25) die Bedeutung der Elemente wie folgt:
- Leistung: »Das Herzstück des Marketing«
- Preis: »Die schärfste Waffe des Marketing«
- Distribution: »Die Pipeline des Marketing«
- Kommunikation: »Das Sprachrohr des Marketing«.

Einige Ansätze des Dienstleistungsmarketings berücksichtigen in ihrer Systematik weitere Elemente wie Personalpolitik, Ausstattungspolitik und Prozesspolitik (vgl. bspw. Meffert/Bruhn 2009). Eine Reihe von Argumenten spricht für eine Übertragung dieser Sichtweise auf das Marketing für soziale Organisationen, da in der Wohlfahrtspflege die Mitarbeitenden ebenso wie die Leistungsprozesse wesentliche qualitative Elemente sind. Wir werden daher die Faktoren Personal und Dienstleistungsprozesse bei der Beschreibung der vier »P-Elemente« des Marketing-Mix berücksichtigen. Darüber hinaus wird der hohen Relevanz der Mitarbeitenden im Sozialbereich durch ein eigenständiges Kapitel zu »Personalmarketing« weiter unten noch ausführlicher Rechnung getragen.

Im Sektor der sozialen Arbeit ist ein Marketing-Mix vollständig realisierbar, die genannten Aktionsfelder sind strategisch integriert zu nutzen. Die Bezeichnung »Marketing-Mix« impliziert, dass die entsprechenden vier Elemente nicht unabhängig voneinander ausgestaltet werden können, sondern in einen tieferen

Zusammenhang stehen sollten: »Bei der Planung des Marketing-Mix sind alle absatzpolitischen Instrumente so aufeinander abzustimmen, dass sie im Hinblick auf die angestrebten Unternehmens- und Marketingziele ‚optimal' kombiniert sind« (Stender-Monhemius 2003, S. 204)

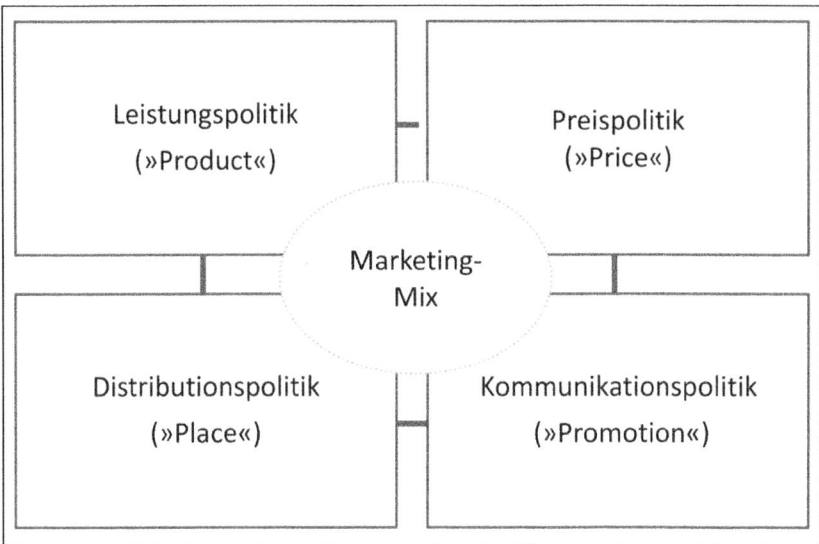

Abb. 42: Elemente des Marketing-Mix

In der Grafik wurden die bei der Ausgestaltung des Marketing-Mix zu berücksichtigenden Verbindungen durch Linien symbolisiert. Auf entsprechende Interdependenzen wird an verschiedenen Stellen der folgenden Ausführungen noch verwiesen werden.

F.1 Leistungspolitik

Die Leistungspolitik beschäftigt sich mit der marktgerechten Ausgestaltung der Angebote einer Unternehmung. Das besondere Augenmerk gilt der Abstimmung einer Leistung mit den Erfordernissen des Marktes, d.h. der Bedarfe, des Wettbewerbs und der weiteren wesentlichen Rahmenbedingungen von Angebot und Nachfrage.

Im Mittelpunkt der nachfolgenden Erörterungen zum »Herzstück des Marketings« stehen neben den marketingspezifischen Grundlagen der leistungspolitischer Entscheidungen insbesondere die leistungspolitischen Gestaltungsparameter und deren Implikationen für soziale Organisationen.

1 Marketingspezifische Grundlagen der Leistungspolitik

Wie bereits deutlich geworden sein dürfte, hat das Marketing einen »eigenen Blick« auf Angebot und Leistung in der sozialen Arbeit. Wir möchten diese ganz besondere Perspektive im Folgenden noch etwas vertiefen mit Hinweisen zu Klassifikationsproblemen, der Haltung des Sozio-Marketings zu Fragen der Bedürfnis- und Bedarfsbefriedigung sowie den leistungspolitischen Prämissen einer Vermarktung sozialer Angebote.

1.1 Klassifikation nach Güterarten, Verwendungszweck, Märkte und Zielgruppen

Ursprünglich wurde dieser instrumentelle Bereich in der Marketinglehre als »Produktpolitik« geführt, mit dem Anwachsen des tertiären Sektors setzten sich allerdings die Begriffe »Angebotspolitik« oder »Leistungspolitik« durch.

Sich dieser generalisierenden Begrifflichkeit anzuschließen, ist sinnvoll. Zwar dominieren in der sozialen Praxis, in der öffentlichen Wahrnehmung sowie der Selbstwahrnehmung der Wohlfahrtspflege die personenbezogenen sozialen Dienstleistungen. Es ist allerdings daran zu erinnern, dass soziale Organisationen durchaus auch Produkte herstellen oder vertreiben können. Darüber hinaus betätigen sich soziale Organisationen gelegentlich als soziale Firmen, die u.a. gebrauchte Möbel, Bücher etc. veräußern. Eine geringere, aber nicht gänzlich unmaßgebliche Rolle im Finanzierungsportfolio der Freien Wohlfahrtspflege spielen darüber hinaus »soziale Produkte«, die als eine Art »Merchandising« über verschiedene Vertriebskanäle angeboten werden.

Dass Leistungs- oder Angebotspolitik im Bereich der sozialen Organisationen vielfältige Facetten annehmen können, legt die Analyse ihrer Hervorbringungen nach Güterart, Verwendungszweck, Markt und Zielgruppen nahe:

• Der Schwerpunkt bei den Güterarten liegt nach wie vor bei bedarfsdeckenden Leistungen für öffentliche Auftraggeber auf der leistungsrechtlichen Grundlage der Sozialgesetzgebung, mit dem Engagement einiger sozialer Organisationen im Produktionsbereich oder mit Handelsabsichten werden jedoch auch Angebote auf Konsumgüter- und Industriegütermärkten unterbreitet.

• Es handelt sich bei Angeboten im sozialen Bereich zwar überwiegend um die für diesen Sektor typischen Individualleistungen (wie beispielsweise in den Hilfen zur Erziehung), jedoch können bei produzierenden sozialen Organisation wie Werkstätten für Behinderte, beruflichen Qualifizierungen im Justizvollzug oder Produktionsschulen auch Massenanfertigungen Gegenstand einer Angebotspolitik sein.

Bei genauerer Betrachtung der Klassifikation von Gütern fällt noch auf, dass es sich bei den Leistungen im sozialen Sektor in den seltensten Fällen um problemlos verkäufliche Angebote (Selbstläufer) handelt, da lediglich bei Notfallsituationen der Nutzen einer Leistung ohne Weiteres ersichtlich ist und entsprechende Finanzierungen ohne Zögern übernommen werden. Selbst in den Maßnahmen bei Kindeswohlgefährdung kann ein erheblicher Interpretationsspielraum vorliegen.

1.2 Leistungspolitische Zielsetzungen

Je nach Ausgangsituation einer sozialen Organisation können sehr unterschiedliche Ziele mit leistungspolitischen Aktivitäten verbunden sein. Als dominant können folgende Dimensionen auch im Bereich der Wohlfahrtspflege unterstellt werden:

• Betriebswirtschaftlich orientierte Zielstellungen betreffen insbesondere Absatzmengen, Umsatzfaktoren, Kostendeckung usw. Leistungspolitische Zieldimensionen haben folglich zunächst einmal einen engen Bezug zur Aufrechterhaltung von Zahlungsfähigkeit, da sie den Bestand der Organisation gewährleistet. Gegebenenfalls können aber auch Bezüge zum quantitativen Wachstum und zur qualitativen Entwicklung einer sozialen Institution hergestellt werden.

• Akquisitorische Ziele betreffen das Potenzial, mit qualitativ angemessenen Produkten und Dienstleistungen neue Kunden zu gewinnen und bisherige Kunden zu halten. Die bedarfsgerechte Güte einer Leistung muss als Engpassfaktor für den Erfolg auch von Institutionen in der Sozialwirtschaft angesehen werden.

- Psychologisch ausgerichtete Ziele der Leistungspolitik betreffen die Chancen zu Entwicklung oder Weiterentwicklung eines guten Images bei den Zielgruppen der Organisation. Kommunikationspolitische und andere Aktivitäten des Marketing-Mix können den Ruf einer Institution zwar unterstützend befördern, jedoch werden alle Bemühungen konterkariert, wenn Angebot und faktische Leistung nicht den Erwartungen der Kunden entsprechen kann.
- Markt- und wettbewerbsgerichtete Ziele der Leistungspolitik sind in latenten wie intensiven Konkurrenzsituationen gleichermaßen relevant. Durch leistungsbezogene Aktivitäten können sowohl Behauptungs- als auch Verdrängungsstrategien unterstützt, Marktanteile gesichert oder erweitert werden.
- Technische Zielstellungen der Leistungspolitik stellen auf qualitative Momente der Arbeit im engeren Sinne ab. Sie konzentrieren sich auf detailliertere Maßgaben und Maßnahmen der Entwicklung von bedarfsgerechter Qualität.

Wir dürfen davon ausgehen, dass für viele, wenn nicht gar die Mehrheit der sozialwirtschaftlichen Unternehmen alle der eben genannten Zielstellungen von Relevanz sind. Die Bedarfsgerechtigkeit und Wettbewerbsfähigkeit von Angeboten/Leistungen sind mittlerweile als Schlüsselfaktoren für Erfolg und Bestand in kaum einer sozialen Branche mehr in Frage zu stellen. Unterschiede dürften sich lediglich in der aktuellen Schwerpunktsetzung ergeben, die je nach Marktlage einer Sozialorganisation, den Marktstrukturen sowie den Prämissen der Zielkunden differieren kann.

Anhand der geschilderten Zielstellungen für die Leistungspolitik sozialer Organisationen wird ersichtlich, dass dem Marketing zwei Bedeutungen zugeordnet werden müssen. Thommen/Achleitner (2009, S. 131) formulieren dies sehr deutlich, wenn sie betonen:»Erstens versteht man darunter eine bestimmte Denkhaltung, die im betriebswirtschaftlichen Handeln zum Ausdruck kommt. Zweitens will man damit ein betriebswirtschaftliches Aufgaben- oder Problemgebiet abgrenzen«.

1.3   Bedürfnis- und Bedarfsbefriedigung

Im Zuge der Erörterung leistungspolitischer Grundlagen des Marketings für soziale Organisationen sind auch einige Anmerkungen zur Klärung eines weit verbreiteten Missverständnisses zu»Bedürfnissen« und»Bedarfen« notwendig.

In der Marketingliteratur finden sich nahezu durchgehend Hinweise darauf, dass Produkte bzw. Leistungen auf einem Markt angeboten werden, um Bedürfnisse beziehungsweise Bedarfe zu befriedigen. Ebenfalls ist häufig die Forderung an Leistung und Leistungspolitik zu vernehmen, dass die Angebote bedürfnis- und bedarfsgerecht zu konzipieren seien. Dies entspricht auch der Perspektive der sozialen Arbeit im engeren und weiteren Sinne, ist das Selbstverständnis sowie die ursprüngliche Konstitution sozialer Organisationen doch von einem Bedürfnis-/Bedarfsprinzip geprägt. Ohne identifizierbare menschliche Bedürfnisse und soziale Bedarfe wäre die Existenz einer sozialen Organisation kaum sinnvoll zu legitimieren (vgl. bspw. Callo 2005).

Allerdings ist eine für das Marketing wesentliche Unterscheidung zwischen »Bedürfnissen« und »Bedarfen« wie folgt vorzunehmen: Im ökonomischen Verständnis wird deshalb zwischen Bedürfnissen und Bedarfen differenziert, weil es sich bei Bedürfnissen um anthropologisch konstante Kategorien handelt, bei Bedarfen dagegen um variierbare »objektivierte Bedürfnisse«. Aus einem menschlichen Bedürfnis (beispielsweise nach physischem Überleben) resultiert demgemäß ein objektiver Bedarf im Sinne eines Wunsches nach einer bestimmten Güter-/Leistungskategorie, neben Kleidung und Obdach sind dies in der konkreten Bedürfniskategorie insbesondere »Essen und Trinken«. Daraus ergeben sich schließlich konsumptive Wahlhandlungen wie »Stulle oder Kaviar«, »Sekt oder Selters«, die zur Befriedigung des Bedürfnisses nach Überleben führen sollen.

Wir können im Prozess der Entstehung von Bedarfen von mindestens drei Konkretisierungsstufen ausgehen: Aus einem Bedürfnis heraus entstehen Bedarfe, die sich schließlich in »Kaufhandlungen« manifestieren. Wie im Schaubild zu sehen ist, befassen sich leistungspolitische Erörterungen mit den Konkretisierungsstufen 2 und 3, in welchen aus Bedürfnissen (Stufe 1) Nachfragen nach bedürfnisbefriedigenden Gütern oder Dienstleistungen (Stufe 2) sowie konkrete Nachfragen nach Gütern oder Dienstleistungen (Stufe 3) werden.

Der eigentliche Schwerpunkt leistungspolitischer Erwägungen sozialer Organisationen (im Wettbewerb) liegt am Übergang der Konkretisierungsstufen 2 und 3. Denn hier entscheidet sich, ob ein Nachfrager sich für den einen oder den anderen Anbieter innerhalb einer bestimmten ausgewählten Güter-/Leistungskategorie entscheidet.

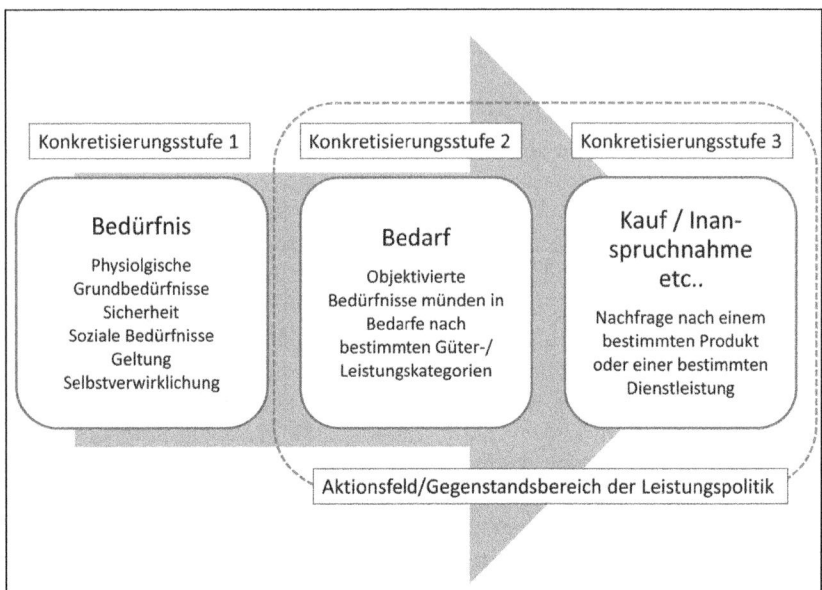

Abb. 43: Prozess der Konstituierung von Bedarfen

Sozio-Marketing befasst sich mit vorgelagerten Überlegungen, wenn es darum geht, welche Art von Gut beziehungsweise Dienstleistung einer bestimmten Bedürfnisbefriedigung am ehesten entspricht (beziehungsweise entsprechen kann). Wichtige Weichenstellungen werden ja bereits im Vorfeld einer konkreten Entscheidung für ein bestimmtes Angebot im Hinblick auf die Wahl des Güter-/ Leistungstypus getroffen. Wir kennen dies in der sozialen Arbeit in Bezug auf die Frage der Präferenz für bestimmte Hilfeformen bei unterschiedlichen sozialen Problemlagen. Dies betrifft u.a. die Wahl zwischen ambulanten und stationären Angeboten unter Kostengesichtspunkten und unter der Berücksichtigung der Wirkung einer jeweiligen Hilfeform. Doch auch innerhalb einzelner Leistungskategorien von ambulant und stationär können in der sozialen Praxis und bei »Zielkunden« sehr unterschiedliche Präferenzen für Hilfeleistungstypen bei an sich gleichartigen Problemstellungen vorliegen.

Es ist zu berücksichtigen, dass anthropologisch konstante Bedürfnisse vom Marketing nicht verändert und Bedürfnisstrukturen kaum modifiziert werden können, dass auch das Sozio-Marketing sich in dieser Konsequenz auf die Bedarfssphäre im Sinne der im Schaubild mit Stufe 2 und 3 umrissenen Bereiche zu konzentrieren hat. Diese beiden Stufen sind also die eigentlichen Gegenstandsbereiche leistungspolitischer Bestrebungen sozialer Organisationen. Anders ausgedrückt: Bedürfnisse können vom Marketing nicht verändert werden,

Bedarfe dagegen schon – diesem Umstand ist in der Leistungspolitik implizit Rechnung zu tragen.

1.4 Leistungspolitische Prämissen: Wert und Wertbestimmung, Ziele, Impulse für leistungspolitische Aktivitäten

Wir können in der Analyse der leistungspolitischen Grundlagen sozialer Organisationen eine ganze Reihe von Prämissen des kommerziellen Marketings (vgl. bspw. Busch/Fuchs/Unger 2008) ohne Weiteres übernehmen.

Die für die Erwerbswirtschaft typischerweise formulierten Ziele der leistungspolitischen Ausgestaltung (vgl. a.a.O.) sind zweifelsfrei auf Organisationen des sozialen Sektors übertragbar:

- Gewährleistung von Leistungsqualität (gesicherte Qualität schafft Vertrauen bei den Kunden).
- Kundenzufriedenheit (in fachlicher Hinsicht, aber auch in Bezug auf die erfolgreiche Kundenbindung bei Kostenträgern ist die Zufriedenheit und Akzeptanz ein wichtiges Ziel).
- Imageprofilierung (über gute oder verbesserte Leistungen kann der Ruf von Angeboten und Organisationen entwickelt und stabilisiert werden).
- Profilierung gegenüber der Konkurrenz (im Wettbewerb können bedarfsgerechte Leistungen absatzwirtschaftliche Vorteile erzielen, positionierte Leistungen schaffen Erkennbarkeit).

Zur Dimension »Wert und Wertbestimmung« ist zunächst hervorzuheben:

- Leistungen und Produkte sozialer Organisationen müssen einerseits als »Gesamtheit von Merkmalen« eines Gutes oder einer Dienstleistung wahrgenommen werden. Kommerzielle wie soziale Produkte und Dienstleistungen werden nur sehr selten anhand eines einzelnen Faktors bewertet, meist geschieht dies über ein »Faktorenbündel«, die Kunden ziehen also zur Beurteilung in der Regel verschiedene Aspekte einer Leistung oder eines Produktes heran.
- Leistungen und Produkte sozialer Organisationen müssen als ein »Wert« angesehen werden, die aktuellen oder potenziellen »Zielkunden« (Käufer, Kostenträger, Spender etc.) weisen einer Leistung einen Wert zu. Die Bewertung/Wertzuweisung kann bewusst, aber auch unbewusst geschehen.
- Ein Kauf bzw. eine Inanspruchnahme bzw. eine Kostenübernahme durch einen »Zielkunden« wird lediglich dann zu realisieren sein, wenn der Wert der Inanspruchnahme höher eingeschätzt wird als der Preis, der hierfür zu entrichten ist.
- Darüber hinaus muss der Nutzer (Käufer, Kostenträger etc.) eine Zahlungsfähigkeit aufweisen und das jeweilige Leistungsangebot einen hohen Rang

in der Prioritätenliste des für die Inanspruchnahme relevanten Entscheiders haben.

- Wertigkeiten und Bewertungen von »Zielkunden« können differieren, die Einschätzung der Kosten-/Nutzen-Verhältnisse von Leistungen und Leistungstypen können innerhalb von Nutzer-, Kostenträger- oder Käufergruppen sehr unterschiedlich ausfallen.

Knorr (2002, S. 148) hat diesen besonderen Bezug der Leistungspolitik pointiert in die Dimensionen Kundennutzen und Kundenkosten gebracht:

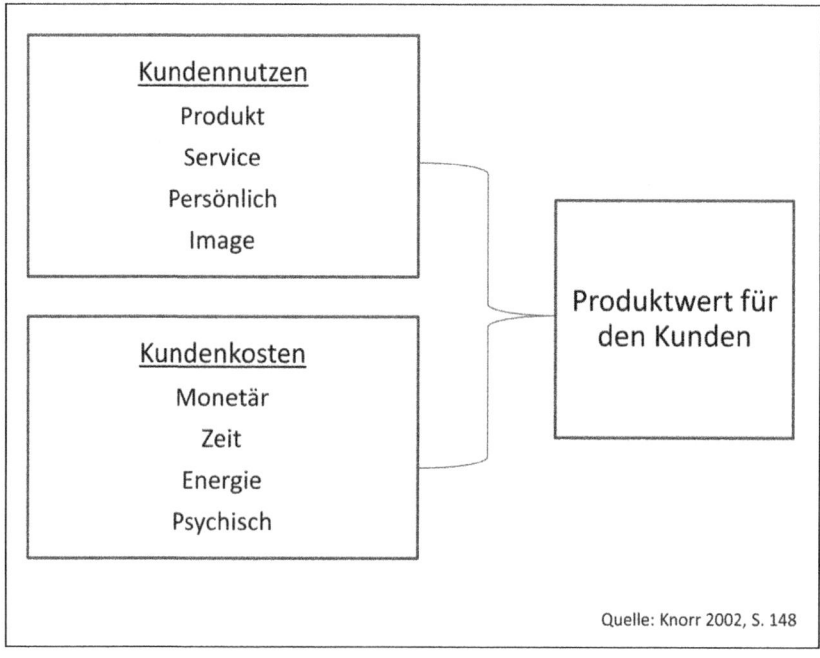

Quelle: Knorr 2002, S. 148

Abb. 44: Kundennutzen – Kundenkosten

Es dürfte leicht nachvollziehbar sein, dass ein Kauf, eine Inanspruchnahme etc. lediglich dann erfolgen, wenn der (antizipierte, d.h. erwartete) Nutzen einer angebotenen Leistung die Kosten übersteigt. Im Wettbewerb ist noch die Auflage zu berücksichtigen, dass der Nutzen höher sein muss als der (antizipierte) Nutzen konkurrierender Angebote, bevor sich ein Zielkunde für ein bestimmtes Angebot entscheidet.

Wichtig für das Marketing-Management, also die Verbindung von Marketing und sozialer Organisation, ist schließlich auch die Klärung von Auslösern für eine Variation von Leistungen bzw. entsprechende Entscheidungen für eine Veränderung der Leistungspolitik. Auch hier befinden sich soziale Organisationen in einer ähnlichen Lage wie kommerzielle Unternehmungen in freien erwerbswirtschaftlichen Märkten:

- Impulse zu leistungspolitischen Aktivitäten können von der Umfeldanalyse oder der quantitativen Marktforschung ebenso gegeben werden wie aus Analysen der Kundenzufriedenheit und der Auswertung von Beschwerden hervorgehen.
- Leistungspolitische Modifikationen können durchaus auch von Mitarbeitenden angestoßen werden, die aus dem direkten operativen Geschehen sowie dem unmittelbaren Kundenkontakt wichtige Informationen erhalten können, welche Einrichtungs- oder Trägerleitungen oftmals nicht direkt zugänglich sind.

1.5   Leitdifferenz Im Wettbewerb: Qualitätsführerschaft – Preisführerschaft

Eine grundsätzliche leistungspolitische Ausrichtung bleibt sozialen Organisationen, welche sich in einer Wettbewerbsposition befinden, kaum erspart, denn je nach Präferenz der Zielkunden ist eine Orientierung an

- der Strategie der Qualitätsführerschaft (bzw. der Strategie des faktischen Qualitätsführers) oder
- der Strategie der Preisführerschaft (bzw. der Strategie des faktischen Preisführers)

unumgänglich.

Zwar werden Bedenken gegenüber den Möglichkeiten der objektiven Leistungsbestimmung in vielen Branchen der Sozialen Arbeit artikuliert. Wir müssen jedoch davon ausgehen, dass »Zielkunden« in der Wohlfahrtspflege Bewertungen im Hinblick auf die Qualität der verschiedenen Leistungen zumindest latent vornehmen. Kosten- bzw. Preisunterschiede liegen in den meisten Sektoren der sozialen Arbeit aufgrund unterschiedlicher Zuwendungs- und Kostensätze ohnehin vor. Monopolsituationen sowie Marktformen mit Einheitspreis und völlig homogenen Leistungen sind die große Ausnahme.

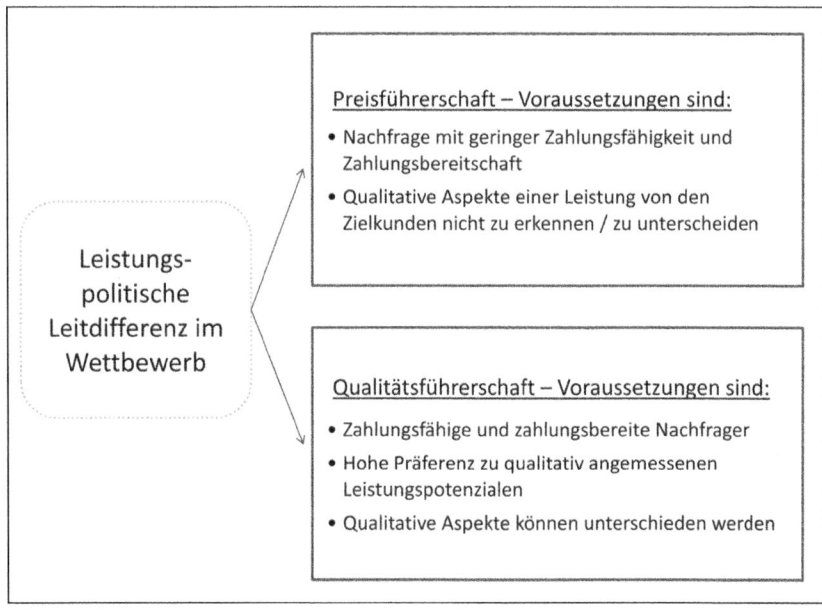

Abb. 45: Qualitätsführerschaft – Preisführerschaft

Je nach Präferenzen der Zielkunden muss von praktisch jeder sozialen Organisation eine Verortung ihrer Leistung(en) nach folgender Maßgabe erfolgen:

- In Sozialmärkten, die von einem extrem preisbewussten Nachfrager dominiert sind, ist die Ausrichtung mit Orientierung an dem jeweiligen Preisführer der Branche vorzunehmen. Solche Märkte sind entweder gekennzeichnet von Nachfragen mit geringer Zahlungsfähigkeit und Zahlungsbereitschaft oder von dem Umstand, dass qualitative Aspekte einer Leistung von den Zielkunden nicht zu erkennen beziehungsweise zu unterscheiden sind. Wenn aufgrund des Umstandes, dass die Kunden wegen ihrer limitierten Zahlungsfähigkeiten oder ihres Unvermögens, Qualitätsunterschiede wahrnehmen zu können, tendenziell oder immer das kostengünstigste Angebot auswählen, ist der Markterfolg eines Anbieters davon abhängig, im Preiswettbewerb konkurrenzfähig zu sein. Damit erfolgt zwangsläufig die Ausrichtung an jenen Konkurrenten, welcher als »Preisführer« (als der billigste Anbieter) im Markt auftritt, denn sein Preis ist die Referenz für alle anderen Branchenteilnehmer.
- In Sozialmärkten mit einer starken Orientierung der Nachfrage an der Güte der einzelnen Angebote ist dagegen die Ausrichtung an den (oder die) Qualitätsführer angezeigt. Solche Märkte weisen in der Regel ebenso zahlungs-

fähige wie zahlungsbereite Nachfrager mit hoher Präferenz zu qualitativ angemessenen Leistungspotenzialen auf. Die Nachfrager müssen zudem in der Lage sein, verschiedene Angebote im Hinblick auf qualitative Aspekte unterscheiden zu können.

2 Leistungspolitische Instrumente

Grundsätzlich stehen im (Sozio-)Marketing mit
* Angebotseliminierung und
* Leistungsvariation

zwei übergeordnete (globale) Varianten der Leistungspolitik zur Verfügung (vgl. bspw. Kotler 1978 für die Sozialwirtschaft, für die Erwerbswirtschaft bspw. Meffert/Bruhn 2008). Entsprechende Optionen werden vor dem Hintergrund des Angebots-, Preis- und Qualitätsgefüges der jeweiligen Sozialbranche gewählt. Der größere Spielraum ergibt sich naturgemäß im Bereich der Variation von Leistungen.

2.1 Eliminierung von Leistungsangeboten

Im erwerbswirtschaftlichen Marketing wird die Eliminierung von Leistungsangeboten durchgeführt, wenn ertragsbezogene Faktoren wie sinkende Rentabilität oder geringer Umsatzanteil am Gesamtumsatz nahe legen, sich auf andere Angebotsformen oder andere Märkte mit anderen Leistungen zu konzentrieren. Infolge dessen werden dann von Unternehmen bestimmte Angebote nach reiflicher Überlegung eingestellt. Zweifellos ist es auch im Bereich der sozialen Arbeit angezeigt, solche schlecht nachgefragten bzw. nicht kostendeckenden Leistungsangebote vom Markt zu nehmen, welche weder eine aktuelle Attraktivität im Hinblick auf Ertrag, Image, Honorierung durch Zielgruppen etc., noch eine Zukunftsfähigkeit wie beispielsweise erwartete Bedarfslagen aufweisen.

Hierbei ist allerdings einschränkend darauf hinzuweisen, dass nicht wenige soziale Angebote über die Finanzierung eines öffentlichen Trägers konstituiert, eigenständige Eliminierungen von Leistungsangeboten durch Einrichtungen und Träger der Wohlfahrtspflege damit nicht unbedingt die Praxis sind, sondern aus externen hoheitlichen Effekten resultieren. Aufgrund der staatlichen, landesspezifischen oder kommunalen Hoheit über viele soziale Dienstleistungen obliegt es in den meisten Branchen der sozialen Arbeit den zuständigen öffentlichen Fachressorts, flächendeckend über ein soziales Dienstleistungsangebot beziehungsweise seine Streichung aus dem Angebotsportfolio zu entscheiden. Eine Liquidierung von Leistungen beziehungsweise Leistungsformen als quasi »öffentlicher Akt« erfolgt dann über die Einstellung oder Verringerung der

Finanzierung, über die Streichung aus Leistungskatalogen etc. Ein mittlerweile klassisches Beispiel für das Verschwinden eines einstmals öffentlich finanzierten Leistungsangebotes ist die Eliminierung von Altenheimen aus dem Katalog sozialer Träger. Diese Wohnform für Senioren wurde mit der über SGB XI veränderten Finanzierungsgrundlage ab 1996 nicht mehr tragbar, da die Leistung keine Vergütungsgrundlage mehr aufwies. Andererseits ist eine Leistungseliminierung (oder Produkteliminierung) für Einrichtungen und Träger dahingehend möglich, dass sie eine Leistungsform nicht mehr anbieten, ein Angebot aus ihrem Portfolio also streichen.

Eine erzwungene Leistungseliminierung erfolgt aufgrund von Insolvenz. Soziale Dienstleistungen beziehungsweise einzelne Leistungsformen können indes nicht nur aus Ertragsgründen oder wegen einer Änderung gesetzlicher Vorschriften vom Markt genommen werden, sondern auch aufgrund qualitativer Problematiken.

Eine Streichung von Leistungen ist somit auch aufgrund folgender Ursachen ebenfalls möglich:

- Gefahr der Rufschädigung für den Träger aufgrund qualitativ mangelhafter Leistungspotenziale eines Angebots/einer Angebotsform.
- Nachlassender positiver Einfluss einer bestimmten Leistungsform auf die öffentliche Wahrnehmung beziehungsweise die Imagebildung in der Öffentlichkeit.
- Nachlassendes Interesse durch sozialpolitische Entscheidungsträger bzw. nachlassende öffentliche Honorierung durch diese Gruppe der Stakeholder.
- Gefahr der Schädigung von Klienten aufgrund nicht zu beseitigender qualitativer Mängel eines Angebots/einer Angebotsform.
- Ersatz durch qualitativ verbesserte Leistungen bzw. Ersatz durch substituierende (vorgelagerte) Leistungen.
- Abschließende Lösung eines sozialen Problems (dies dürfte eher die Ausnahme sein).

In toto ergeben sich also folgende Gründe für eine Streichung einer Leistung oder einer Leistungsform aus dem Gefüge der Angebote einer sozialen Organisation:

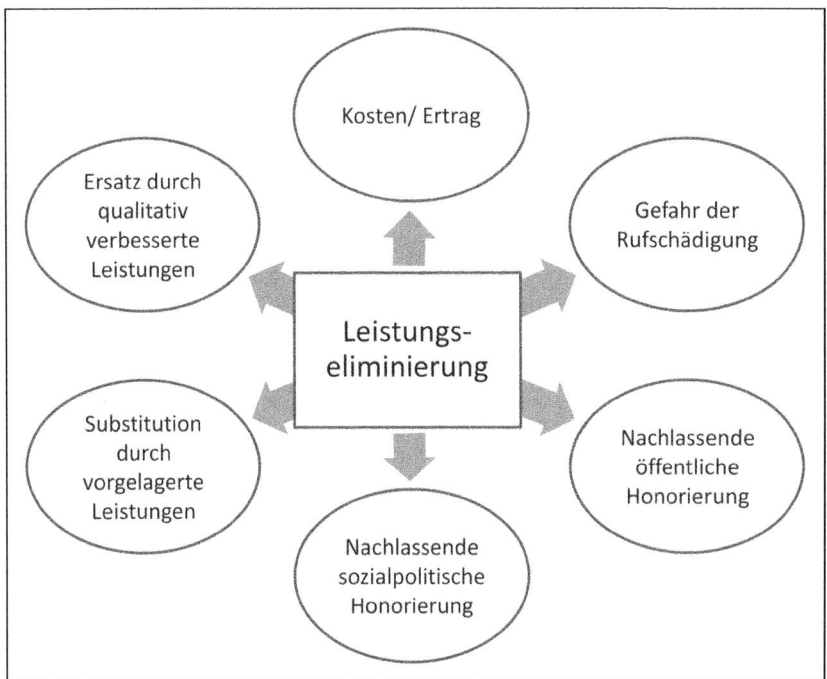

Abb. 46: Ursachen für die Eliminierung einer Leistung

Auch in diesem Zusammenhang ist auf die Notwendigkeit eines Finanz- und Markt-Controllings hinzuweisen, welches in der Lage ist, Gefahren der finanziellen Unterdeckung, der Substitution durch andere Leistungen usw. frühzeitig zu erkennen und zu artikulieren. Selbstverständlich muss nicht jede Unterauslastung sofort die Streichung eines Leistungsangebots nach sich ziehen. Temporäre Schwankungen in der Inanspruchnahme durch Adressaten und/oder Kostenträger können in der Praxis sozialwirtschaftlicher Unternehmen durchaus vorkommen. Wenn sich jedoch auf längere Sicht keine Besserung einer unbefriedigenden Deckung von Kapazitäten abzeichnet, sind Maßnahmen bis hin zur Eliminierung zu prüfen. Rechtzeitiges Erkennen einer problematischen Situation kann hilfreich sein, betroffenen Mitarbeitern in sozialverträglicher Weise (beispielsweise innerhalb der Einrichtung oder der Trägerschaft) neue Aufgaben und Tätigkeitsfelder zu vermitteln.

Selbst in solchen Branchen, die im Wesentlichen freien Märkten unterworfen sind, können allerdings von einer sozialen Organisation Leistungen nicht immer kurzfristig bzw. ganz ohne Weiteres eliminiert werden. Dies ist vorzugsweise dann nicht zeitnah möglich, wenn längerfristige Versorgungsverträge abgeschlossen worden sind, wenn die Leistung in einem nach wie vor noch höheren Maße zur Deckung von Gemeinkosten beiträgt oder die Leistung aus synergetischen Gründen im Angebotsportfolio enthalten bleiben sollte.

2.2 Variation von Leistungsangeboten

Sollte sich im Zuge der Analysen zur Marktsituation und der strategischen Festlegungen einer sozialen Organisation herausgestellt haben, dass leistungspolitischer Handlungsbedarf besteht, jedoch keine Notwendigkeit zur Eliminierung eines Angebotes vorliegt, sind verschiedene Optionen der Leistungsvariation zu prüfen.

Die Mehrheit der führenden Autoren im Dienstleistungsmarketing und -management präferieren dabei ein Instrumentenbündel, welches sich in

(1) Qualitätspolitik

(2) Programm- und Sortimentspolitik

(3) Service- und Kundendienstpolitik sowie

(4) Markenpolitik

gliedern lässt (vgl. bspw. Busch/Fuchs/Unger 2008; Meffert/Bruhn 2008; Meffert/Burmann/Kirchgeorg 2008).

Die Kernaufgabe der Variation von Leistungsangeboten ist die bedarfsgerechte Konzeption des Leistungsangebots. Im Folgenden ist auf diese Optionen etwas intensiver einzugehen, um die Bandbreite der Möglichkeiten zur Variation von Leistungsfaktoren für Organisationen der sozialen Arbeit zu verdeutlichen.

2.2.1 Qualitätspolitik

An verschiedenen Stellen wurde bereits auf die enge inhaltliche Koppelung des Sozio-Marketings mit Qualitätsfragen der Leistungserbringung verwiesen. Qualitative Momente einer sozialen Dienstleistung sind aus Sicht des Marketings dann intensiver zu analysieren, wenn die Zielgruppen eines oder mehrere Gütekriterien bei der Wahl eines Angebots besonders berücksichtigen.

Variationen können mit Bezug auf die etablierten Dimensionen von Qualität im Sozialwesen sowohl in der Struktur-, als auch in der Prozess- und der Ergebnisqualität angestrebt werden. Der Zugriff auf diese einzelnen Stufen der Dienstleistungsqualität korrespondiert in der sozialen Arbeit sehr stark mit den Bedarfen beziehungsweise den wahrgenommenen Veränderungsnotwendigkeiten. Grundsätzlich ist der Bezug zu einer Generierung eines besseren Nutzens, einer höheren Kundenzufriedenheit, einer verbesserten Akzeptanz etc. sehr eng zu halten.

Einige Beispiele aus der sozialen Praxis sollen solche nach Stufen der Dienstleistungsqualität ausdifferenzierte Ansätze zur Leistungsvariation verdeutlichen:

Tab. 13: Ansätze zur Leistungsvariation (Beispiele)

Dimension	Beispiele
Strukturqualität	• Baulich-räumliche Veränderungen in einer Kindertagesstätte aufgrund der Umstellung des pädagogischen Konzepts auf frühkindliche Bildung mit Natur- und Bewegungselementen. • Veränderungen im Bestand von Spielzeug und Sportgeräten in einer Begegnungsstätte für Kinder und Jugendliche aufgrund von Nutzerbefragungen und Abgleich mit pädagogischen Konzepten für Freizeitbeschäftigungen von Kindern und Jugendlichen.
Prozessqualität	• Ergänzung des Qualitätshandbuchs einer Einrichtung für Hilfen zur Erziehung mit einem Abschnitt zu Prozessstandards für bestimmte Krisensituationen. • Überarbeitung der Medikamentenvergabe in einer Einrichtung für Menschen mit Behinderung mit detailliertem Prozessdesign (auch in visualisierter Form).
Ergebnisqualität	• Verbesserung wesentlicher Indikatoren der Ergebnisqualität (Zufriedenheit mit Speisen und Getränken, aber auch medizinische Kennziffern) in einer Einrichtung für Seniorenpflege. • Verbesserung der Ergebnisqualität durch Aufnahme neuer pädagogischer Elemente in ein Kursangebot für jugendliche Mehrfachtäter (Akzeptanz durch die Jugendgerichtshilfe, verschiedene Dienste der Justiz, Jugendamt und Staatsanwaltschaft wurde erhöht, die Wettbewerbsfähigkeit bleibt erhalten).

2.2.2 Programm- und Sortimentspolitik

Modifikationen im Angebotsprogramm beziehungsweise im Sortiment zählen im erwerbswirtschaftlichen Sektor zu den traditionellen leistungspolitischen Aktionsmustern. Eine entsprechende Politik kann vor dem Hintergrund veränderter Bedarfs- oder Wettbewerbslagen, aber auch im Rahmen des Marketings sozialer Organisationen verfolgt werden.

Ausgehend von der im Marketing gängigen Differenzierung vom Grund- und Zusatznutzen von Angeboten wird in diesem Abschnitt auf die verschiedenen Möglichkeiten von Zusatzleistungen und die Varianten der Bündelungspolitik eingegangen. Dabei sollen auch Ansätze zur Externalisierung und Internalisierung von Leistungen sowie zeit- und innovationsorientierte Zugänge für soziale Anbieter beschrieben werden.

Die nachfolgend zu referierenden Möglichkeiten sollen im untenstehenden Schaubild übersichtlich dargestellt werden:

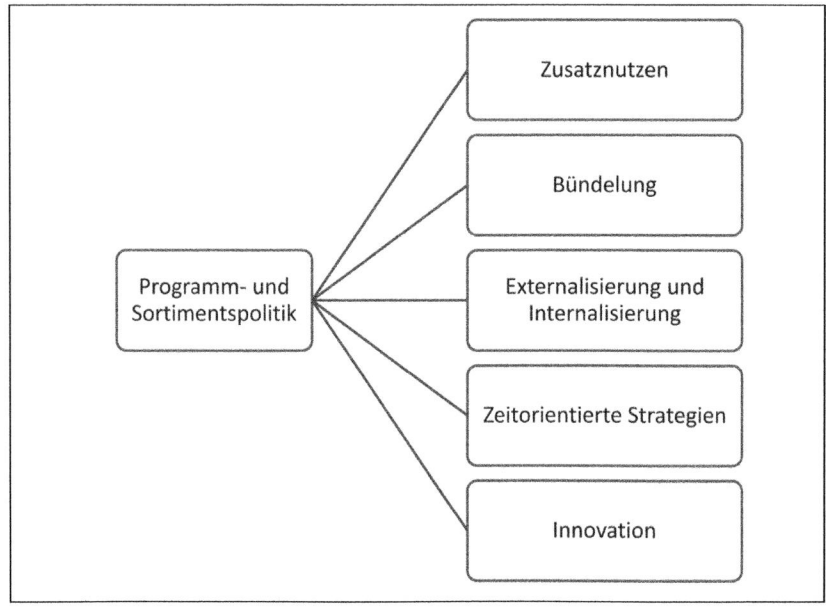

Abb. 47: Optionen der Programm- und Sortimentspolitik

(a) Grund- und Zusatznutzen: Möglichkeiten der Positionierung
Um eine Positionierung beziehungsweise Abgrenzung von Angeboten anderer sozialer Organisationen erreichen zu können, sind die Möglichkeiten der Schaffung eines über den Grundnutzen hinausgehenden zusätzlichen Nutzenpotenzials für die Kunden zu überprüfen. Dies kann durch einen entscheidenden Faktor geschehen, jedoch auch über ein Faktorenbündel realisiert werden, gegebenenfalls in modularisierter Form.

Hinter der Philosophie des Grund- und Zusatznutzens steht die Überlegung, dass eine Ausdifferenzierung über bestimmte nutzenstiftende Zusatzeigenschaften von Angeboten dann sinnvoll ist, wenn Abgrenzungen von konkurrierenden Anbietern über spezifische Anreize für die Inanspruchnahme des eigenen Angebotes angezeigt sind. Sehr treffend ist dies von Wöhe (2005, S. 634) ausgedrückt worden: »Produktheterogenität enthebt den Anbieter den Niederungen des Preiswettbewerbs«. Durch die Schaffung von Zusatznutzen wird das eigene Angebot also nicht nur erkenn- und unterscheidbar, sondern auch noch attraktiver als jene der Konkurrenten.

Zusatznutzenstrategien gehen von folgender zweistufiger Vorgehensweise aus:
- Alle Angebote einer Branche haben denselben Grundnutzen.
- Über die Gewährleistung spezifischer zusätzlicher Nutzenbestandteile können produktpolitische Abgrenzungen realisiert werden.

Im folgenden Schaubild soll diese Leitdifferenz mit ihren Implikationen dargestellt werden:

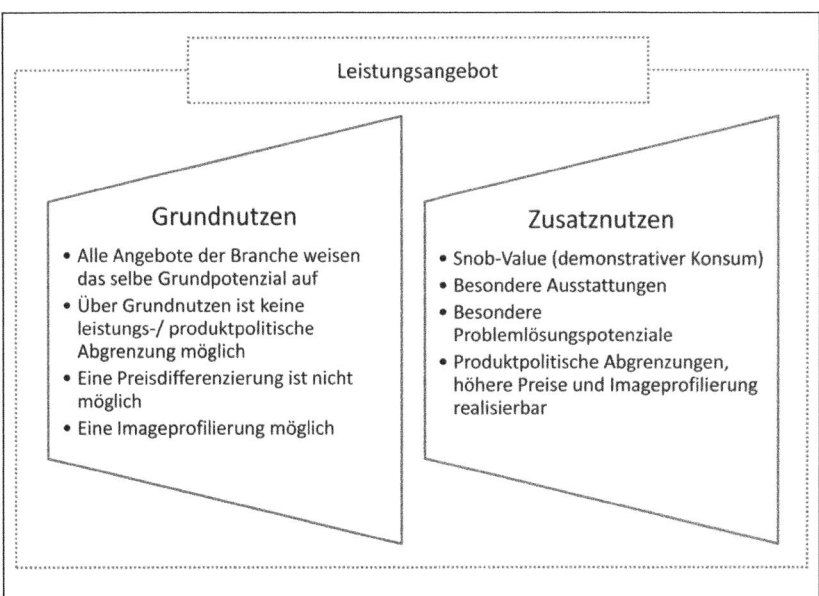

Abb. 48: Grund- und Zusatznutzen

Die Möglichkeiten der Schaffung eines über die basale Nutzenstiftung hinausgehenden Nutzwertes sind unter den Stichworten »höhere Preise«, »demonstrativer Konsum«, »besondere fachliche Ausstattung« und »besondere potenzialen der Problemlösung durch Zusatzmodule« zu veranschlagen:
- Bereits der Umstand, dass für eine bestimmte Dienstleistung ein vergleichsweise hoher Preis zu entrichten ist, kann – so paradox dies im ersten Anschein anmutet – in einigen Fällen als Zusatznutzen für den Kunden angesehen werden. Hinter dieser Strategie steht der ökonomisch bedeutsame Umstand, dass jeder Preis zunächst einmal als »Ausschlusskriterium« wirkt, weil er nicht zahlungsfähige (und nicht zahlungswillige) potenzielle Kunden vom Kauf beziehungsweise der Nutzung eines Produktes oder einer Dienst-

leistung ausschließt. Damit ist im Marketing der Preis für ein Gut oder eine Dienstleistung ein Selektionsinstrument für eine bestimmte Gruppe von Kunden, mit steigendem Preis erhöht sich die Exklusivität eines Angebotes. Üblicherweise betrifft dies nicht die soziale Arbeit, denn dort wird eine soziale Dienstleistung für eine bestimmte und meist sozialrechtlich abgegrenzte Gruppe von Adressaten kostenlos oder kostengünstiger angeboten, weil diese nicht zahlungsfähig sind. Leistungen der sozialen Arbeit werden deswegen häufig als quasi-öffentliches Gut bezeichnet. Andererseits können bestimmte Leistungen auf einem freien Markt u.U. auch von der sozialen Arbeit mit der Absicht angeboten werden, dass diese Leistung einer an Abgrenzung interessierten Nutzergruppe mit einem entsprechenden hohen Preis angeboten wird. (Vgl. auch die folgenden Ausführungen zum »Snob-Value«)

Eine solche Strategie kann mit dem Selbstverständnis einer sozialen Organisation in Konflikt stehen. Allerdings können mit entsprechenden Leistungserträgen unterfinanzierte Projekte unterhalten werden.

- Unter Umständen sind auch im Bereich der sozialen Dienstleistungen Kundengruppen vorzufinden, die sich über die Inanspruchnahme einer sichtbar höherwertigen Leistung von anderen Kunden abgrenzen möchten. Im erwerbswirtschaftlichen Bereich ist dies bekannt als »demonstrativer Konsum« (Snob-Value) von Gütern und Dienstleistungen, die dem Nutzer einen besonderen Status verleihen. So ist beispielsweise in der Automobilbranche der Kauf eines hochwertigen Sportwagens häufig auch mit der Absicht verbunden, neben dem Grundnutzen der Mobilität ein Statussymbol und ein damit korrespondierendes Image zu erwerben.

  Möglichkeiten für die Realisierung eines »Snob-Value« ergeben sich beispielsweise im Bereich der Seniorenresidenzen, in welchen mit einer zum Teil demonstrativ hochwertigen Ausstattung, einer exklusiven Lage, vielfältigen Servicekomponenten etc. statusbezogene Abgrenzungen bestimmter Kundengruppen ermöglicht werden. Selbstverständlich sind solche Leistungen mit höheren Preisen verbunden.

- In fachlicher Hinsicht sind Potenziale der Stiftung von Zusatznutzen beispielsweise über strukturqualitative Ausstattungen und Kompetenzen zu entfalten. Typische Beispiele aus der sozialen Arbeit lassen sich in speziellen Kompetenzen und besonderen Ausstattungsmerkmalen finden, die für intensive Problemlagen bzw. komplexe Problemkonstellationen konzipiert worden sind. Entsprechende Leistungsformen wurden entwickelt für psychisch auffällige Adressaten, bestimmte Formen von delinquentem Verhalten und besonderen Formen von Behinderung (bspw. in der Kombination von Behinderung und muskelatrophischer Erkrankung).

  Besondere Ausstattungen finden sich auch in Krankenhäusern und anderen klinischen Kontexten gegen höheres Entgelt (Einbettzimmer, hochwertige

Zimmereinrichtungen etc.). Hier ist eine bessere Ausstattung u.U. mit erweiterten therapeutischen Maßnahmen verknüpft.

- Als ein ebenfalls in einem fachlichen Kontext zu verstehendes Potenzial an Zusatzleistungen sind zusätzliche Module von Angeboten der Kinder- und Jugendhilfe zu nennen, die in diagnostischer und therapeutischer Hinsicht in bestimmten Problemformen eine höhere Wirksamkeit der sozialen Intervention versprechen.

Es hat sich in der sozialen Praxis als Möglichkeit der Positionierung herausgestellt, dass entsprechende Module nicht notwendigerweise ständig von der sozialen Organisation vorgehalten werden müssen, sondern im Kontext von Kooperationen und strategischen Allianzen realisiert werden können.

(b) Bündelungspolitik

Wenn Kernleistungen verschiedener Anbieter in einem sozialen Arbeitsfeld schwer bis kaum unterschieden werden können, sie gleichsam austauschbar sind, empfiehlt sich also die Prüfung der Möglichkeit von Zusatzleistungen. Solche zusätzlichen (in das Kernangebot mit oder ohne Aufpreis integrierten) Komponenten haben die Funktion eines Additivs, welches die ursprüngliche Leistung aufwerten und im Wettbewerb erkennbarer machen soll. Es ist zu unterscheiden zwischen materiellen und immateriellen Ergänzungen.

Die Literatur zu Wettbewerbsstrategien im Dienstleistungsmarketing weist darauf hin, dass die Zusatzleistungen in einem angemessenen Verhältnis zu den Erwartungshaltungen der Kunden stehen müssen (vgl. bspw. Corsten/Gössinger 2007):

- So kann die Kernleistung als unverzichtbares »Muss-Element« im Leistungsportfolio angesehen werden, welches unter allen Umständen vorgehalten werden sollte, da es die Leistung definiert bzw. konstituiert. »Muss-Elemente« sind somit obligatorische Leistungsbestandteile.
- Zusatzleistungen sind dagegen in einer ersten Stufe als »Soll-Element« einzubeziehen, wenn (einige oder alle Wettbewerber) bereits zusätzliche Leistungsbestandteile anbieten und der Kunde bereits gewisse Erwartungen an additive Elemente stellt.
- Die nächste Stufe der »Kann-Elemente« ist dann zu implementieren, wenn einerseits eine Notwendigkeit zur verstärkten Profilierung des Angebots besteht, der Kunde eine entsprechende zusätzliche Leistung jedoch nicht unbedingt erwartet. Über solche »Kann-Elemente« ergibt sich die Möglichkeit, den Kunden zu »begeistern« und entsprechende Kundenbindungen aufzubauen.

Selbstverständlich muss jegliche Form von Zusatzleistung im Rahmen des gegebenen Budgets bzw. der Kosten finanzierbar sein sowie eine vom Kunden nachgefragte Facette der Leistung betreffen.

Beispiele für Zusatzleistungen im Sozialbereich sind:
- Ausflugsangebote im Betreuten Wohnen
- Diagnostische Elemente in der Jugendhilfe und internetbasierte Informationen über Fallverläufe in der Jugendhilfe
- Besondere Lernmaterialien in Kindertagesstätten.

Wir gehen davon aus, dass in einigen wettbewerbsintensiven Feldern der sozialen Arbeit von einigen Trägern künftig eine bedarfsgerechtere Leistungsbündelung realisiert wird. So können dann Leistungspakete in Anspruch genommen werden, die zwar mit Preisen und Aufpreisen versehen sind, jedoch einen höheren Kundennutzen versprechen.

In der Marketingsprache geht man von gebundenen und ungebundenen Strategieformen aus (vgl. bspw. Meffert/Bruhn 2008):

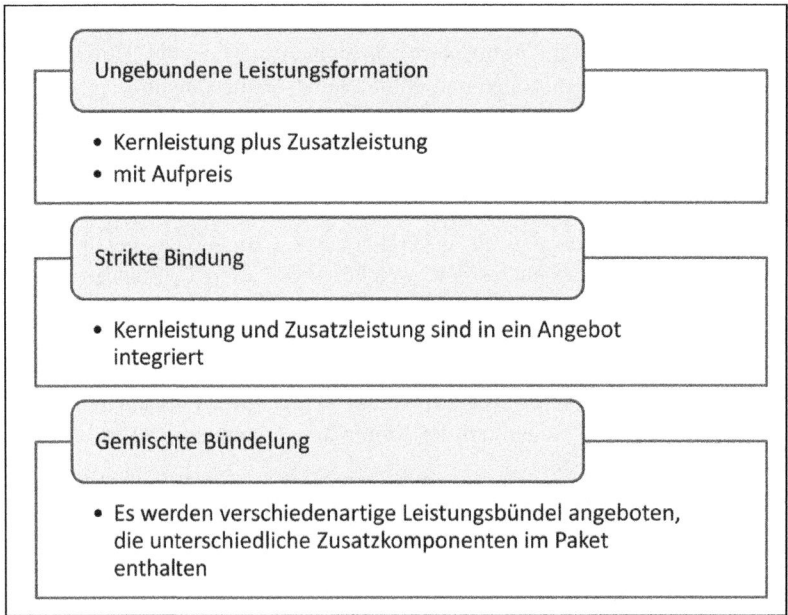

Abb. 49: Bündelungspolitik: Gebundene und ungebundene Leistungsformen

Entsprechende Vor- und Nachteile für soziale Organisationen sollen in der folgenden Tabelle gegenübergestellt werden:

Tab. 14: Chancen und Risiken der Bündelungspolitik

Variante	Vorteile	Nachteile
Ungebundene Leistungs- formation	• Durch viele zusätzliche Optionen ist eine große Auswahl möglich • Kunde kann bedarfsgerecht einzelne Zusatzleistungen buchen • Nicht benötigte Zusatzlei- stungen sind in der gekauf- ten Leistung nicht enthalten • Über passgenaue Leistung sind relativ preisgünstige Angebote möglich	• Zusätzlicher Aufwand für soziale Organisation bei Un- terbreitung von Angeboten und der Zusammenstellung von Leistungskompo- nenten, u.U. zusätzliche Kosten für das notwendige Vorhalten vieler fakultativer Einzelkomponenten der Leistung
Volle Bündelung	• Umfangreiches Leistungs- paket signalisiert hochwer- tiges Angebot • Kein Aufwand für Infor- mationsbeschaffung und Entscheidungsfindung bei den Kunden • Kein zusätzlicher Aufwand für soziale Organisation bei Unterbreitung von Angebo- ten und der Zusammenstel- lung von Leistungskompo- nenten	• Das rigide gebündelte Paket enthält u.U. vom Kunden nicht benötigte Kompo- nenten
Gemischte Bündelung	• Leistungsbündel signalisie- ren den Kunden Flexibilität des Angebots bzw. der Organisation • Leistungsbündel signalisie- ren den Kunden Übersicht- lichkeit des Angebotspakets • Relativ geringer Aufwand für Unterbreitung von Angeboten und der Zusam- menstellung von Leistungs- komponenten	• Leistungsbündel müssen auf Bedarfsbündel der Kun- den zugeschnitten sein, da weitere Mischformen i.d.R. nicht möglich sind • Paket enthält u.U. nicht benötigte Komponen- ten, allerdings potenziell weniger als bei der vollen Bündelung • Zusätzlicher, jedoch im Ver- gleich zur ungebundenen Leistungsform geringerer Aufwand für soziale Orga- nisation bei Unterbreitung von Angeboten und der Zusammenstellung von Leistungskomponenten

Mit der Wahl einer Bündelungsvariante wird auch die Preispolitik tangiert. Somit ist bei Bündelungsstrategien zu berücksichtigen, dass mit Zusatzleistungen stets Mehrwert- bzw. Nutzenverbesserungen für den Kunden verbunden sein müssen und die preisliche Angemessenheit von modularisierten Angeboten aufrecht zu erhalten ist. Hier ist die Kundensicht das Maß der Dinge, Bündelungsstrategien sind auf die absatzwirtschaftliche Wirkung konzentriert.

(c)   Externalisierung und Internalisierung von Leistungen

Die Option der Externalisierung von Leistungen bedingt eine Aufwertung der Position des Kunden als »Co-Produzenten« von Dienstleistungen beziehungsweise entsprechender Ergebnisse und Wirkungen. Mit dem Ansatz der Externalisierung sind zunächst einmal sozialökonomische Erwartungen an die Effizienz und Effektivität sozialer Hilfen verbunden. Durch eine verstärkte Einbezugnahme der Adressaten in den Dienstleistungsprozess (beispielsweise über erhöhte Verantwortung des Adressaten für die Zielerreichung, gezieltere Förderung bei gleichzeitiger höherer Anspruchshaltung an die Mitwirkung etc.) sind einerseits sozialpolitisch berechtigte Bestrebungen nach besserer Wirksamkeit verbunden. Andererseits kann fiskalischen Interessen an Kostenreduzierung beziehungsweise »allokationseffizienterer« Verteilung von öffentlichen Mitteln entsprochen werden, wenn sich damit bspw. Hilfen bei gleichem Ergebnis zeitlich verkürzen.

Durch veränderte methodische Herangehensweisen sind in den vergangenen Jahren eine ganze Reihe von Externalisierungen bereits in der sozialen Arbeit umgesetzt worden. Dies betrifft beispielsweise Maßnahmen für jugendliche Straftäter, die bei einer wiederholten Verweigerung beziehungsweise einer nicht ausreichenden Mitwirkung der Adressaten abgebrochen werden. Diverse Verpflichtungen zur Mitwirkung im Bereich der Beratung oder der sozialpädagogischen Familienhilfe entsprechen ähnlichen Intentionen. Wirkungsorientierte Ansätze der fachlichen Begleitung interessieren sich zunehmend für Maximalpunkte in Fallverläufen, die Hilfen dort begrenzen, wo eine Stabilisierung von Lebenslagen erreicht wurde, ohne dass weitere Fortschritte absehbar wären. Dieses fachliche Controlling soll beispielsweise realisiert werden durch den Einsatz eines Zielerreichungsbogens als Instrument der Prozessdiagnostik für alle Felder von Sozialpädagogik bzw. sozialer Arbeit. Nach Adler (2004) ist dieses Instrument in der Lage, Interventionen in der sozialen Arbeit auch auf Einzelfallebene zu erfassen, zu dokumentieren sowie anzuzeigen, wann eine Hilfe einen relativen Optimalwert erreicht hat und weitere Verbesserungen nicht in Aussicht stehen.

Während bei der Externalisierung von Leistungen von einer Verlagerung von Leistungsanteilen und -pflichten auf den Kunden ausgegangen wird, sind im Rahmen der Strategie der Internalisierung von Leistungen von der sozialen Organisation Möglichkeiten der Verbesserung von Annehmlichkeit (Convenience) und Nutzungsergebnis durch Verbreiterung von Wertschöpfungsketten zu prüfen.

Alle Formen von Hol- und Bring-Leistungen der sozialen Organisation zählen hierzu:

- Im Sozialsektor werden bspw. Menschen mit Behinderungen von vielen Trägern von ihrer Wohnstätte zu ihrer Arbeit in behindertengerecht ausgestatteten Fahrzeugen mit geschultem Fahrpersonal gebracht.
- Aus Gründen der Nutzerfreundlichkeit haben sich einige Kindertagesstätten entschlossen, ihre »Kunden« zuhause abzuholen. Sie ersparen damit den betroffenen Eltern Zeit- und Wegeaufwand und können mit einer solchen Internalisierung der Leistung auch gewährleisten, dass weiter entfernt wohnende Eltern/Kinder eine Kindertagesstätte ihrer Wahl ohne unvertretbaren Aufwand nutzen können. Eine solche Convenience-Lösung ermöglicht eine Inanspruchnahme der Kita auch für solche Eltern und Elternteile, die aus beruflichen Gründen nicht in der Lage sind, ihre Kinder regelmäßig zu bestimmten Zeiten in die Einrichtung zu bringen. (Vgl. hierzu auch das anschließende Kapitel zur Distributionspolitik).

Im Hinblick auf Informationsfaktoren zählen internalisierte Leistungen in der Praxis wie folgt zu dieser Strategie:

- Gestützt über Medien wie Internet oder auch in direkter Berichtsform informieren Kindertagesstätten die Kundengruppe der Eltern in zunehmendem Maße individuell und bedarfsgerecht über die Entwicklung ihrer Kinder.
- Über standardisierte Berichtssysteme informieren Träger der Kinder- und Jugendhilfe soziale Fachdienste über Fallentwicklungen.
- Zum gegenwärtigen Zeitpunkt spielt die »Automatisierung« von Leistungen noch keine gravierende Rolle im Bereich des Sozialwesens. Allerdings erreichten uns kürzlich Pressemitteilungen, wonach in Japan bereits mit »Pflegerobotern« experimentiert wird, die die menschliche Pflege zwar nicht substituieren, aber dort ergänzen können, wo bestimmte Tätigkeiten einerseits maschinell erledigt, andererseits für die Pflegekräfte sehr anstrengend und auf mittlere Sicht gesundheitsgefährdend sind (vgl. www.welt.de vom 11.01.2010).

Im Hinblick auf den ökonomisch manchmal hoch bedeutsamen Faktor der Zeitersparnis sind verschiedene Strategien auch im sozialen Bereich feststellbar:

- Als Reaktion auf verringerte finanzielle Potenziale öffentlicher Sozialhaushalte haben viele soziale Hilfen eine »Deckelung« erfahren. Das Phänomen, wonach bspw. Hilfen zur Erziehung auf ein oder zwei Jahre begrenzt sind, ist kein kommunaler Einzelfall. Wenngleich die fachliche Qualität solcher Entscheidungen nach empirischen Erkenntnissen der Jugendhilfeforschung in Zweifel gezogen werden muss (vgl. Schödter/Ziegler 2008), ist es aus Sicht des Marketings sozialer Organisationen zumindest zu erwägen, entsprechenden Vorgaben öffentlicher Kostenträger zu folgen. Allerdings ist anzuerkennen, dass eine soziale Organisation mit entsprechenden Wertebindungen und fachlichen Ausrichtungen damit in ein möglicherweise schwer wiegendes Dilemma gerät und die Folgen einer solchen Entscheidung genau abgewogen werden müssen.

- Durchaus sozialverträglich ist dagegen die von vielen Trägern mittlerweile verfolgte Strategie der Verkürzung von Wartezeiten für Adressaten und Kostenträger, die Verringerung von Transferzeiten bei Hol- und Bringdiensten sowie ganz allgemein die Hinwendung zur Pflege von Termintreue und Vollständigkeit der Leistung. Hier ist auf prozessqualitative Faktoren wie interne Abstimmungen, Vermeidung von Redundanzen im Prozessablauf, Critical-Incident-Analysen etc. zu verweisen.

(d)   Leistungspolitische Variation und Innovation in der Sozialen Arbeit
Soziale Organisationen sind in heutigen Gesellschaften mit einer Fülle von Umfeldveränderungen soziologischer, psychologischer, sozialrechtlicher und technologischer Natur konfrontiert, die unmittelbar auf die Modifikation von Leistungspotenzialen verweisen. Sind es die verkürzten Produktlebenszyklen im kommerziellen Bereich, welche Unternehmen zu Innovation und schneller Marktfähigkeit von Angeboten zwingen, sind es die veränderten sozialen Bedarfslagen sowie die Konkurrenzen im Sozialmarkt, welche den Druck in Richtung Neuerung und Bedarfsgerechtigkeit bei gleichzeitig sparsamen Wirtschaften und Zielbezogenheit erhöhen.

In modernen Konzeptionen des Marketings nimmt die Innovation als Faktor erfolgreicher Produkt-/Leistungspolitik einen erheblichen Stellenwert ein. Im anerkannten Lehrkonzept von Kuß/Kleinalterkamp (2009) wird die Innovationsorientierung beispielsweise als eine der acht bedeutendsten Faktoren neben solchen wie Orientierung an Kundenwünschen, Ausrichtung an Marktforschung und den Gebrauch von Marken genannt. Auch sie gehen davon aus, das Angebote in turbulenten Umwelten zunehmend schneller obsolet, die Produktlebenszyklen immer kürzer werden.

Innovation in der sozialen Arbeit ist aus Sicht des Sozio-Marketings in zweierlei Hinsicht zu befördern:

- Gütekriterien von Neuerungen: Innovationen müssen dem Anspruch besserer Zielerreichung und Ressourcenschonung entsprechen können.
- Implementation: Innovationen sind von der Ideengenerierung bis zur erfolgreichen Implementation in die Praxis möglichst kurz auszugestalten.

Es gehört mittlerweile zu den verpflichtenden Bestandteilen der Leistungspolitik auch im Sozio-Marketing, Bedarfsstrukturen regelmäßig daraufhin zu untersuchen, ob

- mit innovativen Angeboten bislang noch nicht befriedigten sozialen Bedarfen entsprochen werden kann bzw.
- mit verbesserten Angeboten soziale Bedarfe besser als mit bisherigen Angeboten befriedigt werden können.

Zu formulieren ist im Sozio-Marketing mithin ein Anspruchsgefüge für Innovationen, wie es in der untenstehenden Abbildung dargestellt werden kann:

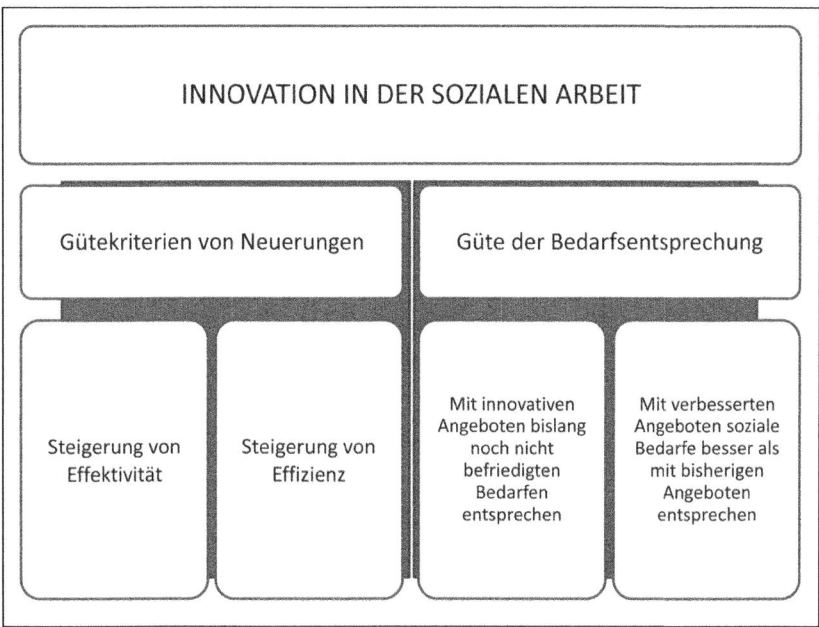

Abb. 50: Anspruchsgefüge für Innovationen im sozialen Sektor

Unter Umständen können mit einer innovationsorientierten Ausrichtung beträchtliche »Pioniergewinne« erzielt werden. Es handelt sich dabei um den zeitlich begrenzten Ertrag eines Angebots, der aus der einzigartiges Stellung sowie der besonderen innovativen Leistung in Zusammenhang mit einem Wettbewerbsvorsprung resultiert. Der Pioniergewinn liegt über dem Ertrag, welcher in einer paritätischen Wettbewerbssituation realisiert werden könnte. Aus der Sicht des Marketings besonders interessant sind dabei individuelle Problemlösungen für den anspruchsvollen Kunden, die dann auch die Durchsetzung eines vergleichsweise hohen Preises erlauben.

Dabei ist einerseits auf die im ersten Abschnitt dieser Publikation referierten Marktbeobachtungen beziehungsweise Bedarfsuntersuchungen, andererseits auch auf entsprechende Strukturen innerhalb der Organisation zu verweisen, welche eine Ideengenerierung wie eine Umsetzung erlauben müssen. Die strukturelle Bedingung der Möglichkeit von Innovation ist eine entsprechende Organisationskultur, welche neue Ideen/Gedankengänge zulässt, wobei immer damit auch ein gewisses Maß an »Abweichung« und Unzufriedenheit mit dem bestehenden verbunden ist oder sein muss. Innovation kann letztendlich nur aus einem Streben nach Verbesserung und Neuerung hervorgehen, jede innovationsfreundliche Organisationskultur muss also dementsprechende »Devianzen« tolerieren beziehungsweise zulassen können.

Das Sozio-Marketing verweist im Kontext von Innovation überdies auf den Faktor »lernende Organisation«, mithin auf die Notwendigkeit der Investition in ein professionelles Wissensmanagement. Zum Einen kann lediglich über ein profundes Management des Wissens Innovation ermöglicht/erleichtert und abgespeichert werden, zum Anderen bedarf die Gewährleistung von Wettbewerbsvorsprüngen bei Leistungsangeboten der ständigen Pflege und Entwicklung des Know-Hows.

Hierbei ist darauf zu achten, dass es sich um ein »kritisches« Wissen handelt, welches also auf echte Wettbewerbsvorteile (meist verbunden mit höherem Problemlösungspotential für den Zielkunden) bezogen ist. Entsprechend ausgerichtete Organisationen können bei einer bestimmten Größe durchaus Synergieeffekte im Hinblick auf Wissen und Neuerungen erzielen. Das Thema Innovation verdient aus der Perspektive des Sozio-Marketings mehr Aufmerksamkeit, als ihm bislang in vielen Bereichen der Wohlfahrtspflege entgegengebracht worden ist. An der Fähigkeit zur Neuerung bemisst sich die Leistungsfähigkeit eines Unternehmens der Sozialwirtschaft, Bedarfe zu erkennen, Kreativität im Inneren zu fördern wie zu nutzen sowie daraus leistungsfähige Angebote zu entwickeln.

Zu Innovationen in der sozialen Arbeit einige Beispiele aus der Beratung, der Straffälligenhilfe, dem Spendenwesen und der Familienhilfe:

- Neuartige Ansätze für die psychosoziale Beratung ergeben sich aufgrund des medizinischen Fortschritts im Kontext der Kooperation mit Ärzten. So berichteten Bruder et al. (2009) unlängst über neuartige Zugänge, die im Kontext von Pränataldiagnostik konzipiert und erprobt worden sind. Es hat sich ein beraterisches Arbeitsfeld in jenen Fallbereichen entwickelt, in welchen bei unklaren beziehungsweise auffälligen Befunden starke Verunsicherungen von Frauen vorliegen und eine entsprechende psychosoziale Beratung die medizinische Aufklärung flankieren kann.
- Dass Innovation auch Leistungserbringung in neuen »Vertriebskanälen« bedeuten kann, zeigt die Erfolgsgeschichte der Online-Beratung in einigen wesentlichen Sektoren sozialer Arbeit. Knatz (2009) berichtet über beein-

druckende Nutzerzahlen u.a. in den Beratungsfeldern »Partnerschaft und Sexualität«, »Psyche«, »Therapie und Beratung« sowie »Sucht«. Herausgestellt werden von Experten vor allem die Vorteile der neuen Möglichkeiten von Kontaktaufnahme und -anbahnung.

- Strukturelle Innovationen werden im Bereich der Straffälligenhilfe seit einigen Jahren durch die Implementierung eines systemübergreifenden Übergangsmanagements verwirklicht. Dabei handelt es sich um die auf soziale und berufliche Integration von Strafgefangenen bezogene Strategie der integrierten Förderung von psycho-sozialen und arbeitsmarktbezogenen Kompetenzen innerhalb des Vollzugs sowie nach der Haftentlassung. Eine Begleitung, die bereits im Vollzug beginnt, jedoch systemübergreifend auch nach der Entlassung tätig ist, flankiert diese neu strukturierte soziale Arbeit im Justizwesen.

- Innovation bei sozialen Produkten: Seit Beginn des Jahres 2010 sind bei den Spitzenverbänden der freien Wohlfahrtspflege sowie der Post »Duftende Wohlfahrtsmarken« zu erhalten. Es handelt sich dabei um eine »produktionstechnische Sensation«, wie auf der Homepage des Deutschen Caritasverbandes (www.caritas.de vom 09.11.2009) verlautbart wurde.

- Eine für die soziale Arbeit relativ neuartige und vom Selbstanspruch innovative Methode ist der sog. »Familienrat«. Die Methode soll das Zusammenleben in der Familie ausgeglichener gestalten (vgl. Dreikurs/Gould/Corsini 2003; Petermann/Petermann 2005).

- Bei Innovationen muss es sich folglich nicht notwendigerweise um völlige Neuentwicklungen von Leistungen handeln. Durchaus als innovativ in der sozialen Arbeit sind auch partielle Neuerungen am Leistungsprogramm sowie neue Kombinationen von Leistungsarten zu bezeichnen. In der sozialen Arbeit hat sich in den vergangenen Jahren zunehmend die Erkenntnis durchgesetzt, dass einzelne isolierte Hilfen angesichts der komplexen Problemlagen vieler Adressaten scheitern. Demgegenüber können integrierte und der Komplexität der Problembündel angemessene Leistungskombinationen unter Umständen wesentlich wirkungsvoller und damit kostensparender ausfallen. Im Zuge der damit korrespondierenden Strategien der Kostenträger zur Förderung von integrierten Hilfen haben sich eine ganze Reihe von Trägern zu der Generierung von systemischen Lösungen beziehungsweise Angeboten entschlossen.

2.3.2 Servicepolitik: Fachliches Controlling und Garantierechte

Die positive Abgrenzung über Service ist ein weiteres elementares Stilmittel des Marketings von Leistungen. Eine solche Politik kann im Dienstleistungsbereich ebenso wie in anderen Sektoren wie Handel und Produktion vielfältige Formen annehmen und diverse Funktionen übernehmen. Üblicherweise werden die Erwägungen zu einer optimierten Servicepolitik von dem Ziel dominiert, den Kunden ein (noch) höheres Maß an Vertrauen zu vermitteln und die Bindung an die Leistungspotenziale (weiter) zu erhöhen.

In den oben stehenden Ausführungen sind bereits einige Hinweise auf Möglichkeiten der Modifizierung/Optimierung im Service sozialer Dienstleister enthalten gewesen. Zu verweisen ist in diesem Abschnitt ausdrücklich auf die Potenziale, die für soziale Organisationen in einem verbesserten fachlichen Controlling und diesbezüglicher Informationspolitik gegenüber Kunden jeglicher Form noch bestehen. Darüber hinaus werden noch die Möglichkeiten und Risiken von Garantierechten erörtert.

Im Zuge der marketingorientierten Verhaltenspolitik sozialer Organisationen ist der thematische Kontext von Servicepolitik in Verbindung mit einer Optimierung der Beziehung zu Kostenträgern als den leistungsverantwortlichen öffentlichen Institutionen dann hoch relevant, wenn diese Kunden größere Verunsicherung bei der Auswahl von Anbietern sowie in Bezug auf die faktische Leistungsstärke einer sozialen Organisation verspüren. Dies hat bei verschiedenen Kostenträgern in der Vergangenheit zu fachlich wenig zielführenden Reaktionen geführt: Aus Gründen der asymmetrischen Informationssituation haben einige öffentliche Träger die jeweils preisgünstigsten Angebote ausgewählt, in nicht wenigen Fällen wurde versucht, die Informationsdefizite über eigenständige, teilweise hoch selektive und wenig repräsentative Instrumente auszugleichen.

Aus Sicht des Sozio-Marketings ist für Leistungserbringer in solchen Situationen angezeigt, in der Zusammenarbeit mit dem Kostenträger pro-aktiv tätig zu werden. Mit Engagement im Vorfeld sowie transparentem Handeln im Zuge von Hilfeplänen könnten qualitativ leistungsstarke Organisationen einen Wettbewerbsvorsprung erzielen, welcher über bisherige »weiche Faktoren« der selektiven Erfahrungen einzelner Entscheidungsträger, dem allgemeinen Ruf der Sozialorganisation, dem Hörensagen etc. hinausgeht. Dies betrifft auch den Einsatz von Instrumenten der Wirkungsmessung.

Folgende nutzenorientierte Prinzipien sind für die Beförderung von Vertrauen zum Kostenträger bei einer fallspezifischen Vereinbarung essenziell (vgl. ausführlicher hierzu Christa 2006):

- Relevant für eine »attraktive« Vertragsgestaltung und eine faire Vergütung ist aus Sicht eines Kunden häufig weniger Umfang und Inhalt einer Leistung, sondern was damit erreicht werden soll. Von besonderer Bedeutung ist die Klärung des Erwartungshorizonts des Auftraggebers bzw. Leistungsträgers.
- Zum gegenwärtigen Zeitpunkt sind Vereinbarungen häufig in einem wesentlichen Punkt unvollständig: Dem präzise und messbar formulierten Ziel der sozialen Dienstleistung. Marketingbewusste Sozialorganisationen unterstützen den Auftraggeber hierbei.

- Aus Sicht des mikroökonomisch fundierten Sozio-Marketings sind die Faktoren der Erfolgsbestimmung auf das Wesentliche, d.h. auf die entscheidenden Parameter der intendierten Wirkung sozialpädagogischer, heilpädagogischer, pflegerischer, therapeutischer und sonstiger Prozesse zu konzentrieren.

Ähnliche Prinzipien gelten natürlich auch für Beziehungen zwischen sozialen Organisationen und »Privatkunden«, also in jenen Leistungsfeldern, in welchen Selbstzahlungen zu einer Leistungserbringung führen und/oder privatrechtliche Vertragsbeziehungen zwischen Anbieter und Kunde bestehen.

Ein im erwerbswirtschaftlichen Marketing nicht unwichtiger, im Bereich der personenbezogenen Sozialen Dienstleistung allerdings brisanter und daher bislang wenig genutzter instrumenteller Ansatz ist jener der Signalisierung von Güte über Garantierechte. Anbieter, die ihren Kunden (längere) Garantien anbieten, haben im Wettbewerb zweifellos einen Vorsprung gegenüber den Konkurrenten. Instrumentelle Defizite und Unklarheiten zur Wirkungsbestimmung müssen auf der anderen Seite jedoch als erhebliche Risikofaktoren für eine Sozialorganisation angesehen werden, wenn Chancen und Grenzen der Gewähr von Erfolgsgarantien oder einer leistungsabhängigen Vergütung abgewogen werden.

Gewährleistungsrechte sind also in vielen Feldern des Sozialen eine »Münze mit zwei Seiten«:

- Zweifellos signalisieren Garantieversprechen und das Angebot einer (vollen) Vergütung lediglich bei vollem Erfolg dem Kunden ein hohes Selbstvertrauen einer sozialen Organisation im Hinblick auf die Qualität ihrer Arbeit. Sicherlich schafft die Gewährleistung von Garantien nicht nur der vollständigen Leistungserbringung, sondern auch des vollen Erfolgs einen erheblichen Anreiz für die Inanspruchnahme eines Angebotes für die Kunden.
- Demgegenüber sind Gefahren eines nutzenmaximierenden Reklamationsverhaltens von öffentlichen Träger- und ggf. anderen Kundengruppen abzuwägen, solange Hilfeverläufe und Hilfeformen nicht mit präzisen und messbaren Zielstellungen unterlegt werden können und ebenso konsensfähige wie fundierte Instrumente der Wirkungskontrolle nicht implementiert sind.

Bestimmte Formen der Gewährleistung von Garantierechten sollten von sozialen Anbietern trotzdem mittelfristig zumindest erwogen werden, um Kundenfreundlichkeit und Wettbewerbsfähigkeit ihrer Leistungen aufrecht zu erhalten. Wenn die Wahl eines bestimmten Anbieters im Bereich der sozialen Hilfen mit Unsicherheit im Hinblick auf das Ergebnis der Leistung verbunden ist, sind Risikominderungen aller Art ein entscheidendes Instrument für solche Sozialorganisationen, die mit Kostenträgern in Kundenmonopolstellung konfrontiert sowie einem starken Konkurrenzdruck ausgesetzt sind.

2.2.4   Markenpolitik

Zwar hatten wir weiter oben festgestellt, dass Dienstleistungen an sich nicht
»markierbar« sind. Wenn wir uns im folgenden Abschnitt dem Thema »Marken« und »Markenpolitik« etwas ausführlicher zuwenden, dann deshalb, weil
trotz dieser Restriktionen über eine Markierung von Sozialorganisationen und
deren Leistungsfähigkeiten erhebliche Chancen zur positiven Abgrenzung im
Wettbewerb vorliegen. Da das Markenmanagement nicht nur für die Leistungspolitik erhebliche Bedeutung aufweist, sondern Implikationen vor allem auch
für die Kommunikation sozialer Organisationen hat, wird das Thema im entsprechenden Kapitel zur Kommunikationspolitik weiter unten noch einmal auf-
gegriffen bzw. fortgesetzt.

(a)   Markenpolitik im Sozio-Marketing

Das Marketing schätzt die Möglichkeiten der Markenbildung und Markenpolitik, weil über eine geschickt platzierte Marke unverwechselbare und langfristige
Wettbewerbsvorteile gegenüber Konkurrenten erzielt werden können.

Für die Begriffsbestimmung soll zunächst eine Definition von Kotler (1989, S.
421) herangezogen werden. Demnach ist eine Marke

- »…ein Name, eine Bezeichnung, ein Zeichen, ein Symbol oder ein Design,
  oder eine Kombination dieser Elemente,
- die zur Identifikation der Güter oder Dienstleistungen
- eines Anbieters oder einer Gruppe von Anbietern und zu ihrer Differenzierung von jenen ihrer Konkurrenten dient«.

Im folgenden Schaubild werden die Potenziale erfolgreicher Markenbildung
im Zusammenhang mit der Leistungspolitik und den weiteren Instrumenten des
Marketing-Mix dargestellt.

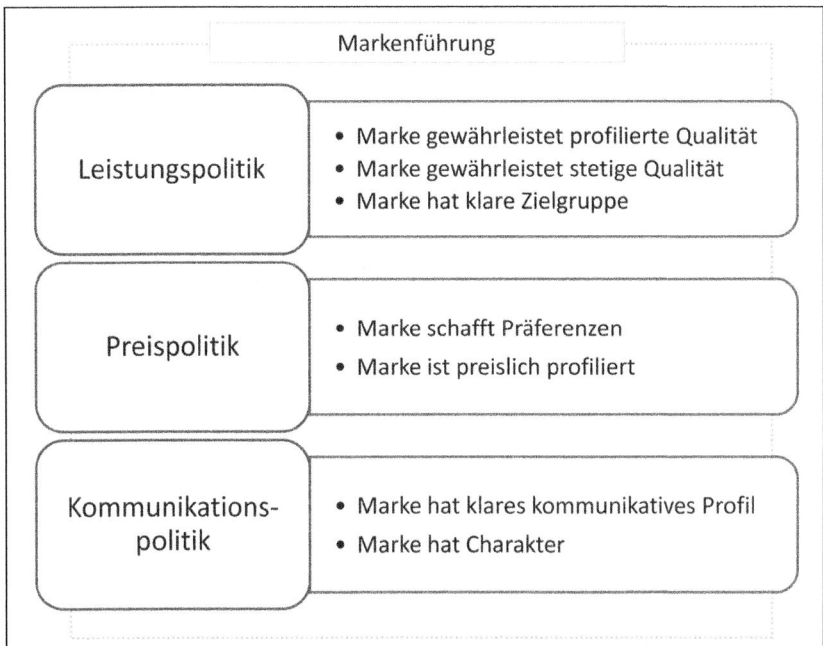

Abb. 51: Markenführung im Marketing-Mix

Die mikroökonomische Bedeutung von Marken für den Käufer ist eindeutig und intuitiv erkennbar: Über markierte Objekte sollen und können Informationsbeschaffungskosten der Konsumenten beim Einkauf verringert werden. Diese Funktion ist vermutlich einleuchtend, wenn man sich eine typische Situation in einem Supermarkt vorstellt: Dort trifft der Konsument auf eine Vielzahl unterschiedlicher Angebote innerhalb der gleichen Produktkategorie, der Konsument kann über einen gezielten Griff zu »seiner« Marke viel Zeit und Energie beim Einkauf sparen. Voraussetzung für diese Verringerung von Informationsbeschaffungskosten beim Einkauf ist natürlich, dass sich für die Konsumenten tatsächlich die angebotenen Marken so nachvollziehbar unterscheiden, dass sie entsprechende – möglichst auch langfristig wirksame – Präferenzen ausbilden können.

Die leistungspolitische Bedeutung einer Marke wird deutlich, wenn wir ergänzend zu der oben stehend herangezogenen Definition eine mit besonderem Blick auf Möglichkeiten und Grenzen der Markierung im Dienstleistungssegment entwickelte Definition von Bruhn (2004, S. 21) heranziehen.

Über die bereits genannten Elemente hinaus betont dieser, dass die Markierung durch ein systematisches Absatzkonzept

- »im Markt ein Qualitätsversprechen gibt,
- dass eine dauerhaft werthaltige, nutzenstiftende Wirkung erzielt
- und bei der relevanten Zielgruppe in der Erfüllung der Kundenerwartungen ein nachhaltiger Erfolg im Markt realisiert bzw. realisieren kann«.

Wie hier gut zu erkennen ist, verspricht die erfolgreiche Etablierung einer Marke auch für soziale Organisationen erhebliche Potenziale. Gleichzeitig lässt der Blick auf die Definition von Bruhn erahnen, dass mit den Versprechungen eine Reihe von Verpflichtungen mit möglicherweise erheblichem Aufwand für die jeweilige Organisation verbunden ist. Dies betrifft vor allem die Verpflichtung zur Gewährleistung von Qualitätsversprechen und den Aufwand diesbezüglich notwendiger Maßnahmen im Bereich der Qualitätsentwicklung und Qualitätssicherung.

(b) Bezugsrahmen von Markenpolitik in der Wohlfahrtspflege
In der Lehre von den markenstrategischen Optionen erwerbswirtschaftlicher Organisationen werden typischerweise Varianten wie folgt genannt (vgl. bspw. (Meffert/Bruhn 2009):

- Dachmarkenstrategie (fasst sämtliche Leistungen eines Unternehmens unter einer Marke zusammen)
- Markenfamilienstrategie (fasst ein begrenztes Spektrum von Leistungen eines Unternehmens zusammen)
- Einzelmarkenstrategie (markiert spezifische Produkte oder Dienstleistungen)
- Mehrmarkenstrategie (ein mit einer Dachmarke versehenes Unternehmen differenziert einzelne Produkt- oder Dienstleistungsformen mit eigenen Marken aus)
- Markentransferstrategie (erfolgreiche Marken werden um Produkt- oder Dienstleistungslinien erweitert, um den guten Ruf der Ursprungsmarke zu nutzen)
- Tandemmarkenstrategie (im Rahmen von strategischen Allianzen werden von zwei oder mehr Markenträgern gemeinsame Produkte oder Dienstleistungen entwickelt und unter einer Kombinationsmarke angeboten)
- Premium-Marken (im Rahmen von besonders hochwertigen Angeboten werden eigene Marken konzipiert oder ausgelagert).

Aufgrund der spezifischen Einbettung Sozialer Dienstleistungen in verschiedene Formen von Organisationen, Trägerschaften und institutionellen Konglomeraten ist eine Übertragung dieser Varianten auf die Wohlfahrtspflege lediglich mit Berücksichtigung der verschiedenen Ebenen bzw. institutionellen Rahmen sozialer Organisationen durchzuführen.

Dabei ist bei Organisationen beziehungsweise Trägern (auch im Abgleich mit Strategien verbandlicher und sonstiger Kooperationspartner) genau zu prüfen, welche Form von Markierung vorgenommen werden soll und/oder überhaupt realisiert werden kann. Die folgende Tabelle zeigt den institutionellen Bezugsrahmen sozialer Organisationen sowie die zu berücksichtigende Spezifika ausdifferenziert nach Organisationsformen und räumlicher Ebene auf:

Tab. 15: Markenpolitische Optionen im Sozialsektor

Bezugsrahmen	Spezifika
Übergreifender Trägerverbund	· Markenbildung auf Bundesebene · Meist in Verantwortung eines Bundesverbandes · Marke als Vertrauensanker für eine Vielzahl an Trägern · Angestrebte Reichweite geht über Landesgrenzen hinaus · Es kann eine Dachmarke konzipiert werden
Unternehmens-verbund/ Trägerverbund	· Markenbildung auf Landesebene · Meist in Verantwortung eines Landesverbandes · Marke als Vertrauensanker für eine Vielzahl an Trägern · Angestrebte Reichweite auf Bundesland begrenzt, Markenwirkung jedoch überregional ausgelegt · Es kann eine Dachmarke konzipiert werden
Unternehmen/ Träger	· Markenbildung auf der Ebene des einzelnen Trägers · Verankerung des jeweiligen Trägers als »Sozialunternehmung«, in der Regel verantwortlich für verschiedene Sozialleistungsbereiche/Leistungsformen · Häufig lokaler/regionaler Einzugsbereich bei der Leistungserbringung, folglich auch Bezug der Markenbildung meist lokal/regional begrenzt · Marke als Vertrauensanker meist für eine Mehrzahl an Eirichtungen und Leistungen · Es kann eine Markenfamilie konzipiert werden und eine Mehrmarkenstrategie verfolgt werden · Möglich sind auch Einzelmarkenstrategien, Markentransferstrategie, Tandemmarkenstrategien sowie Premium-Marken
Einzelner Betrieb/ einzelne Organisation	· Markenbildung auf der betrieblichen Ebene · Die Markenbildung bezieht sich auf eine soziale Einrichtung/ einen sozialen Dienst · Marke als Vertrauensanker meist für verschiedene Leistungen/Leistungsformen · Angestrebte Reichweite/Bezug der Markenbildung in der Regel lokal oder regional begrenzt · Es kann Dachmarke und Einzelmarke konzipiert werden · Markentransferstrategie, Tandemmarkenstrategien sowie Premium-Marken sind möglich

Bezugsrahmen	Spezifika
Produkt-segment/ Leistungs-segment	• Markenbildung auf der Ebene eines einzelnen Trägers oder eines einzelnen Betriebs (Einrichtung/Dienst) • Die Markenbildung bezieht sich auf ein bestimmtes Segment der Leistung bzw. des Produkts • Marke als Vertrauensanker meist für eine Leistungsform • Angestrebte Reichweite/Bezug der Markenbildung meist lokal oder regional begrenzt, kann jedoch auch überregionale Bezüge aufweisen • Einzelmarkenstrategie, Markentransferstrategie, Tandemmarkenstrategie sowie Premium-Marke(n) prinzipiell möglich
Einzelnes Produkt/ einzelne Leistung	• Markenbildung auf der Ebene eines einzelnen Trägers oder eines einzelnen Betriebs (Einrichtung/Dienst) • Die Markenbildung bezieht sich auf eine bestimmte Leistung oder bestimmtes Produkt • Marke als Vertrauensanker für eine Vielzahl an Trägern • Angestrebte Reichweite/Bezug der Markenbildung meist lokal oder regional begrenzt, kann jedoch auch überregionale Bezüge aufweisen • Typischerweise Einzelmarkenstrategie, auch Premium-Marke(n) möglich • Markentransferstrategie und Tandemmarkenstrategie zumindest prinzipiell ebenfalls möglich

(c) Markenpolitik als leistungspolitischer Wettbewerbsfaktor im Wohlfahrtsmix

Wenn wir uns den positiven Aspekten von gelungener Markenbildung zuwenden, sehen wir, dass soziale Organisationen im Wettbewerb von einer guten Positionierung ihrer Marke erheblich profitieren könnte (vgl. bspw. Geiser 2005). So ist davon auszugehen, dass eine erfolgreiche Marke in der Wohlfahrtspflege nicht nur Prestige schafft, sondern Präferenzen befördert, (emotionale und inhaltliche) Bindungen unterstützt und höhere Preise realisieren kann. Sie kann darüber hinaus die langfristige Positionierung unterstützen sowie die Identifikation mit einem Produkt, einer Organisation etc. auf Seiten der Kunden untermauern.

Erfolgreiche Markenführung steht unter dem Zeichen einer zwischen der Organisationen und dem Markt geschickt angesiedelten Position, das Prinzip soll im folgenden Schaubild visualisiert werden (vgl. Linxweiler 2004):

Abb. 52: Kontext der markenpolitischen Positionierung

Dass Markenbildung und Markenpflege selbst in solchen Trägerschaften mit langer Tradition und breiter Präsenz auf Sozialmärkten durchaus mit der Zielstellung einer Steigerung der Bekanntheit des Markennamens beginnen können, zeigt das Ergebnis einer Imageanalyse für die Diakonie aus dem Jahre 2001, wonach nur 8% der Deutschen diesen Wohlfahrtsverband kennen. (Eine entsprechende Reaktion erfolgte relativ zeitnah durch eine Imagekampagne der Diakonie namens »Wertelinie«, vgl. Boeßenecker 2005).

Aufwand und der Nutzen von Investitionen in eine Marke müssen in einem ökonomisch sinnvollen Verhältnis stehen. Den attraktiven Zielen der Markenpolitik sind die entsprechenden Kosten und Verpflichtungen gegenüber zu stellen. Wie in diesem Schaubild unschwer zu erkennen, verpflichtet die Markenbildung zu erheblichen Investitionen in die Leistungskonstanz eines Anbieters. Dies führt auch zum Problem der Sicherung von verlässlicher Qualität in der sozialen Arbeit.

(d) Das Problem der Gewährleistung von verlässlicher Qualität
In Theorie und Praxis der Markenbildung wird der Gewähr von konstanter Qualität eine entscheidende Bedeutung zugemessen. Hintergrund ist, dass mit einer Marke für den Zielkunden stets eine bestimmte Qualität oder ein bestimmtes Qualitätsniveau des Angebots verbunden sein muss. Es handelt sich bei einer solchen Marken-Qualitäts-Bindung nicht notwendigerweise um eine Premium-

175

Qualität: Lediglich das von der Marke signalisierte Niveau der einmal eingeführten Güteklasse ist zu halten, den diesbezüglich verankerten Kundenerwartungen ist zu entsprechen. Die Anbindung einer Marke an eine bestimmte Position im qualitativen Wettbewerb für jegliche Form von markenorientierter Leistungs-/ Wettbewerbspolitik ist also ebenso unumgänglich wie die möglichst weitgehend gesicherte Garantie der jeweiligen Güte.

Lediglich auf diesem Wege sind eine durchgehende Identifikation von Marke und Angebot sowie eine klare Abgrenzung im Anbietergefüge möglich. Nur durch die Koppelung von Marke und einer dauerhaft erwartbaren Qualität wird eine erkennbare Markierung für den Kunden ermöglicht und damit sein Aufwand bei der Auswahl eines Angebots minimiert. Verlässlichkeit ist damit oberstes Gebot bei der Markenpflege. Enttäuschungen werden vom Kunden in der Regel mit einem Akzeptanzverlust bestraft. Die Beseitigung entsprechender Schäden am Ruf einer Marke aufgrund von Brüchen zwischen Anspruch und Wirklichkeit ist meist ebenso zeitaufwändig wie kostspielig.

Markenmanager großer Organisationen haben damit ein zentrales Problem, nämlich die unbedingte Aufrechterhaltung eines mit einer bestimmten Marke verbundenen qualitativen Niveaus. In produktionstechnologischer Hinsicht sind alle möglichen Vorkehrungen zu treffen, dass die dringend benötigte Konstanz aufrechterhalten wird. Zu den typischen Maßnahmen zählen strenge Kontrollen bei der Fertigung ebenso wie Qualitätsschulungen von Mitarbeitenden und die genaue Überwachung von Zulieferungen (Inputfaktor in der Produktion).

Strenges Augenmerk müsste auch im Sozialwesen auf eine entsprechende qualitative Standardisierung von Leistungen gelegt werden, wenn eine Markenbildung über die reinen kommunikationspolitischen Maßnahmen hinaus nachhaltigen Positionierungserfolg erzielen soll. Bekanntermaßen ist dies in der originären sozialen Arbeit sowie im Rehabilitations- und Pflegesektor bereits auf der einzelbetrieblichen Ebene nicht ohne größeren Aufwand möglich:

- Erwartbar konstante Qualität benötigt eine komplementäre »Potenzialqualität«, das heißt, dass mit konstant angemessenen Strukturqualitäten die Bedingung der Möglichkeit von verlässlichen Prozessen und verlässlich guten Ergebnissen vorliegen muss. Ein bestimmtes Niveau in der Strukturqualität müsste also zu einer gesicherten Prozess- und Ergebnisqualität führen.
- Als Basis adäquater Ergebnisse muss der Standardisierung und der entsprechenden Einhaltung von Prozessqualitäten ebenfalls große Beachtung zukommen. Mindestens die Geschäftsprozesse als jene Vorgänge, die für die Ergebnisqualität von entscheidender Bedeutung sind, müssten so weit gesichert sein, dass sie nahezu hundeprozentig verlässlich sind und zum angestrebten Outcome führen.

- Im Hinblick auf die Ergebnisqualität als eigentlichen Engpassfaktor bei der Entwicklung und Pflege von Marken sind alle notwendigen Maßnahmen der Ergebnissicherung und der Wirkungskontrolle zu ergreifen, um in diesem höchst sensiblen Bereich der Markenpolitik Sicherheiten zu erhalten. Einer markierte Leistung in der Sozialpädagogik und anderen sozialen Branchen muss eigentlich von Kunden gleich welcher Art über die Zeit hinweg als gleich gut wahrgenommen worden sein, um den Ansprüche an die elementaren Bedingungen von erfolgreicher Markenpolitik zu entsprechen.

Weitere Dimensionen der Markenführung sind ebenfalls im Zusammenhang mit dem Qualitätsmanagement zu sehen. Zu den wesentlichen Maßnahmen der »internen Markenpflege« zählen:

- Durchgehende Konsistenz von Markenführung sowie der Preis-/Distributions- und Kommunikationspolitik
- Sicherung der Qualität aller Elemente, mit welchen ein Kunde faktisch in Berührung gerät (Schnittmengenoptimierung, siehe oben)
- Abstimmung von Markenführung mit Personalführung, ökologischem, arbeitspolitischem und sozialpolitischem Verhalten sowie dem Verhalten gegenüber Kunden und anderen Stakeholdern.

Da der Aufbau und die erfolgreiche Aufrechterhaltung einer Marke wesentliche kommunikative Implikationen aufweist, werden die konstitutiven Elemente einer Etablierung und Pflege von Marken im Abschnitt zur Kommunikationspolitik weiter hinten abgehandelt.

F.2 Distributionspolitik

Distributionspolitik umreißt jene Felder und Aufgaben, welche sich mit der Frage befassen, wie die Leistungen eines Unternehmens an den Zielkunden zu bringen sind. Mit dem Feld der distributionspolitischen Fragestellungen betreten wir einen der ältesten instrumentellen Bereiche des Marketing-Mix. Bereits vor der Wende zum 20. Jahrhundert waren Unternehmen mit Problemen der Logistik der von ihnen hergestellten Produkte konfrontiert und mussten wichtige Entscheidungen im Hinblick auf die Frage treffen, welche Handelsbeziehungen auf dem Weg von der Produktion bis zum Verkauf ihrer Waren und Güter zu konzipieren sind. Marketing wurde in der Lehre bis weit in die 50er Jahre des vergangenen Jahrhunderts noch überwiegend als Distributionsfunktion verstanden.

Obgleich mit dem Aufkommen der Dienstleistungen sich für viele Wirtschaftssektoren distributionspolitische Fragestellungen gewandelt haben, finden wir in einigen Lehrbüchern nach wie vor für dieses Segment den Begriff »Vertriebspolitik« vor. (Vgl. bspw. Kuß/Kleinalterkamp 2009). Die besonderen Eigenschaften von Dienstleistungen machen es jedoch nötig, entsprechende klassische Konzepte zu modifizieren, um dem entsprechenden Bedarf dieser Wirtschaftszweige entsprechen zu können. Dies gilt in noch verstärktem Maße für die Dienstleistungsbranche Wohlfahrtspflege.

In diesem Abschnitt sollen mit einem vertieften Bezug auf die von den personenbezogenen sozialen Dienstleistungen vorgegebenen Rahmenbedingungen des »Vertriebs« folgende Schwerpunkte erörtert werden:

(1) Bedeutung und Spezifika der Distributionspolitik sozialer Organisationen
(2) Distributionspolitische Zielstellungen
(3) Distributionspolitische Instrumente
(4) Potenziale des elektronischen Vertriebs sozialer Dienstleistungen und Produkte
(5) Sonstige distributionspolitische Aspekte im Marketing sozialer Organisationen.

1 Bedeutung und Spezifika der Distributionspolitik sozialer Organisationen

Auch für soziale Organisationen ist die Frage, »wie kommt meine Dienstleistung/mein Produkt zum Kunden« nicht unerheblich, sind doch zwischen den »herstellenden« sozialen Institutionen und den Zielkunden in der Regel vor dem Kauf bzw. vor der Inanspruchnahme eine Reihe von Hindernissen zu bewältigen.

Selbstverständlich ist auch in diesem Abschnitt des Marketing-Mix zu berücksichtigen, dass die Mehrzahl der sozialen Dienstleistungen von öffentlichen Geldern finanziert werden und über sozialrechtliche Vorgaben vielerlei Begrenzungen bei der Ausgestaltung im Vertrieb und in der Akquise erfahren. Doch wird zu zeigen sein, dass trotz verschiedener limitierender Momente eine Reihe von distributionspolitischen Entscheidungen zu treffen sind sowie verschiedene Maßnahmen zur Auswahl stehen.

Um eine Grobgliederung des Aktionsfeldes vornehmen zu können, ist auf die
- akquisitorischen sowie die
- physischen

Komponenten distributionspolitischer Entscheidungen und Maßnahmen zu verwiesen. (Vgl. beispielsweise Fritz/von der Oelsnitz 2006).

Damit wird der Umstand berücksichtigt, dass die oben genannte Grundfrage nach den Möglichkeiten und Wegen der Überbrückung von Wegen und Hindernissen einer Inanspruchnahme sowohl körperliche Tatbestände eines Transfers von Gütern beinhaltet als auch verkaufspolitische Implikationen im Sinne von Anbahnung von Kundenkontakt, Verkaufsabschlüssen etc. hat.

Eine solche Basisdifferenzierung ist auch im Marketing sozialer Organisationen sinnvoll, wenngleich besondere Schwerpunktsetzungen erforderlich sind, um der Praxis der sozialen Arbeit im engeren und weiteren Sinne gerecht zu werden:
- Wie bereits im Rahmen der Leistungs-/Produktpolitik thematisiert, sind einige soziale Organisationen auch mit der Produktion und dem Vertrieb von Produkten befasst, so dass die physische Distribution in Form der Ausgestaltung von Logistik, Auftragsabwicklung und des Transportwesens nicht gänzlich außer Acht gelassen werden kann.
- Überwiegend sind jedoch soziale Organisationen als Dienstleister, bei welchen Ort der »Erstellung« und Ort des »Konsums« zusammenfallen, mit Problemen der Akquisition befasst, so dass ein Hauptaugenmerk auf distributionspolitische Aspekte der Kundengewinnung gelegt werden soll.

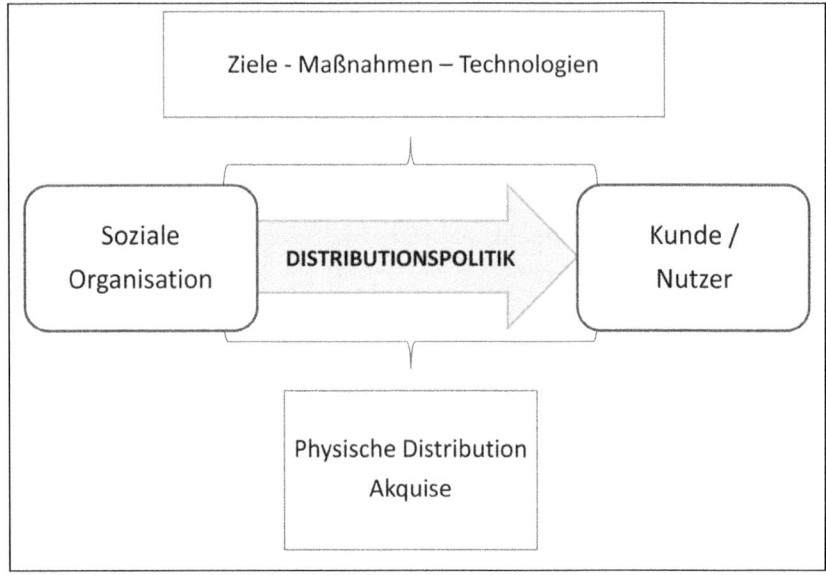

Abb. 53: Logik der Distributionspolitik

Das akquisitorische Potenzial der direkt mit den Kunden in Kontakt tretenden personellen Einsatzfaktoren eines sozialen Dienstleisters ist meist geringer als in erwerbswirtschaftlichen Sphären des Handels und der Produktion. Sozialpädagogik, Pflege, Beratung und Betreuung werden nicht ver- und gekauft wie Waren und Dienstleistungen des normalen täglichen Konsums. Trotzdem ist zu betonen, dass in nicht wenigen Feldern des Sozialwesens Kundengewinnung aktiv und kreativ betrieben werden muss. Infolge der Veränderungen sozialpolitischer Steuerung der vergangenen 20 Jahre gibt es kaum mehr eine soziale Organisation, die sich nicht über die Zahl der Inanspruchnahmen gegenüber Kostenträgern, Politik und allgemeine Öffentlichkeit ausweisen muss. Einzelleistungsfinanzierte Anbieter sind darauf angewiesen, dass ihre Kapazitäten ausgelastet sind und ihre Kosten durch Inanspruchnahmen gedeckt werden. Offene Angebote werden mehr denn je auch daraufhin bewertet, welchen Zulauf durch Adressaten sie haben. Soziale Organisationen im Wettbewerb haben darüber hinaus den Anspruch zu verfolgen, gegenüber konkurrierenden Anbietern bei der Akquise von Kunden/Nutzern konkurrenzfähig zu bleiben. Produzierende oder soziale Organisationen mit Handelsabsicht sind ohnehin mit distributiven Problematiken sowohl physischer als auch akquisitorischer Natur konfrontiert.

Die Frage, wie die Leistung/das Produkt den Kunden erreichen soll, erhält für soziale Organisationen über die Wahl von Absatzkanälen usw. hinaus schließlich eine ganz besondere fachliche Bedeutung vor dem Hintergrund, dass in nicht seltenen Fällen zu den Nutzern solcher Personengruppen zählen, die spezifischen körperlichen oder geistigen Beeinträchtigungen bzw. diversen Formen von sozialer Benachteiligung unterliegen. Folglich müssen distributionspolitische Faktoren wie Erreichbarkeit von Angeboten, besondere Rücksichtnahmen bei der Standortwahl, neue Distributionswege für immobile Adressaten und Anderes mehr eine maßgebliche Beachtung bereits aufgrund der Konstitution sozialer Organisationen als Dienstleister für Menschen mit Statusdefiziten erfahren. Auch erwerbswirtschaftliche Anbieter von Produkten und Dienstleistungen haben Menschen mit Behinderung und/oder sozial benachteiligte Personengruppen unter ihren Zielkunden und achten deshalb auf eine gewisse (ökonomisch vertretbare) Barrierefreiheit der Inanspruchnahme ihrer Angebote. Die Besonderheit nicht weniger sozialer Organisation muss allerdings darin gesehen werden, dass angebotsspezifisch ausschließlich eine bestimmte Form von Benachteiligung/Behinderung ihren Adressatenkreis typisiert. Dies verpflichtet solchermaßen betroffene Sozialorganisationen zu einem noch verantwortungsvolleren Umgang mit solchen Problematiken.

2   Distributionspolitische Zielstellungen

Distributionspolitische Zielstellungen beziehen sich auf die Herbeiführung und Unterstützung von Austauschprozessen zwischen der Organisation und ihren Abnehmern. Wie bereits in obenstehenden Ausführungen zu erkennen gewesen ist, ist es gerade bei sozialen Dienstleistungen nicht selbstverständlich, dass ein entsprechendes Angebot ohne intensive Bemühungen der sozialen Organisation seinen Weg zum Zielkunden findet.

Der Inanspruchnahme stehen Hinderungen verschiedenster Art im Wege:

- Dies kann darin liegen, dass Wettbewerber in stärkerem Maße bei einem (potenziellen) Zielkunden präsent sind.
- Gründe für eine Nichtinanspruchnahme können aber auch darin liegen, dass potenzielle Kunden über ein Angebot nicht oder nicht hinreichend informiert
- oder aus physischen beziehungsweise technischen Gründen zu einer Nutzung nicht in der Lage sind.

Distributionspolitische Zielsetzungen können also aus einer Reihe von verschiedenen Gesichtspunkten heraus formuliert werden, wobei selbstverständlich auch ökonomische Erwägungen der Sozialorganisation einbezogen werden sollten.

Wir können die Zielstellungen für Institutionen der Wohlfahrtspflege in folgende fünf Dimensionen einteilen:

- Absatzmenge, Umsätze, Marktanteile, Beiträge zur Deckung bestimmter Kosten sind aus betriebswirtschaftlichen Gründen typische Motive für distributionspolitische Anstrengungen, deren Ergebnisse sich letztendlich in der Kosten- und Leistungsrechnung der sozialen Organisation niederschlagen.

- Akquisitorische Ziele betreffen insbesondere Maßnahmen der Gewinnung von Mittlergruppen und Mittlerpersonen, die Beeinflussung von Meinungsführern, Standortfragen beim Verkauf beziehungsweise Vertrieb von Produkten. Zu diesem Zielbereich zählen aber auch Motive wie Erhöhung der Kundenzufriedenheit.

- Psychologisch orientierte Vertriebsziele betreffen den Ruf wie die Motivation von Absatzmittlern, selbstverständlich aber auch das Image der jeweiligen sozialen Organisation bei dieser Gruppe, die zwischen der Produktion einer sozialen Dienstleistung und ihrem Absatz steht.

- Technische Ziele der Vertriebspolitik betreffen Information und Beratung in Situationen des direkten Verkaufs, aber auch die Aussagefähigkeit von vermittelnden Institutionen, die zwischen der sozialen Dienstleistung und dem potenziellen Nutzern aktiv sein können. Ebenfalls technische Ziele betreffen Angelegenheiten der Logistik (Lagerhaltung, Liefertechniken und -wege) bei allen Formen von hergestellten und herzustellenden (sozialen) Produkten.

3   Distributionspolitische Instrumente

Aufgrund der Immaterialität einer sozialen Dienstleistung sowie dem häufig notwendigen synchronen Kontakt von Leistungsanbieter und -nachfrager als sine qua non des Zustandekommens der Dienstleistung ist sie selbst kaum handelbar und wird in der Praxis auch als Dienstleistungsversprechen nicht gehandelt. Ausnahmen wie Charity Events, bei welchem Eintrittskarten als Anrechte physisch unabhängig von der eigentlichen Leistung verkauft bzw. gehandelt werden können, sind selten und müssen – obgleich für das Fundraising nicht unwichtig – nicht zum Kern sozialer Dienstleistungen gerechnet werden. Das Verschenken von Gutscheinen für eine ambulante Pflegestunde oder eine Schuldnerberatung zum Geburtstag oder zu Weihnachten dürfte eher selten vorkommen. Wir können somit für die meisten sozialen Organisationen die Frage von Handelsbeziehungen, kommerziellen Zwischenhändlern, Vertriebskosten etc. weitestgehend ausklammern, wenn sie nicht als Hersteller oder Händler von Gütern auftreten.

Dem gegenüber spielen in der Praxis der Sozialpädagogik, der Pflege und anderer sozialer Dienstleistungsbranchen andere Formen der »Anbahnung« einer Anbieter-Nachfrage-Beziehung eine weitaus größere Rolle. Zu nennen sind in diesem Zusammenhang insbesondere Absatzmittler, Meinungsführer, Standortfragen und spezifische Faktoren der Nutzungsfähigkeit sozialer Angebote.

Die folgende Grafik fasst die zu besprechenden distributionspolitischen Kerninstrumente für soziale Dienstleister zusammen.

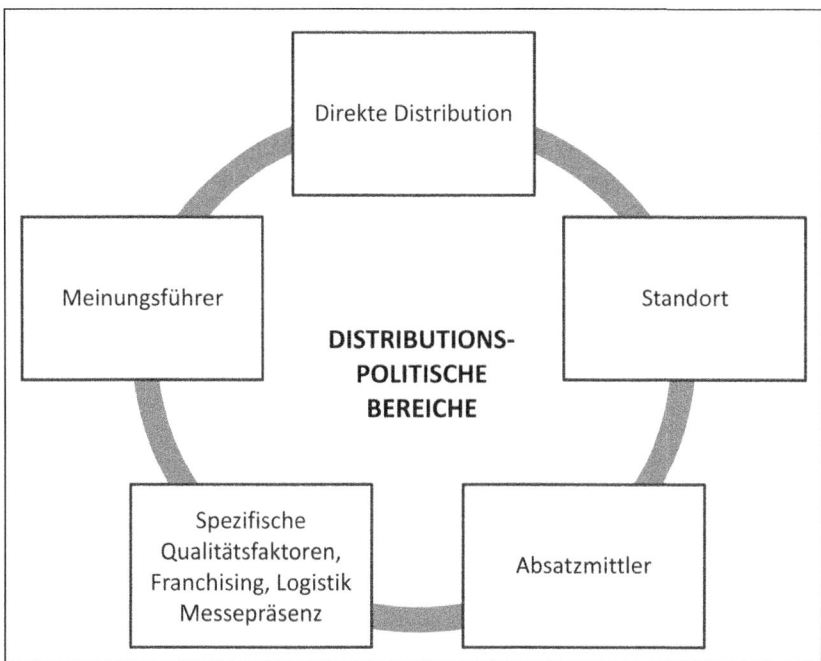

Abb. 54: Distributionspolitische Bereiche

3.1   Direkte und indirekte Distribution

In der führenden Marketingliteratur erfolgt häufig eine Differenzierung in direkte und indirekte Maßnahmen der Distribution. (Vgl. bspw. Bursch/Fuchs/Unger 2008; Meffert/Bruhn 2009) Es wird dabei unterschieden, ob eine Organisation die verkaufsfördernde Überbrückung zwischen ihren Dienstleistungen und Produkten auf der einen sowie den Kunden auf der anderen Seite über selbstständige bzw. unmittelbare oder aber über indirekte Aktivitäten befördert.

Prinzipiell ist es auch für soziale Organisationen notwendig, eine entsprechende Entscheidung zu treffen, wobei auch Mischformen möglich und in der Praxis realisiert werden können:

- Wie besprochen sind aus verschiedenen Gründen die Potenziale des direkten bzw. unmittelbaren Verkaufs für soziale Dienstleister als begrenzt anzusehen. Nur in wenigen Situationen treten Mitglieder der sozialen Organisation als Verkaufsagenten unmittelbar in Erscheinung. Die direkte Distribution ist also in der sozialen Arbeit und den angrenzenden Feldern des Sozialwesens seltener anzutreffen. Lediglich in solchen Fällen, in welchen beispielsweise

Interessenten eine Einrichtung (bspw. der Pflege) vor der Inanspruchnahme besichtigen und in solchen Situationen, in welchen der Abschluss eines Versorgungsvertrages bspw. mit einer Einrichtungsleitung getätigt wird, sind Organisationsmitglieder ein zentraler Faktor im Bereich des persönlichen Verkaufs. In einem weiteren Sinne gilt dies auch für Situationen wie Betriebsprüfungen durch den Medizinischen Dienst der Krankenkassen sowie für die betriebliche Zulassung beispielsweise durch Landesjugendämter. In diesem Kontext muss von den Repräsentanten des Hauses natürlich innerhalb eines korrekten Auftretens umfangreiche, korrekte, aber auch positive Information über Leistungsbedingungen und Nebenbedingungen, Preis- und Qualitätsfragen, implizite Problemstellungen des Aufenthalts in einer Einrichtung u.A.m. gegeben werden. Weitere direkte akquisitorische Ansätze ergeben sich für Organisationsmitglieder bei der Spendenwerbung sowie bei der Gewinnung von Ehrenamtlichen und Sponsoren.

- In absatzwirtschaftlicher Hinsicht weitaus relevanter sind für bestimmte soziale Leistungsfelder Maßnahmen der indirekten Distribution, in welchen Mittlergruppen die Verbindung vom potenziellen Kunden zu einer sozialen Organisation herstellen können. Es handelt sich dabei in den meisten Fällen um komplementäre Organisationen oder Personengruppen, die also in einem der Leistung der sozialen Organisation vorgelagerten Hilfeform wirksam sind. Die Ansätze zur Entwicklung einer Absatzmittlerpolitik sowie zur Pflege von Meinungsführern sollen im folgenden Abschnitt daher etwas ausführlicher thematisiert werden.

3.2 Absatzmittler

Im klassischen Marketingverständnis sind Absatzmittler mehr oder weniger selbstständige Institutionen, welche (in der Regel unter einem monetären Anreiz) den Absatz eines Produktes oder einer Dienstleistung befördern. In der Praxis sind Absatzmittler beispielsweise als Versicherungsvertreter oder als Makler bekannt.

Im Bereich der sozialen Arbeit können Absatzmittler in etwas abgewandelter Form verstanden werden als Personen oder Institutionen, die aufgrund einer spezifischen Kompetenz oder Tätigkeit absatzfördernde Funktionen für eine soziale Organisation übernehmen können, ohne direkt beziehungsweise indirekt für diese tätig zu sein beziehungsweise mit der betreffenden Sozialorganisation in einer Geschäftsbeziehung zu stehen. Unmittelbare Vertriebskosten oder Handelsspannen wie in den obengenannten Beispielen der Versicherungsvertreter oder Makler entstehen dabei selbstverständlich nicht.

Eine besondere Bedeutung gewinnen Absatzmittler über ein spezifisches Image beziehungsweise einen besonderen Ruf, der sich meist in einer fachlichen Kompetenz der jeweiligen Institutionen oder Person manifestiert. Nicht selten handelt es sich um Mitarbeiter beratender Institutionen.

Folgende Beispiele sollen die Position und die Funktion von institutionellen Absatzmittlern in der sozialen Arbeit verdeutlichen, wobei eine Beschränkung auf die Mittlerfunktion für soziale Dienstleistungen erfolgt:

Tab. 16: Beispiele für institutionelle Absatzmitter in der Sozialwirtschaft

Bereich	Absatzmittler
Seniorenpflege	Mediziner im ambulanten niedergelassenen und stationären Kontexten (Krankenhäuser) Seniorenberater bzw. -beraterinnen auf verbandlicher (oder u. U. kommunaler) Ebene Mitarbeiter von Altentagesstätten Mitarbeiter im pastoralen Bereich
Schuldnerberatung	Betriebssozialarbeit, Anlauf- und Beratungsstellen
Hilfen für junge Familien	Ärzte, Hebammen etc.
Suchtkrankenhilfe	Anlauf- und Beratungsstellen, Ärzte
Krankenhaus	Niedergelassene Ärzte, Einweiser
Erzieherische Hilfen nach §§ 27 ff. SGB VIII	Allgemeiner Sozialer Dienst (ASD)

Ein besonderes Problem im Kontext der von Personen des näheren und weiteren Umfeldes einer Einrichtung perzipierten Leistungsversprechen liegt in der Frage verborgen, welche Aspekte der Leistung sich für die Kommunikation besonders eignen. Dabei sei im Vorgriff auf kommunikationspolitische Maßnahmen darauf verwiesen, dass es sich um problemlösende Komponenten der Qualität eines sozialen Dienstleistungsangebots handeln muss, der Nutzenaspekt also im Zentrum stehen sollte.

Es wird für die einzelne Einrichtung insbesondere auch darauf ankommen, die jeweils wesentlichen qualitativen Komponenten der eigenen Leistung an die einzelnen Mittlergruppen glaubhaft und nachhaltig weiterzugeben. Absatzmittler wollen und müssen von der Qualität einer Leistung überzeugt sein, um glaubhaft als Multiplikatoren agieren zu können. Sie sind bevorzugt in die kommunikationspolitischen Maßnahmen der Sozialorganisation einzubeziehen.

Folgende Maßnahmen sind der Motivation von Absatzmittlern förderlich:

- Regelmäßige (auch persönliche) Kontakte der Verantwortlichen einer sozialen Organisation zu den Absatzmittlern
- Regelmäßige Information über die Leistung und die Leistungskomponenten des Angebots, insbesondere bei Veränderungen und Verbesserungen des Leistungspotentials
- Regelmäßige Versorgung mit aktuellen Informations- und Werbematerialien (Broschüren, Flyer etc.)
- Information über »Good News« zu der jeweiligen Leistung (bspw. gute Ergebnisse von Kundenbefragungen, bedeutende Medienberichte, fachlich-wissenschaftliche Evaluationsergebnisse, die die Wirksamkeit/das Leistungspotenzial der jeweiligen sozialen Dienstleistung bestätigen etc.)
- Pflege von Beziehungen zu den Absatzmittlern (beispielsweise Einladungen zum Tag der offenen Tür, zu besonderen Events etc.)
- Bevorzugte Behandlung im Rahmen sonstiger kommunikationspolitischer Maßnahmen (bspw. Weihnachtspost, Geburtstagsgrüße, sonstige Informationen über die soziale Organisation).

Um Missverständnissen vorzubeugen, soll darauf hingewiesen werden, dass nicht wenige Absatzmittler einer hohen beruflichen Belastung unterliegen. Deswegen ist nicht unbedingt eine quantitative Maximierung der Kontakte und Informationen anzustreben, sondern ein Mix, welcher eine Balance zwischen »zu wenig« (Gefahr: in Vergessenheit geraten) und »zu viel« (Gefahr: Belästigung) aufweist.

3.3   Meinungsführer

In nicht wenigen Segmenten der personenbezogenen sozialen Dienstleistungen sind die Kunden selbst als Absatzmittler in das distributionspolitische Kalkül der Organisation einzubeziehen. So ist beispielsweise im Bereich der Kindertagesstätten zu berücksichtigen, dass zufriedene Eltern ein durchaus beachtliches indirektes akquisitorisches Potenzial entfalten können, wenn sie ihre positiven Eindrücke im Bekanntenkreis, Familienkreis und in anderen Kontexten weitergeben. Dabei ist zu beachten, dass solche Erfahrungsberichte von potenziellen Kunden deswegen sehr Ernst genommen werden, weil sie ein hohes Maß an »Authentizität« aufgrund direkter Betroffenheit aufweisen.

Die Gruppe der so genannten »Meinungsführer« ist in einem besonders hohen Maße in die distributionspolitischen Bemühungen der sozialen Organisation einzubeziehen, da sie sehr glaubhafte und wirkungsvolle Absatzmittler sein können. Bei Meinungsführern handelt es sich um solche Personen beziehungsweise Personengruppen, welche in der Lage sind, gegenüber anderen Personen ihre

Wahrnehmungen, Ansichten, Meinungen etc. besonders nachdrücklich kommunizieren zu können. Sie können daran erkannt werden, dass sich andere Personen häufiger nach ihrer Sicht der Dinge richten. Solche Personen finden sich nicht selten an der Spitze von Elternvertretungen und ähnlichen Foren. Meinungsführer können aber bspw. auch in der Jugendszene bedeutsame Funktionen für die Inanspruchnahme offener Angebote inne haben. Nicht wenige Jugendliche richten sich bei der Wahl ihrer Freizeitstätte nach den Einstellungen meinungsbildender Mitglieder ihrer Peer Group.

In Bezug auf die aktive Pflege von Meinungsführern können ähnliche Aussagen getroffen werden wie im Hinblick auf die oben genannten institutionellen Absatzmittler sozialer Organisationen. Auch hier sind regelmäßige persönliche Kontakte zu den entsprechenden Personen und Gruppen zu pflegen, eine entsprechende Informationspolitik ist dabei ebenso notwendig wie die regelmäßige und sensible Überprüfung der aktuellen Einstellung der Meinungsführer gegenüber der in Rede stehenden sozialen Dienstleistung.

3.4   Erleichterung des Zugangs/der Inanspruchnahme

Gerade soziale Organisationen sind darauf angewiesen, dass ihre Angebote von allen potenziellen Mitgliedern der Zielgruppe unabhängig von physischen oder technischen Möglichkeiten uneingeschränkt in Anspruch genommen werden können. Dieser distributionspolitisch wichtige Umstand soll im Folgenden unter Standortgesichtspunkten sowie im Hinblick auf weitere Qualitätsfaktoren betrachtet werden, welche einen Zugang bzw. eine Inanspruchnahme erschweren oder erleichtern können.

(a) Standort

Der Standort ist in distributionspolitischer Hinsicht deswegen ein sehr wichtiges Kriterium, weil viele personenbezogene soziale Dienstleistungen darauf angewiesen sind, dass die Nutzer eine Einrichtung oder einen Dienst aufsuchen, um das entsprechende Angebot wahrzunehmen.

Entsprechende kundenfreundliche Merkmale müssen die Standorte einer sozialen Organisation schließlich aufweisen, um die Bedingung der Möglichkeit einer Nutzung gewährleisten zu können:

Tab. 17: Kundenfreundliche Merkmale von Standorten sozialer Organisationen

Merkmal	Spezifikationen
Erreichbarkeit	Erreichbarkeit durch öffentliche Verkehrsmittel, aber auch ggf. durch PKW muss gewährleistet sein
Nähe zur Nutzergruppe	Je nach Klientel können sich ganz unterschiedliche (beispielsweise sozialräumliche) Anforderungen ergeben, Wege müssen jedoch stets so kurz als möglich gehalten werden
Berücksichtigung spezifischer Faktoren der Dienstleistung	Sensible Angebote wie Schuldnerberatung, Aids-Beratung, Drogenhilfe müssen Standorte wählen, die eine gewisse Anonymität der Inanspruchnahme gewährleisten können, dies gilt auch für die Platzierung und Ausgestaltung von Eingangsbereich, Wartebereich etc.
Benutzerfreundliches Ambiente	Die Inanspruchnahme von Leistungen kann auch durch die optimale Ausgestaltung sekundärer Faktoren wie beispielsweise eine kundenfreundliche Parkplatzsituation befördert werden. Selbstverständlich ist die Barrierefreiheit für Menschen mit Behinderungen ebenso zu berücksichtigen wie seniorengerechte Beschilderungen u.A.m.

(b) Kundenbezogene Qualitätsfaktoren

Als Additiv zu den weiter oben bereits referierten Faktoren der marketingorientierten Qualitätspolitik sind spezifische distributionspolitische Facetten der Strukturqualität zu nennen. Diesbezüglich spielen Öffnungszeiten eine besondere Rolle, weil sie auf der einen Seite für eine bestimmte Gruppe von Nutzern die Inanspruchnahme erschweren oder gar verunmöglichen (Kundenkosten) können, auf der anderen Seite in der Lage sind, durch eine kundenfreundliche Ausgestaltung den Absatz von Dienstleistungen zu erhöhen (Kundennutzen).

Öffnungszeiten sind im Zuge der Entgrenzung von Normalarbeitszeiten für viele Handelsbetriebe zu einem bedeutenden Faktor ihrer Geschäftspolitik geworden. Jedoch ist auch für einige Dienstleister im Bereich der sozialen Arbeit zu konstatieren, dass die Möglichkeiten von Nutzern aufgrund der veränderten Arbeitszeitstrukturen sowie modifizierter Arbeitszeitmodelle teilweise erweitert, teilweise begrenzt wurden. Ein vielerorts kontrovers diskutiertes Beispiel sind kundenfreundliche Öffnungszeiten von Kindertagesstätten. Selbstverständlich zählen hierzu aber auch Bereitschaftszeiten der Beratungsdienste sowie Besuchszeiten in stationären Einrichtungen.

Distributionspolitische Maßnahmen können sich aber auch auf die Verringerung von Phasen der »Nichterreichbarkeit« einer sozialen Organisation beziehungsweise ihrer Mitglieder und Mitarbeiter erstrecken. Im Zuge solcher Initiativen können beispielsweise Lücken im Erreichbarkeitssystem eines Hauses geschlossen werden, indem unnötige Absenzen im Telefondienst, beim Empfang etc. zunächst sondiert und anschließend eliminiert werden. In vielen Organisationen wurden entsprechende »Ruhezeiten« in den vergangenen Jahren sukzessive reduziert, um eine strukturelle Kopplung der Organisation mit der Außenwelt möglichst durchgängig aufrechterhalten.

In diesem Abschnitt wird deutlich, dass betriebliche Maßnahmen, die aus Gründen des Marketings unternommen werden, in strukturelle Gegebenheiten der Organisation erheblich eingreifen können. Selbstverständlich bedingen verlängerte Öffnungszeiten, die Überbrückung von bisherigen Zeiten der Nichtverfügbarkeit etc. elaboriertere Arbeitszeitmodelle für die Mitarbeiter der Organisation und stellen nicht selten auch wesentlich höhere Ansprüche an Einsatzplanungen im Schichtdienst und andere Planungen. Die Kosten und der Nutzen von Veränderungen sind von den Verantwortlichen genau abzuwägen. Kontraproduktiv wäre beispielsweise, wenn kundenfreundlichere Öffnungszeiten mit einer unvertretbar hohen Belastung der Arbeitskräfte verbunden wären und damit Einbußen bei sonstiger struktureller Qualität, aber auch bei der Freundlichkeit des Auftretens gegenüber Kunden, im Betriebsklima, in der Erfüllung von Sorgfaltspflicht etc. verbunden wären.

3.5   Technologische Potenziale des Vertriebs sozialer Dienstleistungen und Produkte

Technologische Entwicklungen haben seit jeher die Welt verändert, mit dem Einzug der elektronischen Datenverarbeitung wurde der Wandel jedoch noch einmal beschleunigt. Wir dürfen inzwischen davon ausgehen, dass auch im sozialen Bereich einige interessante Möglichkeiten zur Verfügung stehen, den Vertrieb von Dienstleistungen und Produkten erfolgreicher auszugestalten. Mit den Möglichkeiten des E-Commerce, den Potenzialen neuer Technologien und der telefonischen Akquise sollen drei diesbezügliche Schwerpunkte dargestellt werden.

(a) E-Commerce

Im Zusammenhang mit der starken Verbreitung der Internetnutzung haben sich für Unternehmen der Erwerbswirtschaft in den vergangenen Jahren die Möglichkeit des elektronischen Vertriebs von Dienstleistungen und Produkten erheblich erweitert. Die Bestellung über Internet (Flugreisen, Finanzdienstleistungen, Bestellungen von Kleidung, Lebensmitteln etc.) sowie das »Download« von

Musik sind für viele Bürger inzwischen selbstverständliche »konsumtive Akte« geworden. Die »elektronische Anbahnung, Aushandlung und/oder Abwicklung von Transaktionen zwischen Wirtschaftsobjekten« (Meffert/Bruhn 2009, S. 346) ist mittlerweile ein kommerziell zentraler Faktor für die Wirtschaftswelt geworden.

Aus der Perspektive der Konsumenten/Nutzer sowie aus der Sicht der Anbieter betrachtet, bietet der elektronische Handel eine ganze Reihe von Vorteilen, die in einigen Bereichen der sozialen Arbeit ebenfalls nicht unberücksichtigt bleiben müssen:

- Im Hinblick auf Fragen der Information aller Arten von Stakeholdern ist darauf zu verweisen, dass ein Gewinn an Transparenz über Angebote und Anbieterstrukturen verbunden ist mit einem geringeren Aufwand an Suche und Vergleich. Interessierte können sich schnell und gezielt einen Überblick verschaffen und gegebenenfalls spezielle Informationen abrufen, ohne Wege und sonstige Aufwände in Kauf nehmen zu müssen.
- Auch die Anbieterseite profitiert von den web-gestützten Möglichkeiten der Distributionspolitik in Form von Effizienz- und Effektivitätszugewinnen. Anbieter sozialer Dienstleistungen sind nicht nur in der Lage, ressourcenschonend unterschiedliche Zielgruppen akquisitorisch anzusprechen, sie können zudem Änderungen ihres Angebotes ohne Umstand publizieren, für unterschiedliche Interessen selektiv informieren, konkrete Transaktionen aber auch bereits über eine entsprechende benutzerfreundliche Software anbahnen.
- Im Bereich des Handels/Vertriebs spezifischer sozialer Produkte können Einkäufe wie Verkäufe über einfache Bestellvorgänge, Zahlungsabwicklungen sowie die elektronische Einbindung in die Logistik signifikante Effizienzgewinne ermöglichen.

Selbstverständlich sind viele soziale Dienstleistungen nicht geeignet, um über das Internet vertrieben zu werden. Dort jedoch, wo aufgrund von Nachfrageüberhängen Wartelisten entstehen, oder wo beispielsweise die Vereinbarung eines Gesprächs stattfinden soll, kann eine elektronische Anbahnung sehr wohl stattfinden. Es verbleiben darüber hinaus die Chancen der gezielten Information interessierter Nutzer sowie die eine oder andere Möglichkeit des Verkaufs von Produkten (Merchandising, Tickets für soziale Veranstaltungen, Patenschaften usw.), um von einem Potenzial des E-Commerce auch für soziale Organisationen sprechen zu können. So informieren sich beispielsweise Eltern in zunehmendem Maße über die Einrichtungskonzeptionen im Bereich der Kindertagestätten. Auch nutzen Allgemeine Soziale Dienste im Sektor der Erziehungshilfen das Internet, um Leistungsbeschreibungen einzusehen.

Notwendig ist hier und da noch das Überschreiten von »kulturellen Brücken«, denn die Nutzung elektronischer Medien erfordert nicht selten eine empathische Einstellung gegenüber dem Rezeptions- und Nutzungsverhalten der jeweiligen Zielgruppe. Wir möchten als Beispiele hierfür lediglich auf die Potenziale der Kommunikation von Angeboten und Programmhighlights im Bereich der Jugendfreizeitstätten verweisen, aber auch anmerken, dass der Kreis von internetnutzenden Senioren sich in den vergangenen Jahren deutlich erweitert hat. Selbstverständlich haben diese beiden genannten Zielgruppen völlig unterschiedliche Ansprüche an die jeweilige Internetpräsenz einer sozialen Organisation. Angebots- und damit nutzerspezifische Ausdifferenzierungen sind folglich unumgänglich, wobei auch hier die Balance zwischen Aufwand und Ertrag aufrechterhalten sein sollte.

Bereits vor einigen Jahren hat die Sozialberatung das Internet als Medium für die Kundenakquise und die konkrete Leistungserbringung entdeckt. Mit Verweis auf Internetrecherchen und Internetquellen (vgl. bspw. www.das-beraternetz.de) gibt Knatz (2009) eine Übersicht über Bereiche des Sozialen, in welchen spezielle Online-Angebote zur Beratung und Begleitung inzwischen vorliegen:

Tab. 18: Online-Angebote zur sozialen Beratung und Begleitung

Bereich	Themen	
Partnerschaft und Sexualität	• Schwangerschaft • Sexualität	• Trennung und Scheidung • Beziehungsprobleme
Psyche	• Suizidgedanken/Suizidabsichten • Sexueller Missbrauch • Essprobleme	• Persönlichkeitsstörungen • Ängste/Depressionen • Selbstverletzendes Verhalten
Therapie und Beratung	• Fragen zur Erziehung • Informationen zu Beratung und Therapie • Probleme mit Therapeuten/Therapie	• Geistige Behinderung • Seelische Behinderung • Körperliche Behinderung
Sucht	• Internetsucht	• Sonst. Sucht/Abhängigkeit
Trauer und Einsamkeit	• Bewältigungsprobleme bei Sterben/Tod/Trauer	• Suche nach Sinn/Orientierung • Einsamkeit/Vereinsamung
Körperliche Erkrankung	• Organische Erkrankung • Psychosomatische Störungen	• Demenz • Alzheimer

(b) Neue Technologien

Im Sektor der assistiven Technologien sind in den vergangenen Jahren eine ganze Reihe von Innovationen realisiert worden, die Weg und Zeit der Inanspruchnahme einer sozialen Dienstleistung verringern können. Einerseits sind diese Entwicklungen als eine Folge der gewachsenen Bereitschaft engagierter Träger zur Umsetzung technologischer Innovationen im Sozial- und Pflegesektor zu interpretieren, andererseits sind entsprechende Bestrebungen auch als eine absatzwirtschaftlich inspirierte Reaktion auf demographischen Wandel, wachsende bzw. veränderte Bedarfe sowie neue Zahlungsfähigkeiten und Zahlungsbereitschaften im Bereich der Versorgung und Betreuung älterer Menschen anzusehen. Besonders im Bereich des gesundheitsbezogenen Services für Senioren haben sich mittlerweile einige technische Systeme am Markt etabliert, die zur Sicherheit und Selbstständigkeit von Menschen auch in höheren Altersgruppen beitragen können.

Bedienerfreundliche neue Technologien werden in Zusammenarbeit mit sozialen Diensten gegenwärtig auch für Menschen mit Behinderung konzipiert und erprobt. Im Vordergrund entsprechender Bemühungen stehen neben allgemeinen Faktoren wie Unabhängigkeit, selbstbestimmte Lebensgestaltung etc. auch die Unterstützung des Verbleibs und die Förderung des Übergangs in eine eigenständige häusliche Umgebung (vgl. beispielsweise Schneider-Hufschmidt/ Pernsteiner 2000 und die Beiträge in Seniorenwirtschaft 3/2009). Distributionspolitisch relevant ist hier der Umstand, dass mit solchen Technologien in einem noch weiteren Maße stationäre Leistungen/Aufenthalte substituiert werden könnten. Neue Technologien ermöglichen somit nicht nur, dass ein Anbieter schneller als konventionelle Dienstleister am Kunden ist, sie verändern aufgrund ihrer Eigenschaften als vertikale Konkurrenten u.U. auch ganze Marktgefüge.

- Bereits heute sind einige Systeme in der Lage, ein tele-medizinisches Monitoring von medizinischen Risikoparametern vorzunehmen. In der Erprobung stehen Faktoren wie die Kontrolle der Vitalparameter, der Aktivitäten, aber auch Körpergewicht, regelmäßige Tabletteneinnahme und Anderes mehr. Darüber hinaus profilieren sich diese Systemkonzeptionen in einem zunehmenden Maße mit präventiven Elementen sowie mit dem Versuch, in Ballungszentren die Quartiersversorgung zu flankieren oder in ländlichen Gebieten Defizite in der gesundheitlichen und pflegerischen Versorgung zu überbrücken. Entsprechende Angebote werden in Kooperation von Internetdienstleistern, technologischen Unternehmen sowie privaten und gemeinnützigen Trägern der Wohlfahrtspflege realisiert. Die öffentliche Seite hat ein erhebliches Interesse an der Fortentwicklung bisheriger Systemlösungen, auch aus Gründen der Kostenersparnis. Gegenwärtig erfolgen eine Reihe von Förderungen und Erprobungen (vgl. bspw. die Informationen zum Metavorhaben im Förderschwerpunkt »Technologie und Dienstleistungen im demografischen Wandel« unter www.bmbf.de).

- Neue Technologien als intelligente Mittel der Überbrückung von Weg und Zeit haben auch Einzug in die Straffälligenhilfe gefunden. So unterstützt das datenbankbasierte Informationsmanagement »zabih« für die im Netzwerk »Haftvermeidung durch soziale Integration (HSI)« zusammengeschlossenen Träger die arbeitsmarktbezogenen Vermittlungsaktivitäten per Internet, auch über die jeweiligen Einzugsgebiete der Netzwerkpartner hinaus. Über den web-basierten Informationsdienst sollen auch andere Komplementärinstitutionen beteiligt und so eine Netzwerkentwicklung über bisherige Grenzen hinweg gefördert werden (vgl. www.hsi-zabih.de).

(c) Telefon

Trotz vielfältiger Veränderungen im Kommunikationsverhalten von Menschen und Institutionen ist das Telefon nach wie vor ein vielgenutztes Instrument des Austauschs. In den vergangenen 20 Jahren hat auch der deutschsprachige Raum ein Anwachsen der kommerziellen Ansprache auf diesem Wege erfahren, die Zahl der »Call-Center« ist sprunghaft angestiegen.

- Im Bereich des telefonischen Marketings für soziale Dienstleistungen stehen vor allem Möglichkeiten des Fundraising im Vordergrund. Häufig wird in der Praxis allerdings von einer so genannten »Kalt-Akquise« (telefonische Werbeversuche ohne Vorauswahl der Teilnehmer) Abstand genommen, sondern lediglich ein Kreis von Menschen kontaktiert, welcher bereits gespendet hat oder zumindest mit der sozialen Organisation namentlich in Kontakt steht.

- Sensible telefonische Kampagnen befolgen wichtige Voraussetzungen wie beispielsweise die schriftliche Vorankündigung eines Anrufes, um den potenziellen Spender nicht zu überraschen oder gar zu verärgern, darüber hinaus ist eine hohe Seriosität bei der Gesprächsführung sowie ein sehr geringes Maß an Penetranz an den Tag zu legen, um den guten Ruf einer Sozialorganisation nicht zu gefährden.

- Die telefonische Akquise muss sich nicht auf Spendensammeln beschränken, auch die Gewinnung von neuen ehrenamtlichen Mitarbeitern über dieses Instrument ist möglich. Aus Gründen der Effektivität und Effizienz ist zu prüfen, inwieweit die telefonische Akquise von der sozialen Organisation selbst vorgenommen werden kann oder ausgelagert werden sollte. Auf dem Markt bieten sich mittlerweile eine ganze Reihe von gewerblichen Unternehmen an, die im Auftrag gemeinnütziger Organisationen professionelle telefonische Akquise betreiben können. Um negative Effekte für das Image der sozialen Organisation zu vermeiden, muss die Auswahl eines entsprechenden Dienstleisters auf erfahrene und seriöse Anbieter beschränkt bleiben.

Nicht jede Möglichkeit der Ansprache von potenziellen Spendern und Sponsoren hat bislang in der Praxis Erfolg gehabt. So sind distributionspolitische Aktivitäten via SMS bislang ebenso die Ausnahme geblieben wie die Spendenaufforderung an Bankautomaten oder am Rückgabegerät für Pfandflaschen.

3.6   Sonstige distributionspolitische Aspekte des Marketings sozialer Organisationen

Da personenbezogene soziale Dienstleistungen meist einer anderen distributiven Logik unterliegen als der Sektor des kommerziellen Handels von Waren, soll im Folgenden lediglich sehr kurz hingewiesen werden auf weitere distributionspolitische Implikationen für soziale Dienstleister sowie solche Organisationsformen, die soziale Produkte herstellen oder vertreiben (vgl. diesbezüglich detaillierterer Busch/Fuchs/Unger 2008; Meffert/Burmann 2008; Nieschlag/Dichtl/Hörschgen 1994).

• Wahl der Distributionsstandorte: Die Wahl der Verkaufsstandorte ist für soziale Organisationen nur in ganz wenigen Fällen von Bedeutung. Für soziale Produkte ergibt sich beispielsweise die Frage, ob und wo spezielle Charity-Shops (Verkaufsstellen für soziale Produkte) eingerichtet werden sollen und welches die kommerziell interessantesten Standorte sind. Einige Träger der freien Wohlfahrtspflege haben in größeren Städten des deutschsprachigen Raums solche Läden eingerichtet. Sie befinden sich meist in der Innenstadt.

• Franchising: Eine im Bereich der sozialen Dienstleistungen noch nicht verbreitete Vertriebsform ist die Distribution eines Leistungskonzepts über selbstständige Franchisenehmer. Dieses vertraglich geregelte Vertriebssystem zeichnet sich dadurch aus, dass eine Sozialorganisation einem wirtschaftlich und rechtlich selbstständigen Anbieter gegen Gebühr erlaubt, eine bestimmte Dienstleistung mit Verwendung von Namen, Warenzeichen, Ausstattung, Konzeption etc. anzubieten (vgl. zum Franchising bspw. Kubitschek 2000). Als eines der bekanntesten Beispiele für Franchising kann die Fastfood-Kette McDonald's genannt werden. Franchising im Sozialbereich wurde vor einigen Jahren im Zusammenhang mit Möglichkeiten eines flächendeckenden Vertriebs von Altenpflegeleistungen thematisiert. Allerdings sind auch dort die Leistungen nur eingeschränkt standardisierbar, so dass die dem Franchise innewohnende »Systemübertragung« selbst in diesem Sektor Grenzen aufweist. Zudem ist zu bedenken, dass dem Franchisegeber eine ganze Reihe von Leistungen und Verpflichtungen obliegen, so unter anderem die Überlassung von methodischem und konzeptionellem Systemwissen, Unterstützung bei Betriebsaufbau sowie Beratung in Management- und sonstigen Fragen der Betriebsführung.

- Messepräsenz: Als ein Forum für Kommunikation und Vertrieb von (neuarti-gen) Leistungen hat sich in den vergangenen Jahren im Sozialsektor zuneh-mend das Messewesen angeboten. Hier können einem interessierten Fach-publikum, aber gegebenenfalls auch dem potenziellen »Endverbraucher« neue Dienste präsentiert werden. Eine Professionalität im Messeauftritt ist indes anzuraten, denn die Standards sind inzwischen analog zu den Anfor-derungen im erwerbswirtschaftlichen Messewesen zu verorten (vgl. bspw. Fuchs 2006). In den vergangenen Jahren hat sich insbesondere die Fachmes-se »Con Sozial« als Forum für innovative Ansätze und neues Denken in der Sozialwirtschaft etabliert. Elemente der »Con Sozial« sind u.a. Kongress, Fachmesse, Foren zu Themen wie Bildung oder Reha, aber auch ein Messe-Marktplatz sowie eine Job-Infobörse sind regelmäßige Bestandteile dieser Großveranstaltung, die im Jahre 2009 immerhin fast 6.000 Besucher hatte. (Vgl. www.consozial.de)
- Distributionslogistik für Waren: Die Logistik ist ein weites Feld, es be-schäftigen sich ganze BWL-Studiengänge damit. Im Bereich der Distribu-tionslogistik steht die physisch optimale Überwindung der räumlichen und zeitlichen Distanzen zwischen der Produktion und dem Kauf bzw. dem Kon-sum hergestellten Güter im Zentrum. Zentrale Parameter sind hierbei die Faktoren Lagerhaltung, Transport, Verpackung und Auftragsabwicklung. Eine bedeutende Rolle spielen in der Praxis der mit logistischen Fragen be-fassten Sozialorganisationen inzwischen effiziente Kooperationsformen des Vertriebs, denn produzierende und handelnde Sozialorganisationen weisen häufig nicht die nötige Größenordnung auf, um eigenständige logistische Systeme zu betreiben. Selbstverständlich können im Hinblick auf die an die Lieferungspolitik zu stellenden Ansprüche wie kurze Lieferzeit, hohe Lieferzuverlässigkeit, adäquate Beschaffenheit der gelieferten Waren, not-wendige kundenorientierte Flexibilität bei der Lieferung etc. auch für soziale Organisationen keine Abstriche gemacht werden, selbst wenn wie beispiels-weise in Produktionsschulen Herstellung, Vertrieb und Lernen als System mit sozialpädagogischem Anspruch betrieben werden. Es ist davon auszuge-hen, dass auch bei sozialen Produkten die Kunden eine moderne logistische Leistung erwarten. Im Zeitalter der »Convenience«, also dem Bemühen der Unternehmen, Lieferleistungen zu optimieren, sind die Haltungen der Kon-sumenten mittlerweile sehr anspruchsvoll, die Käufer gegenüber Mängeln bei der Abwicklung von Bestellungen beziehungsweise der Lieferung deut-lich kritischer geworden. Das akquisitorische Potenzial eines kundenfreund-lichen Lieferservices ist auch von Institutionen der Wohlfahrtspflege nicht zu unterschätzen.

F.3 Preispolitik

Seit der Frühzeit der ökonomischen Theoriebildung wird dem Preis eine außergewöhnliche Bedeutung für das Marktgeschehen zuerkannt. Im Marketing ist korrespondierend hierzu die Preispolitik als eines der zentralen Elemente im Mix der Aktionsfelder verortet. Dies gilt für das Marketing von Produkten wie von Dienstleistungen gleichermaßen, wenngleich Besonderheiten zwischen und innerhalb der beiden Sektoren zu berücksichtigen sind.

Preispolitik als Marketinginstrument erhält in der einschlägigen Literatur gelegentlich auch Bezeichnungen wie Kontrahierungspolitik oder Gegenleistungspolitik, um darauf aufmerksam zu machen, dass über den Preis hinaus gegebenenfalls weitere Gegenleistungen für den Zielkunden relevant sein können (vgl. bspw. Busch/Fuchs/Unger 2008). Mit Verweis auf kontrahierungspolitische Instrumente werden in der Theorie hier und da überdies Möglichketen der Rabattpolitik, der Ausgestaltung von Liefer- und Zahlungsbedingungen u.A.m. in den Kontext preispolitischer Strategien einbezogen. Da wir im Folgenden überwiegend preisliche Entscheidungstatbestände abzuhandeln haben, möchten wir es beim etablierten Begriff der Preispolitik belassen, die Rabattpolitik jedoch nicht gänzlich vernachlässigen.

Im Sozialwesen können mittlerweile preis- und gegenleistungspolitische Themen nicht mehr als irrelevant für das Marketing angesehen werden. Wir möchten uns daher der Preispolitik als dritten Sektor des Marketing-Mix im folgenden Abschnitt in einem gebührenden Umfang widmen.

Folgende Schwerpunkte sollen dabei gesetzt werden:

(1) Bedeutung und Spezifika der Preispolitik sozialer Organisationen
(2) Preispolitische Zielstellungen
(3) Grundlagen der Preisgestaltung
(4) Organisatorische Voraussetzung der Preispolitik: Buchführung und Kostenrechnung.

1   Bedeutung und Spezifika der Preispolitik sozialer Organisationen

Es ist davon auszugehen, dass die Mehrzahl der professionellen sozialen Dienstleistungen nur unter Kosten für Personal, Sachmittel und langlebigen Anschaffungsgütern erstellt werden und lediglich mit Erträgen aus dem Absatz auf Sozialmärkten gegenfinanziert werden kann, so dass schließlich und endlich auch Preisfragen verschiedener Art tangiert werden.

1.1   Die ökonomische Relevanz des Preises

In ökonomischer Hinsicht kann auf Preise als Parameter des Marktgeschehens nicht verzichtet werden. Preise erfüllen gemäß der Volkswirtschaftslehre eine wichtige Informations- und Koordinationsfunktion für das arbeitsteilige Wirtschaften (vgl. bspw. Bofinger 2003). Die mikro- und makroökonomische Preistheorie ist mittlerweile umfangreich und elaboriert ausformuliert. Dabei werden die »Signalfunktion« des Preises sowie sein Einfluss im Komplex von Angebot und Nachfrage gleichermaßen betont, der Preis eines Produktes oder einer Dienstleistung tangiert in seiner Eigenschaft als Indikator für einen Marktzustand beide Seiten eines Marktgeschehens.

Um diese Betroffenheit von Anbietern und Nachfragern in einem Markt gleich welcher Art zu explizieren, können wir die klassische Nachfragefunktion heranziehen (vgl. bspw. Woll 1974). Die Parameter der Nachfrage eines Haushalts bestehen demgemäß aus:

• dem Einkommen/dem verfügbaren Budget des Zielkunden
• dem Vermögen/den Rücklagen des Zielkunden
• dem Nutzen, den der Konsum des Angebots dem Zielkunden bietet,
• dem Preis des Angebots sowie
• dem Preis aller anderen Angebote.

Zu erkennen ist, dass der Preis in dem genannten Gefüge der entscheidenden Parameter der Nachfrage gleich zweimal enthalten ist.

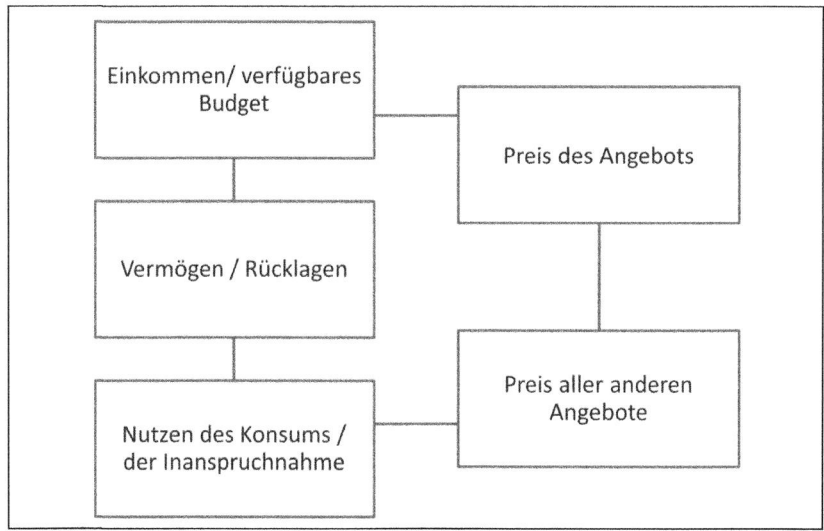

Abb. 55: Parameter der Nachfragefunktion

Wir können im Einklang mit der mikroökonomischen Theorie unterstellen, dass auch im Sozialwesen diese genannten Elemente für die Nachfragerseite handlungsleitend sind und damit auch für die preispolitischen Erörterungen eines Anbieters von sozialen Dienstleistungen oder (sozialen) Produkten Relevanz aufweisen.

In Rede stehen bei Überlegungen zu Preis und Marktchancen eines Angebots im sozialen Bereich somit

- auf der einen Seite neben den finanziellen Möglichkeiten eines Haushalts für einen Kauf bzw. eine Inanspruchnahme insbesondere die Nutzenerwartungen, die der Zielkunde mit dem »Konsum« eines bestimmten Angebots verbindet,
- auf der anderen Seite die preisliche Ausgestaltung für die konkret angebotene Leistung sowie die Relation zu konkurrierenden Angeboten (im gleichen Leistungsbereich sowie in angrenzenden bzw. potenziell substituierenden Segmenten).

Für soziale Organisationen ist also in preispolitischer Hinsicht unabdingbar zu berücksichtigen, dass die Nachfrage nach ihren Angeboten direkt abhängig ist von den finanziellen Möglichkeiten des Zielkunden, die sich aus laufendem Einkommen beziehungsweise aktuellem Budget sowie eventuellen Rücklagen beziehungsweise Vermögen konstituieren. Ein Haushalt, der dauerhaft über diese Verhältnisse hinweg konsumiert, wird früher oder später handlungsunfähig beziehungsweise insolvent, dies gilt auch für öffentliche Haushalte. Darüber hinaus ist zu beachten, dass eine hinreichende Erwartung von Nutzen vorliegen muss, welcher sich aus der Inanspruchnahme beziehungsweise aus dem Kauf eines Angebots oder einer Dienstleistung ergibt. In preislicher Hinsicht sind dabei die Einschätzungen des Zielkunden im Hinblick auf die »Wertigkeit« sowie das substitutionale Verhältnis zu horizontal und vertikal konkurrierenden Angeboten/Angebotsformen zu beachten.

1.2   Preispolitik sozialer Organisationen im Kontext sozialstaatlicher Finanzierungsbedingungen

Der Preis als Gegenleistung für Angebote der sozialen Arbeit ist vor dem Hintergrund der Möglichkeiten und Notwendigkeiten sozialstaatlicher Finanzierungsregelungen und den Arrangements der Leistungserbringung in Deutschland zu sehen. Die spezifischen Rahmenbedingungen des deutschen Konzepts von Finanzierung und subsidiärem Gefüge sozialer Dienstleistungen bilden ein ganz wesentliches Rahmenwerk für preispolitische Entscheidungen der Leistungserbringer.

In das Kalkül der Anbieter personenbezogener sozialer Dienste sind folgende Aspekte in besonderem Maße einzubeziehen:

- Soziale Organisationen finanzieren sich mehrheitlich über einzelleistungsfinanzierte Entgelte oder Zuwendungen öffentlicher Träger.
- Ein Kostenausweis für einzelne soziale Dienstleistungen ist technisch in Analogie zu den Grundlagen der erwerbswirtschaftlichen Kosten- und Leistungsrechnung möglich und in der Regel bei einer öffentlichen Finanzierung auch notwendig. Die überwiegende Mehrheit der Angebote setzt für Kostensatzverhandlungen oder im Zuge der Antragstellung für Zuwendungen entsprechende Angaben voraus.
- In einzelleistungsfinanzierten Angebotsformen kann formal und faktisch sogar direkt von einem »Preis« für die soziale Dienstleistung gesprochen werden, da die entsprechenden Kostensätze ausgewiesen sein müssen für Einheiten wie Fachleistungsstunde, Tagessatz etc. Insoweit können preispolitische Erwägungen auf die Basis der Ergebnisse der Kostenträgerrechnung der jeweiligen sozialen Organisation aufbauen, welche die Kosten für jeweils eine zu erbringende Einheit kalkuliert.
- In zuwendungsfinanzierten Angebotsformen kann eine Preisberechnung vom Prinzip her ebenfalls stattfinden, allerdings muss hier über kalkulatorische Umwege die gesamte Zuwendung durch die Zahl der Inanspruchnahmen (beispielsweise Nutzerzahlen) dividiert werden, um zu einen Einzelpreis zu gelangen. Meist handelt es sich bei dieser Finanzierungsform in der Praxis um periodenbezogene (institutionelle oder projektbezogene) Förderungen für ein oder mehrere (Haushalts-) Jahre für die Vorhaltung einer bestimmten Leistungsform. Der Umfang wird durch die Form (Festkosten-, Vollkosten-, Teilkosten- oder Fehlbedarfsfinanzierung) determiniert. Es dominiert mittlerweile die Festkostenfinanzierung.
- Die Festlegung von Preisen bei solchen Organisationen, welche (soziale) Produkte herstellen oder handeln, kann in Analogie zur Praxis in erwerbswirtschaftlichen Segmenten frei vorgenommen werden. Bei der Preisfestsetzung dürfen hier prinzipiell freiere Marktformen bzw. geringere Restriktionen unterstellt werden, die entsprechenden preispolitischen Spielräume und das Spektrum von Maßnahmen sind größer.

1.3 Preispolitik als antagonistisches Themenfeld in der Sozialen Arbeit

In preisstrategischer Hinsicht ist von Bedeutung, dass Preis- und Gegenleistungsfragen ebenso wie sonstige kontrahierungstaktische Erwägungen zu antagonistischen Themenfeldern zu zählen sind, denn:
- die Seite der öffentlichen Nachfrager ist auf Sozialmärkten seit einigen Jahren mit dem Problem des »Haushaltens« in der Krise des Sozialstaats und

der Staatsfinanzen konfrontiert, Privatkunden üben tendenziell Konsumzurückhaltung aufgrund stagnierender Einkommen und zurückgehender Arbeitsplatzsicherheit,

- für die Seite der Anbieter gewinnen preispolitische Themen an Brisanz im Zuge des wachsenden Wettbewerbs, wachsender Kritik an Effizienz und Effektivität der Leistungserbringung sowie der Kostensteigerungen für Mitarbeiter und Betriebsmittel.

Die folgende Grafik visualisiert die geschilderten Antagonismen und ihre wesentlichen Faktoren in einer Übersicht:

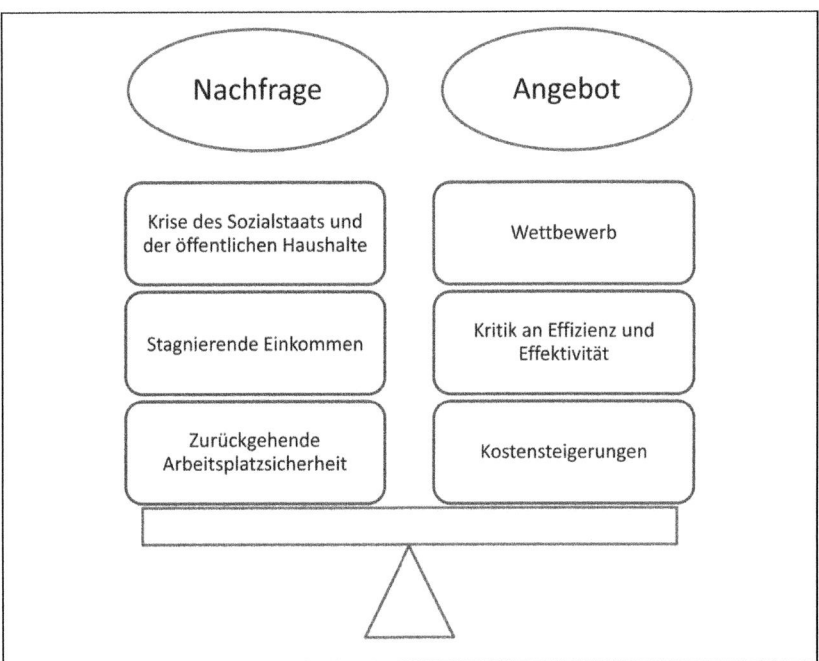

Abb. 56: Preispolitik als antagonistisches Themenfeld

1.4 Betriebswirtschaftliche Implikationen – Preispolitik und Management sozialer Organisationen

In preispolitischer Hinsicht bedeutsam sind im Sozialwesen einige weitere Faktoren des Managements, wobei die zu berücksichtigenden Implikationen größtenteils nicht anders ausfallen als für Anbieter in kommerziellen Wirtschaftssektoren (vgl. bspw. Meffert/Bruhn 2009). Wir möchten die Themenfelder im

Folgenden mit Hinweisen auf Kostentreiber, Kostenrechnungsprobleme, Gefahren des Preiskampfs, Kundenmonopolstellungen und die Folgen begrenzter Märkte umreißen.

- In vielen Gebieten des Sozialwesens ist das Vorhalten von Dienstleistungsbereitschaft ein bedeutender Kostentreiber, der sich im Hinblick auf die Refinanzierung durch den Absatz entsprechender Leistungen auch preislich niederschlagen muss. Das heißt, dass das Management in der sozialen Arbeit bei der preislichen Bewertung eines Angebotes einzukalkulieren hat, dass Kapazitäten nicht immer ausgelastet sind und über den Preis der abgesetzten Angebote auch eine zeitweise Unterbeschäftigung, Unterbelegung etc. finanziert werden muss. Einige soziale Angebote sind für eine Bereitschaft rund um die Uhr konzipiert, womit sich die Problematik u.U. noch einmal verschärfend ergibt, jedoch müssen auch andere Angebotsformen Dienstpotenziale finanzieren, deren Auslastung erheblichen Schwankungen unterliegen kann.
- Bei gegebenem Preis ist (zumindest im Bereich der einzelleistungsfinanzierten sozialen Arbeit) die Kapazitätsauslastung unter Umständen die wesentliche Basis für ökonomischen Erfolg. Preis und Leistungsmenge sind in einzelleistungsfinanzierten Segmenten als korrelierende Parameter in das Kalkül des Managements einzubeziehen, um die Gefahr der finanziellen Unterdeckung zu begrenzen.
- Kostenorientierte Preisfestlegungen sind nur valide, wenn die Organisation in der Lage ist, die Gemeinkosten adäquat auf die jeweilige Einzelleistung beziehungsweise den Kostenträger aufzuteilen. Gemeinkostenmanagement wird in der Praxis des Sozialwesens ein zunehmendes Problem in solchen Marktformen, die von Wettbewerb und Kostendruck der Zielkundenseite gekennzeichnet sind, weil häufig lediglich über die Reduzierung dieser Kostenanteile preispolitische Vorsprünge gegenüber Wettbewerbern zu realisieren sind.
- Aufgrund der im Sozialwesen häufig nicht zweifelsfrei möglichen Kopplung von Qualität und Preis besteht die Gefahr, dass soziale Märkte deswegen zu über den Preis ausgetragenen Konflikten zwischen den einzelnen Anbietern führen, weil die Zielkunden mangels Möglichkeit zur Bestimmung von Nutzen das jeweils preisgünstigste Angebot wählen. Preispolitische Spielräume sind somit unter Umständen sehr begrenzt, insbesondere wenn viele Anbieter der jeweiligen sozialen Branche Preissenkungen bis an (oder gegebenenfalls unter) die eigene Kostenlinie vornehmen.

Unterschiede zwischen erwerbswirtschaftlichen Sphären und sozialem Bereich sind demgegenüber im Hinblick auf die Implikationen der Marktmacht von Zielkunden im Sozialmarkt zu bedenken:

- Aufgrund des sozialrechtlichen Dreiecksverhältnisses tritt der Anbieter sozialer Dienstleistungen mit seinem Preisangebot vielerorts nicht gegenüber den Endnutzern auf, sondern regelt die preisliche Ausgestaltung mit einem Kostenträger. Preispolitische Strategien betreffen mithin häufig nicht direkt den Klienten, Nutzer, Bewohner, Ratsuchenden etc., sondern richten sich an öffentliche Träger, die darüber hinaus nicht selten als Monopolnachfrager die jeweiligen Kostensätze und Zuwendungen mit dem Leistungserbringer aushandeln (oder gar festlegen) können.

- Die Bestimmung beziehungsweise Ermittlung von Zahlungsbereitschaften ist in einer solchen Marktstruktur nicht – oder zumindest nicht zweifelsfrei – durch Marktforschung (Kundenbefragung, Markttests etc.) zu realisieren. Genaue Berechnungen, die einen Abgleich zwischen der Zahlungsbereitschaft der Kunden und dem faktischen Preis vornehmen, um beispielsweise Nutzenüberschuss bzw. Konsumentenrenten zu ermitteln, sind im sozialen Bereich kaum möglich. Analysen der Zufriedenheit von Kostenträgern und Klienten mit den Leistungen sozialer Organisationen sind selbstverständlich ebenso sinnvoll wie empfehlenswert. Jedoch können hierdurch nur bedingt quantitativ aussagefähige und nachhaltig gültige Informationen zu Zahlungsbereitschaften erhoben werden.

- Ausnahmen sind lediglich solche Dienstleistungen und soziale Branchen, in welchen direkt mit einem selbstzahlenden Privatkunden die Preise vereinbart und abgerechnet werden können und eine ebenso autonome wie flexible Preisausgestaltung durch die soziale Organisation möglich ist. In Analogie zu erwerbswirtschaftlichen Märkten können dann zur Unterstützung von Managemententscheidungen auch quantitativ exaktere Untersuchungen zur Preiszufriedenheit und zur Korrelation zwischen Zufriedenheit mit dem Preis und der Qualität durchgeführt werden. Regionale Analysen zu Zahlungsfähigkeiten und -bereitschaften potenzieller Kunden erfolgen häufig im Vorfeld investiver Entscheidungen für Pflege- und Wohneinrichtungen für Senioren.

- Prinzipiell kann die Preispolitik als Instrument der Kapazitätsauslastung zwar mittelfristig in Analogie zu erwerbswirtschaftlichen Märkten eingesetzt werden, kurzfristig steht dem in der Praxis jedoch zum Einen ein vereinbarter Kostensatz oder der bindende Zuwendungsbescheid des öffentlichen Trägers entgegen. Zum Anderen sind soziale Organisationen aufgrund fester Arbeitsverhältnisse und wenig flexibler Betriebsstrukturen häufig nicht in der Lage, korrespondierend zu Preissenkungen kurzfristige Kosteneinsparungen vorzunehmen. Verschiedene Lerneffekte haben jedoch in den vergangenen Jahren dazu geführt, dass Träger sozialer Arbeit in wachsendem Maße flexible Anstellungsverhältnisse anstreben, um in betriebswirtschaftlich bedrohlichen Situationen handlungsfähig zu bleiben.

2 Preispolitische Zielstellungen

Auch im preispolitischen Segment des Sozial-Marketing-Mix spiele Ziele eine wesentliche Rolle als Basis für konkrete Entscheidungen zum weiteren Vorgehen und als Messlatte dafür, ob Entscheidungen richtig gewesen sind und der eingeschlagene Weg erfolgreich war. Möglich und sinnvoll ist ein zweistufiger Prozess der Zielfindung und Zielformulierung in Analogie zur Praxis in Unternehmen der freien Wirtschaft: Soziale Organisationen können wie erwerbswirtschaftliche Unternehmen auf der Basis ihrer Oberziele aus einer Reihe von Dimensionen ihre preisstrategischen Ziele ableiten, um im Anschluss hieran konkrete Maßnahmen zu ergreifen.

Ausgangspunkt ist das einer Organisation bzw. einem Unternehmen inhärente Oberziel:

• Im Gegensatz zu der im erwerbswirtschaftlichen Marketing üblicherweise angegebenen Oberzielformulierung »Gewinnmaximierung« (vgl. bspw. Meffert/Bruhn 2009) müssen allerdings für Organisationen im Bereich der personenbezogenen sozialen Dienstleistungen andere beziehungsweise reduzierte Zielsetzungen für preispolitische Maßnahmen formuliert werden.

• Da es sich bei sozialen Organisationen um Institutionen der »Bedarfsdeckung« handelt, können wir preispolitische Zielsetzungen dieser Kategorie unterordnen, wobei das flankierende Oberziel »Erhaltung des Organisationsbestandes« als Bedingung der Möglichkeit bedarfsdeckender sozialer Arbeit berücksichtigt werden sollte. In betriebswirtschaftlicher Hinsicht ist die Zahlungsfähigkeit erste Voraussetzung für die Erhaltung einer Organisation.

Wie die folgende Aufstellung zeigt, sind daraufhin in einem zweiten Schritt verschiedene dimensionale Ebenen der Zielfindung von den Verantwortlichen einer Sozialorganisation als Grundlage anschließender preispolitischer Entscheidungen zu berücksichtigen:

Tab. 19 : Preispolitische Entscheidungen – Zieldimensionen

Zieldimension	Erläuterungen
Kosten/Kosten-strukturen	Die Kostenkomponente ist aus Gründen der Bestandserhaltung ein streng zu beachtendes limitierendes Moment preispolitischer Erwägungen und preispolitischer Zielsetzungen. Kostenuntergrenzen geben aus betriebswirtschaftlicher Sicht (zumindest mittelfristig) die unterste Linie der Preisgestaltung vor, kein Angebot sollte dauerhaft unterhalb seiner Kosten erbracht bzw. vorgehalten werden.
Kapazitäts-auslastung	Da auch im Bereich der sozialen Dienstleistungen davon auszugehen ist, dass die Inanspruchnahme eines Angebotes mit dem Preis zusammenhängt, müssen Fragen der (konstanten beziehungsweise gleichmäßigen) Auslastung von Kapazitäten berücksichtigt sowie als Faktor in die Zielbestimmung einbezogen werden.
Marktanteile	Im Zusammenhang mit strategischen Zielsetzungen kann die Erweiterung der Präsenz im Anbietergefüge durch entsprechende attraktive Preisgestaltungen befördert werden. Preispolitische Erwägungen korrelieren auch mit Fragen der Marktmacht, des lokalen oder regionalen Abdeckungsgrades sowie der Positionierung in sozialräumlichen Bedarfsstrukturen.
Wettbewerb	Durch entsprechende Preisgestaltungen können in intensiven Konkurrenzsituationen Behauptungs- und Verdrängungsstrategien unterstützt werden. Gleichzeitig können mit preispolitischen Maßnahmen auch Stabilitäten auf einem Markt gewährleistet werden.
Einführung neuer Angebotsformen	Die Etablierung neuer Dienstleistungen kann mit niedrigen Preisen oder gar kostenlosen Angeboten (i.S.v. Probekäufen) unterstützt werden. Innovationen sind häufig lediglich mit einem preislichen Anreiz marktfähig zu machen. Auf Dauer sind sie jedoch mindestens preislich dem Kostenniveau der Leistungserstellung anzupassen.
Ertrags-maximierung	Bei entsprechenden Zahlungsbereitschaften können mit höheren Preisen Abschöpfungsstrategien verwirklicht werden. Dies betrifft beispielsweise Angebote, die in der Portfolio-Analyse im Segment unten-rechts verortet sind. In einzelnen Märkten können sich allerdings mit ertragsmaximierenden Strategien auch signifikante Absatzrückgänge einstellen.
Psychologische Faktoren	Über preisliche Festlegungen können Qualitätserwartungen beziehungsweise Preis-Leistungs-Bewertungen beeinflusst werden. Je höher der Preis, desto höher sind üblicherweise die Erwartungen der Zielkunden an die Qualität eines Angebots.

Das folgende Schaubild soll die Dimensionen preispolitischer Zielsetzungen noch einmal zusammenfassen und verdeutlichen, dass die geschilderten Segmente in Abhängigkeit von der Marktsituation betrachtet werden müssen sowie auch in ihrer Beziehung zueinander bedeutsam sind.

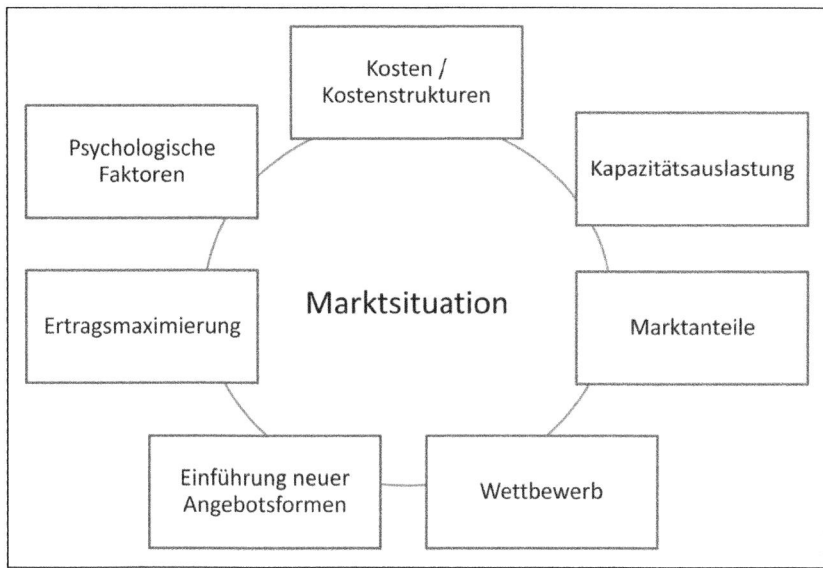

Abb. 57: Zieldimension der Preispolitik

Anhand dieser Aufstellung ist gut erkennbar, dass die Zielfindung auch in preispolitischer Hinsicht von der individuellen Marktsituation und den strategischen Vorstellungen einer sozialen Organisation abhängt, entsprechende globale Handlungsempfehlungen im Hinblick auf die Wahl der Zielstellungen mithin nicht gegeben werden können.

Demgegenüber ist es jedoch möglich, anhand der im folgenden Abschnitt zu referierenden taktischen Ansatzpunkte der preislichen Ausgestaltung Schwerpunktsetzungen für entsprechende Entscheidungen auch sozialer Organisationen gemäß ihrer aktuellen und erwarteten Marktlage sowie ihrer jeweiligen Position im Markt-/Wettbewerbsgefüge zu konkretisieren und entsprechende Potenziale für Weichenstellungen bei der preispolitischen Ausrichtung aufzuzeigen.

3 Grundlagen der Preisgestaltung

Bevor wir im Folgenden eine Übersicht über die Methoden der Preisfindung geben und damit den engen Kern preispolitischer Entscheidungen und Maßnahmen abhandeln, sollen in Vorbereitung darauf die wesentlichen Einflussfaktoren der Preisgestaltung in (sozialen) Märkten umrissen werden. Diese zweistufige Vorgehensweise soll noch einmal die Sensibilität für die Relevanz der Rahmenbedingungen einer preispolitischen Entscheidung vertiefen sowie die Bedeutung preispolitischer Festlegungen für den Markterfolg sozialer Organisationen hervorheben.

3.1   Einflussfaktoren

Im Marketing wird davon ausgegangen, dass jeder Markt beziehungsweise jede Branche spezifischen Rahmenbedingungen unterliegt, die die Möglichkeiten der Preisfestlegung begrenzen, erweitern oder spezifizieren (vgl. bspw. Pechtl 2005). Meffert/Bruhn (2009) unterstellen mit unternehmens-, nachfrage-, konkurrenz-, umfeld- und absatzmittlerbezogenen Determinanten fünf Gruppen von dominanten Einflusssphären, die auch im Sozio-Marketing bedeutsam sind, wobei jedoch die Gewichtungen sowohl gegenüber erwerbswirtschaftlichen Branchen als auch innerhalb der Praxis des sozialwirtschaftlichen Bereichs unterschiedlich ausfallen.

Die nachfolgende Übersicht zeigt wesentliche sozialwirtschaftliche Dimensionen und Einzelelemente auf, die als Einflussfaktoren für die Preisgestaltung gelten können:

Tab. 20: Einflussfaktoren der Preisgestaltung in der Sozialwirtschaft

Determinanten	Elemente
Unternehmens-bezogen	• Kosten, Gewinnanteile, Unternehmensziele • Strategische Absichten der Positionierung, Kapazitätsauslastung
Nachfrage-bezogen	• Umfang der Nachfrage • Ersetzbarkeit des Angebots beziehungsweise der Leistung • Zahlungsbereitschaften, Zahlungsfähigkeiten, preisliche Sensibilitäten • Möglichkeiten der Beurteilung des Preis-Leistungs-Verhältnisses
Konkurrenz-bezogen	• Marktform (Monopol, Oligopol, Polypol) • Stellung der sozialen Organisation im Markt (Marktanteile, Absatzvolumina etc.) • Wettbewerbsintensität • Angebote der Wettbewerber, Preise der Wettbewerber • Strategien der Wettbewerber

Determinanten	Elemente
Umfeldbezogen	• Preisregulierungen • Einflüsse durch wirtschaftliche Lage, konjunkturelle Entwicklung • Sozialpolitische Willensbildung • Gesetzliche Regulierungen • Wirtschaftspolitische Rahmensetzungen
Absatzmittler-bezogen	• Möglichkeiten der Absatzausweitung durch Mittlergruppen

Diese Übersicht macht deutlich, dass die Determinanten je nach Arbeitsfeld des Sozialbereichs sehr unterschiedliche Bedeutungen haben können. So ist in einigen Segmenten der Jugendhilfe gebietsweise seit Jahren die Konkurrenz-situation so stark angestiegen, dass solche konkurrenzbezogenen Faktoren bei der Preisgestaltung erheblichen Einfluss ausüben können. Demgegenüber sind Felder zu nennen, die sehr stark umfeldbezogen von politischen Festlegungen geprägt sind, so beispielsweise in der Förderung von Leistungen, welche aufgrund sozialpolitischer Willensbildung hohe Priorität genießen und damit mit einer guten Ausstattung rechnen dürfen. Unternehmensbezogene Strategien der Preisfestlegung ergeben sich durch Preissteigerungen des Faktors »Arbeit«, aber auch durch gestiegene Kosten im Betrieb von stationären Einrichtungen (Energiekosten, Mietkosten etc.), so dass auch diese Gruppe von Determinanten in der Praxis einen wichtigen Rahmenkomplex für die preisliche Ausgestaltung sozialer Dienstleistungen nicht nur potenziell darstellen kann, sondern und in der Mehrheit der sozialen Arbeitsfelder faktisch auch darstellt.

Es ist davon auszugehen, dass in der Praxis sehr unterschiedliche Mischformen vorliegen und die für die Preispolitik ausschlaggebende Marktkonstellation
• lediglich arbeitsfeldspezifisch sowie in kleineren regionalen, lokalen oder gar sozialräumlichen Clustern homogen beschreibbar sein kann
• oder (wenn auch unternehmensbezogene Parameter mit berücksichtigt werden) selbst innerhalb dieser Mikrostrukturen von Organisation zu Organisation sehr unterschiedlich ausgestaltet sein wird.

3.2 Methoden der Preisfestlegung

Nach Berndt (1990) liegen in der unternehmerischen Praxis mit kostenorientierten, nachfrageorientierten, konkurrenzorientierten sowie nutzenorientierten Möglichkeiten der Preisbestimmung vier idealtypische Varianten der Preisfindung vor (vgl. bspw. auch Olbrich/Battenfeld 2007; für Pflegeeinrichtungen vgl. Christa 1997). Diese Varianten sind geeignet, um Möglichkeiten und Grenzen der Festlegung von Preisen auch sozialer Organisationen auszuloten.

In der folgenden Übersicht sollen die vier Idealtypen der Preisfestlegung beschrieben werden:

Tab. 21: Idealtypen der Preisfestlegung

Idealtypus	Beschreibung
Kosten-orientierte Preisfindung	• Ausgangspunkt sind die Kosten der Leistungserbringung beziehungsweise der Deckungsgrad des zu erzielenden Preises für die Gesamtkosten • Die kostenorientierte Preisfindung ist die Basis der Kalkulation, da die Kostenlinie in der Regel bzw. mittelfristig vom Preis nicht unterschritten werden kann • Kostenbezogene Preisfindungen sind auch Grundlage der Kalkulation bei »Kosten plus Gewinnaufschlag« (notwendig bspw. bei vielen öffentlichen Aufträgen) • Es handelt sich um eine relativ einfache, risikofreie und wenig zeitaufwändige Preisfindungsform • Die Preisfestsetzung ist nach innen und außen für soziale Organisationen gut legitimierbar • Die kostenorientierte Preisfindung ist die dominierende Preisbildungsform in Segmenten mit Gewinnerzielungsverbot bzw. obligatorischen Selbstkostenpreisen • Die kostenorientierte Preisfindung war bzw. ist das konstituierende Moment des Non-Profit-Sektors
Nachfrage-orientierte Preisfindung	• Ausgangspunkt ist die mit veränderten Preisen entsprechend veränderte Nachfrage bzw. die Anpassung des Preises an die Menge der Nachfrage nach einer bestimmten Leistung • Es erfolgt eine ausschließliche Konzentration des Preises auf die Nachfrage und diesbezügliche Veränderungen: steigt die Nachfrage, steigt der Preis – sinkt die Nachfrage, sinkt der Preis • Schwierigkeit: Ermittlung der zu erwartenden Reaktionen auf Preisveränderungen und der Einflüsse anderer Marketingfaktoren • Schwierigkeit: Passive Rolle bei der Preisfindung, da die Organisation als Preisanpasser agiert • Schwierigkeit für solche Sozialorganisationen mit Angeboten für nicht-zahlungsunfähige Adressaten (in einem freien Markt, d.h. ohne Übernahme des finanziell notwendigen Aufwands durch einen Kostenträger): Der Preis müsste eigentlich gegen Null gehen bzw. die Leistung dürfte nicht angeboten werden.

Konkurrenz-orientierte Preisfindung	• Ausgangspunkt ist das Angebots- und Preisverhalten der Wettbewerber • Die Preisbestimmung erfolgt in Relation zum Preisgefüge des Marktes, die preisliche Ausrichtung erfolgt mit Blick auf das Verhalten konkurrierender Institutionen im Unternehmensumfeld • Preisliche Reaktionen erfolgen entweder passiv aufgrund von Preisveränderungen der Wettbewerber oder aktiv in strategischer Absicht • Positionierungsmöglichkeiten über Preisfestlegung liegen vor, wenn Preis-Qualitäts-Relationen auf dem Markt eine Rolle für den Absatz spielen • Schwierigkeit: Potenzielle Abhängigkeit vom Verhalten der Konkurrenten • Chance: Beeinflussung des Wettbewerbs durch aktive strategische Preispolitik ist möglich
Nutzen-orientierte Preisfindung	• Ausgangspunkt ist die individuelle Nutzenstiftung einer Leistung für den Kunden • Nutzenorientierte Preisfindung ist als Variante bei Individualprodukten beziehungsweise sehr spezifischen Dienstleistungen geeignet, wenn keine Konkurrenz und sonstige Restriktionen bei der Preisfestlegung vorliegen • Schwierigkeit: Abschätzung der Zahlungsbereitschaft des Kunden ist riskant, da meist keine objektiven Anhaltspunkte hierfür vorliegen

3.3 Varianten der Preisfindung im situativen Kontext sozialer Organisationen

Handlungsleitende Aussagen zur Preisfindung können für Situationscluster getroffen werden, welche nun für einzelne Segmente der sozialen Arbeit und angrenzender Leistungsfelder anhand der vier Varianten der Preisfindung formuliert bzw. dargestellt werden.

(a) Kostenorientierte Preisfindung
Vielfach müssen soziale Organisationen eine kostenorientierte Preisfindung vornehmen, weil aufgrund von Kostensatzverhandlungen die Selbstkosten (häufig über entsprechende Formulare beziehungsweise Vordrucke des Kostenträgers) offen zu legen sind und eine Strategie der »Kosten plus X-Preisfixierung« mehr oder weniger ausgeschlossen ist.

Leistungsfelder, die von dieser Form der Preisfestsetzung gekennzeichnet sind, betreffen die Formen der Jugendhilfe wie Hilfen zur Erziehung, welche einzelleistungsfinanziert sind und in Einheiten nach der Leistungserbringung (Monats- oder Tagessatz, Fachleistungsstunde etc.) abgerechnet werden müssen. Nur die erbrachte Leistung führt zum Ertrag. Die Ertragssumme steht und fällt mit der Auslastung der Einrichtung. Üblicherweise werden bei den Kostensatzverhandlungen bestimmte Auslastungen unterstellt – ohne dass jedoch eine Inanspruchnahme in dieser Menge/Höhe vom Kostenträger für die zu verhandelnde Laufzeit garantiert wird.

Aber auch im Sektor der Hilfen für Menschen mit Behinderung sind solche Wege der gemeinsamen »Preisfindung« über Kostensatzverhandlungen mit strengem Bezug auf die Selbstkosten vorzufinden. Es können sogar übergreifende Kostensätze vereinbart werden, die über die Preisfindung für eine einzelne soziale Organisation hinaus Preisbindungen verursachen und folglich keinerlei Spielraum mehr für eine individuelle Festlegung auf der Ebene eines einzelnen betroffenen Anbieters gewähren. Darüber hinaus wird auch der zuwendungsfinanzierte Sektor von der kostenorientierten Preisfindung dominiert, da mit einem entsprechenden Förderantrag die Selbstkosten von der sozialen Organisation plausibel dargelegt werden müssen, um eine Chance auf finanzielle Zuwendungen zu haben.

Es ist darauf hinzuweisen, dass die kostenorientierte Preisfindung letztendlich auch der Tradition der freien Wohlfahrtspflege entspricht, welche im Selbstverständnis als Non-Profit-Organisation (NPO) ohne Gewinnerzielungsabsicht tätig ist und damit ohnehin eine Preisberechnung über die reinen Selbstkosten hinaus in den originären Feldern ihrer Tätigkeit nicht leicht legitimieren kann. Problematischerweise können soziale Organisationen, die solchen Komplettbegrenzungen unterworfen sind, im Extremfall keinerlei Rücklagen bilden und damit auch keine Risikovorsorge für Phasen der finanziellen Unterdeckung (beispielsweise aufgrund von geringer Auslastung ihrer Kapazität) treffen. Desweiteren ist es solchermaßen betroffenen Organisationen nicht möglich, durch Überschüsse in bestimmten Angebotsformen andere Felder zu unterstützen, welche unterfinanziert, jedoch für das Selbstverständnis der Organisation eine hohe Bedeutung haben (zu Möglichkeiten und Grenzen der Querfinanzierung vgl. bspw. Schick 2009).

(b) Nachfrageorientierte Preisfindung
Da die nachfrageorientierte Preisfindung eng am Parameter der faktischen Nachfrage nach einer bestimmten sozialen Dienstleistung ausgerichtet ist, kommt die solcherart orientierte Festlegung von Entgelten nur dann infrage, wenn gewisse Freiheiten bei der Preisbestimmung und -reaktion möglich sowie spezifische Notwendigkeiten aufgrund von Nachfrageänderungen zu konstatieren sind. Es sollte sich auch um homogene Güter handeln, d.h. dass qualitative Unterschiede bei der Wahl der Kunden keine oder eine nur geringe Rolle spielen. Eine wesent-

liche Bedingung ist zudem, dass eine preiselastische Nachfrage vorliegt, d.h. die Nachfragemenge muss von einer Preisänderung tangiert werden können. Prinzipiell kommen Preiserhöhungen aufgrund verstärkter Nachfrage ebenso in Betracht wie preisliche Anpassungen nach unten aufgrund einer zu niedrigen Inanspruchnahme. Preissenkungen infolge verringerter Nutzerzahlen sind beobachtet worden in der ambulanten Pflege von Senioren und in Segmenten, in welchen eine Belegung durch einen Kostenträger aufgrund dessen angespannter Haushaltssituationen zurückgegangen ist.

In betriebswirtschaftlicher Hinsicht ist im Kontext preislicher Reaktionen auf die Fähigkeit zur Prognose von Marktreaktionen sowie die Notwendigkeit genauer kostenkalkulatorischer Grundlagen zu verweisen. Entsprechende Vorbereitungen preispolitischer Entscheidungen benötigen als Fundament eine detaillierte Form der so genannten »Deckungsbeitragsrechnung«, welche die Differenz zwischen dem Nettoverkaufserlös und den dieser Leistung zuordenbaren variablen Kosten ermittelt (vgl. zur Deckungsbeitragsrechnung als Grundlage der markt- und entscheidungsorientierten Unternehmensführung bspw. Riebel 1994; Fritz/von der Oelsnitz 2006; zu den wesentlichen Verbindungen von Deckungsbeitragsrechnung und Controlling vgl. Ossadnik 2003). Kostenrechnerisch bedeutsam kann bei der nachfrageorientierten Preisfindung der Umstand sein, dass zwar der Ertrag pro Einheit nach einer Preissenkung nicht mehr die vollen Kosten eines Angebots decken kann, jedoch immer noch bestimmte Kostenanteile mit dem Preis gedeckt werden können, so dass auch nach einer Senkung des Preises das Angebot einer Leistung noch ratsamer erscheint, als keine Preisaktion vorzunehmen oder die Leistung aus dem Portfolio der Angebote gar zu eliminieren.

Die nachfrageorientierte Preisfindung korrespondiert mit der nachfolgend geschilderten Praxis der wettbewerbsorientierten Festlegung von Preisen, wenn eine soziale Organisation als Reaktion auf veränderte Marktkonditionen und im Zuge verringerter Auslastung sich gezwungen sieht, niedrigere Kostensätze anzubieten oder aufgrund von nicht bewilligten Förderanträgen den Kostenumfang bei der Antragstellung für die nächsten Zuwendungsperiode senkt.

(c) Wettbewerbsorientierte Preisfindung

Diese Variante der Preisfestlegung ist dann zur präferieren, wenn aufgrund einer Preisänderung eines Anbieters in einem Sozialmarkt mit diesbezüglichen Reaktionen der Konkurrenz zu rechnen ist. Der wettbewerbs- beziehungsweise branchenorientierten Preisfindung kommt im Bereich der sozialen Arbeit eine größere Bedeutung zu, seit im Zuge einer wachsenden Neigung einiger Zielkunden zu preisgünstigen Leistungen trägerspezifische Reaktionen mit konkurrenzorientierten Hintergedanken erfolgen. Bescheidenheit bei Kostensatzverhandlungen kann aufgrund von Minderauslastung bzw. Minderbelegung motiviert sein, jedoch auch mit strategischen Absichten zur Marktbereinigung, dem Aufbau von Markteintrittsbarrieren sowie mit dem Ziel einer Erhöhung von Markanteilen verbunden werden. Wir dürfen davon ausgehen, dass größere und rücklagenstärkere Anbieter von Preissenkungen weniger betroffen sind, weil sie aufgrund ihrer Finanzstärke längere Phasen niedriger Erträge durchstehen können, während liquiditätsarme Träger aus dem Markt ausscheiden müssen.

Von einer völligen Autonomie bei der Preisgestaltung kann in heutigen Sozialmärkten aufgrund der Entwicklung hin zu oligopolistischen Strukturen kaum mehr die Rede sein. In der überwiegenden Mehrheit der öffentlich finanzierten Segmente ist davon auszugehen, dass die Kostenträger über eine Übersicht zu den Kostensätzen beziehungsweise den aufgrund von Kostensatzverhandlungen realisierten Preisen der einzelnen Anbieter verfügen und entsprechend bestrebt sind, bei Preisoffensiven einzelner Träger eine entsprechende Reaktion bei anderen Anbietern zu provozieren. Mit einem Downsizing von Preisen geht allerdings in der Praxis nicht selten auch eine Absenkung von Qualitätsstandards einher, da korrespondierend zu Preissenkungen auch Kostensenkungen zu realisieren sind, welche mitunter lediglich über qualitative Abstriche möglich werden (zu den Folgen von Modernisierungen in den Finanzierungsstrukturen sozialer Arbeit vgl. bspw. Böllert 2004).

Wettbewerborientierte Preisfindung ist in jenen Bereichen der sozialen Arbeit ebenfalls dort von breiterem Belang, wo fachliche Leistungen für Selbstzahler erbracht werden, sowie in jenen Feldern, in welchen frei finanzierte Dienstleistungen angeboten werden, die keinerlei Beschränkungen durch rechtliche Normierungen, Richtlinien oder Kostenträgerverhalten erfahren. Möglichkeiten und Notwendigkeiten einer an die Konkurrenz ausgerichteten Entgeltpolitik finden sich in Teilen der Seniorenpflege, neue Konkurrenzen und ein damit entsprechend an den Wettbewerb ausgerichtetes Preisverhalten ergeben sich darüber hinaus bei sozialen Leistungen, die im Rahmen des persönlichen Budgets nach § 17 SGB IX angeboten werden.

(d) Nutzenorientierte Preisfindung

Nutzenorientierte Praktiken der Preisfestlegung sind für den sozialen Bereich als eher selten anzusehen, da sie lediglich dort möglich sind, wo jenseits von Konkurrenz und Preisbindung individuelle Entgelte nach dem Bedarf und der Preisakzeptanz des Kunden vereinbart werden können oder die Möglichkeit besteht, psychologische Preise (Snob Valule, siehe oben) zu bilden. Als Beispiel für eine solche Ausrichtung kann die Preisfestlegung für das Wohnen in Seniorenresidenzen mit exklusivem Standort herangezogen werden. Solche Häuser sollten allerdings unverwechselbare Nutzenvorteile aufweisen und nahezu ohne direkte Konkurrenten operieren können, um eine an die individuellen Wertvorstellungen von Interessenten ausgerichtete Preisfixierung vornehmen zu können. Entsprechende Ambiente sollten darüber hinaus die Möglichkeit bieten, einen besonderen Zusatznutzen für die Nachfrager bereitzustellen. Die nutzenorientierte Preisfindung erfolgt damit nach einem »subjektiven Werteprinzip« (Bursch/Fuchs/Unger 2008, S. 303), welches von psychologischen Einflussgrößen dominiert wird.

Eine nutzenorientierte Festlegung von Preisen bedingt, dass Preis und Qualität für den Zielkunden in einem subjektiv voll und ganz angemessenen Verhältnis stehen. Lediglich dann ist von einer Inanspruchnahme des Angebots durch den Nachfrager bzw. Kunden auszugehen. Nicht immer müssen solche vermeintlich komfortablen Ausgangslagen mit einem geschäftlichen Erfolg verbunden sein, denn der auf antizipierte Nutzenvorstellungen der Kunden hin kalkulierte Preis muss nicht immer mit der tatsächlichen Nachfrage und der faktischen Zahlungsbereitschaft korrelieren. In einigen Fällen sind exklusive Geschäftsmodelle sozialer Organisationen gescheitert, weil sich für Premiumleistungen mit entsprechend hohen Preisen nicht genügend Interessenten finden ließen.

Zusammenfassend sollen die geschilderten Optionen der Preispolitik sozialer Organisationen im folgenden Schaubild visualisiert werden:

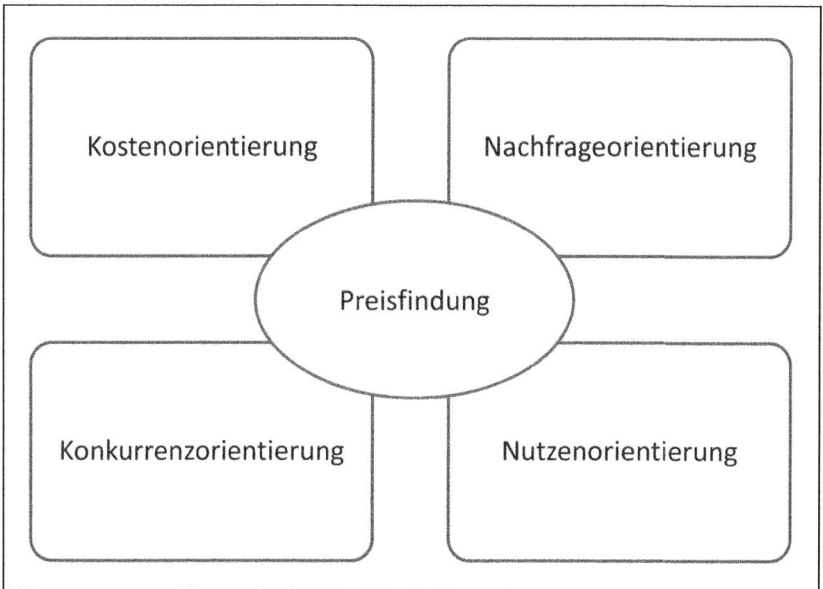

Abb. 58: Varianten der Preisfindung

3.5   Sonstige Preis- und konditionenpolitische Optionen

Da weitere Optionen der Ausgestaltung von Preisen und Konditionen im sozialen Sektor (zumindest bislang) keine große Bedeutung haben, sollen sie im Folgenden lediglich kurz umrissen werden.

- Rabattpolitik: Bei Rabatten werden Preisnachlässe an spezifische »Gegenleistungen« gekoppelt. Rabatte werden typischerweise eingeräumt im Rahmen von Zahlungskonditionen und einer Berücksichtigung der Zeitpunkte der Inanspruchnahme, der Bestellung etc. Weitere Formen der Rabattgewährung können sich auf Kundentreue und/oder auf Mengen des Kaufs bzw. der Inanspruchnahme beziehen. In Einzelfällen ist es mittlerweile im Sozialwesen auch zu vergleichsweise aggressiven preispolitischen Aktionen von Anbietern gekommen, die dem Kostenträger einen preislichen Bonus bei der Inanspruchnahme einer bestimmten Menge von Hilfen oder einer Inanspruchnahme innerhalb eines bestimmten Zeitraums angeboten haben.

- Preisdifferenzierung: Die Option, für eine bestimmte Leistung bzw. Leistungsform verschieden hohe Preise zu fordern, ist in der Wohlfahrtspflege nicht sehr verbreitet etabliert, jedoch nicht gänzlich unmöglich. Differenzierungen können in räumlicher und zeitlicher Hinsicht ebenso vorgenommen werden wie nach Kundenart (bspw. bei mehreren Kostenträgern). Sowohl für die Staffelung von Preisen nach regionalen Zahlungsfähigkeiten von öffentlichen und privaten Haushalten als auch für die unterschiedliche preislichen Bewertung von Leistungen nach Tageszeiten, Werktagen und Wochenenden sowie die Differenzierung nach Selbstzahlern und anderen Adressaten liegen in manchen Segmenten des Sozialwesens entsprechende Voraussetzungen vor.

- Gegengeschäfte: Ebenfalls eher als randständige Möglichkeit von Preispolitik im Sozialwesen anzusehen, ist diese Form von »Entgeltfindung« allerdings denkbar in solchen Kooperationsformen, die zwischen sozialen Einrichtungen oder Trägern praktiziert werden. Spezifische Leistungen, die von einem sozialen Träger für einen anderen erbracht werden, können zumindest theoretisch auch in Form von fachlichen Gegenleistungen kompensiert werden. Gegengeschäfte werfen nicht selten Probleme bei der Kostenberechnung einer sozialen Diensleistung auf und sind gegenüber öffentlichen Trägern nicht problemlos legitimierbar.

- Kreditpolitik: Diese Form der Konditionengewährung bezieht sich auf die Möglichkeit, dem Zielkunden eine Überbrückung von Zahlungsschwierigkeiten zu ermöglichen. Dabei übernimmt der Anbieter ganz oder teilweise die Finanzierungskosten für Kredite, die im Zuge des Kaufs beziehungsweise der Inanspruchnahme entstehen. Ohne als solche ausgewiesen zu sein, erbringen Freie Träger in der Praxis faktisch eine solche Gewährung von

Krediten, wenn Kostenerstattungen oder Zuwendungen durch öffentliche Träger erst mit Verspätung erfolgen.

4 Organisatorische Voraussetzung preispolitischer Entscheidungen: Buchführung und Kostenrechnung

An verschiedenen Stellen der Ausführungen zu diesem Feld des Marketing-Mix dürfte deutlich geworden sein, dass fundierte Entscheidungen zur Preisgestaltung lediglich auf der Basis kostenrechnerischer Exaktheit getroffen werden können. Ohne ins Detail gehen zu können, sollen doch abschließend noch einige Hinweise zu den diesbezüglichen Obliegenheiten einer sozialen Organisation gegeben werden.

Die folgende Grafik zeigt eine Übersicht über die entsprechenden Voraussetzungen, die in sozialen Organisationen gegeben sein müssen.

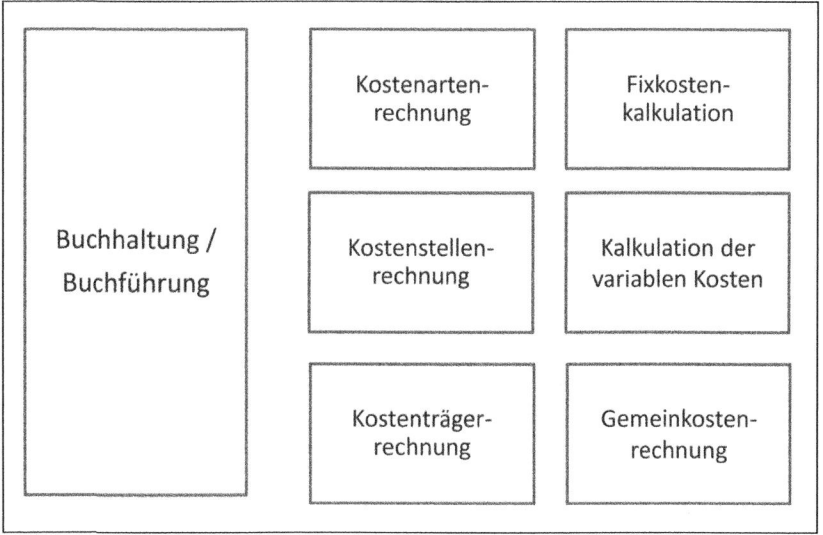

Abb. 59: Elementare Bereiche der Kosten-/Leistungsrechnung

4.1 Buchführung

Die Kosten- und Leistungsrechnung erfasst in Geld bewertet alle Aufwendungen und Leistungen des Betriebes oder der Unternehmung. Sie ist die unentbehrliche Basis für jede Form preislicher Erwägungen. Eine entsprechende betriebliche Erfolgsrechnung als Instrument der Planung, Ergebnisfeststellung und Steuerung bedarf indes adäquater buchhalterischer Grundlagen, um unternehmerische Entscheidungen ermöglichen zu können. Preisobergrenzen bei Einkauf, Leistungsbewertung und -entscheidung, aber auch in absatzwirtschaftlicher Hinsicht beispielsweise eine Festlegung von Preisuntergrenzen des Verkaufs sind lediglich aus einer korrekten Buchführung herzuleiten (vgl. bspw. Hüttner/Heuer 2004).

- Bereits im Handelsgesetzbuch werden wesentliche Gütekriterien einer funktional angemessenen Buchführung genannt: Die Buchführung muss demnach (§ 238 HGB) »so beschaffen sein, dass sie einem sachverständigen Dritten innerhalb angemessener Zeit einen Überblick über die Geschäftsvorfälle und über die Lage des Unternehmens vermitteln kann. Die Geschäftsvorfälle müssen sich in ihrer Entstehung und Abwicklung verfolgen lassen«.
- Ein Kontenverzeichnis (Kontenplan) sowie eine fortlaufende Nummerierung der Belege sind ebenso vorzuhalten wie die Vorgaben der zeitnahen Buchung, der sachlichen Richtigkeit, der klaren Erfassung und tiefen Gliederung der Konten und der rechnerischen Richtigkeit.
- Moderne betriebliche Informationssysteme leisten eine automatische Abstimmung der Werte zwischen Finanzbuchhaltung und Kostenrechnung, sie vermögen darüber hinaus eine deckungsgleiche Darstellung von Plan- und Ist-Werten mit der Möglichkeit des automatisierten Vergleichs sowie eine angemessene Verdichtung der Information zu kostenarten- oder kostenstellenbezogenen Bezügen vorzunehmen. Die Möglichkeit der Detailanalyse eines jeden aus der Finanzbuchhaltung oder den betriebswirtschaftlichen Buchungen resultierenden Buchungssatzes bis hinunter zur Bezugsebene muss gegeben sein, um bedarfsgerechte Kostenrechnungen vornehmen zu können.
- Eine klare buchhalterische Zuordnung von Ausgaben zu den verschiedenen Leistungen und Leistungsfeldern eines Trägers oder einer Einrichtung ist wichtig, weil sonst die Kalkulation des Preises für eine Einzelleistung nicht exakt vorgenommen werden kann.

4.2 Kostenrechnungsstufen

Für die Ermittlung des Betriebsergebnisses, die Bestimmung von kostendeckenden Preisen sowie die Kontrolle der Effizienz sind Berechnungen notwendig, die einem modularen Aufbau folgen, der von der Kostenartenrechnung über die Kostenstellenrechnung bis hin zur Kostenträgerrechnung reicht. In der untenstehenden Tabelle sind die Abfolgen skizziert.

Tab. 22: Stufen der Kostenrechnung

Stufen der Kostenrechnung	Grundlagen	Beispiele
Kostenartenrechnung	• Grundfrage: »Welche Arten von Kosten sind angefallen?« • Systematische Aufstellung aller anfallenden Kosten des Betriebs nach Arten • Ergebnisse gehen in die nachfolgenden Kostenstellen- und Kostenträgerrechnung ein	• Personalkosten • Sachkosten • Investitionskosten
Kostenstellenrechnung	• Grundfrage: »Wo sind Kosten angefallen?« • Aufteilung der Kostenarten zu den Orten der Entstehung • Aufteilung von Einzel- und Gemeinkosten auf die verursachenden Kostenstellen • Vorbedingung für Kalkulation der Stückkosten/Einzelkosten in der nachgelagerten Kostenträgerrechnung	• Küche • Therapie • Technischer Dienst • sozialpädagogische Arbeit
Kostenträgerrechnung	• Grundfrage: »Was kostet eine produzierte Einheit?« • Bestimmung der Herstellungskosten unter Einbeziehung von Gemeinkosten • Plankalkulation bei Kundenanfragen • Vorkalkulation vor Rechnungsperiode • Nachkalkulation für die Analyse vergangener Perioden	• pro Pflegetag • pro Beratungstag • pro Fachleistungs-stunde

Wie zu erkennen gewesen sein dürfte, kann eine preisliche Kalkulation lediglich aufgrund einer korrekten Herleitung der Kosten zu einer Leistung vorgenommen werden. Erst wenn die Buchhaltung alle Ausgaben zutreffend den Leistungsbereichen, Projekten, Maßnahmen eines Trägers/einer Einrichtung zugeordnet hat, können die Kostenberechnungen fundiert vorgenommen werden. Nur wenn die buchhalterischen Daten stimmen, kann die Organisation ermitteln, welche Sach-, Personal- und Investitionskosten eine jede ihrer Leistungsformen bzw. Leistungen hat, und an welcher Stelle des Betriebs Kosten in welcher Höhe angefallen sind. Die Kostenträgerrechnung schließlich ermittelt dann als letzte Stufe der Kalkulation die jeweils noch vertretbare untere Grenze für die Gegenfinanzierung einer jeden Leistung.

4.3   Teilkostenrechnungen

Für detailliertere Analysen, beispielsweise im Rahmen der Ermittlung des De-
ckungsbeitrages einer Leistung, sind Teilkostenrechnungen vorzunehmen. Dabei wird nur der Ausschnitt der Kosten in die Berechnungen einbezogen (vgl.
Stelling 2005; Fritz/von der Oelsnitz), welcher in einem engen/direkten Kontext
mit dem Angebot steht.

Folgende Teilkosten und Teilkostenrechnungen sind als Grundlage preispolitischer Entscheidungen von besonderer Bedeutung:

Tab. 23: Teilkostenrechnungen

Teilkostenart	Erläuterung	Beispiele
Fixkosten	Kosten unabhängig von Produktionsmenge	• Versicherungen • Mieten
Variable Kosten	Kosten, die im Kontext der Produktion erst entstehen	• Fahrtkosten • Wasserverbrauch
Einzelkosten	Direkt zurechenbare Kosten	• Lebensmittel • Fahrtkosten • Gehälter für Sozialpädagogen eines Angebots
Gemeinkosten	Nicht direkt zurechenbare Kosten	• Leitungskosten • Verwaltungskosten
Target Costing	Kalkulation mit Ziel des auf dem Markt erzielbaren Preis Umkehrung des Prinzips der kostenorientierten Festsetzung von Preisuntergrenzen	• Kosten pro Fachleistungsstunde dürfen nicht den in der Entgeltverhandlung realisierbaren Preis übersteigen

Weitere Ausführungen würden den Rahmen der vorliegenden Publikation spren-
gen. Zu verweisen ist auf das mittlerweile erhältliche informative Schrifttum zu
Buchführung und Kosten- und Leistungsrechnung in der sozialen Arbeit (vgl.
bspw. Schellberg 2002).

F.4   Kommunikationspolitik

Kommunikation als Medium menschlichen Zusammenlebens ist auch im Marketing von Produkten und Dienstleistungen von großer Bedeutung. Die Kommunikationspolitik nimmt im Mix der marktgerichteten Aktivitäten neben den bereits besprochenen Feldern eine dementsprechend gleichberechtigte Stellung ein.

Es soll in diesem Abschnitt gezeigt werden, dass eine Übertragung kommunikationspolitischer Prinzipien auf das Handlungsfeld sozialer Organisationen vorgenommen werden und auch im sozialen Sektor mit dem Einsatz von Instrumenten und Maßnahmen der Kommunikation die Erreichung der Ziele einer dort tätigen Organisation wesentlich unterstützt werden kann. Besondere Rahmenbedingungen der Wohlfahrtspflege und spezielle Anliegen sozialer Institutionen sind wie in den bereits erörterten Aktionsbereichen auch hier zu berücksichtigen.

Die marketingtechnische Relevanz der Kommunikationspolitik ergibt sich aus dem Umstand, dass über Kommunikation wichtige Verbindungslinien zwischen leistungs-, preis- und distributionspolitischen Dispositionen sozialer Organisation auf der einen, dem »Markt« auf der anderen Seite realisiert werden müssen. Kommunikationspolitik hat in diesem Zusammenhang eine Reihe von wichtigen Aufgaben zu übernehmen, das in diesem Abschnitt zu betrachtende Spektrum reicht von Informationsfunktionen bis hin zur aktiven Formung, Beeinflussung und Veränderung des Verhaltens von Zielkunden, entsprechend einsetzbare Instrumente sind vielgestalig.

Schwerpunkte dieses Abschnitts sind:

(1) Bedeutung und Spezifika der Kommunikationspolitik sozialer Organisationen

(2) Kommunikationspolitische Zielstellungen

(3) Instrumente der Kommunikationspolitik.

1   Bedeutung und Spezifika der Kommunikationspolitik sozialer Organisationen

Da der kommunikative Austausch mit zentralen Umweltelementen für soziale Organisationen aus verschiedenen Gründen sehr große Bedeutung hat, möchten wir zunächst den Implikationen von Kommunikation und Kommunikationspolitik allgemein sowie in der Wohlfahrtspflege im Besonderen die gebührende Aufmerksamkeit zukommen lassen. Nach einer Skizze der für das Verständnis von Kommunikation und Kommunikationsprozessen wesentlichen Faktoren werden die Position der Kommunikationspolitik im Marketing-Mix sowie die für das Sozio-Marketing zu berücksichtigenden Hintergründe des Sozialsektors geschildert.

1.1 Kommunikation und Kommunikationsprozess im Marketing

Für das Verständnis der Bedeutung dieses Handlungsfelds soll zunächst eine allgemeine Annäherung an den Begriff »Kommunikation« vorgenommen werden:

- Der Duden versteht darunter zum Einen die »Verständigung untereinander« und nennt die Begriffe »Umgang« und »Verkehr«, zum Anderen wird auf »Verbindung« und »Zusammenhang« verwiesen. (Duden Fremdwörterbuch 1982).

- Die etymologische Herleitung von Kommunikation kann über das lateinische »communis« für »gemeinsam« sowie »communicare« mit Verweis auf »gemeinschaftlich machen« erfolgen (vgl. Köbler 1995). Eng verbunden mit einem Verständnis von »communicare« sind auch »etwas tauschen« und »austauschen«.

Ersichtlich sollte sein, dass damit die Vorstellung von der einseitigen Kommunikation im Sinne einer Einbahnstraße verworfen werden muss und der Gedanke der Gegenseitigkeit in den Mittelpunkt des Verständnisses rückt.

Um das Wesen kommunikationspolitischer Entscheidungen, Instrumente und Maßnahmen in der speziellen Marketingperspektive zu verdeutlichen, können wir die Herangehensweise von Kuß/Kleinaltenkamp (2009, S. 218) übernehmen, die darauf hinweisen, dass im Marketing unter Kommunikation der Prozess zu verstehen ist, »durch den der Austausch von Gedanken und Bedeutungsinhalten zwischen Individuen oder zwischen Organisationen und Individuen ermöglicht wird«. Es werden dabei »auf unterschiedlichen Wegen (verbal, schriftlich, bildlich) … Meinungen, Wissen, Einstellungen etc. anderen Personen übermittelt« (ebd., sehr ähnlich bspw. auch Meffert/Bruhn 2009, S. 283 ff. zur Kommunikationspolitik im Dienstleistungsbereich).

Für das Verständnis des Wesens von Kommunikation und die Relevanz kommunikativer Akte aus Marketingsicht ist desweiteren die prozessorientierte Betrachtung aufschlussreich:

- Die elementare Lehre von Prozessen der Kommunikation geht im Marketing davon aus, dass eine ein Produkt oder eine Dienstleistung anbietende Unternehmung als Quelle des kommunikativen Austausches firmiert. Diese Institution hat im Vorfeld von Kommunikation eine Reihe von Vorleistungen zu erbringen, so z.B. dezidierte Vorüberlegungen zur Positionierung, zu Preisen und sonstigen Konditionen des Angebotes, zu Faktoren der Erhältlichkeit und des Zugangs zu dem jeweiligen Produkt oder der Dienstleistung, um Informationsgehalt und weitere Elemente der Kommunikation so hinreichend zu spezifizieren, dass die Bedingung der Möglichkeit eines gelungenen Austauschs von Gedanken und Bedeutungsinhalten vorliegt.

- Ein zweites wichtiges Element im Kommunikationsgefüge ist das »Medium« des Austausches, denn jegliche Form von Kommunikation benötigt einen »Träger« physischer Natur. Hierzu werden Printerzeugnisse wie Zeitschriften, Zeitungen, Broschüren ebenso gezählt wie funk- und tele-kommunikative Medien (TV, Rundfunk), aber auch Personen, die als Absatzmittler oder in Situationen des direkten Verkaufs als entsprechender Träger in Erscheinung treten können. Bei einer entsprechenden Auswahl sind Faktoren wie zielgruppenspezifische Relevanz, Reichweite und Potenziale der kommunikativen Intensität zu berücksichtigen.
- Über diese Stufen hinaus ist in kommunikationstheoretischer Hinsicht der Rezipient (Empfänger) als bedeutender Faktor gelingender kommunikativer Prozesse relevant, wobei insbesondere Möglichkeiten und Grenzen der Rezeption, Dekodierung und Speicherung (Aufmerksamkeitsniveaus, Aufnahmefähigkeit, Erinnerung etc.) von Botschaften sowie deren konkrete Wirkung auf das Verhalten (Kauf, Einstellung, Meinung etc.) in die Überlegung einzubeziehen sind.

Die folgende Grafik zeigt die geschilderten Zusammenhänge von Wesen und Prozess der Kommunikation im Zusammenhang auf:

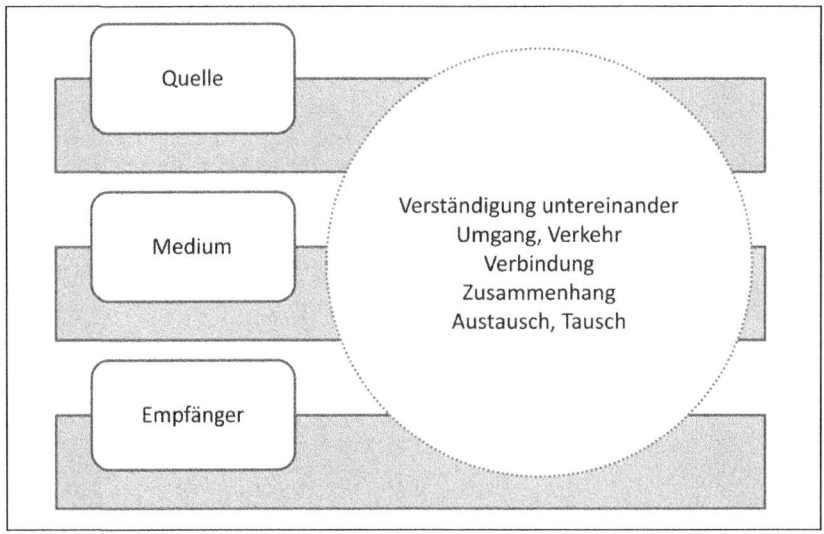

Abb. 60: Elementarformen der Kommunikation

1.2   Kommunikationspolitik im Marketing-Mix

Mit der Kommunikationspolitik erörtern wir ein instrumentelles Aktionsfeld, welches von der breiten Öffentlichkeit bisweilen ausschließlich mit dem Marketing assoziiert wird. Die Bürger westlicher Konsumgesellschaften werden täglich mit einer Vielzahl intensiver Werbeaktivitäten von Herstellern, Dienstleistern und Handelsbetrieben konfrontiert – der Werbeaufwand im Jahre 2009 lag gemäß der Statistik des Zentralverbands der deutschen Werbewirtschaft e.V. (ZAW) bei rund 30,5 Milliarden Euro (vgl. www.zaw.de) – so dass ein entsprechender Kurzschluss verständlich ist.

Einem reduzierten Verständnis unterliegen jedoch auch viele der bisherigen Publikationen zum Marketing in der sozialen Arbeit, in welchen häufig nicht nur die anderen Aktionsfelder verkürzt oder gar nicht dargestellt, sondern im Kontext von Kommunikationspolitik vielfach lediglich die Optionen der Öffentlichkeitsarbeit thematisiert werden (vgl. bspw. Koziol et al. 2006). Demgegenüber pflegen die etablierten Lehrwerke zum erwerbswirtschaftlichen Marketing ein umfassenderes und ausgewogeneres Verständnis vom Wesen der Kommunikationspolitik und ihrer Verortung im Marketing-Mix. Dies betrifft vor allem die Voraussetzungen erfolgreicher kommunikativer Strategien, wobei Kuß/Kleinaltenkamp (2009, S. 221) in besonders direkter Weise das enge und in gewisser Weise auch von einer kritischen Abhängigkeit gekennzeichnete Verhältnis der Kommunikationspolitik im Mix der Aktionsfelder herausstellen: »Im Gegensatz zu der in der breiten Öffentlichkeit vertretenen Auffassung, dass man durch Werbung die Konsumenten sehr weitgehend beeinflussen könne, gehen Marketing-Praktiker allgemein davon aus, dass ein minderwertiges oder überteuertes oder im Handel nicht ausreichend verfügbares Produkt nur durch kommunikationspolitische Maßnahmen am Markt nicht dauerhaft erfolgreich sein kann«.

Auch im Sozio-Marketing umfasst der Bereich der Kommunikationspolitik nicht nur ein vergleichsweise weites Feld unterschiedlicher Ansätze, Instrumente und Maßnahmen – geht also weit über Werbung hinaus, sondern ist im engen Abgleich mit der Marktsituation einer Organisation sowie vor dem Hintergrund der drei anderen Elemente des Marketing-Mix (Angebot bzw. Leistung, Distribution und Preis) auszugestalten.

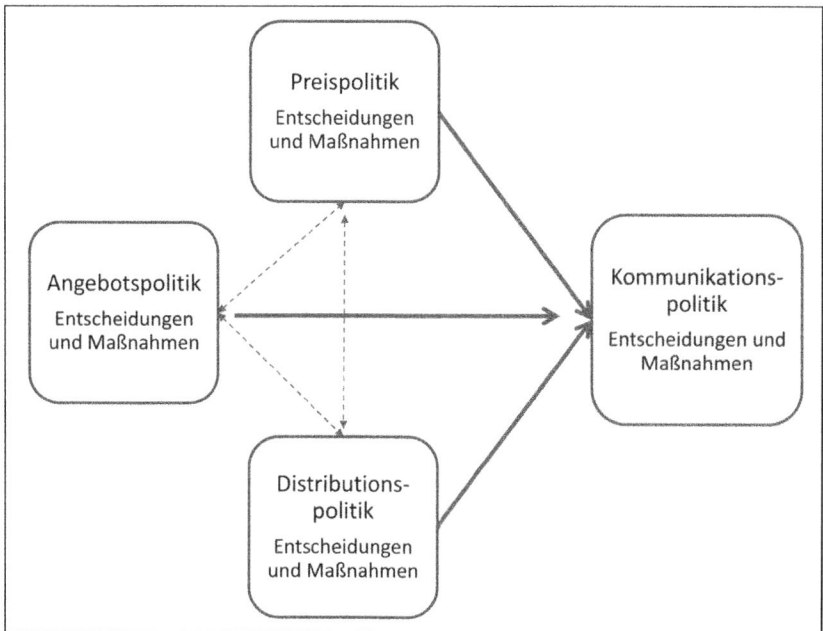

Abb. 61:Kommunikationspolitik im Marketing-Mix

Im obigen Schaubild soll die geschilderte Stellung der Kommunikationspolitik verdeutlicht werden, wobei zu beachten ist, dass die vorgelagerten Entscheidungen und Maßnahmen der Politik von Angebot, Preis und Distribution ihrerseits in gegenseitiger Abstimmung vorgenommen werden müssen, um ein schlüssiges Konzept für anschließende kommunikationspolitische Entscheidungen und Maßnahmen bieten zu können. Aus diesem Grunde sind die Beziehungen zwischen Leistung, Preis und Distribution in gestrichelten Linien visualisiert sowie die daraus jeweils entstehenden Implikationen in direkter Verbindung zur Kommunikationspolitik über Pfeile versinnbildlicht.

Festzuhalten ist also, dass die Kommunikationspolitik einerseits ein unverzichtbarer Faktor im Marketing-Mix ist, jedoch in strategischer Hinsicht eine »nachgeordnete« Position einnehmen muss, da lediglich auf der Basis von konkreten Entscheidungen zur Angebots-, Preis- und Distributionspolitik hinreichend zielführende kommunikationspolitische Festlegungen erfolgen bzw. daraus abgeleitete Maßnahmen ergriffen werden können.

1.3   Spezifika der Kommunikationspolitik im Sozialbereich

Wir möchten in diesem Abschnitt zweistufig vorgehen, indem wir ausgehend von den kommunikationspolitischen Besonderheiten für Dienstleistungsbranchen die noch einmal weitergehenden Bedingungen im Bereich der Wohlfahrtspflege genauer darlegen.

Im Hinblick auf Besonderheiten für Dienstleister kann auf Meffert/Bruhn (2009) verwiesen werden, die in eine Reihe von Rahmenbedingungen nennen, die auf Kommunikationspolitik im Sozialsektor übertragen werden können:

- Insbesondere bei Dienstleistungen, welche den Charakter eines »Vertrauensgutes« aufweisen, kommt der Kommunikation von Leistung und Leistungsfähigkeit eine große Bedeutung zu, da Vertrauen wesentliche Vorbedingung für Absatz ist.
- Die Immaterialität von Dienstleistungen bedingt, dass die Kommunikation von Qualität wenig, unter Umständen sogar keinerlei Bezug auf attraktive physische bzw. tangible Elemente vornehmen kann. Da die Leistungsfähigkeit einer Dienstleistung nicht physisch darstellbar ist, sind andere Formen der Kommunikation und Dokumentationen – insbesondere von Kompetenzen – notwendig.
- Die Komplexität von Dienstleistungen erfordert in der Regel, sich bei der Kommunikation von Angeboten auf einige wenige, aber wesentliche Faktoren zu beschränken. Dies erfordert eine Auswahl von Besonderheiten der Leistung beziehungsweise spezifischen Potenzialen, die hervorgehoben kommuniziert werden sollen.
- Aufgrund der Grenzen der Standardisierbarkeit von Dienstleistungen ist die Kommunikation von Leistungspotenzialen im Hinblick auf den Vergleich mit Konkurrenten erschwert, Garantieversprechen sind (wie gesehen) riskant. Die Kommunikation von Qualität wird dabei noch erschwert durch den Umstand, dass viele Dienstleistungen nicht per se gut oder schlecht sind, sondern im Hinblick auf eine subjektive Bewertung durch den Kunden ihre Güte erfahren.
- Wegen vieler Unsicherheiten im Hinblick auf die Wirkung von Dienstleistungen, die von Menschen an Menschen erbracht werden (insbesondere durch die Notwendigkeit der Integration eines externen Faktors, nämlich den Kunden selbst) sind Risiken, Nebenwirkungen und notwendige Rahmenbedingungen für Erfolg gegebenenfalls dezidiert in die Kommunikation mit einzubeziehen.

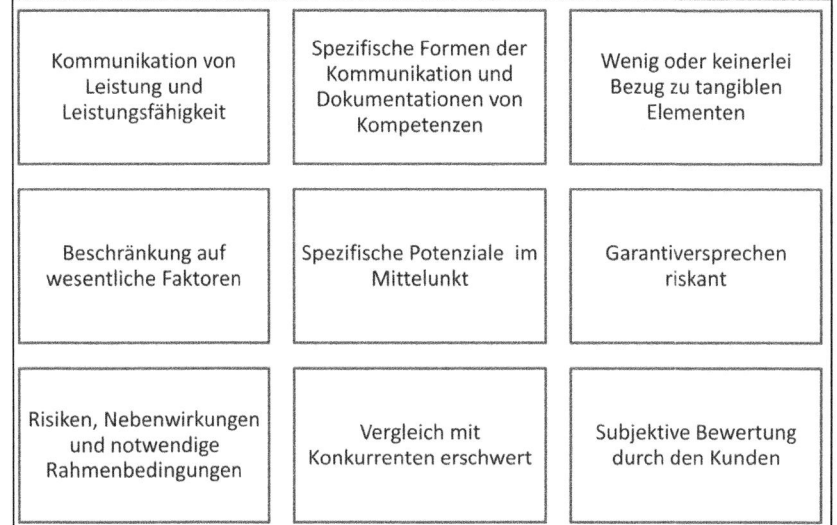

Abb. 62: Kommunikationspolitik – Besonderheiten für Dienstleister

Im Hinblick auf die der Wohlfahrtspflege eigenen Besonderheiten sind folgende Faktoren bei der Beurteilung der kommunikationspolitischen Ausgangslage sozialer Organisationen zu nennen:

- Da Leistungen der sozialen Arbeit und angrenzender Felder überwiegend den Charakter der Versorgung, Beratung, Begleitung, Entwicklung, Therapie etc. mit Bezug auf soziale, psychische und körperliche Bedarfslagen haben, steht eine aktive Bedarfsentwicklung über kommunikative Maßnahmen nicht unbedingt im Zentrum der strategischen Absichten sozialer Organisationen.
- Das doppelte Kundenverhältnis vieler Sozialorganisationen konstituiert für die betroffenen Institutionen eine komplexere kommunikationspolitische Strategie. Nicht selten ergibt sich daraus ein Mix mit Einsatz unterschiedlicher Instrumente und Inhalte: Beispielsweise die Kommunikation pädagogischer Erfolge für Kostenträger, die Attraktivität der Angebote von Jugendfreizeitstätten für die Gruppe der Klienten.
- Viele Träger der Wohlfahrtspflege verfolgen über die reine Erbringung sozialer Dienstleistungen hinaus auch verschiedene Anliegen der sozialpolitischen Einflussnahme und der Interessenvertretung. In der Regel sind entsprechende Aufgaben nicht arbeitsteilig zu leisten, so dass auf Verbands-, Träger- und Einrichtungsebene erhebliche Komplexitäten entstehen können.
- Eine Begrenzung für das Spektrum kommunikationspolitischer Aktivitäten und Inhalte ergibt sich für viele Organisationen im Sozialwesen daraus, dass

sich aufgrund ihrer Konstitution als Institutionen der freien Wohlfahrtspflege mit Wertebindung von vorneherein eine Reihe von Maßnahmen manipulativer Natur verbietet.

- Zwar erfahren soziale Leistungsfelder eine Basisakzeptanz in der öffentlichen Meinung. Da in vielen Feldern des Sozialwesens davon auszugehen ist, dass die der sozialen Leistung zu Grunde liegende Problematik negativen Charakter aufweist, müssen soziale Organisationen bei ihrer Kommunikationspolitik allerdings berücksichtigen, dass ein Großteil der Öffentlichkeit kein (besonderes) Interesse an der Institution sowie ihrer Tätigkeit hat, unter Umständen sogar entsprechende Thematiken und Gegenstände der sozialen Arbeit wie Kriminalität, Missbrauch, Gewalt, Erkrankungen und Pflegebedürftigkeit meidet. Es dürfte unmittelbar ersichtlich sein, dass sich aus dieser zwiespältigen Situation heraus nicht unerhebliche weitere Herausforderungen für die kommunikationspolitischen Aktivitäten sozialer Organisationen ergeben.

- Dabei ist auch darauf zu verweisen, dass die Kommunikation sozialer Organisationen innerhalb globaler Kontexte stattfindet, die unter dem Stichwort »Informationsgesellschaft« beschrieben werden können. Einerseits haben sich auch für soziale Organisationen die Möglichkeiten der öffentlichen Kommunikation dramatisch erweitert. Kommunikation in westlichen Gesellschaften bedeutet heute auf der anderen Seite stets das Überbringen von Botschaften »im Wettbewerb«. Entsprechende Bemühungen zur Information und Beeinflussung sind gekennzeichnet von Informationsflut, Informationsüberlastung und entsprechenden selektiven Wahrnehmungen der Rezipienten. Angesichts der erheblich angestiegenen Konkurrenz um Aufmerksamkeit müssen kommunikationspolitische Maßnahmen sozialer Organisationen heutzutage mehr denn je professionellen Standards genügen, um im Konzert der Bemühungen von Institutionen aller Art wenigstens eine minimale Aussicht auf Erfolg zu haben.

- Zum gegenwärtigen Zeitpunkt muss in vielen Feldern des Sozialwesens davon ausgegangen werden, dass Leistungen bis zu einem gewissen Grade austauschbar und verwechselbar, mithin nicht erkennbar positioniert sind. Eine besondere Herausforderung ist es dann für Maßnahmen der (Marken-) Kommunikation, eine klare Verortung einer sozialen Dienstleistung im Konkurrenzumfeld vorzunehmen (vgl. hierzu auch die Ausführungen zu Markenpolitik und Jugendarbeit von Antjes 2005). Wenn es aber in einer Branche nicht gelingt, Besonderheiten eines Angebotes zu kommunizieren, wird nahezu unweigerlich der Wettbewerb über den Preis ausgetragen werden.

Das folgende Schaubild fasst die wesentlichen Punkte noch einmal zusammen:

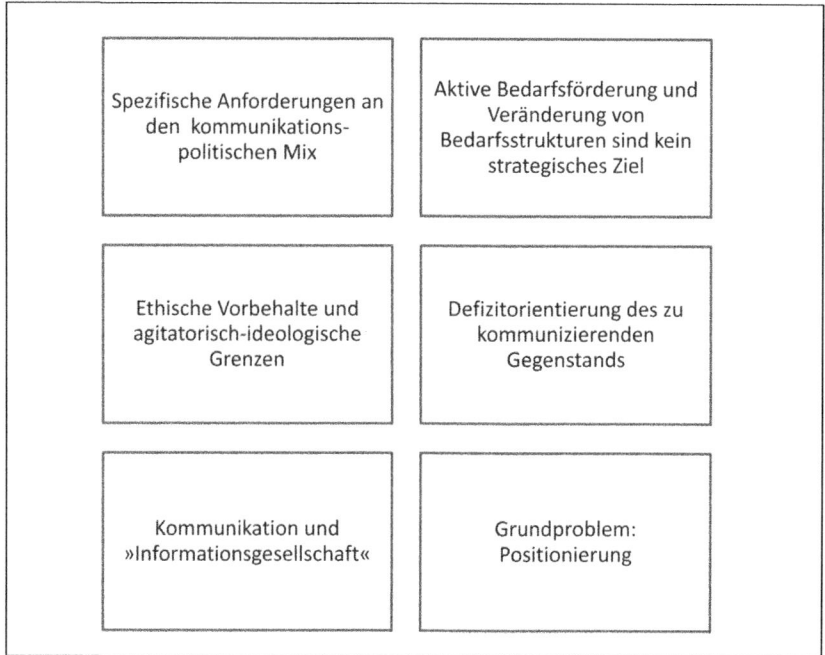

Abb. 63: Kommunikationspolitik – Besonderheiten für soziale Dienstleister

2 Kommunikationspolitische Zielgruppen und Zielstellungen

Wie in den anderen beschriebenen Feldern des Marketing-Mix, sind soziale Organisationen auch vor der konkreten Planung und Realisierung kommunikationspolitischer Aktivitäten angehalten, Ziele und Zielgruppen herauszuarbeiten.

2.1 Zielgruppen

Zu den entscheidenden Vorbedingungen gelungener kommunikationspolitischer Maßnahmen werden aussagekräftige quantitative und qualitative Bestimmungen in Hinblick auf die zu kontaktierenden Personen und/oder Gruppen gezählt. Dies kann für Organisationen in der sozialen Arbeit ein durchaus aufwändiger Schritt sein, denn wegen der spezifischen mehrdimensionalen Einbettung in verschiedene institutionelle Ebenen können komplexere Entwürfe notwendig werden.

Entsprechende Überlegungen sind jedoch unabdinglich, denn kommunikationspolitische Planung kann nur vor dem Hintergrund der Präzisierung von

227

Nutzenversprechen, Begründungszusammenhängen, Kommunikationsstilen usw. erfolgen, die jedoch abhängig von der Zielgruppe sind, welche mit einer entsprechenden Botschaft, einem entsprechenden Medium etc. erfolgreich angesprochen werden soll.

Eine kleine Auswahl potenziell relevanter Zielgruppen kommunikationspolitischer Maßnahmen soll den u.U. beachtlichen Umfang einer systematischen Kommunikationspolitik sozialer Organisationen verdeutlichen:

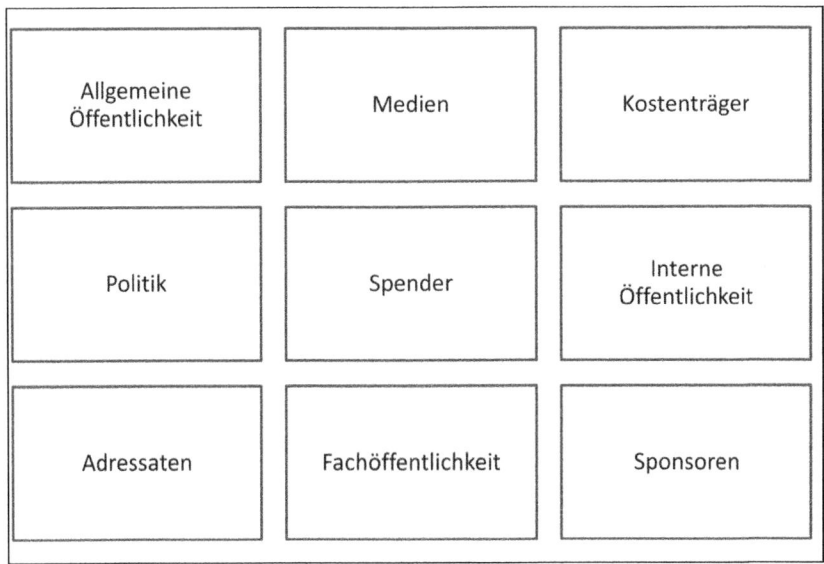

Abb. 64: Zielgruppen der Kommunikationspolitik sozialer Organisationen

Da die genannten Zielgruppen ein unterschiedliches Rezeptionsverhalten mit spezifischen Interessen aufweisen, sind je nach Bedarf unterschiedliche Formen der Kontaktaufnahme, der Medien und der Botschaften/Inhalte angezeigt:

- So ist die allgemeine Öffentlichkeit normalerweise lediglich über die Nutzung etablierter Medien kommunikativ erreichbar. Die Institutionen Print, Funk oder Fernsehen als diesbezüglich sehr wichtige intermediäre Instanzen zwischen sozialer Organisation und Öffentlichkeit unterliegen jeweils eigenen publizistischen Gesetzmäßigkeiten und benötigen entsprechend vor-/aufbereitete Anreize für ihre Arbeit.
- Wirtschafts- und sozialpolitische Entscheider sind demgegenüber aufgrund ihrer spezifischen Interessenlage vielfach an gänzlich anderen Inhalten und Botschaften ausgerichtet.

- Fachöffentliche Institutionen haben demgegenüber in der Regel an detaillierteren Informationen zur methodischen, zielgruppenspezifischen und sonstigen Ausrichtung der Leistungserbringung mehr Interesse.
- als beispielsweise Adressaten und deren Angehörige, welche bei der Ansprache typischerweise einen informativen Bezug zu Nutzungsmöglichkeiten und persönlichen Perspektiven der Inanspruchnahme eines sozialen Angebots einfordern.
- Die besondere Interessenlage von Kostenträgern sowie von Mitarbeitern der eigenen Organisation erfordert schließlich eine inhaltlich nochmals anders ausgerichtete Kommunikationspolitik, die auf die spezifischen Anliegen dieser Stakeholder intensiv eingehen kann.

Diese Menge an kommunikativ zu bedienenden Gruppen muss noch im Verhältnis zum Umfang an Anliegen betrachtet werden, um einen Eindruck von der Masse der Obliegenheiten einer Sozialorganisation zu gewinnen. Puhl (2008, S. 627 f.) beschreibt die Aufgaben eines Trägers folgendermaßen:

Adressaten:
- Soziale Dienstleistungen bekannt machen
- Über Gemeinsamkeiten und Rechte der Klientel informieren
- Das politische Mandat von sozial Schwachen übernehmen

Sozialarbeiterische Praxis:
- Die Tätigkeit als legitimationspflichtigen ‚öffentlichen Dienst' kommunizieren
- Für Identifikation, Motivation und Personalentwicklung sorgen

Träger:
- Erfolge wie Misserfolge nennen
- Verdeutlichen, dass sozialer Nutzen nicht nach materiellem Ertrag zu werten ist

Politik und Gesellschaft:
- Herausstellen, inwiefern soziale Arbeit von öffentlichem Interesse ist
- Sich um öffentliche Aufmerksamkeit und gesellschaftliche Wertschätzung bemühen
- Information über Entstehung, Abhilfe beziehungsweise gesellschaftliche Konsequenzen sozialer Notlagen geben
- Am Abbau von Vorurteilen mitwirken
- An einem gesellschaftlich günstigen Klima für sozialstaatliches Tun mitarbeiten

Um den mit einer solchen Vielfalt an Stakeholdern und Themen korrespondierenden Aufwand zu explizieren, soll ein konkretes Beispiel aus der Praxis der Kinder- und Jugendhilfe gegeben werden. Die Analyse von direkt auf Marketingziele gerichteten kommunikationspolitischen Maßnahmen eines Trägers der Kinder- und Jugendhilfe (15 Projektfelder, rund 150 Mitarbeiter) für das Jahr 2009 ergab, dass mehr als ein Dutzend verschiedene thematische Cluster zu identifizieren waren. In der folgenden Übersicht sollen einige der kommunikationspolitischen Bereiche sowie ausgewählte Aktivitäten dargelegt werden, die Umfang wie inhaltliche Vielfalt von explizit kommunikationspolitischen Aktivitäten sozialer Organisationen illustrieren:

Tab. 24: Kommunikationspolitik am Beispiel eines sozialen Trägers

Zielgruppe	Maßnahmen	Intention
Öffentlichkeit	• Persönliche Präsenz mit Display und Information zum Kinder- und Jugendschutz an zentralen öffentlichen Orten anlässlich eines bundesweiten Aktionstages • Aktionen für Kinder und Eltern mit Displays, Informations- und Spielmaterial anlässlich von Stadt- und Stadtteilfesten • Start der überarbeiteten Website • Neukonzeption von Imagebroschüren	• Kommunikation von Grundsätzen und Intentionen des Trägers • Kommunikation von sozialpolitischen Positionen des Trägers • Beratung • Aufklärung/Prävention • Imagepflege • Gewinnung von Ehrenamtlichen und Spendern
Medien	• Interviews mit Printmedien, Rundfunk- und Fernsehanstalten anlässlich öffentlich thematisierter Vorfälle von Jugendkriminalität/Kindesmissbrauch • Interviews mit Printmedien zum Tag der offenen Tür sowie zur Eröffnung von neuen Projekten	• Kommunikation von sozialpolitischen Positionen • Aufklärung • Kommunikation fachlicher Kompetenz • Unterstützung von Bekanntheitsgrad und profiliertem Image

Zielgruppe	Maßnahmen	Intention
Kostenträger	• Übersendung und Präsentation von Evaluationsergebnissen für einzelne Projekte • Aktive Mitwirkung an Qualitätsentwicklungsmaßnahmen auf kommunaler Ebene	• Kommunikation von fachlichen Erfolg und Kompetenz • Förderung der Inanspruchnahme der Angebote durch den Kostenträger • Kundenbindung
Ehrenamt	• Mehrere Ausgaben der Zeitung für Ehrenamtliche • Mehrere Events für Ehrenamtliche • Auszeichnung langjährig tätiger Personen	• Kommunikation von Wertschätzung • Kundenbindung
Mittlergruppen	• Meetings von Netzwerkpartnern und anderen Komplementärorganisationen zur Kommunikation eigener Leistungsprofile und Qualitäten • Präsentation des Trägers an Hochschulen	• Kommunikation von Präsenz in sozialräumlichen Netzwerken • Erhöhung des Potenzials der Inanspruchnahme eigener Angebote • Kommunikation von fachlichem Erfolg und Kompetenz • Akquise von neuen Mitarbeitern
Spender	• Mehrere Spendertreffen mit Berichten zu Aktivitäten im Kinder- und Jugendschutz, aber auch Kommunikation konkreter Erfolge in sonstigen Projekten	• Kommunikation von Wertschätzung • Kundenbindung • Erhöhung der Spendensummen und der Spendenfrequenzen • Gewinnung von Mittlergruppen zur Akquise weiterer Spender
Sponsoren	• Mehrere Sponsorentreffen mit Eventcharakter, Kommunikation des fachlichen Erfolgs sowie der Werbewirkung finanziell unterstützter Maßnahmen und Projekte	• Kommunikation von Wertschätzung • Sponsorenbindung • Stabilisierung, gegebenenfalls Erhöhung des Aufkommens an Sponsorengeldern

Einige weitere Bereiche wie die Kommunikation zur Stakeholdergruppe der Mitarbeiter sowie viele weitere kommunikationspolitische Maßnahmen im öffentlichen Raum sind in dieser Aufstellung aus Platzgründen gar nicht aufgenommen worden. Dies betrifft auch die Zielgruppe der Vorstandsmitglieder, welche eigene Interessen sozialpolitischer und wertegebundener Natur verfolgt, jedoch auch über betriebswirtschaftliche Sachverhalte wie Liquidität, Gewinn- und Verlustsituation, personelle Umstände etc. informiert werden will.

Aus den Aufzählungen und Beispielen sollte ersichtlich sein, dass die Kommunikationspolitik sozialer Organisationen im Hinblick auf Zielstellungen, Inhalte, Instrumente und anderes mehr eine Ausdifferenzierung erfordert, die als »multiple Kommunikation« umschrieben werden kann.

Um zu verdeutlichen, dass auch innerhalb von spezifischen Nutzergruppen Differenzierungen bei der Kommunikation von Inhalten angezeigt sind, sollen die Anforderungen an die Kommunikation von Leistungen gegenüber Senioren als Beispiel für zielgruppengerechte Ansprache von potenziellen Nutzern herangezogen werden. Im Marketing für dieses Bevölkerungssegment werden typischerweise folgende Aspekte für eine gelungene Ansprache hervorgehoben (vgl. v.a. Krieb/Reidl 1999; Reidl 2007; Meyer-Hentschel/Meyer-Hentschel 2009):

- Für Senioren haben die Themen »Gesundheit«, »Wohlbefinden« und »Sicherheit« hohe Priorität. Ältere Menschen möchten keine spezifischen »Seniorenprodukte«, die eine Entwertung von Alter oder gar Lebensleistung signalisieren würden.
- Ältere Menschen nutzen ein bestimmtes Segment von Medien, und dies teilweise sehr selektiv (bspw. das Vorabendprogramm des ZDF, bestimmte Seiten von Lokal- und Regionalzeitungen, Apothekenzeitungen).
- Bei kommunikativen Maßnahmen für Senioren ist deren häufig nur sehr eingeschränkte Wahrnehmungsfähigkeit (Sehen, Hören, sonstige physische Einschränkungen) zu berücksichtigen. Die visuelle und akustische Kommunikation muss also den Handicaps beim Rezeptionsverhalten von Senioren entsprechen, folglich ist beispielsweise auf kontrastreiche Elemente bei der bildlichen sowie auf eine klare und deutliche Aussprache bei der akustischen Kommunikation zu achten.
- Die spezifischen Interessen der Senioren als Rezeptionsgruppe von werblichen und sonstigen Botschaften bedingen, dass insbesondere die Vorteile einer Nutzung eines Produktes oder einer Dienstleistung zu kommunizieren, demgegenüber angstauslösende Botschaften zu vermeiden sind.

Auf die hohe Relevanz von segmentorientierten Kommunikationsstrategien auch gegenüber Senioren ist bereits in einem vorstehenden Kapitel im Zusammenhang mit der Analyse von Lebensstilen dieser Zielgruppe verwiesen worden.

2.2   Zielstellungen

In einem zweiten Schritt möchten wir nun die Zielstellungen von Kommunikationspolitik in der Wohlfahrtspflege betrachten. Dabei sollen mit der Profilierung von Bekanntheitsgrad, dem Aufbau und der Entwicklung von Image, mit den Optionen der Verhaltensbeeinflussung sowie der Bestätigung vier von der Marketinglehre durchgehend als wesentlich erachtete Ebenen in ihrer Bedeutung für soziale Organisationen aufgezeigt werden. Unterschiedliche institutionelle Formen und Marktlagen im Sozialwesen müssen dabei Berücksichtigung finden.

(a) Bekanntheitsgrad

Beim Bekanntheitsgrad handelt es sich um eine zwar eindimensionale, jedoch sehr wirkmächtige Zieldimension. Je nach Organisationsform und konkreter Situation kann in der Praxis des Sozialwesens die Erhöhung des Bekanntheitsgrades und des Wissens um Leistung und Leistungspotenzial eine besondere Rolle vor allem für die Akquise spielen, denn kein Angebot kann wahrgenommen werden, wenn es nicht bekannt ist. Bekanntheit ist folglich Bedingung der Möglichkeit von Erfolg bei potenziellen Nutzern ebenso wie bei Spendern, Sponsoren und Ehrenamtlichen. Darüber hinaus ist die Bekanntheit jedoch auch eine wesentliche Basis für weitere Anliegen, so unterstützt die Popularität einer Organisation ihre Wahrnehmung im öffentlichen Raum eminent und kann in der Regel auch die Glaubwürdigkeit ihrer Botschaften befördern.

Beispiele für Handlungsbedarf sozialer Organisationen in unterschiedlichen situativen Kontexten sollen die Notwendigkeit von Entwicklung und Aufrechterhaltung der Bekanntheit im Sozialbereich verdeutlichen:

- Auf der Ebene der Organisation ist der Bekanntheitsgrad der jeweiligen Institution (Dachmarke, Unternehmensmarke oder Firmenmarke) eine wesentliche Voraussetzung für die Akquise von finanziellen Mitteln, sonstigen Ressourcen und neuen Mitarbeitenden, aber auch direkte absatzwirtschaftliche Ziele können unterstützt werden. Betroffen von der Notwendigkeit zur Erhöhung des Bekanntheitsgrades sind häufig kleinere Träger ohne etablierte Markenpräsenz.
- Selbst bekannte Organisationen stehen mitunter vor der Problematik, dass sie mit bestimmten Leistungsformen und Leistungsfeldern intensiv assoziiert werden, andere Bestandteile ihres Portfolios dagegen in der Wahrnehmung der allgemeinen oder politischen Öffentlichkeit stark unterrepräsentiert sind. So ist z.B. das Rote Kreuz eng mit Blutspende, Katastrophendienst und Krankendienst in der Wahrnehmung der Bürger verbunden, die Vielfalt anderer Leistungen ist dagegen weniger bekannt. Der Deutsche Kinderschutzbund wird von der Öffentlichkeit als Lobbyorganisation für Kinder wahrgenommen, dass die Träger dieses Verbandes in einigen Kommunen

auch als Anbieter von Hilfen zur Erziehung, Kindertagesstätten und anderen Leistungen der Kinder- und Jugendhilfe agieren, ist der Öffentlichkeit häufig nicht bewusst.

- Im Hinblick auf die Kommunikation einer konkreten Leistung sind ebenfalls Nachholbedarfe für nicht wenige soziale Organisationen zu unterstellen. Bei Medien, in der gesamten Öffentlichkeit, jedoch auch in Teilen der Fachöffentlichkeit (zuständige Sozialpolitik, Vertreter angrenzender Leistungsfelder etc.) kann noch nicht unbedingt davon ausgegangen werden, dass ein hinreichend umfassender Kenntnisstand über die Breite und Tiefe fachlicher Angebote im jeweiligen Angebotsportfolio eines Trägers vorliegt. Dies gilt auch für die institutionellen Ebenen innerhalb konkreter Leistungsformen vor Ort: Bemühungen um sozialräumliche und regionale Netzwerkbildung in der sozialen Arbeit erfolgen nach wie vor noch häufiger vor dem Hintergrund, dass im Rahmen von bestimmten Bedarfslagen die zuständigen Institutionen des Sozialwesens ein zu geringes Wissen von der komplementären Angebotslandschaft eines sozialen Gebietes aufweisen. Angesichts der großen Anbieter-/Trägerzahlen in manchen Regionen ist eine Schaffung von Transparenz allerdings nicht ganz einfach. Es ist kein Einzelfall, dass von einer gemeinsamen Qualitätsentwicklungsmaßnahme in einem Arbeitsfeld einer größeren Stadt mehr als einhundert Träger direkt oder indirekt betroffen sind.

(b) Imageaufbau und Imageprofilierung

Zielstellungen über den Bekanntheitsgrad hinaus können in einem bestimmten Maße gebündelt werden über das Konzept vom »Image« (den Ruf) einer Organisation. Dem Image wird im Zeitalter der Kommunikationsgesellschaften in verschiedener Hinsicht eine außerordentliche Rolle zugeschrieben. Esch (2006, S. 39) weist in seinen Ausführungen zu Markenwert und Image als Zielgrößen des strategischen Marketings beispielsweise darauf hin, dass die Geschäftsberichte amerikanischer Großunternehmen sich auf den ersten drei Seiten fast immer mit dem aktuellen Ruf als Marktwert der Organisation auseinander setzen. Unter Umständen kann der »Charakter« oder die »Persönlichkeit« eines Produktes oder einer Dienstleistung in kommerziellen Märkten entscheidender für den Markterfolg sein als einzelne technische Elemente und Spezifikationen (vgl. Kautt 2008).

Aufbau und die Entwicklung von Image haben zu berücksichtigen, dass es sich dabei um ein »mehrdimensionales Einstellungskonstrukt« (vgl. bspw. Bruhn 2003; Böcker/Helm 2003; für Non-Profit-Organisationen vgl. Regenthal 1996) wie folgt handelt:

- In seiner Gesamtheit kann »Image« als die Summe der (subjektiven) Einstellungen gegenüber einen Meinungsgegenstand (Sachen, Personen, Themen, Organisationen) verstanden werden.
- Zentrale Parameter sind dabei innere Bereitschaften (Prädispositionen) eines Individuums, auf bestimmte Reize der Umwelt konsistent positiv oder negativ zu reagieren.

Einer gängigen Differenzierung in »kognitive«, »affektive« und »konative« Dimensionen (vgl. bspw. Steffenhagen 2008) folgend, sind die Ansätze für Institutionen des Sozialwesens darstellbar in drei Stufen:

Tab. 25: Imagedimensionen

Dimension	Inhalt/Potenzial
Kognitiv	Vermittlung von Wissen, Schaffung von Interesse und Aufmerksamkeit, Gewährleistung korrekter Erinnerung
Affektiv	Stimulierung von positivem Gefühl, Stimulierung von Interesse und Wünschen
Konativ	Stimulierung von nachhaltigen positiven Einstellungen (bspw. Empfehlungsverhalten, Informationsverhalten), Auslösen von konkreten Kauf- bzw. Nutzungsverhalten

Die genannten Dimensionen sind in Bezug auf Kundenverhältnisse zu Adressaten, Kostenträgern, Spendern, Medien bis hin zur gesamten Öffentlichkeit für soziale Organisationen sinnvoll anwendbar. Denn mit dem über die reine Bekanntheit hinausgehenden Ruf steht und fällt die Möglichkeit von Organisation der Wohlfahrtspflege, ihre Anliegen zu kommunizieren, Meinungsführerschaften im Kontext sozialpolitischer Diskurse auszuüben, Unterstützung aus öffentlicher und privater Hand zu erringen, aber auch die Nutzung eigener Angebote durch die Adressaten zu befördern. Jede wichtige Beziehungsform beinhaltet auch im Sektor der sozialen Arbeit neben den Wissens- besondere Gefühls- und Verhaltenskomponenten, so dass eine Berücksichtigung aller drei Faktoren für eine Überzeugung der Zielgruppen als unabdingbar angesehen werden muss.

Erfolgreiche Kommunikation für soziale Organisationen müsste sich gemäß des Imagekonzepts also in drei Ebenen wie folgt messen lassen:
(1) Eine zentrale Voraussetzung für die Akzeptanz sozialer Dienstleistungen ist es, dass Stakeholder ein korrektes Wissen über die Leistungen sowie die Leistungs- und Rahmenbedingungen sozialer Organisationen aufweisen. Dies geht unter Umständen weit über die Bekanntheit von Namen und Marken hinaus. Wir müssen davon ausgehen, dass der Kenntnisstand in der Öffentlichkeit, in der Politik usw. nicht durchgehend befriedigend ist.

(2) Ein wichtiger Motor für die positive Wahrnehmung auch sozialer Dienstleistungen ist darüber hinaus die gefühlsmäßige Einstellung zum Gegenstandsbereich. Auch im Hinblick auf diesen Faktor der Imagebildung sind (trotz grundsätzlich akzeptierender Haltungen beispielsweise im Sektor »Kinder«) Nachholbedarfe zu konstatieren. Dies betrifft insbesondere wichtige semantische Imagefaktoren wie »modern«, »aktiv« und »sympathisch«.

(3) Im Bereich der konativen Dimension von Image ist auf die Schwierigkeit hinzuweisen, positive Haltungen gegenüber den an sich negativ kodierten Sektoren der Sozialarbeit bzw. des Sozial-, Rehabilitations- und Pflegewesens herzustellen. Da die genannten Bereiche tendenziell mit Defiziten, Notsituationen, sozialen Problemen etc. assoziiert werden, ist besonderer Aufwand und kommunikative Sorgfalt notwendig, um defensive Einstellungen der Rezipienten in aktive Handlungen (in Form von Spenden, ehrenamtlicher Mitarbeit, spezifischem Nutzungs- und sonstigem Verhalten) zu transferieren.

In der professionellen Analyse von Imagepositionen sozialer Organisationen werden bewährte Instrumente der Marktforschung eingesetzt:
• Zum Einen können in Analogie zu erwerbswirtschaftlichen Strategien Erkennungs- und Wiedererkennungsuntersuchungen in Bezug auf Markennamen, Logo etc. vorgenommen werden.
• Darüber hinaus gehören Assoziationstests zum Standardrepertoire, wobei beispielsweise eine repräsentative Auswahl von Zielgruppenangehörigen daraufhin befragt wird, was sie mit einem Namen, einer Organisation etc. verbinden.
• Bei der Messung eines aktuellen (Ist-) Images ist schließlich auch die semantische Bestimmung durch Befragung der Zielgruppen gebräuchlich, wobei mit Adjektiven auf einer fünfteiligen Skala (Lickert-Skalierung) sowie über diesbezügliche Zustimmungs-/Ablehnungswerte der Befragten gearbeitet wird (vgl. zu quantitativen Analysen ausführlicher Meffert/Burmann/Kirchgeorg 2008; zu qualitativen Zugängen vgl. insbes. die Beiträge in Buber/Holzmüller 2009).

Die das Image betreffenden kommunikationspolitischen Obliegenheiten betreffen im Grunde jegliche Form von sozialer Organisation. Sie lassen sich unter den Rubriken Aufbau, Pflege und Profilierung wie folgt umreißen:
• Aufbau: Wir haben gesehen, dass eine Beeinflussung einer Einstellung gegenüber einem Gegenstand erst erfolgen kann, wenn dieser bekannt ist. Insbesondere jene Organisationen, die entweder aufgrund ihrer geringen Größe oder eines noch geringen Grades von Etabliertheit im Sozialmarkt wenig oder keine Bekanntheit aufweisen, sind gezwungen, zunächst die Basis für

Imageprofilierung und Imagepflege zu schaffen. Der entsprechende Aufbau eines Images ist mittelfristig anzulegen. Ein wesentliches Instrument sind werbliche Aktivitäten.

- Pflege und Profilierung: Bereits im Markt etablierte Organisationen sind angehalten, regelmäßig und mit nachhaltigen Maßnahmen das Soll-Image zu pflegen. Im Mittelpunkt der diesbezüglichen Aktivitäten stehen kommunikationspolitischer Aktionen aller Art, die Anpassung oder Verstärkung der Einstellung der Zielgruppen sind auf der Basis von Imageanalysen vorzunehmen.

Angestrebte (und messbare) Eigenschaften des Images könnten für eine Organisation der Wohlfahrtspflege beispielsweise sein:

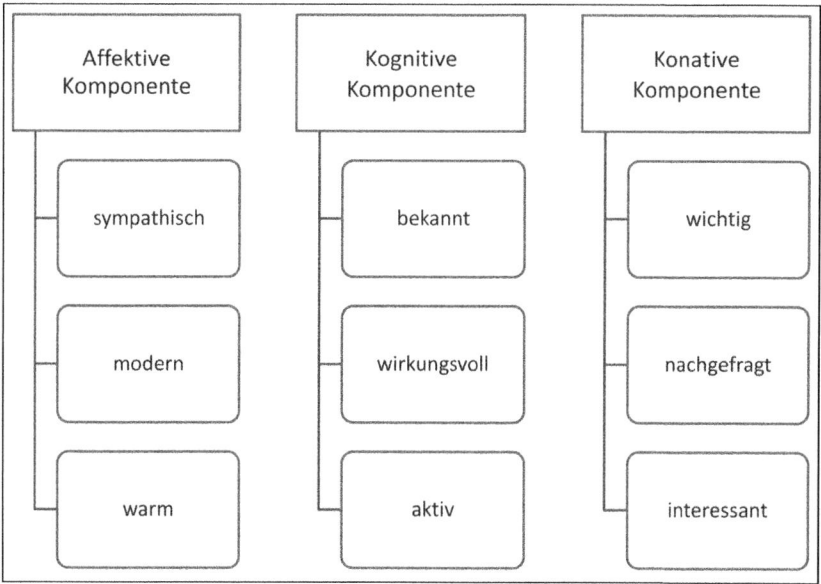

Abb.65: Soll-Image einer sozialen Organisation (Beispiel)

Für Imageaufbau und Imagepflege stehen vielfältige Möglichkeiten bereit. Die Palette der möglichen Maßnahmen hat sich über traditionelle Ansätze hinaus in den vergangenen Jahren noch erheblich erweitert, mit der verbreiteten Nutzung im Internet sind beispielsweise auch Image-Videos im Web 2.0-Stil zu einem nützlichen Stilmittel für soziale Organisationen geworden.

In diesem Zusammenhang kann auch das Konzept der »Kommunikativen Leitidee« Erwähnung finden. Es kann einer sozialen Organisation durchaus hilfreich sein für die imagebezogene Zentrierung von Werbung, Öffentlichkeitsarbeit und weiterer Instrumente des öffentlichen Auftritts auf wesentliche Aussagen und Argumente. Eine kommunikative Leitidee ist die Formulierung einer Grundaussage über die Organisation bzw. die Marke, in der die wesentlichen Merkmale der Positionierung enthalten sind (Bruhn 2003, S. 102). Die Leitidee kulminiert im »Slogan«, der in bündiger Form den Kern einer solchen Botschaft wiedergibt. Bekannte Beispiele aus der kommerziellen Wirtschaft sind die Slogans von Nike »Just do it!«, von den Volks- und Reiffeinbanken »Wir machen den Weg frei!«, von Coca-Cola »Coca-Cola is it!« sowie von Esso »Hier ist die Energie!«. Man beachte das Ausrufezeichen in jedem der genannten Slogans.

Beispiele aus dem sozialen Bereich können wie folgt angeführt werden:

Tab. 26: Slogans im sozialen Bereich

Organisation	Slogan
Diakonisches Werk, bundesweite Informationskampagne zur Schwangerenberatung:	»Für schwierige und andere Umstände«
Deutscher Kinderschutzbund	»Starke Eltern – starke Kinder!«
Diakonisches Werk – Diakonie auf dem Kirchentag 2007	»Wenn das Alter Mauern baut«
Caritas, Kampagnen 2009 und 2010	»Soziale Manieren für eine bessere Gesellschaft« „Experten fürs Leben"
Paritätischer Wohlfahrtsverband, Slogan in der Selbstdarstellung	»Soziales Handeln in Vielfalt«

(c) Verhaltensbeeinflussung

Soziale Organisationen können vielfältige Interessen an einer Aktivierung oder Veränderung von Verhalten ihrer Zielgruppen haben. Folglich sind diesbezügliche kommunikative Maßnahmen mit einer genauen Vorstellung von den intendierten Wirkungen zu unterlegen, um eine entsprechend konforme Auswahl von Inhalten und Instrumenten vornehmen zu können.

Da ganz verschiedene Verhaltensreaktionen in Rede stehen können, lohnt sich ein Blick auf die im Marketing häufiger thematisierte Strukturierung von Trommsdorf (1998), wonach die Zielfunktionen bei der Beeinflussung von Verhaltensreaktion im Wesentlichen folgende Dimensionen umfassen:

- Ausgelöste Emotionen
- Bestimmte Motivationshöhe
- Bestimmte Einstellungsausprägung
- Geschaffene Präferenzen

- Überzeugtheit
- Ausgelöstes Kaufverhalten/ausgelöstes Verwendungsverhalten.

Es dürfte nachvollziehbar sein, dass eine solche Strukturierung beispielsweise im Spendenmarketing eine erhebliche Rolle für die Planung und Realisierung einer kommunikativen Kampagne spielt. Die oben stehende Dimensionierung kann zur Anwendung kommen, wenn auf der Basis von fundierten Analysen der aktuellen Spendenbereitschaft konkrete Maßnahmen zur Förderung der finanziellen Unterstützung einer sozialen Organisation konzipiert werden. Wie später noch zu zeigen sein wird, bieten diese und ähnliche Dimensionierungen auch die Basis für weitere Formen und Intentionen kommunikationspolitischer Aktionen.

Es ist bei der genannten Strukturierung von Trommsdorf darauf hinzuweisen, dass diese einen »konsekutiven« Charakter dahingehend aufweist, dass die aufgezeigten Elemente aufeinander aufbauen, jede Stufe also die Erreichung der vorhergehenden bedingt. So wird nicht nur eine konkrete Spende, sondern beispielsweise auch ein intendiertes Nutzungsverhalten von Adressaten erst dann eintreten, wenn die Organisationen beim Rezipienten der Botschaft nicht nur hinreichend bekannt ist, sondern wenn auch emotionale, motivationale, einstellungsbezogene Voraussetzungen beim Empfänger geschaffen werden konnten.

Die anzustrebende ideale Zielstellung gelungener kommunikationspolitischer Maßnahmenbündel lässt sich anhand dieser Liste dort verorten, wo ein Rezipient im Hinblick auf Spende, Sponsoring, Inanspruchnahme etc. stabile Präferenzen für ein Angebot oder eine soziale Organisation entwickelt hat. Er muss von der Organisation und ihrer Leistung voll und ganz überzeugt sein. Auf einer solchen Grundlage sind Kundenbindungen dauerhaft und wenig störanfällig, die Position gegenüber (beispielsweise spendensammelnden) Wettbewerbern ist in solchen Fällen stabil positiv abgegrenzt.

Konkret erkennbar ist eine solche Position beispielsweise durch
- eine hohe Zahl von Dauerspendern,
- hohes ehrenamtliches Engagement oder
- stabil hohe Leistungsanfragen und Zufriedenheitswerte von Kostenträgern.

In psychologisch-konativer Hinsicht kann Überzeugung und Präferenz bei einzelnen Zielgruppen auch anhand ihrer stabilen Bereitschaft erkannt werden, eine bestimmte Sozialorganisationen beziehungsweise deren Angebote weiterzuempfehlen.

Ein tendenziell unterschätzter Zielbereich kommunikationspolitischer Maßnahmen ist die Kundenbindung über Bestätigung bereits getätigter Kaufakte (Spenden, Sponsoring, Nutzung etc.). Es geht dabei in erster Linie darum, einen Kunden psychologisch bei der Annahme zu fördern, mit seinem bisherigen Verhalten/Handeln eine richtige Entscheidung getroffen zu haben.

Folgende Maßnahmen dienen einer entsprechenden Verfestigung von Einstellungen, Bindungen und Präferenzen:

- Einer Reihe von wirtschaftspsychologischen Untersuchungen ist zu entnehmen, dass stabile Präferenzen für eine Organisation oder ein Angebot über die Kommunikation des Umstandes, dass viele andere Kunden eine gleiche oder ähnliche Wahl getroffen haben, befördert werden können (vgl. Heuser 2008).
- Eine gleiche Wirkung erzielt die Übermittlung von Informationen zur Güte einer Leistung (beispielsweise durch erfolgreiche Evaluation bzw. wissenschaftlich bestätigter Wirkung).
- Eine Bestätigung und Stabilisierung kann auch erreicht werden über den Einsatz sog. »Testemonials«, bei welchen sich prominente Persönlichkeiten zu einem Produkt, einer Leistung oder einer Organisation bekennen. Bekannte Beispiele hierfür sind UNICEF-Botschafter aus Deutschland wie Sabine Christiansen und Joachim Fuchsberger sowie der Tennisweltmeister Roger Federer aus der Schweiz.

2.3   Planung der Marktkommunikation

Marketingkommunikation ist nicht nur ein sehr wichtiges Feld, sie bedarf auch einer guten Vorbereitung und Planung, denn in kaum einem anderen Aktionsfeld ist die Gefahr größer, mit unzureichend durchdachten Vorgehensweisen finanzielle und sonstige Ressourcen zu verschwenden.

Um den Geboten der Effektivität und Effizienz entsprechen zu können, sind vor allem vier Maßgaben wie folgt zu berücksichtigen:

- Marketingkommunikation sollte auf fundierten Informationen zur aktuellen Situation der Organisation beruhen.
- Marketingkommunikation ist mit Zielen zu versehen, die ihrerseits im Zusammenhang mit der Gesamtstrategie der Organisation stehen beziehungsweise aus der Strategie abgeleitet worden sind.
- Marketingkommunikation sollte integriert, das heißt mit Einbeziehung aller relevanten Instrumente erfolgen.
- Marketingkommunikation sollte auf der Grundlage etablierter und bewährter Planungskonzepte vorbereitet werden.

Um die konsekutiven Aspekt dieser Maßgaben zu verdeutlichen, soll nachstehend ein idealtypischer Planungsablauf für Marktkommunikation (in Anlehnung an Bruhn 2003, S. 45) als Grundkonzept vorgestellt werden, das auch für die Ausgestaltung des Planungsprozesses einer sozialen Organisation verwendet werden kann.

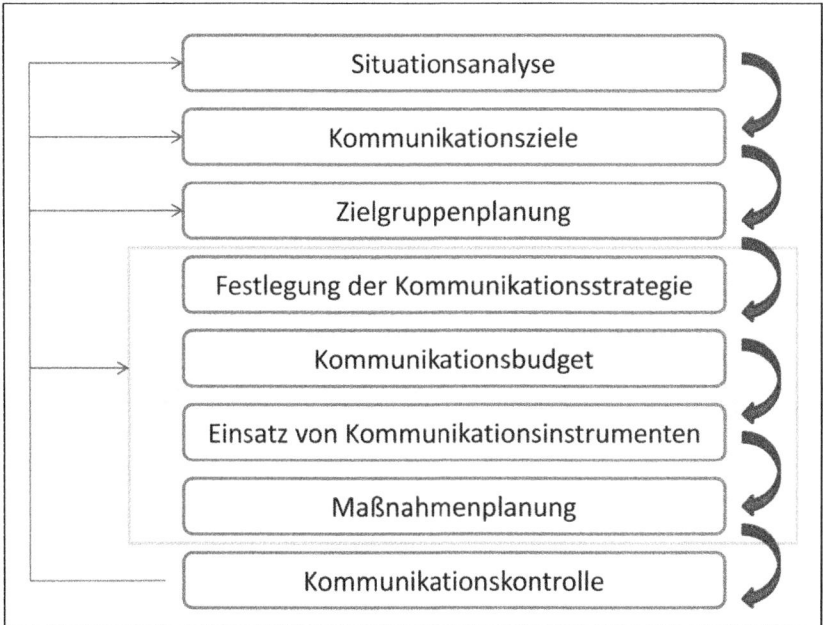

Abb. 66: Planungsprozess der Marketingkommunikation

In identischer oder ähnlicher Form wird diese Konzeption auch in weiteren führenden Publikationen zu kommunikationspolitischen Planungsprozessen vertreten (vgl. hierzu auch die Darstellung in Busch/Fuchs/Unger 2008, S. 517 mit weiteren Verweisen).

Folgen wir den postmodernen Systemtheorien, müssen wir davon ausgehen, dass nicht der Sender, sondern der Empfänger den Inhalt der Botschaft bestimmt. Soziale Organisationen haben es folglich nur bis zu einem bestimmten Grade in der Hand, ob ihre kommunikationspolitische Aktivitäten bei den Rezipienten auf Verständnis stoßen, Sympathie erwecken oder gar konkrete Handlungsfolgen wie intendiert nach sich ziehen. Wie der oben stehende Planungsablauf für Marktkommunikation zeigt, können sie jedoch durch ausreichende Vorbereitung und gute Planungen ihren Beitrag dazu leisten, dass die kommunikationspolitischen Maßnahmen die Realisierung ihrer Ziele angemessen unterstützen.

3 Instrumente der Kommunikationspolitik

Da soziale Organisationen wie gesehen eine ganze Reihe von kommunikationspolitischen Zielen und Ansätzen verfolgen können und in der Praxis auch erreichen wollen, erscheint es angezeigt, die zur Verfügung stehende Bandbreite an Instrumenten etwas umfassender zu schildern.

Die im Rahmen einer kommunikationspolitischen Konzeption im Sozio-Marketing mindestens anzuführenden Instrumente lassen sich gliedern nach

- klassischen Instrumenten (Werbung, Öffentlichkeitsarbeit, direkter Verkauf) sowie
- modernen bzw. additiven Feldern und Maßnahmenbündel (Einsatz neuer Medien, Event-Marketing sowie die Instrumentengruppen des Gütesiegel-Marketings und der Corporate Identity).

Das folgende Schaubild zeigt die Optionen sozialer Organisationen in einer Übersicht. Die Instrumente sind gemeinsam einsetzbar.

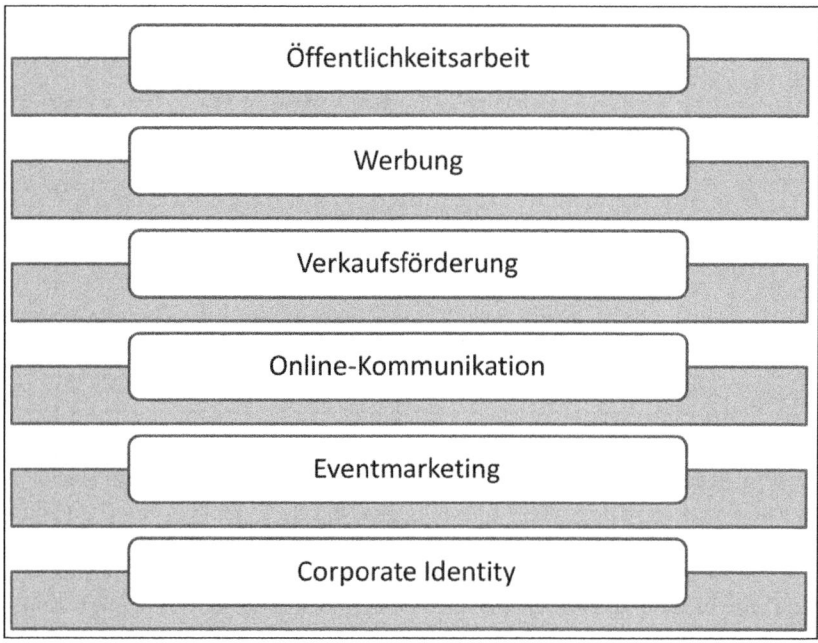

Abb. 67: Instrumente der Kommunikationspolitik

3.1 Werbung

Während für die Öffentlichkeit sowie den kommerziellen Verkauf von Gütern und Dienstleistungen die Werbung das bekannteste und am weitesten verbreitete Instrument darstellt, spielen werbliche Aktivitäten im Sozio-Marketing erst seit einigen Jahren eine bedeutendere Rolle. Wir können dieses Instrument als »geplanten Kommunikationsprozess« verstehen, der »gezielt Wissen, Meinungen, Einstellungen und/oder Verhalten über und zu Produkten, Dienstleistungen, Unternehmen, Marken oder Ideen beeinflussen« will (Siegert/Brecheis 2005, S. 26).

Die Möglichkeiten, aber insbesondere die Notwendigkeiten, werblich aktiv zu werden, sind für einige Branchen des Sozialbereichs aufgrund spezifischer Markt- und Wettbewerbsentwicklungen gestiegen, mittlerweile ist absatzbezogene Werbung zum Beispiel im Zusammenhang mit der Akquise der Inanspruchnahme von Pflegeleistungen, im Bereich Seniorenwohnen sowie in einigen Feldern der gesundheitsbezogenen Dienste ein gängiges Mittel der kommunikativen Wahl.

So berichtete der Geschäftsführer der aus den städtischen Altenheimen hervorgegangenen »MÜNCHENSTIFT gGmbH« über diverse Werbemaßnahmen der neu gegründeten Gesellschaft, um den neuen Markennamen erst einmal bekannt zu machen (vgl. Peter 2000). Der hierfür aufgewandte Kostenrahmen dürfte die Millionengrenze überstiegen haben.

Folgende Werbemittel wurden innerhalb kurzer Zeit im lokalen und regionalen Raum platziert:
- Plakate in U-Bahnen und Wartehäuschen
- Flächenwerbung an öffentlichen Verkehrsmitteln
- Infoscreen in U-Bahnhöfen
- Imageanzeigen bei Sonderveröffentlichungen in Tageszeitungen.

Dem Bürger begegnen werbliche Aktionen dieser Sozialbranche auch in Anzeigenblättern sowie in Form von Postwurfsendungen. Regelmäßig erscheinen in Zeitschriften auch Aufrufe zur Blutspende. In der Regel haben diesbezügliche Aktionen einen direkten Bezug zu absatzpolitischen Zielstellungen. Nur selten setzten größere Träger der sozialen Arbeit Mediawerbung ein, um lediglich Imageprofilierung zu betreiben. Mediawerbung geschieht lediglich beziehungsweise ist für viele Träger häufig nur möglich zur Zeit von »Werbeflauten«, in welchen Rundfunk- und Fernsehsender sowie Printmedien am ehesten geneigt sind, freien Raum beziehungsweise kostenlose Sendezeit für entsprechende Spots und Anzeigen bereitzustellen. Ähnliches gilt auch für den Bereich der Plakatwerbung, der von den Betreibern zu bestimmten Zeiten als Sponsoring mehr oder weniger kostenlos sozialen Organisationen zur Verfügung gestellt werden kann.

Es ist jedoch darauf hinzuweisen, dass auch für Leistungsfelder wie beispielsweise Schuldner- und andere Sozialberatungen, Jugendfreizeitstätten, Kindergärten und Erholungsmaßnahmen für junge Menschen einseitige, unpersönliche werbliche Maßnahmen notwendig sein können, um die Leistung bekannt zu machen und eine angemessene Zahl an Inanspruchnahmen zu erzielen.

Maßnahmen mit der Absicht der Bekanntmachung von Angeboten und deren Nutzen sind allerdings auch jenseits von klassischer Werbung durch eine Reihe von anderen Medien zu realisieren.

Gängige werbetaugliche Medien und Instrumente sind im Sozialbereich vor allem:

- Flyer
- Werbebroschüren
- Hauszeitungen und -zeitschriften
- Personalanzeigen
- Werbemittel
- Aufdrucke auf PKWs
- Außengestaltung von Einrichtungen und Geschäftsstellen
- Artikel in Medienberichten/Auftritte von Organisationsvertretern in Funk und Fernsehen (indirekte Werbung durch Hinweis auf Leistung und Leistungspotenziale).

In technischer Hinsicht sind bei werblichen Maßnahmen wichtige Voraussetzungen zu berücksichtigen, so zum Beispiel:

- dass in der Regel die Botschaften auf das Wesentliche beschränkt werden müssen, um einen Erkennungs- und Erinnerungswert zu behalten (die wichtigsten Vorteile einer Nutzung, Inanspruchnahme etc. sind zu kommunizieren),
- dass aufgrund der Immaterialität von sozialen Dienstleistungen der Einsatz von »Surrogaten« notwendig ist, klassischerweise erfolgt dies durch »Vorher-Nachher-Darstellungen«, einer Personifizierung durch Abbildung freundlicher Mitarbeiter und/oder zufriedener Nutzer als Referenzkunden, Abbildung von Räumen und Gebäuden etc. (vgl. bspw. die Hinweise von Meffert/Bruhn 2009),
- dass mit Werbung auch emotionale Aspekte einer Botschaft betroffen sein müssen,
- dass Werbung von allen Instrumenten der Kommunikation »am Stärksten mit dem Problem des mangelnden Interesses der Zielgruppen zu kämpfen« hat (Busch/Fuchs/Unger 2008, S. 456),
- und dass der Ertrag stets im Abgleich mit den Kosten reflektiert werden sollte.

Zu bedenken ist darüber hinaus,

- dass mit kurzfristigen Aktivitäten in der Regel keine nachhaltigen akquisitorischen Erfolge erzielt werden können und
- dass ein mittelfristiges Engagement professionelle werbliche Auftritte dahingehend bedingt, dass ein kommunikativer »roter Faden« bezüglich Botschaft, bildlichen wie akustischen Elementen etc. aufrechterhalten bleibt, um Identifikation und Erinnerung bei den Rezipienten zu gewährleisten.

Wie oben bereits angedeutet, ist die Auswahl von Werbeträger und Werbemittel im direkten Abgleich mit dem Rezeptionsverhalten der Zielgruppen vorzunehmen. Die Auswahl diesbezüglicher Kommunikationsmittel muss dabei selbstverständlich die »Reichweite« im Sinne von quantitativen Angaben (Zahl der Leser, Hörer, Zuschauer etc.) sowie qualitative Implikationen (Beurteilung und Akzeptanz von Werbung sozialer Organisationen durch die Öffentlichkeit/die Zielgruppe) berücksichtigen.

Da Werbeaktivitäten mit erheblichen Kosten verbunden sein können, ist sowohl den Werbezielen als auch der Werbeplanung eine entsprechend hohe Aufmerksamkeit zu widmen. Professionelle Konzepte bedingen klare Vorgaben, die sich nach Kuß/Kleinaltenkamp (2009) auf folgende Dimensionen beziehen sollten:

- Zu erreichende Zielgruppe: zum Beispiel ältere Menschen zwischen 55 und 65 Jahren
- Quantitative Zielstellungen: z.B. Bekanntheitsgrad des beworbenen Angebotes liegt bei 40%
- Zeitraum: z.B. innerhalb von zwölf Monaten.

Im Hinblick auf planerische Maßnahmen sind mindestens folgende Faktoren einzubeziehen:

- Werbebudget (auf der Basis der Kalkulation des angestrebten Return on Investment)
- Werbestrategien (Klärung der Botschaften, Argumente etc.)
- Auswahl der Medien (inklusive Aufteilung des Budgets auf verschiedene Werbeträger)
- Evaluation (Überprüfung der Werbewirkung).

Das Verständnis von dem (bisweilen auch in finanzieller Hinsicht) notwendigen Umfang werblicher Maßnahmen soll abschließend zu diesen Ausführungen durch eine Übersicht zu Theorien der Werbe- bzw. Kommunikationswirkung vertieft werden, wie sie von Bruhn (2003, S. 20) zusammengestellt worden ist.

	Stufe 1	Stufe 2	Stufe 3	Stufe 4	Stufe 5	Stufe 6
Lewis (1898)		Interest		Desire		Action
Lavidge / Steiner (1961)	Bewusstheit	Wissen	Zuneigung	Bevorzugung	Überzeugung	Verhalten auf Basis der neuen Einstellung
McGuire (1978)	Aufmerksamkeit	Kenntnis	Einverständnis mit Schlussfolgerung	Behalten der neuen Einstellung		Bekanntheit
Kroeber-Riehl (1984)	Aufmerksamkeit	Affektive Handlung	Rationale Beurteilung	Kaufabsicht		Kauf
Steffenhagen (1985)	Wahrnehmungs-Wirkung	Emotionswirkung	Informationswirkung	Gedächtniswirkung	Einstellungswirkung	Verhaltenswirkung
Kotler / Bliemel (2001)	Bekanntheit	Wissen	Empfinden	Präferenz	Überzeugung	Kauf

Abb. 68: Stufenmodelle der Kommunikationswirkung (nach Bruhn 2008, S. 20)

Wie aus der Aufstellung in diesem Schaubild ersichtlich, gehen die maßgeblichen Theorieansätze von nicht mehr als sechs entscheidenden Stufen der Wirkung aus. Bei genauerer Betrachtung ist eine Verdichtung auf vier entscheidende Hürden zu erkennen, die wirksame Werbung nehmen muss:

(1) Aufmerksamkeit, Bewusstheit, Bekanntheit

Grundsätzliche Voraussetzung für Werbewirkung ist zweifellos, dass eine Werbebotschaft überhaupt vom Rezipienten wahrgenommen wird. Kroeber-Riehl ging bereits vor 20 Jahren davon aus, dass lediglich zwei Prozent des Informationsangebots in Deutschland überhaupt eine Chance haben, von den Rezipienten auf- oder wahrgenommen zu werden (vgl. Kroeber-Riel/Weinberg 2008). Als diesbezüglich unterstützend kann gelten, wenn eine werbliche Ansprache auf bereits bekannten Reizen oder bekannten Informationen basieren kann.

(2) Interesse, emotionale Berührung, Wissen

Weil täglich eine Vielzahl von Ansprachen werblicher Natur auf den Konsumenten treffen, ist dieser (bereits aus Gründen des psychischen Selbstschutzes) gezwungen, Abwehr- und Isolationsstrategien zu führen. Dies bedeutet, dass nur ein Bruchteil der Werbemaßnahmen, mit welchen Menschen üblicherweise konfrontiert werden, die Stufe des Interesses erreichen, den

Rezipienten emotional berühren, oder ihm gar ein neues Wissen vermitteln können. Dabei ist der Trend zum Kurzzeitlesen, (d.h. nur kurze Texte werden gelesen), zum Kurzzeitsehen, (d.h. Bilder werden nur sehr schnell betrachtet) sowie zum Kurzzeithören (d.h. nur kurzen Aussagen wird zugehört) ungebrochen (vgl. Bruhn 2003; Wenske 2008).

(3) Zuneigung, Empfinden, rationale positive Beurteilung, Präferenz, Wunsch
Auch zu dieser Stufe ist es in gewisser Weise ein langer Weg, da aus einer werblichen Ansprache heraus nicht automatisch beim Rezipienten Zuneigung, ein positives nachhaltiges Empfinden, eine kognitiv rationale positive Beurteilung des in Rede stehenden Angebots oder gar eine Präferenz bzw. ein Wunsch nach Kauf/Inanspruchnahme entsteht.

(4) Kauf, Verhalten, bestimmter Bekanntheitsgrad, bestimmte Einstellung
Die vierte Stufe ist bereits jene der Werbewirkung, erst hier wird ein Kauf realisiert, ein bestimmtes Verhalten an den Tag gelegt, ein bestimmter Bekanntheitsgrad erreicht oder eine bestimmte Haltung, Meinung etc. angenommen. Es dürfte einsichtig sein, dass auch diese Stufe nicht unerhebliche Widerstände des Rezipienten impliziert, da dabei die konkreteste »Gegenleistung« (finanzieller Aufwand durch Kauf/Inanspruchnahme, Änderung gewohnter psychischer Dispositionen, Zeitaufwand für ehrenamtliche Tätigkeiten etc.) verbunden ist.

Das Prinzip der »Wirkungskette« und seine Komponenten werden nun noch einmal in visualisierter Form verdeutlicht:

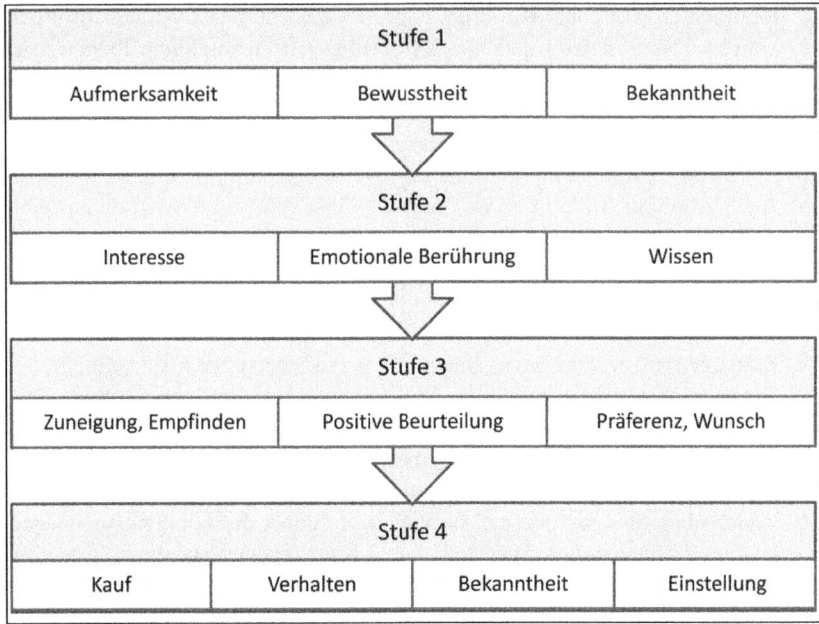

Abb. 69: Stufen der Kommunikationswirkung

3.2   Öffentlichkeitsarbeit

Die Aufgabe der Öffentlichkeitsarbeit als »Management von Kommunikationsprozessen« von Organisationen und deren Bezugsgruppen wird darin gesehen,
»Identität, Zielsetzungen und Interessen einer Organisation sowie deren Tätigkeiten und Verhaltensweisen nach innen und außen zu vermitteln« (Brauer 2005,
S. 39). Nach dem Selbstverständnis der Deutschen Public Relations Gesellschaft
e.V. ist darunter auch ein »bewusstes und legitimes Bemühen um Verständnis
sowie um Ausbau und Pflege von Vertrauen in der Öffentlichkeit auf Grundlage
systematischer Erforschung« zu verstehen (vgl. die Übersicht in Szyska 2004).

Öffentlichkeitsarbeit wird im internationalen Sprachgebrauch auch »Public
Relations« oder kurz »PR« genannt wird, um den Beziehungscharakter entsprechender instrumenteller Maßnahmen zu verdeutlichen. Das Verständnis von diesem Instrument geht über die Intention der reinen Absatzförderung hinaus und
zielt auf umfassendere Wirkungen im Sinne von »Relationship Management«
gegenüber den verschiedenen Anspruchsgruppen einer Organisation (vgl. dazu
beispielsweise die Hinweise von Kuß/Kleinaltenkamp 2009).

Um eine Beziehung erfolgreich aufzubauen, genügt es nicht, zu informieren, man muss vielmehr verstanden werden, was die Aufgabe ungleich schwieriger macht. Zwar steht dabei die Information über das eigene Tun, über die eigenen Leistungen usw. ebenfalls mit im Zentrum der kommunikativen Aktivitäten, jedoch wird die Intention der Öffentlichkeitsarbeit erweitert um Faktoren wie Einverständnis einholen, Motivationen erläutern, Ansichten austauschen, Konsens herstellen. Dies kann nur im Dialog geschehen, wobei eben auch die Perspektiven des Gegenübers in die Erwägungen einer Organisation einbezogen werden müssen.

Öffentlichkeitsarbeit für soziale Organisationen muss somit als ein kompliziertes Feld der Kommunikationspolitik angesehen werden. Es ist jedoch deswegen sehr ernst zu nehmen, weil diese Institutionen nicht nur als Anbieter von Dienstleistungen in einem komplexen Gefüge von Marktbeziehungen tätig sind, sondern als Träger der Wohlfahrtspflege darüber hinaus auf nahezu allen Ebenen mit dem Auftrag befasst sind, sozialpolitische Positionen zu vertreten, Anwaltsfunktion wahrzunehmen, Fachstandards zu legitimieren sowie ganz allgemein im Allokationskonflikt um öffentliche Zuwendungen wettbewerbsfähig zu bleiben.

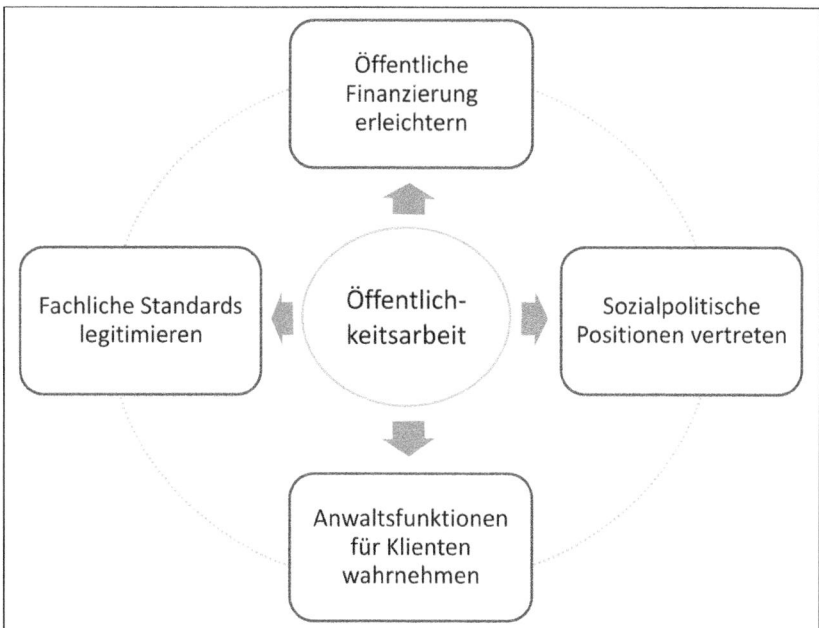

Abb. 70: Funktionen der Öffentlichkeitsarbeit (Auswahl)

In der kritischen Analyse zum Stand des Managements in sozialen Organisationen wird gelegentlich darauf hingewiesen, dass dieser instrumentelle Sektor der Öffentlichkeitsarbeit noch erheblichen Nachholbedarf im Hinblick auf Professionalisierung und Wirkung aufweist (zum Missverhältnis von Qualität und Berichterstattung der Freien Wohlfahrtspflege vgl. bspw. Puhl 2003). Demgegenüber ist allerdings zu konstatieren, dass in der Praxis in den vergangenen Jahren durchaus Fortschritte erzielt wurden. Nicht wenige größere Träger beschäftigen mittlerweile spezialisiertes Personal oder ganze Abteilungen für Public Relations mit ausgewiesenen Kompetenzen in der Presse- und sonstigen Medienarbeit. Eine Reihe von Führungskräften beherrscht inzwischen gut die Kunst des professionellen Auftritts vor laufenden Mikrophonen und Kameras sowie gegenüber Journalisten der schreibenden Zunft. Einigen Vertretern sozialer Organisationen gelingt es dabei in beachtlichem Maße, nicht nur Aufmerksamkeit für die Arbeit ihrer Organisation zu schaffen, sondern auch Interesse und Sympathie für die Ziele und Tätigkeiten der Wohlfahrtspflege zu wecken.

Allerdings ist im Zusammenhang mit publikumswirksamen kommunikativen Aktionen nach wie vor der einschränkende Hinweis von Eckstaller (2001, S. 80) aufrecht zu erhalten, »dass nicht etwa unerwünschte Kommerzialisierungseffekte eintreten, die vom Organisationszweck nicht gedeckt sind. Ebenso ist darauf zu achten, dass im Zuge der Positionierungsstrategie kein unbeabsichtigter Imagewandel auftritt. Vielmehr sollte mittels der ergriffenen Maßnahmen … das in die Öffentlichkeit zu transportierende Organisationsbild konkretisiert und bewusst unterstützt werden«.

Erfolgreiche Öffentlichkeitsarbeit ist nur über nachhaltige Medienpräsenz möglich. Dabei ist es nicht einfach, soziale Themen zu platzieren, die spezifischen Positionen hierzu zu kommunizieren und zudem noch besondere Kompetenzen der Organisation zu vermitteln. Hauptproblem hierbei ist die »Rationalität« von Medien, die im Hinblick auf ihre ganz besondere Zielgruppe häufig in lediglich sehr vereinfachender Form berichten können. Dementsprechend haben sich Personen, welche im Hinblick auf Öffentlichkeitsarbeit mit Medien beziehungsweise Medienvertreter kooperieren, auf entsprechende medientypische Eigenarten einzustellen.

(a) Pressearbeit, Funk und TV
Öffentlichkeitsarbeit via Pressemedien kann dabei nur gelingen, wenn dem Bedarf der Medienvertreter in gewisser Weise entsprochen wird. Aus der Fülle von wissenswerten Hinweisen sollen nur einige wenige ausgewählt werden, um zu verdeutlichen, welchen Anforderungen Medienarbeit genügen muss:
- Der Kontakt zu Redaktionen und freien Journalisten ist selbstständig herzustellen und zu pflegen. Darauf zu warten, dass Medienvertreter sich bei der Organisation melden, hieße wertvolle Chancen zur Publizität zu vergeben.

- Die meisten Redaktionen und freien Journalisten haben Datenbanken mit für sie interessanten Kontakten zu verschiedenen Themen. In einen solchen Pool aufgenommen zu werden, erhöht die Chancen, bei passender Gelegenheit doch einmal von einem Medienvertreter kontaktiert zu werden und damit Medienpräsenz zu erhalten.
- Umgekehrt empfiehlt es sich für die soziale Organisation bzw. die damit beauftragte Stelle, einen »Presse-/Medienverteiler« mit medienspezifischen Kontaktdaten aufzubauen, welcher allerdings gut gepflegt sein will.
- Medienvertreter haben in der Regel nie Zeit. Da beispielsweise Zeitungsjournalisten häufig nach »Zeilengeld« vergütet werden, sind sie darauf angewiesen, relativ schnell ihre Artikel zu produzieren. Dementsprechend schätzen sie es, gut aufbereitete Informationen zu erhalten. Unnötige Fachterminologien sollten dabei ebenso vermieden werden wie ein zu komplizierter Satzbau und sonstige wenig rezeptionsfreundliche Gestaltungselemente.
- Soziale Themen haben die meisten Chancen auf Aufnahme in einer wenig ereignisreichen Zeit sowie im Umfeld von Feiertagen (kirchliche Feiertage, insbes. Weihnachten und Ostern).
- Bei der Präsentation beispielsweise in Form von Pressemitteilungen sind einigen wichtigen Ansprüchen an das Textkonzept zu genügen: So haben zum Beispiel die meisten Medien ihr eigenes »Format«, so dass eine entsprechend zugeschnittene Mitteilung in einer für das jeweilige Medium adäquaten Struktur die Wahrscheinlichkeit erhöht, von einer Redaktion wahr- und aufgenommen zu werden.
- Aktive Pressearbeit kann jedoch nicht nur über (interessante) Pressemitteilungen erfolgen, sondern auch über Pressetermine beziehungsweise Pressekonferenzen. Auch solche Veranstaltungen haben ihre eigenen Gesetze, so dass im Vorfeld entsprechende professionelle Planungen angezeigt sind. Zum Beispiel ist dem bekannten Gesetz zu folgen, Pressekonferenzen nicht am Nachmittag oder gar am Abend abzuhalten, weil Tageszeitungen dann bereits Redaktionsschluss haben. Überdies benötigen solche Veranstaltungen ein attraktives Thema bzw. einen aktuellen und wichtigen Anlass.

Die Arbeit mit Funk- und Fernsehmedien muss in ihren Grundzügen den geschilderten Anforderungen einer Kooperation mit Vertretern von Zeitungen und anderen Printerzeugnissen entsprechen. Es ist ergänzend darauf hinzuweisen, dass die Attraktivität einer Nachricht, Botschaft etc. einer sozialen Organisation für Radio- und TV-Sender in hohem Maße davon abhängt, ob die Message in Ton bzw. Bild übertragbar ist. Fernsehjournalisten benötigen bewegte Bilder, Funkreporter den Originalton, um das jeweilige Medium angemessen ausfüllen zu können. Hilgenstock (1996, S. 162) fasst dies angemessen zusammen, wenn er betont, dass derjenige die besten Chancen hat, der »nicht nur an sein Thema und seine eigene Profilierung denkt, sondern auch die Umsetzungsmöglichkeiten und zeitlichen Bedingungen der Redaktion berücksichtigt«.

Nachdem vor einigen Jahren im Zuge der Privatisierung von Rundfunk- und Fernsehlandschaften von staatlicher Seite Frequenzen freigegeben worden sind, die auch für private und karitative Initiativen zu nutzen sind, haben soziale Organisationen durchaus auch die Möglichkeit, eigenständige Funk- und TV-Beiträge zu entwickeln und zu senden. Diese Möglichkeit wird in Ballungsräumen ab und zu genutzt im Rahmen von sozialen Initiativen für Jugendliche und von einzelnen Subkulturen, auch kirchliche Organisationen sind über eigene Sender und Sendungen aktiv geworden. Die Anforderungen an eine rezeptionsgerechte Gestaltung und die technische Ausrüstung sind allerdings hoch, so dass solche Aktivitäten für kleinere und mittlere Organisationen der Wohlfahrtspflege ohne spezielle Förderung nur sehr schwer zu verwirklichen sind.

(b) Publikationen

Soziale Organisationen können in vielfältiger Weise mit eigenen publizistischen Hervorbringungen aktive Öffentlichkeitsarbeit leisten. Wir wollen uns bei der nachfolgenden Schilderung von diesbezüglichen Ansätzen auf wenige Beispiele beschränken und verweisen auf weiterführende ausführlichere Literatur zur Öffentlichkeitsarbeit von Sozialorganisationen, die inzwischen in ausreichender Zahl vorliegt (vgl. bspw. Pfannendörfer 1995; Deutscher Bundesjugendring 1996; Puhl 2003; Schürmann 2004).

*   Ein in der sozialen Arbeit weithin etabliertes Instrument der öffentlichen Kommunikation ist der »Jahresbericht«, in welchem die Leistungen der Sozialorganisation publikumswirksam dargestellt werden können. Auch dieses Instrument ist jedoch (in strategischer Analogie zur »Sozialbilanz« erwerbswirtschaftlicher Unternehmen) zielgruppengerecht auszugestalten. Im Vorfeld der Konzeption ist folglich gut zu überlegen, welche Zielgruppen bzw. Teilöffentlichkeiten in welcher Form angesprochen werden sollen. Eine Publikation, welche den Interessen und Anforderungen aller Stakeholder entsprechen kann, ist mit hoher Wahrscheinlichkeit nicht zu realisieren.
*   Die »interne Öffentlichkeit« der Mitarbeiterinnen und Mitarbeiter sind selbstverständlich ebenfalls in die kommunikationspolitische Konzeption einzubeziehen. In der Praxis geschieht dies unter anderem in Form von »Firmenzeitschriften«, in welchen Beziehungen zu dieser Zielgruppe gepflegt werden. Eine instrumentelle Beziehung zu der im Anschluss noch darzustellenden »Corporate Identity« ist hier direkt gegeben.
*   Handbücher eignen sich als fachinterne Öffentlichkeitsarbeit in hervorragendem Maße, wenn sie den (aktuellen) spezifischen Interessen des fachlichen Publikums entsprechen können. In den vergangenen Jahren haben sich unter anderem entsprechende Publikationen zum Qualitätsmanagement als aus-

gezeichnetes Medium für die Kommunikation von fachlicher Kompetenz erwiesen. Zu nennen sind Qualitätshandbücher zur Jugendverbandsarbeit, zur Suchtarbeit, zur Schulsozialarbeit und anderen Segmenten, die fachliche Entwicklung und Interessensvertretung gleichermaßen befördern konnten.

Selbstverständlich gilt es, bei Publikationen die gestalterischen Essenzen (Lay-Out, Seitenformat, Satzspiegel, Schriften) ebenso zu beachten wie inhaltliche Maßgaben. Zu bedenken ist dabei, dass jegliche Form von Publikation die Textaufnahme erleichtern und der Leserschaft Anreize zum weiteren Befassen mit der Thematik geben soll. Es ist davon auszugehen, dass auch Veröffentlichungen sozialer Organisationen den Ansprüchen an eine professionelle Gestaltung entsprechen müssen.

(c) Öffentliche Veranstaltungen

Weitere Formen von Öffentlichkeitsarbeit richten sich an Zielgruppen wie Fachvertreter, darüber hinaus an Persönlichkeiten und Gruppierungen aus Politik und Wissenschaft, möglicherweise auch aus der Kultur.

- Typische Instrumente sind in diesem Segment die Präsenz auf Tagungen und anlässlich sonstiger öffentlicher Veranstaltungen.
- Es sei an dieser Stelle noch darauf hingewiesen, dass Öffentlichkeit auch kleinformatiger verstanden werden kann und damit auch die Beziehungen zu sozialräumlichen Öffentlichkeiten in Form von Nachbarschaften, Quartiersgemeinschaften etc. in den Blick kommen.
- Selbstverständlich kann die Präsenz anlässlich von Straßenfesten, Bürgerversammlungen und anderen Events zum Feld der Public-Relations gezählt werden, so ein entsprechender Bedarf bei der sozialen Organisation nach Aufnahme und Intensivierung der Beziehung zu entsprechenden Teilöffentlichkeiten besteht.

Der Event als besondere Form der (öffentlichen) Veranstaltung soll weiter unten noch thematisiert werden.

(d) Kampagnen

Ursprünglich aus dem Kriegswesen bekannt, wird Kampagne heute als Kunst verstanden, »ohne formelle Machtausübung durch eine geschickte Kommunikationsstrategie und durch den koordinierten und gezielten Einsatz der Kampagnenmittel in Auseinandersetzung mit den spezifischen Interessen (im besonderen Widerstand) Anderer in einem mitunter sehr dynamischen Umfeld Veränderungen zu bewirken und ein gewünschtes Ziel zu erreichen« (Buchner/Friedrich/Kunkel 2005, S. 41). Kampagnen sind bekannt aus den Aktivitäten von Umweltschutz- und Tierschutzorganisationen, aber auch von amnesty international und anderen humanitären Aktivisten werden regelmäßig medienwirksame Aktionen (gegen Kinderhandel, gegen Zwangsbeschneidung und Todesstrafe) durchgeführt.

Von der Öffentlichkeitsarbeit unterscheidet sich die Kampagne nach Buchner/ Friedrich/Kunkel (2005) dadurch, dass eine strategische Verzahnung von Öffentlichkeit und Politik vorgenommen wird, eine bewusst gestaltete Architektur des Aufbaus vorliegt, der Ablauf eine spezifische Dramaturgie erfährt, Ziele und Zeitrahmen sehr präzise festgelegt werden sowie alle Kommunikationsinstrumente gleichzeitig genutzt werden. Als eine sehr wesentliche Vorbedingung erfolgreicher Kampagnen ist der unbedingte Wille zur Veränderung bei den Verantwortlichen und Mitwirkenden anzusehen.

Zur Realisierung einer Kampagne können nahezu alle gängigen Medien persönlicher und unpersönlicher Natur zum Einsatz gebracht werden. Vom Brief über E-Mail, Telefon, SMS und Fax, von der Inanspruchnahme personalisierter Bereiche des Internets und des persönlichen Dialogs in Fußgängerzonen, in öffentlichen Versammlungen usw. (direkte Ansprache) bis hin zu der Nutzung von TV, Radio, Zeitung, Plakatwand, Beilagen, Flyer etc. (indirekte Ansprache) stehen alle Transportmittel für Botschaften und Anliegen zur Verfügung. Es ist zu empfehlen, keine »Kampagnenflut« in Gang zu setzen, sondern thematisch sehr selektiv, dann aber konzentriert und integriert vorzugehen.

Der Medienberater Baum (1996, S. 103) nennt in einer Publikation des Deutschen Bundesjugendrings zur Öffentlichkeitsarbeit folgende Erfolgsfaktoren einer Kampagne:

- Es muss sich um einen von der Öffentlichkeit nachvollziehbaren Konflikt beziehungsweise ein öffentlich nachvollziehbares Problem handeln.
- Es muss sich um ein Thema handeln, welches die Interessen der Öffentlichkeit tangiert.
- Es muss ein eindeutiger, leicht identifizierbarer »Gegner« vorliegen.
- Es muss sich um eine Situation von »Klein gegen Groß« handeln (»Robin-Hood-Effekt«).
- Es wird eine klare und einfache Botschaft benötigt.
- Eine klare Lösung, ein klares Ziel muss vorliegen.
- Den Rezipienten (in der Regel den Bürgern) muss die Möglichkeit gegeben werden, sich einzubringen, sich zu engagieren, selbst zu handeln, selbst mitzumachen.
- Für die Medien muss ein hoher Ereigniswert beziehungsweise ein großer Nachrichtenwert vorliegen.
- Das Problem muss verbildlicht (visualisiert) werden können.
- Die Medienvertreter sind hinreichend mit Materialien (Bildern, Information zu Hintergründen, aktuellen Berichten, wenn möglich auch Augenzeugen, Betroffene etc.) auszustatten.

So sehr der Autor bei seiner Schilderung der Erfolgsfaktoren für Kampagnen auch betont, dass diese zentralen Parameter immer und überall wirken, ist doch nicht zu übersehen, dass sich nicht jedes Thema, jedes Anliegen und jedes Ereignis als Anlass für eine Kampagne eignet.

Auf dem Markt der Berater und Dienstleister für kommunikationspolitische Anliegen hat sich inzwischen auch eine Reihe von Agenturen etabliert, die vielfältige Aufgaben der Öffentlichkeitsarbeit für soziale Organisationen übernehmen können. Das Leistungsportfolio solcher Unternehmen umfasst die gesamte klassische Medienarbeit, mittlerweile werden jedoch auch schon internetbezogene Dienstleistungen sowie die Produktion von imagefördernden Rundfunk- und Fernsehbeiträgen angeboten. Während auf der einen Seite festzustellen ist, dass eine zunehmende Zahl von PR-Dienstleistern hinreichend für das Feld der Wohlfahrtspflege sensibilisiert ist, muss doch konstatiert werden, dass die Preise der meisten Anbieter für kleinere und mittlere soziale Träger nicht erschwinglich sind.

In solchen Ansätzen des Sozio-Marketings, welche einen sensiblen Blick auf öffentliche Wirkung pflegen, wird schließlich auch noch auf den Umstand hingewiesen, dass im Grunde jegliche Form von Außenkontakt zur Öffentlichkeitsarbeit gezählt werden muss (vgl. bspw. Schürmann 2004). Somit werden auch einzelne Formen der personellen Kommunikation (am Telefon, bei Arbeitssitzungen mit Kolleginnen und Kollegen anderer sozialer Organisationen usw.) zu einem Medium der Öffentlichkeitsarbeit, welches den Ruf einer Institution unter Umständen nicht unerheblich entwickeln kann.

3.3 Verkaufsförderung

Die Verkaufsförderung als Element der direkten und indirekten Kommunikationspolitik wird von erwerbswirtschaftlichen Organisationen üblicherweise im Kontext temporärer Aktionen zur Absatzintensivierung eingesetzt. Dieses auch als »Promotion« bekannte Aktionsfeld wird häufig im engen Kontext von preis-, distributions- und leistungspolitischen Aktionen betrieben.

Für Organisationen der sozialen Arbeit bieten sich verkaufsfördernde Maßnahmen zunächst im Bereich des Fundraising an:

- Diverse Formen von direkter persönlicher (Sammlung in Fußgängerzonen, Haustürsammlung) und indirekter Ansprache (über die Medien, beispielsweise anlässlich von Naturkatastrophen oder sonstigen außergewöhnlichen Anlässen mit Nachrichtenwert) werden in der Praxis regelmäßig realisiert.
- Eine weitere Form von »Verkaufsförderung« im Zusammenhang mit dem Spendenmarketing sind solche Preisausschreiben und speziellen Lotterien, die mit besonderem temporärem Anreiz zur Teilnahme durchgeführt werden, wobei der Ertrag sozialen Zwecken zugutekommt (vgl. Christa 2008).

- Kooperative Aktionen finden statt im aktionsorientierten Zusammenwirken von kommerziellen Anbietern und sozialen Organisationen, aber auch, wenn wohltätige Institutionen wie der Lions Club oder die Rotarier Sammlungsaktionen bei ihren Mitgliedern für besondere soziale Zwecke durchführen.
- Im Zusammenhang mit sozialen Wettbewerben sind in den vergangenen Jahren in Deutschland auch die »Entenrennen« bekannt geworden, die in spielerischer Form Spenden für soziale Organisationen akquirieren und auch von kommerziellen Unternehmen unterstützt werden (vgl. bspw. www. entenrennen-hamburg.de).

Für die leistungsbezogene Absatzförderung von sozialen Dienstleistungen werden in der Praxis gelegentlich Informationsveranstaltungen für interessierte und potenzielle Nutzer, spezielle Besichtigungstage und anderes mehr in den sozialen Feldern Wohnen und Pflege für Senioren durchgeführt. Aber auch Familienbegegnungsstätten und Jugendtreffs bieten ab und zu entsprechende Möglichkeiten des Kennenlernens an, um die Zahl der Nutzer zu erhöhen. Einige soziale Organisationen betreiben auch Reisedienste und Versicherungsleistungen für spezielle Zielgruppen, so dass auch Aktionen in den Räumlichkeiten von Mittlergruppen (Reisevermittler, Versicherungsmakler) als Beispiel der Verkaufsförderung genannt werden sollen.

Im Zusammenhang mit Verkaufsförderung im persönlichen Kontakt soll an dieser Stelle noch auf die Relevanz der zielführenden Kommunikation in der Face-to-Face-Interaktion aufmerksam gemacht werden. Kontaktpersonen sollten elementare Regeln der direkten Kommunikation befolgen, wie sie beispielsweise von Romain/Tiberius (2003, S. 16) wie folgt aufgeführt werden:

- »Alles, was man tut, ist Kommunikation«: Nonverbale und unbeabsichtigte Nebenbotschaften werden in der Interaktion genauso wahrgenommen wie die offizielle Information.
- »Kommunikation ist ein gemeinsamer Tanz«: Jegliche Form von gelungener Kommunikation bedarf einer positiven Wechselseitigkeit, eines erfolgreichen Austauschs. Das Kontaktklima ist mitentscheidend für gelungene Kommunikation.
- »Die Art, wie eine Nachricht übermittelt wird, ist genauso wichtig wie ihr Inhalt«: Körperhaltung, Stimme, Blickkontakt etc. sind wichtige Signale, die das Gegenüber (bewusst oder unbewusst) wahrnimmt.
- »Für eine erfolgreiche Kommunikation ist nicht die gesendete, sondern die richtig empfangene Botschaft ausschlaggebend«: Der Erfolg eines kommunikativen Aktes ist nicht durch Übertragen von Information durch den Sender erreicht, sondern durch die (den Intentionen des Senders entsprechend) wahrgenommene Mitteilung beim Empfänger.

- »In den allermeisten Fällen bestimmt der Beginn das Gesprächsergebnis«: Ein guter Einstieg ist wesentlich für die Kommunikationswirkung.

In argumentativer Hinsicht sind u.a. folgende psychologische Verkaufsregeln zu beachten (vgl. bspw. Bänsch 2006; Görgen 2004; Limbeck 2009):
- Nicht eine Leistung verkauft sich, sondern die Problemlösung, die mit der Leistung verbunden ist. Das berühmteste Beispiel hierfür ist, dass der Kunde nicht den Bohrer kauft, sondern die Löcher (vgl. bspw. die Hinweise in Kuß 2006)
- In der Argumentation ist der Rezipient nicht zu überfordern. Es sind nicht alle, sondern die wichtigsten Faktoren von Zweck und Nutzen im Gespräch zu thematisieren.
- Häufig ist im Kontakt mit Laien eine Übersetzung von Qualität aus Sicht des Fachspezialisten in die Sprache des Rezipienten notwendig.
- Überzeugung fällt leichter vor dem Hintergrund einer bekannten Marke.

Auch für Preisargumentationen können wirtschaftspsychologische Grundlagen herangezogen werden. Typische argumentative Muster (vgl. a.a.O.) sind Vergleich, Kompensation, Bagatellisierung, Aufteilung und Gleichnis. Dabei kann der Preis mit einer erheblich kostspieligeren Leistung verglichen werden, es können alle zentralen qualitativen Elemente eines Gegenwert herausgestellt und Preisunterschiede trivialisiert werden, die Kosten auf die Nutzungszeit aufgeteilt und Preise mit wiederholten Kleinausgaben verglichen werden, um den Ertrag herauszustellen und die Kosten psychologisch zu minimieren.

Die genannten verkaufsfördernden Argumentationsstrategien werden in der Praxis der Wohlfahrtspflege typischerweise bei der direkten Spendenakquise angewandt, können jedoch auch im absatzwirtschaftlich relevanten Gespräch zu sozialen Dienstleistungen mit entsprechenden Anpassungen und Varianten nützlich sein. In erwerbswirtschaftlichen Kontexten dient zur Einstimmung in eine direkte verkaufsfördernde Situation ein Salesmanual, welches alle Informationen, die ein entsprechender Mitarbeiter benötigt, übersichtlich zusammenfasst (vgl. Fuchs/Unger 2003). Aus Marketingsicht wäre auch sozialen Organisationen anzuraten, Überlegungen zu jenen wesentlichen/entscheidenden Faktoren ihres Leistungspotenzials anzustellen, die in einem akquisitorischen Gespräch zu thematisierenden wären, und jenen Personen, die in wichtigen Außenkontakten stehen, eine diesbezügliche Überzeugungshilfe an die Hand zu geben. Eine entscheidende Vorbedingung dabei ist jedoch, marketinggerecht in positiven nutzenorientierten Kategorien zu denken: Menschen kaufen »keine Sachen, sondern Problemlösungen« (Kuß 2006, S. 12).

3.4 Kommunikation von Qualität durch Gütesiegel

Gütesiegel erfüllen für das Qualitätsmanagement eine wichtige Funktion aufgrund des Umstandes, dass sie Leistungspotenziale gemäß umfangreicher Überprüfungen auf der Basis eines in der Regel konsensfähigen und publizierten Katalogs von Kriterien bescheinigen.

Gütesiegel sind jedoch auch für die Kommunikationspolitik sozialer Organisationen einsetzbar, da sie durch ihre Eigenschaft als verbriefte Bescheinigung von Leistungsfähigkeit Vertrauen bei den Zielkunden generieren können.

In der folgenden Tabelle sind einige Beispiele für Gütesiegel in der sozialen Arbeit dargestellt:

Tab. 27: Gütesiegel in der sozialen Arbeit

Gütesiegel	Vergabe	Gebiet
Diakonie-Siegel KiTA/ Evangelisches Gütesiegel BETA	Bundesvereinigung Evangelischer Kindertageseinrichtungen (BETA) und Diakonie Bundesverband	Qualitätsmanagementsystem für die evangelisch-diakonischen Kindergärten
Diakonie-Siegel Pflege	Diakonisches Werk – Diakonisches Institut für Qualitätsentwicklung im DW EKD	Qualitätsleitfaden für ambulante, teilstationäre und stationäre Altenhilfeeinrichtungen
KTK-Gütesiegel	Verband Kath. Tageseinrichtungen für Kinder e.V.	Zertifizierung von Qualität in Tageseinrichtungen
Blauer Elefant	Qualitätssiegel für Kinderhäuser des Deutschen Kinderschutzbundes	Nachweis für einheitliches Konzept (Angebote, pädagogische Konzepte, Personal-, Raum- und Finanzausstattung) sowie Hilfegewährung aus einer Hand
„Ausgezeichnet. für Kinder"	Gesellschaft der Kinderkrankenhäuser und Kinderabteilungen in Deutschland e.V.	Gütesiegel für die stationäre Versorgung von Kindern und Jugendlichen (Krankenhäuser, Kinderkliniken etc.)
„Staatlich anerkannte Schuldenberatung"	Österreichisches Justizministerium	Gütesiegel als staatlich anerkannte Beratungen
Quifd	Agentur für Qualität in Freiwilligendiensten e.V.	Zertifizierte Qualitätsstandards für Freiwilligendienste

Gütesiegel	Vergabe	Gebiet
Gütesiegel „beQ"	Bundesverband Individual- und Erlebnispädagogik e.V.	Gütesiegels zur Qualität erlebnispädagogischer Programme
KTQ-Siegel (Kooperation für Transparenz und Qualität im Gesundheitswesen)	KTQ – Kooperation für Transparenz und Qualität im Gesundheitswesen GmbH	Gütesiegel für Krankenhäuer und Rehabilitationskliniken, Praxen niedergelassener Ärzte, Pflegeeinrichtungen, Hospize (inkl. alternative Wohnformen).
DZI Spenden-Siegel	Deutsches Zentralinstitut für soziale Fragen/DZI	Gütesiegel für u. A. einen verantwortlichen Umgang mit Spendengeldern, wahrhaftige, eindeutige und sachliche Werbung in Wort und Bild

3.5   Online-Kommunikation

Im Zuge der informationstechnologischen Entwicklungen der vergangenen beiden Dekaden stehen sozialen Organisationen mittlerweile auch die Möglichkeiten der Multimedia-Kommunikation und damit des digitalen oder E-Marketings offen. Mobile Speichermedien, mobiles Telefon-Marketing, Info-Terminal-Systeme sollten sicherlich nicht übersehen werden, der Bereich der Online-Kommunikation weist aus unserer Sicht jedoch die größten Potenziale für Institutionen des Sozialwesens auf.

Nach Schätzungen von Internetexperten sind in Deutschland rund 45 Millionen Menschen regelmäßig online, d.h. nutzen das Internet. Das Marktforschungsinstitut TNS Infratest beziffert den Anteil der Internetnutzer in Deutschland auf fast 70 Prozent. Selbst in der Gruppe der über 50jährigen Menschen in Deutschland nutzen inzwischen über 40 Prozent das World Wide Web (Vgl. http://de.statista.com; www.netzpolitik.org). Die Vorteile von Online-Kommunikation wie zeit- und raumunabhängige Kontaktaufnahme (vgl. hierzu auch die vorstehenden Anmerkungen zu den distributionspolitischen Potenzialen sowie umfangreiche Hinweise bei Gerdes 2003) und die diesbezüglichen Möglichkeiten der personenunabhängigen, anonymen und bedarfsgerechten Informationsbeschaffung haben im Sozialbereich mittlerweile zu erheblichen Nutzerzahlen geführt.

Die Chancen und Einsatzfelder sind vielfältig (vgl. beispielsweise Fritz 2010, Hohn 2004; Fantapié/Sander 2001; Mann 2004), so dass im Folgenden lediglich auf einige wenige relevante Ansatzpunkte hingewiesen werden soll:

- Global verfügbare/abrufbare Information über die soziale Organisation, ihre Leistungsfelder und ihre konkreten Angebote per Homepage. Vorteil der diesbezüglichen Kommunikation ist die Hypermedialität, d.h. es können verschiedene Mediengattungen wie Ton, Film, Text individuell eingesetzt bzw. genutzt werden.
- Es können über einen modularen Aufbau der Internetseiten sehr differenzierte und damit bedarfsgerechte Informationen gegeben werden. Die Nutzer können sich ihr Informationspaket selbst zusammen stellen.
- Mittlerweile können Websites auch von technisch weniger erfahrenen Organisationen selbst bedient werden, kurzfristige Informationen (beispielsweise Programmänderungen oder -erweiterungen, neue Angebote) können sehr schnell weiter gegeben werden.
- Querverweise per Link ergeben die Möglichkeit des Cross-Selling (u.a. Absatz anderer Leistungen der Sozialorganisation, Verweis auf Komplementärorganisationen).

Weitere Potenziale des www-Marketings sind:
- Die Anbahnung von Absatz ist möglich: Über Kontaktfelder können interessierte Bürger, Nutzer etc. erfasst und somit ein weiterer telefonischer oder persönlicher Kontakt ermöglicht werden.
- Marketingrelevante Informationen können über die Erfassung und Auswertung von Klicks auf einzelne Felder der Website im Hinblick auf das Informations- bzw. Suchverhalten der Nutzer erhoben werden. Entsprechende Auswertungen können auch vorgenommen werden über die Analyse der Themen, welche bei der Kontaktaufnahme per E-Mail für die Besucher wesentlich sind.
- Selbstverständlich können auch Spenden mittlerweile online getätigt werden.
- Das aktive E-Mailing an Spender, Sponsoren, Mitglieder, Nutzer, sonstige Stakeholder (im Sinne eines Informations-Pull) kann akquisitorische Effekte erfüllen, wenn die Ansprache professionell durchgeführt wird (vgl. für Hinweise bspw. Lewis 2000).
- Interne und externe Netzwerkkommunikation ist nach außen als Plattform für Austausch und Dokumentation zwischen Komplementärinstitutionen und innerhalb einer sozialen Organisationen ressourcenschonend möglich.
- Die allgemeine Öffentlichkeitsarbeit kann flankiert werden durch sozial- und kommunalpolitische Statements, Hinweise auf öffentlich Veranstaltungen, imagebildende »Human Affairs« (Geschichten rund um die soziale Arbeit u.A.m.). Entsprechende Newsletter an interessierte Stakeholder können mit einem vergleichsweise sehr geringen Aufwand vertrieben werden.

- Auch direkte Werbung für soziale Angebote per Internet ist möglich: Wenngleich in der Regel kostenintensiv, steht allen sozialen Organisationen der Kauf bzw. die Miete von Internetbannern (aktiv oder passiv) sowie Werbung auf Suchmaschinen offen. Umgekehrt können Einkünfte über die Vermietung von Anzeigenplätzen auf der Homepage einer sozialen Organisation erzielt werden.
- Beratung und sonstige Kommunikation (beispielsweise konkrete Nachfragen interessierter Bürger, Beschwerden, sonstige Hinweise) sind per E-Mail (Informations-Pull) unabhängig von Zeit und Raum möglich. Der Deutsche Aids-Hilfe e.V. hatte im Jahre 2008 fast 2.500 Mailanfragen, die Maildienste der Telefonseelsorge berichten für das gleiche Jahr von über 4.000 Kontaktaufnahmen, aus welchen sich mehr als 17.000 Mails entwickelt haben (vgl. Knatz 2009).
- Die Möglichkeit und Notwendigkeit von sozial-psychologscher Unterstützung und damit eine Ausweitung des fachlichen Spektrums ergibt sich durch die über Web 2.0 bereitgestellten Möglichkeiten der Bildung spezieller Communities, die in Ansätzen bereits primäre soziale Netzwerke flankieren, in Zukunft möglicherweise sogar substituieren können.
- Über aktive Teilnahme an Webdiskussionen (Internet-Chat) können engagierte Vertreter sozialer Organisationen durchaus auch Einfluss auf die (fach-) öffentliche Meinungsbildung nehmen. Mittlerweile haben sich einig Internet-Foren zu sozialpädagogischen, pflegerischen und anderen sozialen Themen gebildet.

Die Potenziale des Websitemarketing werden mittlerweile vor allem von den Spitzenverbänden der Freien Wohlfahrtspflege professionell und kreativ genutzt. Zwei Beispiele mit Hinweisen auf attraktive Features der entsprechenden Internetseiten sollen dies illustrieren.

Arbeiterwohlfahrt Bundesverband:
- Auf der Homepage des AWO-Bundesverbands wandelt sich ein großes Foto in der Mitte der Homepage in einem Mehrsekundentakt und eröffnet damit verschiedenen Geschäftsfeldern des Trägerverbandes eine ansehnliche Publicity (Öffentlichkeit).
- Neuigkeiten wie z.B. offene Briefe an Ministerien zu aktuellen Themen finden auf dieser Website eine breitenwirksame Öffentlichkeit.
- Spendenmöglichkeiten werden attraktiv und umstandslos geschildert. Zu beachten ist bei dieser Website auch die Mitgliederwerbung an zentraler Stelle der Seite.
- Wie auf vielen Websites von anderen großen Verbänden ist es für interessierte Besucher überdies möglich, AWO-Träger vor Ort über eine Suchfunktion zu finden, die links oben im Bild steht.

Deutsches Rotes Kreuz
* Auffällig ist hier die große Vielfalt der Rezeptions- und Nutzungsmöglichkeiten (Wort, Bild, Film, Ton),
* die thematische Aktualität sowie
* die Möglichkeit des Spendens per Internet über einen entsprechend großen roten »Button«.

Ausblickend sei schließlich noch hinzugefügt, dass in ersten Ansätzen bereits eine Verschmelzung verschiedener digitaler Kommunikationstechnologien stattgefunden hat und in wenigen Jahren vermutlich die Grenzen von Telefonie, TV, Internet und weiteren Kommunikationsformen vollends aufgehoben sein werden. Damit ergeben sich für soziale Organisationen sicherlich weitere Potenziale integrierter Kommunikation, die u.U. jedoch nur noch mit einem erheblichen Aufwand an professioneller Unterstützung genutzt werden können.

3.6 Eventmarketing

Im Sektor der kommerziellen Vermarktung von Gütern und Dienstleistungen wird dieses Instrument im Sinne einer »erlebnisorientierten Inszenierung von firmen- oder produktbezogenen Ereignissen« (Kuß/Kleinaltenkamp 2009, S. 231) zur absatzpolitischen Aufwertung von Waren und Diensten mehrheitlich gegenüber der Zielgruppe der Endverbraucher verstanden. Events (Ereignisse) müssen indes nicht dem Wirtschaftsbereich vorbehalten bleiben, sie können auch von sozialen Organisationen unter Anpassung an Rahmenbedingungen und Anliegen der Wohlfahrtspflege durchaus in verschiedenen Formen, für unterschiedliche Zielgruppen und unter verschiedenen Zielstellungen realisiert werden.

Einige Beispiele sollen entsprechende Ansatzpunkte verdeutlichen:
* Im Rahmen von Abendessen (Dinner-Veranstaltungen) für eine ausgewählte Gruppe von Unternehmern oder vermögenden Spendern können persönliche Beziehungen zwischen der Geschäftsleitung einer Sozialorganisation und privaten Geldgebern intensiviert werden, eine direktere Ansprache ist in kaum einem anderen kommunikativen Setting möglich. In der Fachliteratur wird auf ein diesbezüglich »hohes Involvement« sowie auf den Umstand verwiesen, Fundraising bei Großspendern und Sponsoren benötige dieses »beziehungsorientierte Marketing« (Kern 2006, S. 564). Als sekundärer Nutzen ergibt sich für solchermaßen in einem exklusiven Kreis aufgenommene Spender und Sponsoren auch die Gelegenheit, mit gleich gesinnten Menschen statusgerecht einen zwanglosen persönlichen wie beruflichen Austausch zu pflegen.

- In jüngster Zeit haben sich so genannte »Charity-Events« etabliert, in welchen für Spender u.a. »Casinoabende« durchgeführt werden, deren »spielerischer Erlös« einer sozialen Organisation zugutekommt. Das staatliche Glücksspielmonopol ist allerdings bei solchen Veranstaltungen zu beachten.
- Eine aktuelle Form von Eventmarketing für soziale Zwecke sind exklusive Modenschauen, wobei hier über hohe Eintrittsgelder oder über Sammlungsaktionen während der Veranstaltung ein mitunter beachtliches finanzielles Aufkommen realisiert werden kann.
- Klassische Konzerte eignen sich für die Pflege der Beziehung zu Spendern und Sponsoren ebenso wie zu Vertretern aus Politik, Verwaltung und Wissenschaft. So findet jährlich in Berlin beispielsweise das Konzert des CJD-Jugendorchesters in einem angemessenen Rahmen vor ausgewählten Gästen statt. Im Rahmen von Spendensammlungen mit klassischem Eventcharakter sind insbesondere die Aktionen des Operntenors Jose Careras für eine Leukämie-Stiftung populär geworden.
- Im Rahmen von Reisen zu ausgewählten Entwicklungshilfeprojekten präsentieren die Verantwortlichen von humanitären Organisationen ihren Premiumspendern und Sponsoren den Erfolg Ihrer Vorhaben. Eine solche Strategie wird bspw. von einer Entwicklungshilfeorganisation in Kooperation mit einem Sponsor aus der Bekleidungsbranche und einem populären Kölner Sänger medienwirksam betrieben.

Selbstverständlich ist es auch möglich, im Rahmen solcher Veranstaltungen Leistungsformen und Angebote der sozialen Organisation zu präsentieren, in einem reduzierten Maße können überdies Chancen zum sozialpolitischen Lobbying genutzt werden, wenn sich Rahmen, Kreis der Gäste und Stimmung hierfür eignen.

Es sei indes darauf hingewiesen, dass eine ganze Reihe von Eventveranstaltungen den Ansprüchen der von Burens (2006) anschaulich referierten Erfolgsfaktoren »Exklusivität« und »Perfektion« entsprechen müssen, da Einladungen zu hochwertigen Benefizveranstaltungen entsprechende Erwartungen der Gäste hervorrufen. Professionalität bei der Vorbereitung und Durchführung sowie eine kritische Erfolgskontrolle mit Nachbereitung solcher Veranstaltungen sind mittlerweile zum Standard des sozialen Event-Marketings zu zählen (vgl. hierzu auch die Hinweise von Hosang 2002). Im Zweifel sollten soziale Organisationen ohne Erfahrung entsprechende Events mit Unterstützung von darauf spezialisierten Institutionen realisieren.

Andere Zielgruppen können mit Event-Maßnahmen jenseits von hoher Exklusivität und perfekter Ausstattung wie folgt angesprochen werden:

- Der Tag der offenen Tür für Kindergarten, Familienkreise und Beratungsstellen ist ein von der sozialen Arbeit seit langen Jahren praktiziertes »Event« für die lokale oder regionale Allgemeinheit.
- Normalspender sowie die Öffentlichkeit im Allgemeinen können zudem in einem bescheideneren Rahmen von Themenpartys, Populärkonzerten, Fußballturnieren, Flohmärkten, Basaren und Straßenfesten für die Anliegen und Förderzwecke einer sozialen Organisation gewonnen werden.

Für verbandliche Ebenen von Relevanz sind schließlich Eventmaßnahmen wie nun abschließend kurz noch angeführt:

- Die Landesvertretungen der Freien Wohlfahrtspflege organisieren regelmäßig regionale Journalistenfahrten, die thematische Schwerpunkte aufweisen und zu repräsentativen wie innovativen Einrichtungen führen.
- Bereits eine lange Tradition haben kirchliche und sonstige Großveranstaltungen anlässlich der Eröffnung jährlicher Straßensammlungsaktionen.

3.7   Markenkommunikation

An dieser Stelle sind Überlegungen aus dem leistungspolitischen Abschnitt zu den Möglichkeiten und Grenzen einer Markenstrategie im Sozialsektor aufzugreifen, denn eine auf Markenführung basierende Leistungspolitik hat nicht unerhebliche Folgen für die kommunikative Ausrichtung einer Institution.

Der besondere Wert erfolgreich institutionalisierter Marken ist die nachvollziehbare Verortung einer Leistung oder einer dahinter stehenden Organisationen in einem Wettbewerbsgefüge:

- Positionierung der Marke bedeutet dabei, in der Wahrnehmung von Kunden und anderen Zielgruppen eine unverwechselbare und positive Stellung einzunehmen.
- Die Marke ist in der Kommunikationspolitik ausgerichtet im Hinblick auf eine möglichst exakt definierte Zielgruppe von Kunden, Stakeholdern etc.
- Positionierungserfolge in der Markenpolitik zeigen sich durch eine wahrgenommene Abgrenzung von anderen Anbietern und Marken sowie die gelungene Kommunikation eigener Stärken bzw. Problemlösungsfähigkeiten (auch durch konkrete Bezugnahme auf Nutzen und Wirkung einer sozialen Dienstleistung).
- Marken sind in kommunikationspolitischer Hinsicht erst etabliert, wenn eine Wiedererkennung durch die Zielgruppen sichergestellt ist.

Welche Maßnahmen sind vor dem Hintergrund der geschilderten Anforderungen unverzichtbar notwendig, um eine erfolgreiche Marke zu konstituieren? Einige wesentliche konstitutive Elemente von Markenkommunikation sollen im Folgenden dargestellt werden.

(a) Formale Markenelemente

Benötigt werden in formaler Hinsicht für die Konstitution einer Marke zunächst einmal namentliche und bildliche Elemente (so genannte »Markierungsmittel«), welche in der Lage sind, Güter oder Dienstleistungen oder Anbieter/Anbietergruppen erkennbar und unterscheidbar zu machen.

- Basiselemente sind Bild und Wort,
- die häufig auch in einer bestimmten Wort-Bild-Kombination auftreten.
- Üblicherweise werden bildliche Elemente einer Marke von einem Symbol (Logo) dominiert. Weitere Abbildungen sind variabel und können je nach Anlass ausgetauscht werden.
- Ein besonderes Kennzeichen positionierter Marken ist die individuelle Farbgebung und -kombination. Diese muss konstant in allen Formen der entsprechenden Markierung vorkommen, Abweichungen sind nicht funktional. Ein berühmtes Beispiel ist das Telekom-Margenta.
- Prinzipiell möglich sind auch akustische und olfaktorische (Geruchs-) Markierungen. (vgl. Linxweiler 2004)

Wir dürfen davon ausgehen, dass im Sozialwesen in formaler Hinsicht »Markierungen« bereits vorgenommen worden sind. Diese Markenbildungen beziehen sich in der Praxis der Sozialen Arbeit und angrenzender Gebiete in ihrer überwiegenden Mehrheit auf Organisationen, so gut wie nicht auf Leistungen oder Leistungsformen. Ausnahmen hiervon bilden lediglich Hilfsdienste wie »Brot für die Welt« oder »Misereor«, die mit ihrer Organisationsmarke gleichzeitig eine Leistungsform bezeichnen. Ein Blick auf die Websites etablierter Träger der sozialen Arbeit, des Pflege-, Reha- und Gesundheitsbereichs zeigt, dass es auch im Markenmanagement der Wohlfahrtspflege üblich ist, Symbole und Namen als Wort-Bild Kombination zu verwenden, um die Identifikation zu erleichtern. Das Deutsche Rote Kreuz, Diakonie und Caritas, aber auch der Paritätische, der Kinderschutzbund und der Arbeiter-Samariter-Bund verwenden ihr Logo in Verbindung mit dem ausgeschriebenen Namen. Einige Träger koppeln dies noch mit ihrem (aktuellen) Slogan. Gelegentlich werden auch (variierbare) Bilder in die Markierung einbezogen, wie am Beispiel des Kinderschutzbunds und bei Misereor zu sehen ist.

Die Möglichkeiten für Träger des Markenzeichens sind begrenzt. Als physische Objektbereiche stehen lediglich baulich-räumliche Attribute, größere mobile Elemente sowie die Mitarbeitenden zur Verfügung. Während einige Anbieter kommerzieller Dienstleistungen über Kleidung und andere so genannte »Features« eine Identifikation mit einer bestimmten Marke zu gewährleisten versuchen, ist dies in weiten Teilen der Sozialwirtschaft nur schwer bis nicht zu realisieren. In der sozialen Arbeit ist es mitunter ein methodisch wichtiges Kennzeichen der Mitarbeitenden, adressatennah und individuell gekleidet zu sein, selbst im Bereich des Gesundheitswesens und der Seniorenpflege sind die Meinungen der Kunden in der Frage, ob die Mitarbeitenden uniform angezogen sein sollen, geteilt.

Somit sind in der Praxis entsprechende Markierungsbestrebungen auf einige wenige Möglichkeiten beschränkt:

- Markierung von Pkws in der ambulanten Pflege, Markierung von Kleinbussen im Rehabilitations- und Jugendhilfebereich.
- Einheitliche Arbeitskleidung in Kliniken sowie im ambulanten Pflegebereich (vgl. die oben genannten Einschränkungen in der Akzeptanz durch die Nutzer).
- Visualisierungen über bestimmte Ausstattungsmerkmale und im baulich-räumlichen Bereich, über Beschilderung etc.
- Markierung von »sozialen Produkten« wie Kugelschreiber, Taschen etc. mit Logos und in der entsprechenden Farbgebung der jeweiligen Sozialmarke.

(b) Markenaufbau und Markenpflege
Es ist vermutlich gut nachvollziehbar, dass gelungene Markenpolitik eine Reihe von Verbindlichkeiten erfordert. Dies betrifft die Klärungen wie die Spezifizierung der Zielgruppe, Aspekte der Qualität und des Qualitätsmanagements, Nutzenstiftungsmöglichkeiten u.a.m. Eine direkte Verbindung von markenorientierter Leistungspolitik zur Strategie der Kommunikation von Leistungen und Leistungspotenzialen ist unabdingbar.

Welche Implikationen nun für die kommunikativen Maßnahmen mit einer konsistenten Markenpolitik verbunden sind, zeigt folgende Anforderungsliste an die Markenführung von Clausnitzer/Heide/Nasner (2002):

- Um den Zielgruppen die „Marktorientierung" zu erleichtern, müssen Produkte und Dienstleistungen mit der Markierung deutlich abgegrenzt sein.
- Das Erscheinungsbild der betreffenden Organisationen muss klar und unverwechselbar sein.
- Die Marke muss in allen unternehmerischen Bereichen sichtbar sein, damit die Marke auch »nach innen gelebt« werden kann.
- Dies bedeutet auch, dass die Marke bei allen und durch alle beteiligten Menschen der sozialen Organisation sichtbar sein muss.
- Die Marke muss sich zunächst in Grundsätzen ausdrücken, aber schließlich auch Handlungsorientierung bieten.
- Die Marke muss in einem direkt nachvollziehbaren Verhältnis zur „Philosophie" der sozialen Organisation stehen.

(c) Markenkonzeption
Eine konsistente Markenkonzeption sollte mindestens die fünf nachstehend beschriebenen Elemente aufweisen, um den Ansprüchen an einen fundierten Aufbau und erfolgreiche Pflege zu genügen (vgl. a.a.O.).

Tab. 28: Elemente der Markenkonzeption

Kernkompetenzen	Jene entscheidenden Potenziale der Sozialorganisation bzw. ihrer Leistung werden definiert, • die einen wahrnehmbaren und nachgefragten Nutzen für die Kunden stiften können, • die zuverlässig erbracht werden können, • die gegenüber Wettbewerbern klar abgrenzbar • und von diesen schwer kopierbar sind.
Markenkern	Die Kernkompetenzen werden als Markenkern formuliert: • Elemente können bspw. sein: Qualitätsführerschaft, Innovationsführerschaft, hohes Vertrauen in die Dienstleistungen bei den Kunden, Wahrnehmung als Experten für schwierige Probleme. • Claim (Anspruch): kurze und prägnante Formulierung des Markenversprechens • Claim soll als „roter Faden" von Marke und Markenpolitik kommuniziert werden • Der Markenkern kulminiert im Slogan als extrem verdichtete Aussage, die das zentrale Nutzenversprechen der Marke wiedergibt (mittel- bis langfristig gültige Botschaft).
Strategische Ziele	Die Ziele der Markenwirkung werden festgelegt: • Strategische Ziele enthalten sowohl quantitative als auch qualitative Komponenten, • sind mittel- bis langfristig angelegt und • dienen als Führungsgrundlage sowie als Maßstab für die erfolgreiche Etablierung der Marke.
Umsetzung	Die kommunikative Umsetzung wird geplant und realisiert: • Auswahl der Kombination von Eigenschaften, mit welcher die Marke nun konkret kommuniziert werden soll • Schaffung eines Ideal-Images bei den zentralen Zielgruppen in drei Dimensionen: • kognitive Komponente: erwünschter Informationsstand bei zentralen Zielgruppen. • affektive Komponente: erwünschte Assoziationen gegenüber Markennamen bei den Zielgruppen • konative Komponente: Handlungen (oder wenigstens Handlungstendenz) bei den Zielgruppen auslösen.
Evaluation	Überprüfung der Zielerreichung aufgrund der vorstehend genannten Imagedimensionen: • kognitive Zielerreichung • affektive Zielerreichung • konative Zielerreichung.

3.8 Corporate Identity

Die Möglichkeiten der Positionierung von Produkten und Dienstleistungen sind in manchen Branchen begrenzt, konventionelle Instrumente des Marketings einer sozialen Organisation können nachhaltige Vorsprünge gegenüber Konkurrenten gelegentlich nicht oder nicht nachhaltig hervorbringen, weil sie von den Wettbewerbern schnell übernommen/kopiert worden sind. Die Idee der Corporate Identity als Generierung von Wettbewerbsvorteilen durch Erscheinungsbild fußt auf der Möglichkeit, durch spezifische organisationale Identitäten positive Abgrenzungen gegenüber konkurrierenden Institutionen dauerhafter vornehmen sowie Bindungen nach innen und nach außen längerfristig herstellen zu können, als dies durch traditionelle Instrumente möglich ist.

(a) Corporate Identity als kommunikationspolitisches Marketinginstrument

Corporate Identity (CI) als kommunikationspolitisches Marketinginstrument entfaltet somit im Sozialbereich dort besondere Potenziale, wo

- positive Abgrenzungen mangels konkreter leistungsbezogener Ansatzpunkte schwierig sind oder
- alle anderen Instrumente des Marketing-Mix (inklusive Werbung, PR und sonstiger Bereiche) Grenzen der Wirksamkeit erfahren.

Der Kerngedanke ist dabei die einheitliche positive Präsentation der Organisation bzw. des Unternehmens im Wettbewerb und gegenüber diversen Zielgruppen, einschließlich der Mitarbeiter und sonstiger komplementärer Einheiten wie Lieferanten etc.

Entsprechende Maßnahmen sind zielgerichtet aufeinander abzustimmen. Die wesentlichen Obliegenheiten (vgl. insbes. Regenthal 2003) sind zu umschreiben mit:

- Einheitlich positiver Auftritt aller sichtbaren Faktoren nach außen durch Identität und internen Zusammenhalt
- Verknüpfung von Kommunikation und Glaubwürdigkeit
- Verknüpfung von Bekanntheit und Beliebtheit.

Ein wesentliches Kernelement der Strategie der Corporate Identity besteht in der Verknüpfung von Außendarstellung und organisationaler Realität. Um den Zielgruppen eine Identifikation mit der Organisation sowie ihren Leistungen im Sinne einer Marktorientierung zu erleichtern, sind nicht nur institutionelle Erscheinungsbilder klar und unverwechselbar auszugestalten, sondern weitere Maßnahmen dahingehend zu ergreifen, dass die Identität in allen unternehmerischen bzw. organisatorischen Bereichen sichtbar sein sollte. Dies schließt in personenbezogenen Leistungsfeldern ein, dass eine entsprechende Identität im Idealfall bei und durch alle beteiligten Personen einer jeweiligen Organisation erkennbar ist.

Eine entsprechende Identität ist in Grundsätzen ausdrücken, muss aber schließlich auch Handlungsorientierung bieten und in ihrer Praxis in einem direkt nachvollziehbaren Verhältnis zur Philosophie der sozialen Organisation stehen. Corporate Identity ist für das Sozio-Marketing auch deswegen interessant, weil sie einen direkten Bezug von Außendarstellung, Leitbild und Managementpraxis in sensu einfordert.

Somit kann an eine Corporate Identity als »gelebtes und geliebtes Orientierungsmuster« der Anspruch gestellt werden, dass

- die über ein Leitbild erarbeiteten Einstellungen und Werthaltungen von Mitarbeitenden und Führungskräften in der Praxis der sozialen Organisation zum Tragen kommen,
- der Umgang der Mitarbeitenden beziehungsweise ihr Verhalten untereinander auch als Außenwirkung positive Früchte trägt,
- die Menge der internen Gemeinsamkeiten mithin gegenüber den verschiedenen Zielgruppen der sozialen Organisation erlebbar nahe gebracht wird (vgl. für soziale Organisationen Kiessling/Babel 2007).

Die auf diese Weise realisierte Aufwertung der psycho-sozialen Faktoren einer Organisation kann nicht nur zur Zufriedenheit der Mitarbeitenden und zu einem starken Zusammengehörigkeitsgefühl von Mitgliedern der Organisation führen. Sie kann eben auch in fachlich-qualitativer Hinsicht Effekte entfalten sowie in einem Marketingbezug eine Wirkung auf Außenstehende ausüben, folglich eine auch absatzwirtschaftliche relevante Verbindung betriebswirtschaftlicher und kultureller Werte eingehen.

Nach »außen« sind folgende Zielstellungen einer Corporate-Identity-Strategie für soziale Organisationen durchaus realistisch:

- Eine unverwechselbare und positive Stellung in der Wahrnehmung von Kunden und anderen Stakeholdern mit glaubhafter Vermittlung der eigenen Problemlösungsfähigkeit.
- Eine garantierte Wiedererkennung durch Kunden und Stakeholder sowie
- Positionierungserfolge durch Abgrenzung von anderen Anbietern, auch mit gelungener Kommunikation besonderer (wertgebundener) Standpunkte.

Typische Grundfragen für die Vorbereitung einer Corporate-Identity-Strategie einer sozialen Organisation sind folgendermaßen zu formulieren (vgl. bspw. Regenthal 2003; Birkigt/Stadler/Funck 2002):

- Ist- und Sollzustand der Präsentation gegenüber der Öffentlichkeit

- Akzeptanz und Qualitätsbeurteilung der Dienstleistungen in der Öffentlichkeit, bei Nutzern, Finanziers, aber auch bei eigenen MitarbeiterInnen und anderen internen Stakeholdern
- Präsentation und Wahrnehmung der Organisation im sozialen und politischen Umfeld als Arbeitgeber und Sozialpartner
- Verständlichkeit, Überzeugungskraft und Glaubwürdigkeit von fachlichen, sozialpolitischen und spezifischen wertebezogenen Botschaften
- Wahrnehmung des persönlichen und tangiblen Erscheinungsbilds im Abgleich mit dem kommunizierten Selbstverständnis der sozialen Organisation
- Identifikation der Mitarbeitenden mit Zielen, Werten und Normen der sozialen Organisation
- Einklang von propagierter und der gelebter Kultur (inklusive Managementstil) der sozialen Organisation.

(b) Bestandteile einer Corporate Identity

Für die Konstitution einer angemessenen Corporate Identity können die in der (genannten) Literatur typischerweise erwähnten CI-Elemente herangezogen werden. Demnach wird eine geschlossene Konzeption einer organisationalen Identität von den sechs zentralen Bestandteilen Corporate Vision, Corporate Design, Corporate Advertising, Corporate Wording sowie Corporate Behaviour und Corporate Citizenship, wie in Schaubild 71 dargestellt, umfasst:

Wie in der Übersicht versinnbildlicht, sind die einzelnen Elemente einer Corporate Identity eng aufeinander bezogen zu verstehen, sie konstituieren nur in ihrer Gesamtheit die organisationale Außenwirkung und wirken sowohl im Einklang (positiv) als auch in Disharmonie (negativ) auf das Image einer sozialen Organisation ein.

Da jedes der genannten Elemente für eine integrierte Politik der organisationalen Wirkung eine große Bedeutung aufweist, möchten wir sie im Folgenden noch kurz kommentieren:

- Ausgangspunkt einer CI-Strategie sollte ein gemeinsames Verständnis von Grundlagen, Werten und Zielen einer Organisation sein. Dies kulminiert idealerweise in Form einer gemeinsamen Corporate Vision mit hoher integrativer Kraft für die einzelnen Elemente bzw. Personen einer sozialen Organisation. Die Corporate Vision fungiert als Motor aller anderen Bestandteile der CI, wenn die Mitglieder einer Organisation eine übereinstimmende Sicht auf die angestrebte Zukunft der Institution haben.
- Mit dem Corporate Design sollten möglichst alle relevanten Ausprägungen des visuellen Auftritts einer sozialen Organisation umfasst werden. In der Fachliteratur (vgl. bspw. Schürmann 2004) werden Logos, Symbole, Namen und Farben genannt, die als optische Leitlinien zur profilierten Außendarstellung nachhaltige Identifizierung mit der Organisation ermöglichen kön-

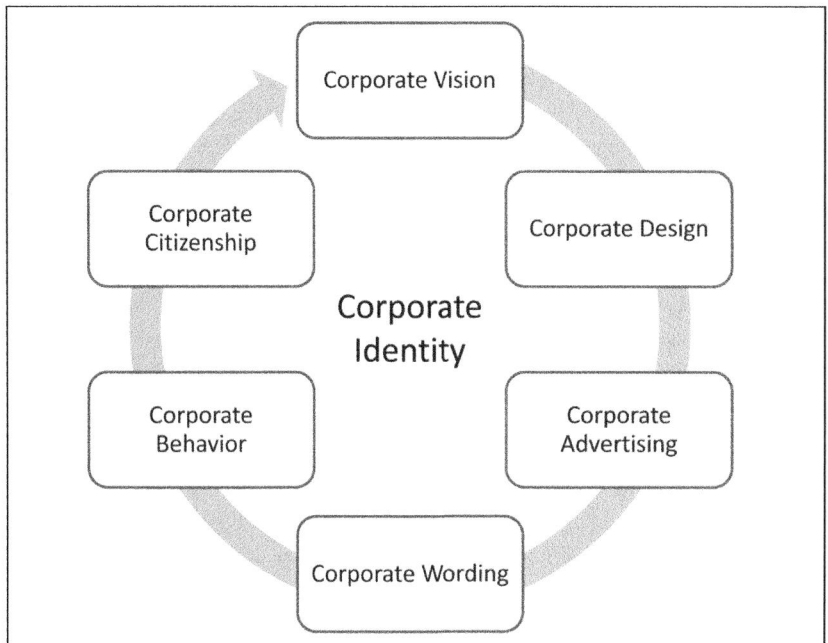

Abb. 71: Bestandteile der Corporate Identity

nen. Mittlerweile verfügen viele Sozialorganisationen über diesbezügliche Handbücher und Vorlagen, die es ermöglichen sollen, dass über die gesamte Organisation (Verband, Trägerschaft, Einrichtungen und Dienste) hinweg ein einheitliches Design vorliegt.

- Auf der inhaltlichen Grundlage der Vision sowie der Basis eines möglichst konform ausgestalteten Corporate Designs sollten nun alle werblichen Außenauftritte sowie PR-Maßnahmen im Hinblick auf Kernbotschaften, Slogans usw. soweit standardisiert werden, dass eine nachhaltige Positionierung mit Identifikation und Erinnerungswert in der Wahrnehmung der Zielkunden und sonstigen Rezipienten der Sozialorganisationen verankert werden kann.

- Mit dem Corporate Wording muss jenes Element in den CI-Regelkreis aufgenommen werden, welches einen möglichst positiv-einheitlichen Auftritt in sprachlicher beziehungsweise textlicher Natur gewährleistet. Anregungen zum Schreibstil eines Unternehmens, welches sich als sympathisch und positiv verstehen will, gibt es beispielsweise in der Zeitschrift »working @ office« der Ausgabenummer 4/2007. Dort wird unter dem Stichwort »das Glas ist halb voll« geraten, nicht zu schreiben: »da ich an diesem Tag bereits andere Termine habe, muss ich leider absagen«, sondern: »an diesem Tag habe ich bereits andere Termine fest zugesagt. Bitte haben Sie Verständnis, dass ich deshalb nicht kommen kann«. Weitere spezifische Hinweise zum Corporate Wording finden sich in Einzelpublikationen (vgl. bspw. Förster 2001), wir möchten an dieser Stelle betonen, dass eine Corporate Identity daraufhin angelegt ist beziehungsweise sein muss,»Brüche« zwischen der offiziellen Außendarstellung und dem faktischen Organisationsverhalten zu vermeiden. Sprachliches Auftreten, Verhalten und sonstige Elemente einer CI müssen zusammen passen.

- Das »Verhalten« einer sozialen Organisation (Corporate Behaviour, im erwerbswirtschaftlichen Bereich ist dieses Phänomen auch als »Corporate Social Responsibility« bekannt) wird von der Öffentlichkeit, aber auch von unmittelbaren Stakeholdergruppen mitunter sehr genau beobachtet. Entsprechende Ansprüche an die Normen- und Wertekonformität von Institutionen der Wohlfahrtspflege übersteigen meist das Maß, welches an Unternehmen der Profitwirtschaft gelegt wird. Die gemeinnützige Ausrichtung, die spezifischen religiösen oder humanitären Profile sowie der Bereich der personenbezogenen sozialen Dienste an sich stellen erhebliche Anforderungen an einen korrekten Umgang innerhalb der Institution, aber auch mit Außenstehenden aller Art. In dieser Dimension ist auch das »ökonomische Verhalten« bei Investitionen, bei Freisetzungen von Mitarbeitern, in der Reaktion auf Angriffe usw. enthalten. Einige soziale Träger haben mittlerweile zusätzlich zu ihrem Leitbild für ihre Arbeit einen Verhaltenskodex herausgegeben, der das Corporate Behaviour der Organisation gegenüber Kunden, politische und soziale Stakeholder sowie gegenüber den Mitarbeitenden regelt.
- Last not least soll das Element des Corporate Citizenship als weiterer wesentlicher Faktor des CI-Regelkreises Erwähnung finden. Hierbei wird das konkrete Verhalten einer (sozialen) Organisation im unmittelbaren Umfeld, sozusagen als »Nachbar« oder »Mitbürger«, umschrieben. Eng verbunden mit den Grundlagen in der Dimension des Corporate Behaviour ist darauf hinzuweisen, dass Einrichtungen der sozialen Arbeit in teilweise nicht unerheblichem Maße als Akteure im Sozialraum wahrgenommen und hohen Anforderungen unterliegen. Auch diesbezüglich haben einzelne Träger bereits verbindliche Regelungen entwickelt und kommuniziert.

Einige Beispiele für Ansätze zur operativen Umsetzung einer ganzheitlichen Corporate Identity sind im folgenden Schaubild aufgezeigt (vgl. vor allem Regenthal 1996; Kiessling/Babel 2007):

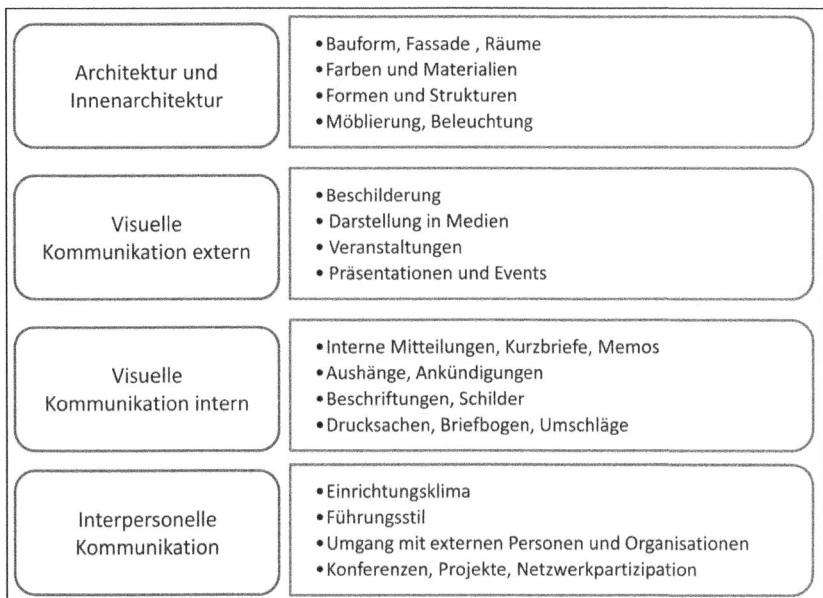

Architektur und Innenarchitektur	• Bauform, Fassade , Räume • Farben und Materialien • Formen und Strukturen • Möblierung, Beleuchtung
Visuelle Kommunikation extern	• Beschilderung • Darstellung in Medien • Veranstaltungen • Präsentationen und Events
Visuelle Kommunikation intern	• Interne Mitteilungen, Kurzbriefe, Memos • Aushänge, Ankündigungen • Beschriftungen, Schilder • Drucksachen, Briefbogen, Umschläge
Interpersonelle Kommunikation	• Einrichtungsklima • Führungsstil • Umgang mit externen Personen und Organisationen • Konferenzen, Projekte, Netzwerkpartizipation

Abb. 72: Operative CI-Ansatzpunkte (Beispiele)

Da der Ansatz Corporate Identity die Ganzheitlichkeit und Widerspruchsfreiheit benötigt, um seine Wirkung zu entfalten, sollten soziale Organisationen sehr genau auf Bruchstellen zwischen Anspruch und Wirklichkeit überprüft werden.

• So wäre es im Hinblick auf CI und Corporate Wording beispielsweise kontraproduktiv, wenn eine Organisation sich in ihrer werblichen Darstellung als »offen« und »freundlich« generiert, die Wortwahl bei Briefen und E-Mails demgegenüber jedoch abweisend und arrogant ausfällt. Das Anliegen von Corporate Wording kann auch ein Beispiel von Antjes (2005, S. 122) dahingehend verdeutlichen, dass Begriffe, Formulierungen und Sprachstile, Inhalte, Haltungen und Zielstellungen eines sozialen Vorhabens mehr, jedoch auch weniger angemessen wiedergeben können: »Wer ein Projekt für oder mit so genannten ‚verhaltensauffälligen‘ oder ‚lernbeeinträchtigten‘ Jugendlichen konzipiert, sollte hierfür in der öffentlichen Darstellung andere Begriffe verwenden und diese im Projektteam verbindlich festlegen. Kein Jugendlicher möchte in der Zeitung lesen oder auf der Internethomepage, dass er an einem erfolgreichen Projekt für Lernbehinderte mitwirkt«. Antjes schlägt demgegenüber vor: »Wir vermitteln Kompetenzen in schwierigen Lebenssituationen« (ebd.).

- In den vergangenen Jahren wurde das institutionelle Verhalten im Sinne eines Corporate Behaviour unter anderem bei der Lohnpolitik einiger Trägergruppen im Bereich der ambulanten und stationären Seniorenpflege sowie diesbezüglicher Konflikte mit gewerkschaftlichen Vertretungen auch öffentlichkeitswirksam kritisch thematisiert. Corporate Behaviour zeigt sich nicht nur in der Wahrnehmung von Führungsverantwortung und der Wahrung von Sorgfaltspflichten gegenüber Mitarbeitenden, sondern auch im Umgang mit Anfragen interessierter Bürger oder in der Kooperation mit Medien. Nicht beantwortete E-Mails und sonstige Verstöße gegen elementare kommunikative Regeln sind ebenso häufige wie vermeidbare Schwachstellen institutionellen Verhaltens, die einzeln betrachtet sicherlich lässlich, auf Dauer das Image einer Organisation unter Umständen jedoch signifikant schwächen können.

- Es wird in teilweise intensivem Maße von den Mitbürgern auch wahrgenommen, ob die sozial geteilten Regeln des fairen Umgangs, der ökologischen Ausgewogenheit, des Ausstoßes von Emissionen usw. eingehalten werden. Lärmbelästigung, abfallwirtschaftliches Verhalten, die Einbeziehung von Nachbarschaft und Sozialraum bei baulichen Erweiterungen und Anderes mehr stehen im Mittelpunkt dieser Dimension des Corporate Citizenships und sollten aus Marketingsicht von jeder Organisation der Wohlfahrtspflege in die Managementüberlegungen einbezogen werden.

G   Spezielle Felder des Sozio-Marketings

In diesem inhaltlich ergänzenden Kapitel soll auf einige wichtige Aktionsfelder des Sozio-Marketings aufmerksam gemacht werden, welche besondere Zielsetzungen und Zielgruppen aufweisen.
Folgende Schwerpunkte werden dabei gesetzt:
- Aus dem Bereich des Fundraising (alternative Mittelbeschaffung) wird das Marketing der Spenden- und Sponsorenakquise beschrieben, da es sich dabei um eine für Sozialorganisation durchaus relevante additive Einnahmequelle handelt. Auf weitere Instrumente und Maßnahmen wird kurz eingegangen.
- Das Marketing bzw. die Akquise von Personal wurde ausgewählt, da die Gewinnung von Mitarbeitenden neben der Beschaffung finanzieller Ressourcen als wesentlicher betriebswirtschaftlicher Engpassfaktor für die fachliche Entwicklung einer engagierten Institution der Wohlfahrtspflege anzusehen ist.

1   Spendenmarketing

Wir möchten in diesem Abschnitt die Bedeutung von Spenden für Sozialorganisationen sowie den Umfang des Spendenwesens in Deutschland umreißen, die Logik von Leistung und Gegenleistung im Sponsoring erläutern sowie die notwendigen Bedingungen einer ertragreichen Spendenwerbung schildern.

1.1   Bedeutung und Umfang des Spendenwesens

Vor der Expansion des Sozialstaats und der damit verbundenen Inkorporierung freier Träger in das Wohlfahrtswesen finanzierten karitative Organisationen ihre Arbeit in der Regel über »milde Gaben« von Privatpersonen und das Mäzenatentum (wohlhabende Unternehmer mit philanthropischen Motiven).

Heute finanziert die Mehrzahl der im Bereich der Wohlfahrtspflege tätigen Organisationen ihre Einrichtungen und Dienste über Entgelte und Zuwendungen staatlicher Institutionen. Je nach Trägerschaft und Arbeitsfeld betragen die spendenfinanzierten Anteile mittlerweile nur noch durchschnittlich fünf Prozent der Gesamtaufwendungen, höhere Erträge aus Spenden sind für Träger im Regelbetrieb als Ausnahme anzusehen.

Jedoch ist die Spende auch für solche Träger, Einrichtungen und Dienste, welche heutzutage Zuwendungen oder Einzelleistungsentgelte für ihre überwiegend von Hauptamtlichen erbrachten sozialen Dienstleistungen von staatlichen

Stellen erhalten, nicht als gänzlich unwesentliches Element im Finanzierungs-mix anzusehen:

- Soziale Organisationen können mit spendenfinanzierten Geldern frei von Auflagen der öffentlichen Finanziers Bedarfsdeckungen im Hinblick auf selbst definierte Notlagen vornehmen.
- Spendeneinnahmen gewährleisten damit, dass das Selbstverständnis vieler sozialer Organisationen als subsidiäre Institutionen im Wohlfahrtsmix we-nigstens zum Teil aufrecht erhalten bleibt.
- Nicht selten sind innovative soziale Vorhaben lediglich über Spendengelder realisierbar.
- Flexibilität und klientennähere Versorgung sind in größerem Umfang gege-ben, wenn unabhängig von bürokratischen Definitionen und sozialstaatli-chem Phlegma soziale Leistungen unmittelbar am Bedarf erbracht werden können.
- Spendeneinnahmen tragen dazu bei, dass freie Träger die im Förderungswe-sen häufig notwendigen Anteile für eine Co-Finanzierung aufbringen kön-nen.

Das Spendenaufkommen für Deutschland ist nicht exakt bestimmbar. Zu Un-sicherheiten bei der Kalkulation tragen Abgrenzungsprobleme ebenso bei wie der Umstand, dass es keine Meldestelle für Spendeneinnahmen gibt. So müs-sen wissenschaftliche Untersuchungen auf Statistiken der Finanzämter sowie Umfragen in der Bevölkerung zurückgreifen. Einer Studie der Gesellschaft für Konsumforschung (GfK) aus dem Jahre 2005 zufolge ist die Summe aller Spen-den auf rund 4,2 Milliarden Euro zu schätzen, worin rund 2,6 Milliarden Euro private Einzelspenden für karitative beziehungsweise soziale Zwecke enthalten sein sollen. Der durchschnittliche Spendenbetrag pro Haushalt wurde auf 33 Euro geschätzt (vgl. Priller/Sommerfeld 2009). Das Aufkommen gilt seit eini-gen Jahren als stagnierend (vgl. a.a.O.).

Die folgende Grafik gibt einen Überblick über die von der Arbeitsgemein-schaft Deutscher Spendenmonitor in Deutschland ermittelten Spendenzwecke (vgl. Haibach 2006, S. 163):

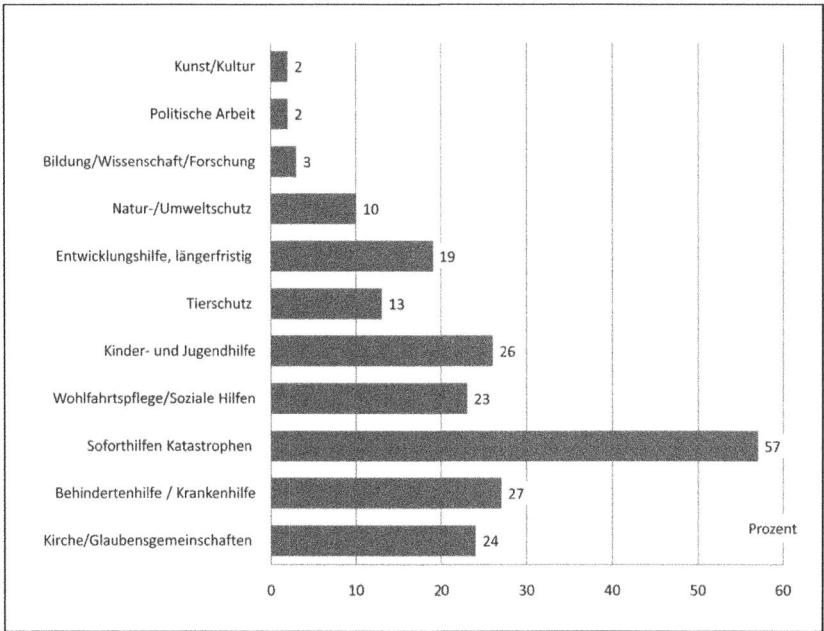

Abb. 73: Spendenzwecke in Deutschland

In der Übersicht ist zu erkennen, dass soziale Zwecke mit drei Kategorien vertreten sind und mit jeweils um 25 Prozent relativ hoch in der Gunst der Spender stehen, wenngleich sie mit den weit medienwirksameren Katastrophenhilfen (57 Prozent) nicht konkurrieren können. Angaben zu Präferenzen innerhalb der genannten sozialen Bereiche liegen nicht vor. Haibach (2006, S. 162) verweist aber auf die Einschätzung von Fundraising-PraktikerInnen:»Erkennbar ist eine Hierarchie der Spendenpräferenz, an deren Spitze die Kinder stehen. Auch Tiere, Jugendliche und Behinderte gehören zu den beliebtesten Zielgruppen. Die Tatsache, dass gerade Kinder so weit oben rangieren, ist darauf zurückzuführen, dass hier viele Spendenmotive gleichzeitig angesprochen werden. Alle Menschen waren selbst einmal jung; Bedürfnisse und Probleme von Kindern liegen deshalb innerhalb des Vorstellungsbereichs. Hinzu kommt, dass Kinder eine Investition in die Zukunft bedeuten. Wenn Kinder in Not sind, sind sie besonders auf die Hilfe Erwachsener angewiesen, zumal man ihnen eine Mitschuld an ihrem Elend kaum unterstellen kann«.

Da die Zahl der spendennachfragenden Organisationen nach Schätzungen der Experten steigt, muss von einem intensivierten Wettbewerb auf dem Spendenmarkt ausgegangen werden. Häufiger wird in Statements der Verantwortlichen spendenwerbender Institutionen das Bild zitiert, wonach der Kuchen gleich groß geblieben ist, die Stücke für den Einzelnen jedoch kleiner wurden. Das Spendenmarketing ist mittlerweile als ein ebenso komplexes wie von Professionalität gekennzeichnetes Feld zu betrachten, das in sozialen Organisationen ab einer mittleren Größe von spezialisierten Mitarbeitenden betrieben wird, die überwiegend oder ausschließlich dieser Aufgabe im Sozialbtrieb nachgehen. Mancher großer Träger der freien Wohlfahrtspflege beschäftigt Abteilungen für Fundraising, deren Mitarbeiter sich hochqualifiziert und konzentriert der Aufgabe der Spendenwerbung widmen. Zur Unterstützung sozialer Organisationen bieten mittlerweile auch Unternehmen auf Provisionsbasis ihre Marketingdienste an. Die Spanne reicht von der Einzelberatung bis hin zur kompletten Konzeption inklusive Media-Implementation und Evaluation von mehrwöchigen Kampagnen.

Auf alle professionellen Standards, die im Spendenmarketing und -management mittlerweile einzufordern sind, können wir im Rahmen der vorliegenden Publikation nicht eingehen. Einige sehr wichtige Elemente des Spendenwerbens möchten wir jedoch umreißen, um die notwendigen Basics in diesem Spezialgebiet des Sozio-Marketings zu verdeutlichen. Noch weiter an der Materie interessierten Lesern seien die Publikationen unter anderem von Haibach (2006), Urselmann (2007) und der Fundraising Akademie (2008) empfohlen, die zum Teil sehr detaillierte Hinweise geben.

1.2   Die Logik von Leistung und Gegenleistung im Spendenwesen

Zunächst sei betont, dass die Spende formal als einseitiger Vorgang dahingehend verstanden wird, dass es sich dabei um eine (finanzielle oder dingliche) Transaktion ohne materielle Gegenleistung handelt. Eine solche Bestimmung ist wichtig insbesondere zur Abgrenzung vom Sponsoring. Als einziger monetärer Anreiz für eine Spende gilt die Spendenquittung, die (innerhalb bestimmter Grenzen) zu einer Minderung des zu versteuernden Einkommens des Spenders führt. Jedoch ist gleichzeitig zu betonen, dass (neben dem obligatorischen Dank der von der Zuwendung bedachten Organisation) in psychologischer Hinsicht eine Fülle von weiteren Rückläufen stattfinden kann, wenn nicht sogar muss, um eine Spende zu realisieren.

»Spendenmarketing hat die Aufgabe, dem Spender solche Gratifikationen anzubieten, die ihm die mit einer Spende verbundenen ‚Kosten' beziehungsweise … Unannehmlichkeiten angemessen erscheinen lassen« (Schiefer 2006, S. 66). Zu nennen sind dabei Faktoren, die im Zusammenhang mit der Theorie der kognitiven Dissonanz, der Altruismustheorie sowie der Attributionstheorie wie folgt gesehen werden können:

- Demnach kann eine Spendenmotivation von dem Wunsch gespeist sein, Dissonanzen in Gestalt von Scham, Schuldgefühlen, Defizitbewusstsein u.Ä. zu reduzieren,
- sie kann aber auch dem Bedarf nach konkreter Nutzenstiftung entspringen.
- Relevant kann auch sein, dass eine Person kausale Wirkungszusammenhänge einer Notsituation wahrnimmt, beispielsweise die Notlage eines anderen Menschen oder Landes als selbst mit verschuldet bzw. verursacht interpretiert und über persönliche Aktivität (Spende) einen Ausgleich herstellen will.

Die Logik der geschilderten Gegenleistungspolitik im Spendenmarketing soll im folgenden Schaubild verdeutlicht werden:

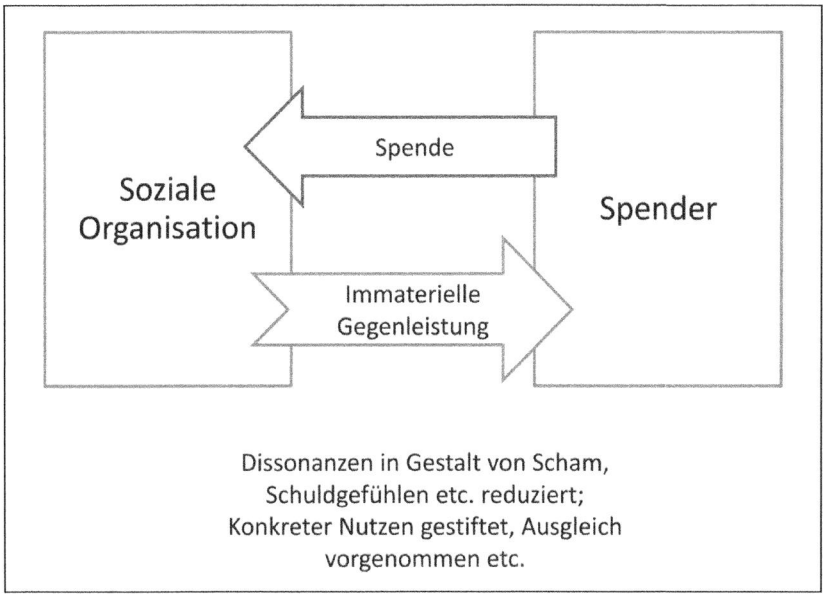

Abb. 74: Logik von Leistung und Gegenleistung im Spendenmarketing

Wie zu sehen ist, gehen diese Ansätze von unterschiedlichen motivationalen Hintergründen aus, eine entsprechende Strategie der Spenderansprache hat dies zu berücksichtigen, wenngleich es schwer sein dürfte, alle genannten Motivsegmente mit einer Botschaft bzw. innerhalb einer Kampagne gleichzeitig zu treffen. Aufmerksame Leser werden bemerkt haben, dass die Kampagnen großer Entwicklungsdienste in den vergangenen Jahren zunehmend weniger auf die Notlage fokussieren (traurige Kinder etc.), sondern den Nutzen einer Hilfe bzw. Spende (lächelnde Kinder) in den Vordergrund ihrer verbalen und visuellen

Kommunikation stellen. Mittlerweile gibt es den Konsens, dass zu starke Appelle an das Mitleid bei den Rezipienten einer Spendenakquise psychologische Widerstände hervorrufen. Die mit einer Einfühlung in einer Notlage verbundenen Emotionen können zu Reaktanz bzw. Abwehr führen (vgl. Schmitt 2005), übertriebene Schilderungen von Notsituationen können für das Spendenmarketing kontraproduktiv sein.

1.3   Spendenakquise

Das Spendenmarketing befasst sich mit dem »gezielten Einsatz von Marketinginstrumenten zur Erzielung von Geld- und Sachspenden« (Urselmann 2006, S. 19). In rein technischer Hinsicht haben sich einige professionelle Grundlagen herauskristallisiert, die vor allem die Effizienz und Effektivität der Spendenakquise betreffen. Berichten möchten wir über die im Spendenmarketing geläufige Skala von Erfolgsinstrumenten, über die Spenderpyramide sowie die Basisanforderungen für eine erfolgreiche Spenderansprache.

(a) Spendenleiter und Spenderpyramide

Haibach (2006) betont mit Verweis auf amerikanische Fundraising-Schulen, dass die Effektivität von Spendenakquisen einer »Leiter« entspricht, wobei folgende Reihenfolge zu beachten ist:

- Die persönliche (face-to-face) Ansprache scheint die nach wie vor erfolgversprechendste Maßnahme zu sein. Dabei ist das Zweierteam offensichtlich in der Akquise effektiver als eine einzelne Person.
- Ebenfalls effektiv ist der persönlich gehaltene und auf persönlichem Briefpapier verfasste Brief mit einem Nachhaken per Telefon.
- Der persönliche telefonische Kontakt mit anschließender schriftlicher Spendenbitte rangiert an dritter Stelle
- vor personalisierten sowie nicht-personalisierten Serienbriefen und Anrufen.

Der Erfolgswahrscheinlichkeit des persönlichen Auftretens steht natürlich der zeitliche und finanzielle Aufwand entgegen, demgegenüber sind die Vorteile einer unpersönlichen Massenkommunikation über Serienbriefe mit den entsprechend zu erwartenden Streuverlusten abzuwägen. Somit haben sich spezifische Strategien für die Spendenakquise in der Praxis dahingehend ausgebildet, dass die persönliche Ansprache und Kontaktpflege dort dominiert, wo Aussicht auf größere Summen von Einzelspendern besteht, die Massenakquise auf ein größeres Publikum mit meist kleineren Spenden gerichtet ist.

Gängig ist eine Differenzierung von Spendern – und eine entsprechende Ansprache mit entsprechendem Beziehungsmanagement – in Form einer Spenderpyramide wie im folgenden Schaubild dargestellt. Es ist verständlicherweise das Bestreben von spendensammelnden Organisationen, einen größeren Pool an Dauerspendern aufzubauen. Viele Bemühungen im Spendenmarketing sind diesem Ziel gewidmet, denn mit einer ersten Spende verfügen die Organisationen über die Kontaktdaten, sie können auf ein erstes Involvement des Spenders zählen. Ein Versuch, diesen Erstspender up-zu-graden (also aufzuwerten), ist keine Kaltakquise mehr, sondern hat Aussicht, da der Spender sich ja bereits einmal engagiert hat.

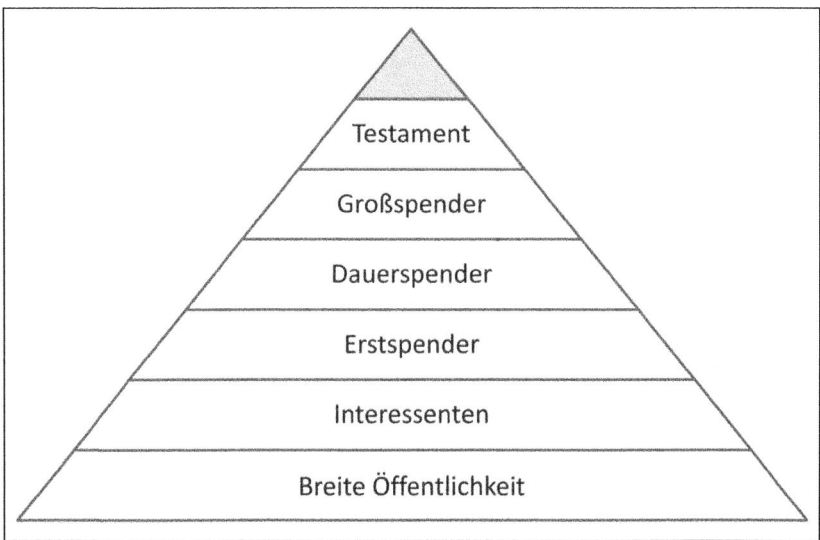

Abb. 75: Spenderpyramide

Die Potenziale von Großspenden sowie die Überlassung von finanziellen Hinterlassenschaften, Immobilien etc. sind zwar begrenzt, werden jedoch von einigen sozialen Organisationen (beispielsweise durch aktives Erblassermarketing) durchaus verfolgt. Es werden in der Praxis zum Teil sehr elaborierte Strategien der Ansprache entwickelt, da dieses Segment der privaten Förderer in ökonomischer Hinsicht selbstverständlich besonders interessant ist (vgl. hierzu auch Edles 2006).

Das Spendenmanagement erfährt dabei mehr und mehr die Unterstützung durch neue Technologien. Kommerzielle Berater und Unternehmen, die sich auf die Unterstützung von Spendenmarketing sozialer Organisationen spezialisiert haben, bieten besondere EDV-Programme für die Adressenverwaltung von Spendern an.

(b) Standards der schriftlichen Spenderansprache

Zu den Standards der erfolgreichen schriftlichen Ansprache zählen auch einige Techniken der »Kunst des Spendenbriefschreibens«. Angesichts der Flut an Spendenbitten (insbesondere zu Weihnachten) sind die Mailings so auszugestalten, dass die Spendenbitte der jeweiligen Organisation wettbewerbsfähig ist. Folgendes ist dabei besonders zu beachten (vgl. bspw. Lewis 2000):

- Bereits am Briefkasten oder an der Haustüre ist zu vermeiden, dass der Brief unbeachtet zu Altpapier wird. Es ist in einem entsprechenden »Mailing-Package« nicht nur zu verdeutlichen, dass der Brief von einer seriösen sozialen Organisation stammt, die Aufmachung muss auch Motivation zum Öffnen des Briefes geben.

- Bei der Ausgestaltung des Briefes selbst sind einige Vorgaben zu beachten, so muss zum Beispiel der erste Abschnitt des Textes die Rezipienten unmittelbar ansprechen. Darüber hinaus sind die konativen Elemente, mithin die Handlungsaufforderungen (in der Regel zur Spende) so zu platzieren, dass sie relativ schnell vom Leser wahrgenommen werden.

- Manchmal sind Kleinigkeiten bei der Textgestaltung entscheidend dafür, ob ein Brief in eine Spende mündet oder nicht. So wird beispielsweise auch geraten, bei einem zweiseitigen Text die erste Seite nicht mit einem abgeschlossenen Satz zu beenden, damit die Leser die Lektüre fortsetzen bzw. nicht vorzeitig abbrechen.

- Nicht wenige Spendenbriefe enthalten inzwischen auch dingliche Anreize, die die Wahrnehmung des Inhalts befördern sollen. Typischerweise zählen hierzu Plastikkugelschreiber, kleine Notizblöcke oder Aufkleber der Organisation. Im Hinblick auf die inhaltliche Ausgestaltung von Texten wird häufiger darauf hingewiesen, dass den Lesern als potenziellen Spendern deutlich der »Nutzen« einer finanziellen Zuwendung kommuniziert werden muss. Typischerweise finden wir in entsprechend angelegten Briefen dann den Hinweise, dass »bereits mit wenigen Euro« ein wesentlicher Beitrag für ein soziales Projekt geleistet werden kann, wobei dieser konkrete Beitrag wenn möglich auch direkt benannt wird (»bereits mit fünf Euro können Sie …«).

- Um eine affektive und kognitive Bindung an die soziale Organisation herzustellen oder zu intensivieren, können auch Informationsbroschüren oder Flyer der Post beigelegt werden. Zu entsprechenden konativen (handlungsführenden) Elementen gehört dann selbstverständlich auch der Überweisungsträger, der möglicherweise bereits mit einer Summe versehen ist.

- Verständlichkeit und Übersichtlichkeit sind selbstverständliche Voraussetzungen für einen effektiven Spendenbrief. Spendenbriefe werden meist als »Massenmails« an breite Bevölkerungsschichten versendet, eine entsprechende Zurückhaltung im Hinblick auf komplexe Satzarchitekturen und

Fachbegriffe wird von Experten angeraten, um möglichst alle Leser zu erreichen.

- Die Briefe sollten stets eine persönliche Unterschrift haben. Wenn der Absender gänzlich »personalisiert« werden kann, beispielsweise durch einen weithin akzeptierten Prominenten, fördert dies in erheblichem Maße den Erfolg der Akquise.

Da die Kosten für massenhaft versendete Spendenbriefe erheblich sind, werden Konzeptionen in der Regel zunächst an einer kleineren, aber repräsentativen Stichprobe getestet, um den Erfolg abschätzen zu können.

Deutsches Rotes Kreuz	98 %
Aktion Sorgenkind	95 %
SOS-Kinderdörfer	94 %
Deutsche Krebshilfe	93 %
Brot für die Welt	93 %
Unicef	92 %
Caritas	91 %
Greenpeace	89 %

Quelle: Wickert Spenden Report 1995, Illereichen. Gestützter Bekanntheitsgrad von 42 gemeinnützigen Organisationen. Die Frage lautete: "Welche der obenstehenden Organisationen kennen Sie?"

Abb. 76: Die bekanntesten deutschen Spendenorganisationen

Es ist schließlich auch darauf hinzuweisen, dass insbesondere weniger bekannte Organisationen mit einer einzigen Mailaktion wenig Aussicht haben, den Aufwand mit dem Ertrag zu decken. Positive Nettoeffekte ergeben sich häufig erst nach mehreren Spendenbriefen.

(c) Weitere Instrumente und Erfolgsfaktoren des Spendensammelns

Es gibt noch weitere m.o.w. verbreitete Instrumente des Spendensammelns, die im Folgenden aus Platzgründen nur genannt und knapp kommentiert werden sollen:

- Straßensammlung (lange Tradition bei kirchlichen Trägern; nicht mehr sehr effektiv, jedoch für das Image mancher der freien Träger noch wichtig, wird meist von Ehrenamtlichen durchgeführt).
- Haustürsammlung (ebenfalls lange Tradition für einige soziale Träger, nicht mehr sehr effektiv, jedoch für das Selbstverständnis noch relevant; vereinzelt werden Haustürsammlungen auch durch kommerzielle Dienstleister vorgenommen, wenngleich es hier und da schlechte Erfahrungen mit unseriösen Kolonnen gegeben haben soll).
- Firmenspenden (Derivat aus dem Mäzenatentum; häufige Anlässe sind Firmenjubiläen, Geburtstage des Eigners usw., aber auch Weihnachtssammlungen in Unternehmen zählen hierzu; Firmenspenden häufen sich, wenn ein sozialer Träger öffentlichkeitswirksame Auszeichnungen etc. erfahren hat).
- Telefon – Fundraising (siehe weiter oben).
- Grabspenden (statt Blumen eröffnen die Verstorbenen bzw. ihre Hinterbliebenen den Trauernden die Möglichkeit, einen Geldbetrag an eine ausgewählte und meist namentlich benannte Sozialorganisation zu überweisen).

Für weitere Informationen verweisen wir auf die oben genannten Quellen.

Abschließend zu diesem Kapitel möchten wir noch auf einige weitere Erfolgsfaktoren im Spendenmanagement hinweisen, wie sie von Urselmann (2006) in einer empirischen Studie herausgearbeitet worden sind:

- Soziale Organisationen, die genau und regelmäßig planen sowie ein exaktes Controlling durchführen, sind erfolgreicher.
- Mitarbeiterorientierung, »Wir-Gefühl«, Identifikation mit der Organisation etc. haben einen signifikant positiven Einfluss auf den Erfolg der Spendenakquise.
- Angesichts der Zunahme des bargeldlosen Zahlungsverkehrs und anderer Modernisierungen sollten soziale Organisationen in innovative Instrumente der Spendenakquise (Internet etc.) investieren.
- Ein professionelles Beschwerdemanagement ist einzurichten, die Rückgewinnung eines unzufriedenen Spenders ist ökonomisch sinnvoller als eine neue Akquise.
- Der kommunikative Bezugspunkt sollte bei der Ansprache potenzieller Spender auf den Förderzweck der Organisation liegen. Allerdings muss darauf geachtet werden, dass es sich um einen beim Rezipienten konsensfähigen Zweck handelt.

2   Sozial-Sponsoring

Das Sponsoring sozialer Organisationen durch Unternehmen der freien Wirtschaft gilt schon seit längerer Zeit als ein vielversprechender Weg zur Entwicklung eines Public-Private-Partnerships jenseits etablierter Pfade wohlfahrtstaatlicher Arrangements. Obgleich in vielen Institutionen der Wohlfahrtspflege in Bezug auf den Umfang und die Möglichkeiten des Sponsorings mittlerweile Ernüchterung zu verzeichnen ist, bleibt diese Form der alternativen Finanzierung für soziale Organisationen ein interessantes Feld der Drittmittelbeschaffung.

Wir möchten in diesem Abschnitt Bedeutung und Umfang des sozialen Sponsorings umreißen, die Logik von Leistung und Gegenleistung im Sponsoring erläutern sowie die notwendigen Bedingungen einer erfolgreichen Sponsoring-Partnerschaft schildern.

2.1   Bedeutung und Umfang des Sozial-Sponsoring

Das Sponsoring einer sozialen Organisation kann sich auf drei Gegenstandsbereiche erstrecken:

- Geldzuwendungen
- Sachzuwendungen (Computer, Gebäude und Räumlichkeiten, sonstige Ausrüstungen etc.)
- Sonstige Zuwendungen (Personalüberlassung, Überlassung von Know-How, Patenten, Nutzungsrechten etc.)

Auch für dieses Feld des Fundraising gelten die oben genannten Hinweise auf Vorteile wie staatsunabhängige Leistungserbringung und Freiheiten bei der Ausgestaltung sozialer Projekte, gegebenenfalls können erfolgreiche Initiativen darüber hinaus auch den Bekanntheitsgrad einer sozialen Organisation erhöhen, wenn sie zusammen mit einer Unternehmung der Wirtschaft in einem öffentlichkeitswirksamen Zusammenhang genannt wird. Wie beim Spendenmarketing sind Sozialorganisationen angehalten, eine Reihe von wichtigen Voraussetzungen zu beachten, wenn Sponsorenakquise erfolgreich und mit einem vertretbaren Aufwand erfolgen soll.

Der Umfang des Sponsorings für soziale Organisationen kann ebenso wie das Spendenaufkommen nur geschätzt werden. Eine Untersuchung aus dem Jahre 2004 hat relativ plausibel ermittelt, dass jährlich rund 4,3 Milliarden Euro hierfür aufgewendet werden, wobei der Anteil des Sponsorings für soziale Zwecke jedoch nur knapp 15 Prozent am Gesamtaufkommen beträgt (vgl. Haunert 2006). Führend im Sponsoring sind die Bereiche Sport und Kultur – offensichtlich sind soziale Zwecke in diesem Feld der Unternehmenskommunikation nicht sehr attraktiv. Als nachteilig wird empfunden, dass Organisationen der sozialen

Arbeit im Vergleich zu Sport und Kultur nicht genügend Werbemöglichkeiten bieten können und keinen profilierten Bekanntheitsgrad aufweisen (vgl. Bruhn 2003 b). Immerhin betreibt jedoch jedes zweite der umsatzstärksten Unternehmen in Deutschland Sozialsponsoring im weitesten Sinne (vgl. Haunert 2006).

2.2   Die Logik von Leistung und Gegenleistung im Sozial-Sponsoring

Für das Sponsoring ist essenziell, dass es sich dabei um ein Geschäft auf Gegenseitigkeit handelt, in welchem Leistung und Gegenleistung i.d.R. genau umrissen sind. Üblicherweise werden diesbezügliche Verpflichtungen von Sponsor und geförderter Organisation in einem detaillierteren Sponsoringvertrag niedergelegt.

Die Motive eines Sponsors können ethisch-normativen Bestrebungen folgen. Neben dieser eher dem Mäzenatentum zuzurechnenden Form der finanziellen Unterstützung ist ein hauptsächlicher Beweggrund im Sponsoring streng wirtschaftlicher Natur: Es ist zu bedenken, dass der Sinn des Sponsorings aus Sicht des Geldgebers primär ist, eine kommunikative Gegenleistung im Sinne eines geldwerten Imagetransfers zu erhalten. Die Wirtschaftsunternehmung möchte durch die Förderung einer sozialen Organisation von deren guten Ruf profitieren und damit in der Wahrnehmung ihrer Kunden, ihrer Lieferanten, ihre Mitarbeitenden, aber gegebenenfalls auch in der Politik sowie in der allgemeinen Öffentlichkeit eine Aufwertung erfahren (vgl. bspw. Bruhn 2003 b).

Nachvollziehbar dürfte sein, dass u. A. solche Unternehmen ein Interesse an einem Imagetransfer haben, die über einen suboptimalen Ruf bei ihren Stakeholdern verfügen und daher auf eine Aufwertung ihres Images angewiesen sind. Interessiert an sozialer Förderung durch Sponsoring sind jedoch auch solche Unternehmen, deren Zielgruppe ein soziales Engagement schätzt. Insgesamt bleibt festzuhalten, dass sich Sponsoring für die zahlende Unternehmung lohnen muss, dies muss sich früher oder später nachweislich in höheren Sympathiewerten bei Zielgruppen, höheren Absatzzahlen und letztendlich natürlich in Gewinnmargen ausdrücken lassen.

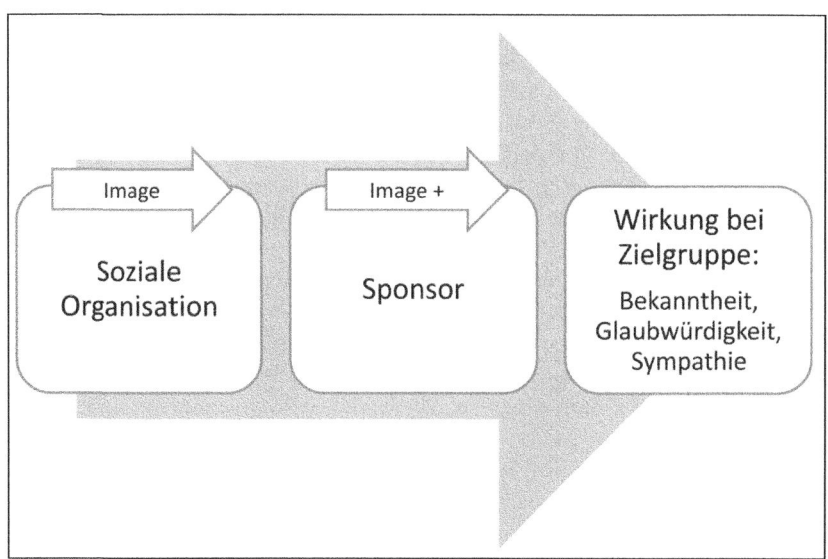

Abb. 77: Logik des Imagetransfers im Sozio-Sponsoring

2.3 Sponsoring-Akquise

Vor dem Hintergrund der obigen Darlegungen zum Wesen des Sponsorings lassen sich einige Faktoren herausarbeiten, die für eine gelungene Akquise von Sponsoren wichtig sind. Zu nennen sind im Folgenden die eigene Situation der ein Sponsoring nachfragenden Sozialorganisation, die Auswahl der anzusprechenden Unternehmen sowie die Palette an Gegenleistungen, die eine Organisation der Wohlfahrtspflege zu bieten in der Lage ist.

(a) Eigene Situation und Auswahl der anzusprechenden Unternehmen
Aus den Schilderungen zu den Zielen eines Sponsorings aus Sicht der Unternehmen ist ersichtlich, dass lediglich solche Sozialorganisationen Aussicht auf Sponsorengeldern haben, die über einen entsprechenden Ruf und ein attraktives Angebot verfügen, anderweitig könnte kein positiver Imagetransfer stattfinden.
- Ein gutes Image ist mithin erste essenzielle Basis jeglicher erfolgreicher Sponsorenansprache. Üblicherweise gilt dabei die Marktregel, dass es sich um ein von den Kunden des Sponsors akzeptiertes soziales Feld handeln muss. Bedauerlicherweise haben demzufolge solche Leistungsbereiche Schwierigkeiten bei der Sponsorensuche, die jenseits breit geschätzter Strukturen operieren.

- Die Sozialorganisation sollte bereits in der Öffentlichkeit bzw. bei den Zielgruppen des Sponsors bekannt und beliebt sein, mithin ein eigenes gutes Image haben. Erfolgreiche eigene Öffentlichkeitsarbeit ist folglich eine wichtige Vorleistung sozialer Organisationen auf dem Weg zum Sponsoring.
- Es sollte sich um ein Projekt (neu bzw. innovativ, temporär, an den Outcome orientiert) handeln, Regelleistungen werden von Sponsoren häufig mit Verweis auf staatliche Pflichtleistungen nicht unterstützt.
- Die Attraktivität des Projekts sollte so sichtbar sein, dass es für Medien, Kunden des Sponsors und andere Zielgruppen abbildbar ist.
- Solche Organisationen, die bereits prominente Förderer (Testemonials) oder Mitglieder haben, weisen gute Voraussetzungen für einen Imagetransfer auf.
- Der Finanz- und sonstige Bedarf der Sozialorganisation sollte klargestellt werden, da Sponsoren wissen möchten, welche Verpflichtungen sie eingehen sollen.

Um die Ansprache von potenziellen Sponsoren so effizient als möglich zu halten, empfiehlt sich eine Auswahl der anzusprechenden Unternehmen, insbes. nach Branche und lokaler, regionaler oder überregionaler Ausrichtung. Aufgrund der Heterogenität der Sozialen Sektoren können an dieser Stelle keine Empfehlungen gegeben werden, außer dass die Wirkung des Images der sozialen Organisation dem von der Unternehmung anzusprechenden Einzugsbereich entsprechen muss. Ähnliches gilt auch für den Kundenkreis des Unternehmens. Möglicherweise können Korrelationen zwischen der Ausrichtung der sozialen Organisation und der augenblicklichen PR-Strategie der Unternehmung erkannt werden. Dass die Auswahl der zu kontaktierenden Wirtschaftsorganisationen auch nach Finanzkraft geschehen sollte, dürfte selbstverständlich sein.

Experten weisen häufiger darauf hin, dass in der Praxis Sponsorenschaften nach wie vor auch über persönliche Beziehungen zustande kommen. Insoweit kann die Akquise von Sponsoren auch zur Aufgabe von solchen Geschäftsführungen und Vorständen gezählt werden, die über einen entsprechenden Kreis von Bekanntschaften verfügen.

(b) Kontaktmaterial und Gegenleistungen

Soziale Organisationen ohne guten Draht in die Chefetagen sind bei der Suche nach Sponsoren auf konventionellere Mittel angewiesen. Sie sollten aber davon ausgehen, dass größere Unternehmen täglich mit vielen diesbezüglichen Angeboten aus Sport, Kunst, Kultur, Bildung und Soziales konfrontiert sind. In der Regel erfolgt in den Unternehmen bzw. deren PR-Abteilungen eine erste rigide Auswahl von geeigneten und nicht geeigneten Projekten nach der aktuellen Sponsoring-Strategie sowie der Qualität des eingesandten Bewerbungsmaterials. In einem zweiten Schritt entscheiden dann die Ergebnisse konkreter Prüfungen,

Nachfragen beim Träger, die Resultate weiterer Erkundigungen und Abwägungen, ob ein Antragsteller in die engere Wahl aufgenommen wird und schließlich eine Zusage erhält. Jede sponsorensuchende Sozialorganisation befindet sich nicht nur im Wettbewerb mit anderen Profit- und Non-Profit-Bereichen, sondern hat auch innerhalb des sozialen Sektors mit einer Vielzahl von Konkurrenten zu rechnen. Die Güte der Sponsorenansprache ist als Hindernis und Motor auf dem Weg zu einer Partnerschaft mit Wirtschaftsunternehmen gleichermaßen Ernst zu nehmen.

Der Abbau von Widerstand bzw. der Aufbau von Interesse beim Sponsor kann befördert werden durch Professionalität bei der Ansprache. Sie sollte im Anschreiben kurz, präzise, orthografisch korrekt und in einem (mindestens semi-) professionellen Lay-Out erfolgen. Die Ansprache von Sponsoren setzt desweiteren eine Reihe von Materialien voraus, die als unverzichtbar für die Information eines Unternehmens über das Sponsoring-Gegenüber gelten können.

Die folgende Aufstellung enthält wesentliche Stichworte einer Kontaktaufnahme und eines Hand-Outs für den Sponsor:

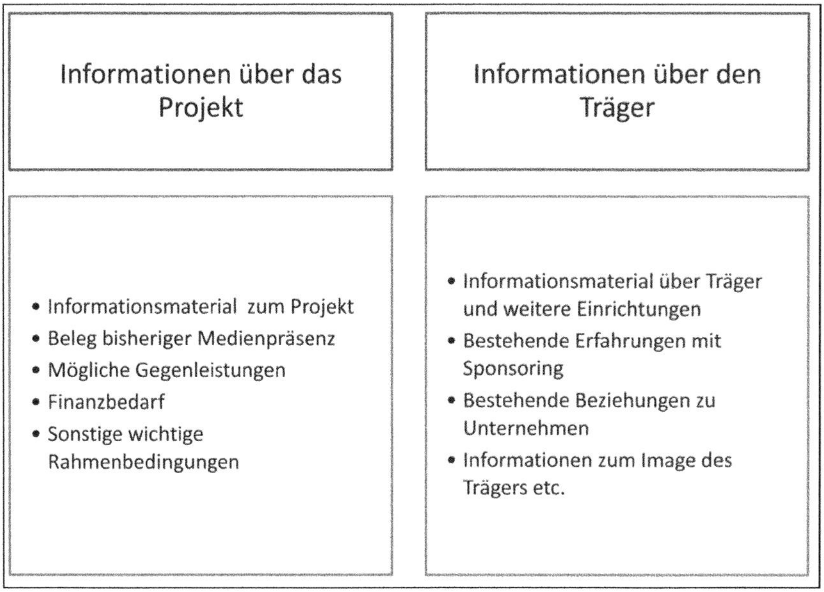

Informationen über das Projekt	Informationen über den Träger
• Informationsmaterial zum Projekt • Beleg bisheriger Medienpräsenz • Mögliche Gegenleistungen • Finanzbedarf • Sonstige wichtige Rahmenbedingungen	• Informationsmaterial über Träger und weitere Einrichtungen • Bestehende Erfahrungen mit Sponsoring • Bestehende Beziehungen zu Unternehmen • Informationen zum Image des Trägers etc.

Abb. 78: Sponsoring-Hand-Out

Die Gegenleistungen einer sozialen Organisation können in passive und aktive Leistungen unterteilt werden (vgl. bspw. Lang/Haunert 1995). Die passiven Gegenleistungen umfassen beispielsweise Überlassung des Einrichtungslogos an das Unternehmen zur eigenen Verwendung bei Veröffentlichungen oder Erlaubnis der Erwähnung der Sponsoringaktivität in der Öffentlichkeit. Aktive Leistungen können u. A. sein:

- Überlassung von Werbeflächen
- Gemeinsame Veranstaltungen
- Gemeinsame Info-Stände, Ausstellungen, Messeauftritte
- Erwähnung des Sponsors in eigenen Mitteilungen an Mitglieder und Öffentlichkeit
- Firmenaufdrucke auf PKW, LKW, Bekleidung etc.
- Gemeinsame Pressekonferenzen
- Gemeinsame Publikationen/Veröffentlichungen.

Sponsoring kann bewirken, dass ein Träger die Gemeinnützigkeit verliert, die (steuer-) rechtlichen Rahmenbedingungen sind vor Abschluss einer entsprechenden Vereinbarung genau zu klären (vgl. bspw. Schick 2009).

Abschließend sollen Hinweise auf typische Fehler gegeben werden, die bereits von Schiewe (1994, S. 91) thematisiert wurden, welche jedoch heute noch für viele Projekte aktuell sein können:

- »Überschätzung der eigenen Fähigkeiten beziehungsweise Unterschätzung der Komplexität der Sponsoringmaßnahmen,
- Verzicht auf schriftliche Vereinbarungen beziehungsweise rechtswirksame Verträge (lediglich mündlich getroffene Absprachen),
- fehlerhafte Organisation (nicht ausreichende interne Abstimmung, unzureichende Festlegung der Kompetenz- und Verantwortungsbereiche, häufiger Wechsel der Ansprechpersonen u. Ä.) mit mannigfachen Folgen (fehlende Professionalität, Konflikte u.A.m.),
- unsachgemäßer und unverantwortlicher Umgang mit finanziellen und materiellen Ressourcen,
- mangelnde Sensibilität gegenüber den Wünschen des Sponsors (etwa zu enge Auslegung vertraglicher Vereinbarungen),
- zu geringe persönliche Kontakte zum Sponsor während des Sponsorships, fehlende Kommunikation,
- Beeinträchtigung der langfristigen Planungen und Zusammenarbeit durch unerhebliche punktuelle Irritationen,
- Unterschätzung der für den Erfolg der Sponsoringmaßnahmen notwendigen Pressearbeit,
- falsche Kostenkalkulation und unzureichende Finanzierung des Projektes (mit der Folge, dass nachgeschobene Forderungen den Sponsor verärgern),
- unterlaufen von Exklusivitätsvereinbarung (Einbindung eines weiteren Sponsors der gleichen Branche),
- Unterschätzung des Arbeitsaufwands eines Sponsorings,

- unzureichende Abklärung und Unterrichtung der regulären Geldgeber (Träger [-verband], Stadtverwaltung, Landratsamt)«.

3   Weitere Aktionsfelder des Fundraising

Eine Reihe von weiteren Maßnahmen und Aktionsfelder kann eine soziale Organisation dabei unterstützen, Gelder unabhängig von staatlichen Zuwendungen und öffentlichen Vorgaben zu akquirieren. Aus Platzgründen möchten wir im Folgenden lediglich einige wichtige Instrumente nennen und stichwortartig skizzieren:

Tab. 29: Weitere Aktionsfelder des Fundraising

Aktionsfeld	Erläuterung
Payroll Giving	Arbeitnehmer spenden regelmäßig einen kleinen Teil ihres Einkommens, der bereits von der Lohnbuchhaltung abgezogen wird. Das Unternehmen legt u.U. einen gleichen Teil der Summe bei.
Sachspende	Über direkte karitative Verwendung oder Verkauf von Sachspenden (Kleidung, Möbel etc.) werden Mehrwerte für die soziale Organisation geschaffen.
Tombola	Verlosung von (meist von Privatpersonen oder Unternehmen gestifteten) Sachpreisen, der Reinerlös geht an die Soziale Organisation.
Versteigerungen	Zu Gunsten eines sozialen Zwecks werden Gegenstände versteigert, die häufig von Unternehmen oder Privatpersonen gestiftet worden sind.
Wohlfahrtsmarken	Briefmarken der Deutschen Post, die zu Gunsten sozialer Zwecke einen Preisaufschlag enthalten (vgl. auch weiter oben:»Duftende Wohlfahrtsmarken« als Innovation).
Merchandising	Soziale Produkte, die von Organisationen der Wohlfahrtspflege vertrieben werden (Kugelschreiber, Base Caps oder Kaffeetassen mit Logo der Wohlfahrtsorganisationen, fair gehandelter Kaffee etc.).
Bußgelder	Bußgelder, die vor Gericht verhängt werden, können zu Gunsten sozialer Organisationen ausgesprochen werden. Voraussetzung ist jedoch, dass die Organisation in eine Liste am jeweiligen Gericht aufgenommen worden ist. Regelmäßige Beziehungspflege zu den Richtern, Staatsanwälten und Rechtsanwälten ist notwendig, um im Urteil, Strafantrag etc. begünstigt zu werden.

Aktionsfeld	Erläuterung
Stiftungsgelder	Stiftungen vergeben für soziale Zwecke, Projekte etc. Förderungen jährlich in sehr großer Höhe. Der Gegenstand muss jedoch dem Stiftungszweck entsprechen, auf aktuelle Förderprogrammatik, Richtlinien für die Vergabe und das weitere Procedere der Förderung ist bei der Antragsstellung unbedingt zu achten.
Kirchgelder	Spenden im Rahmen von Gottesdiensten und anderen kirchlichen Anlässen können für soziale Zwecke verwendet werden. Dies betrifft vor allem Kirchengemeinden. Die Vergaberegeln sind häufig komplex.
Fördervereine	Fördervereine als spezielle Vereinigungen, die meist von Privatpersonen ausschließlich zur Förderung einer Einrichtung oder eines Trägers gegründet worden sind, haben den Vorteil der Konzentration auf eine Institution beziehungsweise einen Zweck. Die Vereinsmitglieder sind in der Regel sehr engagiert.

4   Personalmarketing

Spezielles Marketing in der Wohlfahrtspflege muss sich nicht nur auf monetäre und sachliche Ressourcen beschränken, sondern kann sich als Personalmarketing auch mit der Beschaffung des Produktionsfaktors Arbeit beschäftigen. Für Organisationen der sozialen Arbeit ist dies eine interessante Perspektive, denn die Mitarbeitenden müssen in der Sozialwirtschaft aus verschiedenen Gründen als wesentlicher Faktoren betrieblichen Erfolgs verstanden werden.

Umfang wie Grenzen des Personalmarketings gelten in der betriebswirtschaftlichen Literatur noch als umstritten (vgl. bspw. Hentze/Kammel 2008):

- In einem sehr strengen Sinne wird darunter lediglich die «Erschließung des externen Arbeitsmarkts durch Auf- und Ausbau eines positiven Image auf beschaffungsrelevanten Arbeitsmarktsegmenten» (Drumm 2008, S. 293) verstanden. Personalmarketing ist in dieser Perspektive im Wesentlichen auf die Unterstützung der Personalbeschaffung beschränkt.
- Andere Autoren möchten zum Personalmarketing jedoch auch Maßnahmen zählen, die dezidiert der Bindung der Mitarbeitenden an die Organisation dienen. Schnittmengen eines solchermaßen erweiterten Konzepts ergeben sich zu personalwirtschaftlichen und motivationspsychologischen Sphären ebenso wie zur Organisations- und Personalentwicklung.

Wir präferieren das letztgenannte Verständnis von Personalmarketing in der sozialen Arbeit, weil dabei das Element der bewussten Pflege und Entwicklung von Mitarbeitenden als Qualitäts-, Leistungs- und Wettbewerbsfaktor heraus- bzw. gleichberechtigt neben das beschaffungsspezifische Element der Gewinnung von Personal gestellt wird. Man kann dies auch als ganzheitliches Personalmarketing in Anlehnung an Haubrock/Öhlschlegel-Haubrock (2009, S. 70) interpretieren: «Personalmarketing bedeutet, sich auch nach innen als interessanter und attraktiver Arbeitgeber zu präsentieren».

Personenbezogene soziale Dienstleistungen als teilweise hochindividualisierte Tätigkeiten von Menschen an und mit Menschen sind in hohem Maße auf die Verfügbarkeit von hinreichend qualifizierten und motivierten Mitarbeitenden angewiesen. Dies gilt in qualitativer Hinsicht bereits heute durchgängig, mit den zu erwartenden demografischen Umbrüchen in den kommenden Jahren wird die Problematik der Personalrekrutierung auch in quantitativer Hinsicht noch weiter verschärft. Dem Mangel an Nachwuchs steht die Alterung der Belegschaften nicht nach: So prognostiziert das Deutsche Institut für Wirtschaftsforschung (DIW) eine Verdreifachung des Anteils der über 60-Jährigen an der Gesamtzahl aller Erwerbstätigen bis zum Jahr 2050 (vgl. http://www.dstgb.de).

Diese Problematik betrifft Organisationen der profitorientierten Wirtschaft ebenso wie öffentliche und freie Träger der sozialen Arbeit. Allerdings kann die soziale Arbeit nicht automatisieren, die Möglichkeiten der anderweitigen Steigerung von Produktivität sind begrenzt. Zudem ist zu erwarten, dass der Wettbewerb künftig verstärkt über die Qualität des Personals ausgetragen wird. Das Personalmarketing ist folglich aus verschiedenen Gründen nicht mehr als Additiv zu den personalwirtschaftlichen Maßnahmen und der Organisationsentwicklung zu sehen, sondern rückt mehr und mehr in ein strategisch wesentliches Zentrum, welches die inhaltlichen Leitlinien für erfolgreiches Arbeiten und Wirtschaften im Sozialbereich vorgibt.

Zur Strukturierung der Aufgaben und Möglichkeiten eines umfassenden Personalmarketings soll ein von Kolb (2008, S. 77) publiziertes Schema herangezogen werden, welches auf Organisationen der sozialen Arbeit vor dem Hintergrund der geschilderten Anforderungen an zukunftsfähiges Management von Personalgewinnung und -pflege übertragen werden kann:

Tab 30: Vier-Felder-Schema des Personalmarketings

	Intern	Extern
Informa-tion	**Personalforschung** Personalplanungsinforma-tionen, Informationen zu Arbeitszufriedenheit und Betriebsklima	**Arbeitsmarktforschung** Situation auf den Teilarbeitsmärk-ten, Konkurrenzverhalten, Image
Aktion	**Interne Änderungen** Innerbetriebliche Situation, Entwicklungsmöglichkeiten, materielle und immaterielle Anreize	**Personalwerbung** Stellenanzeigen, Praktika, Kon-takte zu Hochschulen

Wie in der Darstellung zu erkennen ist, kann Personalmarketing in eine interne und eine externe Perspektive sowie in informationsbezogene und aktionsbezoge-ne Faktoren ausdifferenziert werden. Wir möchten im Folgenden die sich daraus ergebenden Aufgaben im Hinblick auf die speziellen Rahmenbedingungen und Anliegen von Organisationen der Wohlfahrtspflege in vier Feldern skizzieren.

4.1 Personalforschung (Arbeitszufriedenheit und Betriebsklima als Wettbewerbsfaktor)

Seit dem Siegeszug der Human Relations Bewegung gilt es im Management als Commonsense, dass Arbeitszufriedenheit und Betriebsklima beachtliche Aus-wirkungen auf die Effektivität und Effizienz haben können. Wenngleich diese Einflussfaktoren nicht eindimensional bzw. losgelöst von anderen betrieblichen Rahmenbedingungen gesehen werden können, sollte doch davon ausgegangen werden, dass insbesondere im Dienstleistungsbereich die persönlichen und gruppenbezogenen Arbeitsbedingungen für die positive Entwicklung einer Or-ganisation von ausschlaggebender Bedeutung sein können. Seit rund 30 Jahren sind daher in Theorie und Praxis Stichworte wie »Partizipation«, »Aus- und Weiterbildung«, »kooperative Mitarbeiterführung« mit der erfolgreichen Ent-wicklung von Personalressourcen verbunden.

Das Personalmarketing berücksichtigt die Mitarbeitenden als Produktivitäts-und Wettbewerbsfaktoren vor allem bei der Konzeption, Durchführung und Auswertungen von Untersuchungen zur Zufriedenheit mit der Arbeit und dem betrieblichen Klima. Entsprechende Studien werden typischerweise in Form von Befragungen durchgeführt.

Schwerpunkte der Analysen sind in der Regel folgende Dimensionen:

Tab. 31: Schwerpunkte der Personalforschung

Dimension	Elemente (Beispiele)
Möglichkeiten der persönlichen und fachlichen Entwicklung im Sozialbetrieb	• Unterstützung der Mitarbeitenden, fachlich auf dem neuesten Stand zu halten • Klare Hinweise von Vorgesetzten auf Stärken und Schwächen und die entsprechenden Entwicklungsmöglichkeiten • Vertrauen in die fachliche Kompetenz der direkten Vorgesetzten • Vertrauen in die fachliche Kompetenz der Kollegen
Arbeitsorganisation	• Arbeitsabläufe im direkten Arbeitsumfeld entsprechen dem fachlichen Bedarf • Kompetenzen und Verantwortungen im Team, in der gesamten Organisation etc. sind klar verteilt • Dienstwege sind schnell und einfach • Arbeitsbelastung ist angemessen • Routineaufgaben sind sinnvoll und eindeutig zugeordnet
Arbeitsbeziehungen	• Team-/Organisationsmitglieder arbeiten bei der Bewältigung der Arbeit gut zusammen • Gute Arbeitsatmosphäre • Keine Konflikte
Vorgesetztenverhalten	• Kommunikation klarer Leistungsstandards für die Mitarbeitenden • Freundliche Behandlung • Unterstützung von Vorschlägen der Mitarbeitenden • Ermutigung zur qualitativ angemessenen Arbeit
Betriebliche Leistungen	• Gerechte Entlohnung • Angemessene Zusatzleistungen • Entwicklungs-/Karrieremöglichkeiten • Arbeitszeitregelung
Träger und Qualitätsorientierung	• Identifikation mit dem Träger und/oder Einrichtung • Motivation • Zufriedenheit mit der eigenen Qualität

Hier wird wieder deutlich, dass Marketing über Kommunikationspolitik hinausgeht. Das Marketing stellt bei der Analyse des Ist-Stands von Mitarbeiterzufriedenheit und Arbeitsklima Daten zur Verfügung, die aus einer besonderen Sicht generiert worden sind, nämlich die des Mitarbeiters als Kunden (vgl. Christa 2008 b für ein konkretes Beispiel aus dem Bereich Kinder- und Jugendhilfe). Entsprechende Informationen und Analysen fließen dann in die Organisationsentwicklung ein, die ein dezidiertes Personalentwicklungsmanagement beinhaltet, welche den Mitarbeiter als eine zu pflegende und zu bindende Ressource betrachtet.

Die folgende Grafik zeigt ein Beispiel für die Situation einer sozialen Organisation in Hinblick auf die Zufriedenheit und die Einstellungen der internen Kundengruppe.

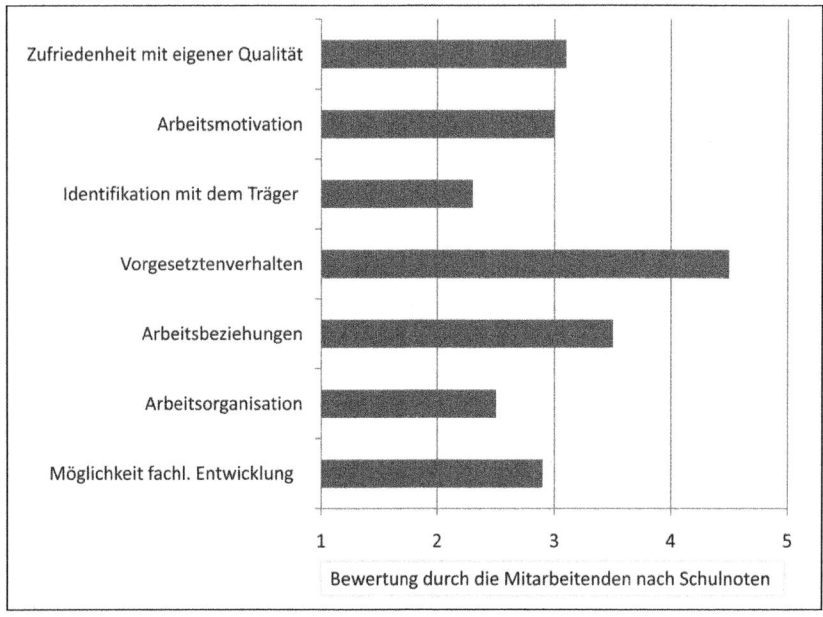

Abb. 79:Arbeitsmotivation und Arbeitsklima

Aus Sicht des Marketings weisen in dieser Mustereinrichtung einige Elemente des Personalmanagements deutliche Schwächen auf. Diese Schwachstellen lassen nicht nur qualitative Reserven vermuten, sondern verweisen auf die Gefahr, dass die Mitarbeitenden aufgrund niedriger Motivation, wenig motivationaler Unterstützung durch das Management und einer geringen Zufriedenheit mit der Güte der eigenen Arbeit die Organisation auch nach außen nicht zufriedenstellend vertreten. Überdies besteht die Gefahr einer unnötig hohen Fluktuation, weil sich die Mitarbeitenden nicht genügend mit der Organisation identifizieren können.

Zum innengerichtet-informationsbezogenen Personalmarketing wird vereinzelt in der Literatur auch die Personalplanung gezählt, die wir jedoch dem Marketing nur dahingehend zuweisen können, als aus den Kalkulationen zum Personalbedarf wichtige Informationen für personalspezifische Marketingziele generiert werden. Eckpunkte solche Zielstellungen können beispielsweise folgendermaßen formuliert werden:

- Verringerung der Fluktuationsrate auf jährlich 4 Prozent innerhalb von zwei Jahren
- Verbesserung der Zufriedenheit mit dem Vorgesetztenverhalten auf den Faktor 2,0 innerhalb von 12 Monaten
- Verbesserung der Einschätzung der eigenen Qualität auf die Schulnote 1,6 innerhalb von 18 Monaten.

Gelegentlich zeigen personalplanerische Bedarfsrechnungen in einer Organisation erst einmal die Dringlichkeit von Marketingmaßnahmen für diesen Produktionsfaktor auf. Anhand solcher Kalkulationen wird die Schere zwischen Verfügbarkeit und Bedarf an Mitarbeitenden deutlich. Altersstruktur- und Bedarfsanalysen betreffen die Verteilung von Kapazitäten und Qualifikationen auf verschiedene Altersgruppen ebenso wie die qualitativen Potenziale der Mitarbeitenden.

4.2   Arbeitsmarktforschung

Als Vorbereitung auf Engpässe, die durch demographischen Wandel und andere Faktoren begründet sind, empfiehlt sich die systematische Betrachtung des Potenzials an qualifizierten und motivierten Mitarbeitenden. Sinnvoll ist eine möglichst regelmäßige bis kontinuierliche Beobachtung der Entwicklung des Ausbildungs- und Arbeitsmarkts, um nicht von Einbrüchen in der Verfügbarkeit von Nachwuchs überrascht bzw. rechtzeitig entsprechende Maßnahmen auf der Personalbeschaffungsseite einleiten zu können.

Die Kriterien der Beobachtung und Analyse unterscheiden sich nicht wesentlich von den Umfeld- und Marktbeobachtungen, wie sie bereits in vorstehenden Abschnitten dargelegt worden sind. Die Ergebnisse sollten Hinweise geben können für die Strategie der Mitarbeitergewinnung sowie die Auswahl der Beschaffungsinstrumente.

Größere Einrichtungen und Träger können dabei analog zu Unternehmen der freien Wirtschaft einen

- internen und
- externen

Arbeitsmarkt unterscheiden (vgl. bspw. Hentze/Kammel 2001). Die Einbezugnahme des internen Arbeitsmarkts kommt jenen Sozialorganisationen entgegen, welche eine Rekrutierung über einen internen Stellenmarkt aufgrund ihrer Corporate Identity präferieren. Hinzu kommen geringere Eingewöhnungs- und Einarbeitungszeiten. Im Falle von Personalengpässen stoßen jedoch solche selbstreferenziellen Strategien an natürliche Grenzen.

Die für eine externe Marktbeobachtung wesentlichen Informationen sind aus Prognosen für den jeweiligen Teil-Arbeitsmarkt (ggf. differenziert in regional, überregional, u.U. auch national und international) zu gewinnen. Die für die interne Marktbeobachtung wichtigen Informationen sind in größeren Sozialorganisationen aus einem gleichen oder ähnlichen sowie aus einem anderen Arbeitssegment zu beziehen.

Aufgrund von mangelhafter Exploration von Arbeitsmärkten haben sich für nicht wenige Träger von Kindertagesstätten in der letzten Zeit erhebliche Probleme bei der Gewinnung von Erzieherinnen ergeben. Marktwachstum und Verfügbarkeit von Personal haben sich in diesem Sektor so weit auseinanderentwickelt, dass mancherorts Abwerbungen stattgefunden haben oder fremd- bzw. minderqualifiziertes Personal eingestellt werden musste. Eine ähnliche Entwicklung hat sich in der Seniorenpflege ergeben. Um Gefahren einer Unterversorgung zu verringern, wurden auch auf Länderebene entsprechende Forschungsinstitutionen beauftragt, für die Arbeitsmarktforschung sozialer Organisationen wichtige Informationsgrundlagen bereitzustellen. So haben bspw. das Frankfurter Institut für Wirtschaft, Arbeit und Kultur (IWAK) und das FZI Forschungszentrum Informatik in Karlsruhe mit dem »Hessischen Pflegemonitor« ein Informations- und Prognose-System zur Vorhersage des Bedarfs an Pflegekräften und benötigter Pflegequalifikationen für dieses Bundesland entwickelt (vgl. www.hessischer-pflegemonitor.de/).

Es ist davon auszugehen, dass im Arbeitsmarktsegment der Elementar- und Hortpädagogik von 2007 bis zum Jahr 2013 »ein zusätzlicher Bedarf an Personen mit einer einschlägigen Ausbildung von ca. 92.000« erwachsen wird (Bundestagsdrucksache 16/5407 vom 23. Mai 2007). Ausbildungskapazitäten von Fachschulen werden diesen Bedarf an Fachkräften kaum decken können. Es sei daher darauf hingewiesen, dass in Analogie zu vorstehend referierten Marktanalysen auch im Bereich Personal dezidierte Wettbewerberanalysen empfohlen werden können. Entsprechende Betrachtungen beziehen sich dann auf die Arbeitsbedingungen bei Konkurrenten ebenso wie die dortigen Vergütungsstrukturen und das Image der anderen Sozialorganisationen als Arbeitgeber.

Abschließend sollen (in Anlehnung an Drumm 2008, S. 80) die Informationsströme zwischen Arbeitsmarkt und Personalmarketing visualisiert sowie eine Verortung des Marketings von Personal vorgenommen werden.

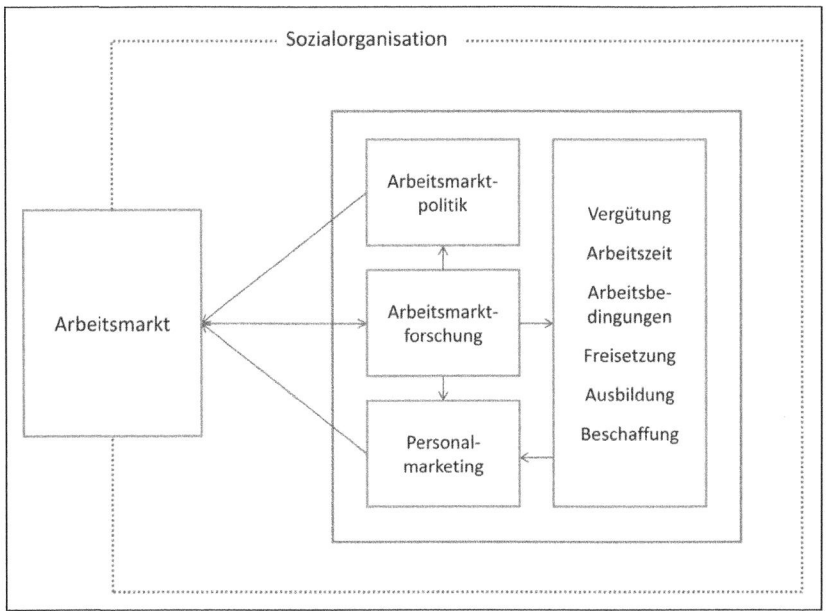

Abb. 80: Sozialorganisation, Arbeitsmarkt und Personalmarketing

4.3 Personalbindung (Interne Änderungen)

Die erfolgreiche Bindung von Personal gewährleistet, dass schwierige Arbeits-marktlagen sich nicht unnötig durch eine hohe Fluktuation von Arbeitskräften verschärfen. Personalmarketing für soziale Organisationen verweist diesbezüg-lich auf die Notwendigkeit einer den qualitativen Anforderungen ebenso wie den Bedarfsstrukturen der Mitarbeitenden angemessenen Ausgestaltung der betrieblichen Situation sowie der Ausgestaltung angemessener Entwicklungs-möglichkeiten und betrieblicher Leistungen. Insgesamt sollen möglichst viele Optionen von materiellen und immateriellen Anreizen zu Leistung und Verbleib in der Sozialorganisation genutzt werden.

Die von Thommen/Achleitner (2009, S. 788) erstellte Übersicht zu den Mög-lichkeiten, Anreize sowohl materieller als auch immaterieller Natur für Leis-tungsorientierung und Loyalität gegenüber der arbeitgebenden Institution kann ohne Abstriche als Grundlage für entsprechende Ansätze in sozialen Organisa-tionen herangezogen werden. Es ist auch darauf hinzuweisen, dass je nach Rah-menbedingung und Bedarfslagen durchaus unterschiedliche Mischformen aus den in der folgenden Übersicht genannten Elementen realisiert werden können:

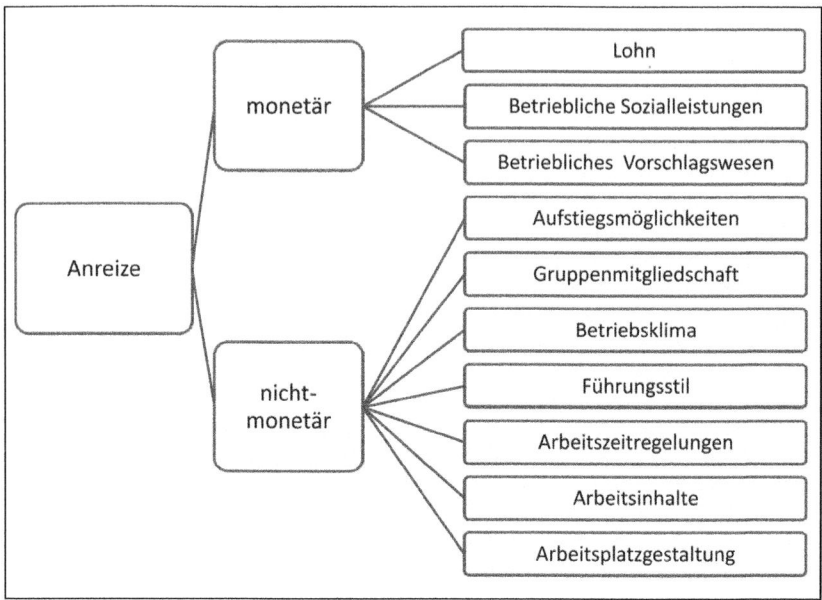

Abb. 81: Anreizarten im Sozialbetrieb

Herausgehoben werden sollen aus diesen Faktoren die für viele Mitarbeitende in der sozialen Arbeit wichtigen Möglichkeiten der persönlichen und beruflichen Entwicklung. Dabei haben sich Entwicklungs- und Lernkonzepte bewährt, die von Pracht (2002, S. 181) folgendermaßen kategorisiert werden:

Tab. 32: Entwicklungs- und Lernkonzepte

Konzept	Erläuterung
Into the job	Berufsausbildung, Anlernausbildung und Einarbeitung
On the job	Qualifikationsfördernde Arbeitsgestaltung
Along the job	Laufbahn- und Karriereplanung
Off the job	Externe Bildungsveranstaltungen
Near the job	Arbeitsplatznahe Weiterqualifikation
Out of the job	Ruhestandsvorbereitung, gleitender Ruhestand

Lüdkemeier (2004, S. 82 f.) benennt für seinen Träger der Jugendhilfe in einem Zeitschriftenbeitrag die fachlich bezogene Mitarbeiterzufriedenheit als »Schlüssel für notwendiges organisatorisches Lernen«. Er betont, dass es dabei nicht (immer) vorrangig um die Befriedigung von Wünschen und Vorstellungen der Mitarbeiter gehen muss: »Es geht um Personalentwicklung. Sind oder haben sich die MitarbeiterInnen ausreichend geschult, um ihre Tätigkeit erfolgreich und befriedigend wahrzunehmen? Erhalten sie kontinuierlich Rückmeldungen darüber? Ist deutlich, was Überlastung oder Überforderung darstellt? Wird besondere Leistungsbereitschaft belohnt? Sehen die Mitarbeiter und Mitarbeiterinnen eine positive persönliche Zukunft im Unternehmen?« Diese Ausführungen machen deutlich, dass fortschrittliche Träger in der sozialen Arbeit mittlerweile durchaus erkannt haben, dass Personalbindung in hohem Maße auch über Zufriedenheit mit der eigenen Qualität und der eigenen Leistung sowie einer entsprechenden Motivationsgrundlage (sei sie monetärer oder nicht-monetärer Natur) zusammenhängt.

Entwicklungsmöglichkeiten persönlicher Natur betreffen auch Fragen der Karriere und der Vergütung. Erst in den vergangenen Jahren wurde in sozialen Organisationen die Thematik der bewussten Eröffnung von Karrierechancen und der gezielten Karriereplanung offensiver und selbstbewusster angegangen, einzelnen Mitarbeitenden aufgrund ihres Engagements und ihrer besonderen Leistungen die Möglichkeit eines geregelten Aufstiegs, die Partizipation an strategisch wichtigen Weichenstellungen etc. ermöglicht. Statistisch können wir anhand unserer umfangreichen Daten aus dem Benchmarking sozialer Organisationen erkennen, dass die Identifikation mit einem Träger der Wohlfahrtspflege auch von den freiwilligen betrieblichen Leistungen abhängt. Mitarbeitende möchten offensichtlich auch über diesen Faktor der Vergütung von ihrem Arbeitgeber Wertschätzung erfahren.

Auch im Bereich der Vergütung bzw. entsprechender Systeme ist in jüngster Zeit in der sozialen Arbeit Bewegung gekommen. Mit der Abkehr von herkömmlichen BAT-Regelungen haben die meisten Träger bzw. Verbände der Wohlfahrtspflege eigenständige Tarifsysteme implementiert, einige Träger sind im Zeichen der neuen wettbewerblichen Rahmenordnungen sogar so weit gegangen, dass dort in Analogie zu erwerbswirtschaftlichen Unternehmen leistungsorientierte Vergütungen eingeführt worden sind. Bekannt geworden sind in den vergangenen Jahren die entsprechenden Initiativen der Träger, die im Verband Diakonischer Dienstgeber in Deutschland (VdDD) zusammengeschlossen sind. Unter der Bezeichnung »Variable Entgeltbestandteile« wird vom Verband betont, dass diese Vergütungsanteile »konkret ermittelte Arbeitsergebnisse oder das Arbeitsverhalten eines Mitarbeitenden« honorieren sollen. »Für den einzelnen Mitarbeitenden ergeben sich durch die variable Vergütung materielle Anreize, sein individuelles Engagement und Arbeitsverhalten hinsichtlich der Erreichung betrieblicher Ziele zu optimieren« (www.v3d.de).

Als Ergänzung hierzu können durchaus Prämien für besondere Qualität, Zeit- und sonstige Ersparnisse, für Innovationen etc. ausgelobt werden. Insgesamt ist die Strategie der leistungsgerechten Entlohnung als Instrument des Personalmarketings nach wie vor umstritten, denn einerseits kann von einem motivationalen Effekt für Mitarbeitende ausgegangen werden, die monetäre Anreize schätzen und überdurchschnittlich engagiert und leistungsfähig sind. Andererseits muss auf die Gefahren für Dienst- bzw. betriebliche Solidargemeinschaften hingewiesen werden. Leitungsbezogene Anteile einer Vergütung können unerwünschte Wettbewerbseffekte zwischen den Mitarbeitenden und damit wirtschaftlich kontraproduktive Folgen nach sich ziehen.

Jacobs (2010, S. 21) macht für den Bereich der Pflege darauf aufmerksam, dass durchaus Images im lokalen und regionalen Raum der Arbeitskräfte gebildet werden: »Häufig wird Personal über Anzeigen gesucht. Eine Anzeige ist wie eine Visitenkarte. Wie sehen die Personalsuchanzeigen ihres Krankenhauses aus? So wie üblich: schwarz/weiß mit möglichst viel nichtssagendem Text oder gar unter ‚Wir bieten' vollmundige Versprechungen wie sofortige Teilnahme an der Fachweiterbildung möglich'? Ist der Arbeitsvertrag dann unterschrieben, tauchen plötzliche Hindernisse auf, die eine ‚sofortige' Teilnahme an der Weiterbildung leider erst im nächsten Jahr möglich machen. Ein solches Verhalten spricht sich zumindest auf dem lokalen Markt der potenziellen BewerberInnen schnell herum«.

In den vergangenen Jahren wurden in einzelnen Trägerschaften der Wohlfahrtspflege schließlich mit der dezidierten Absicht der Mitarbeiterbindung und der Entwicklung von Organisationskultur Diversity-Programme (Optimierung der Kooperation von Alt und Jung, Deutsche und Ausländer, Menschen mit und ohne Behinderung etc.) sowie ein umfassenderes Gesundheitsmanagement (u. A. integrierte Gesundheitsprogramme und altersgerechte Arbeitsplätze/-bedingungen) eingeführt. Zu erkennen ist, dass bei verschiedenen Themen des Personalmarketings starke Überschneidungen zu benachbarten Managementfeldern vorliegen.

Das interne Personalmarketing kann auch über eine Reihe von kommunikationspolitischen Maßnahmen unterstützt werden. In der Praxis der sozialen Arbeit werden von größeren Trägern Mitarbeiter- bzw. Hauszeitschriften herausgegeben, die eine interne Öffentlichkeit über die Organisation, personelle und fachliche Entwicklungen etc. informieren. Selbstverständlich sind organisationsentwickelnde und personalbindende Effekte auch von gemeinsamen Events, Ausflügen, einer gemeinsamen Leitbild- und Qualitätsentwicklung und nicht zuletzt von einer guten Qualität der Arbeit zu erwarten.

4.4   Personalwerbung/Personalakquise

Die Personalwerbung/Personalakquise weist sowohl akquisitorische als auch kommunikationspolitische Facetten auf. Im Mittelpunkt stehen die beschaffungsorientierten Zielsetzungen der Personalgewinnung. Es können jedoch in Zeiten personeller Engpässe oder in Vorbereitung auf schwierige Marktsituationen flankierende Maßnahmen einer auf potenziell Mitarbeitende bezogenen Imagepflege große Bedeutung haben. Mit Meffert/Bruhn (2009) können wir direkte und indirekte Maßnahmen der Werbung und Akquise von Mitarbeitenden unterscheiden.

Zu den direkten Maßnahmen der Personalgewinnung sind zu rechnen:
- Personalimagewerbung (kommunikationspolitische Maßnahmen zur Erhöhung oder Stabilisierung des Rufes als guter Arbeitgeber)
- Stellenanzeigen Print (meist Tageszeitung in lokalen Kontexten, bei selteneren Qualifikationen und höheren Positionen auch überregional bis landesweit größere Inserate in Zeitungen und in Fachzeitschriften)
- Stellenanzeigen Internet (Karriereseiten der Homepage der sozialen Organisation bzw. des Trägers)
- Direktansprache (unmittelbare An- bzw. Abwerbung durch direktes Angebot, ggf. auch von konkurrierenden Sozialorganisationen, Ansprache auf Messen oder in Hochschulen etc.).

In den vergangenen Jahren haben einige Träger der sozialen Arbeit die Strategie größerer Unternehmen der Erwerbswirtschaft übernommen und sind in Hochschulen für soziale Arbeit, Pflegewissenschaft sowie der Hort- und Elementarpädagogik mit verschiedenen Maßnahmen aktiv, um erfolgversprechende Kandidaten bereits vor ihrem Examen für sich zu interessieren. Ein nicht unüblicher Weg der Rekrutierung von Nachwuchs ist für soziale Berufe darüber hinaus das Studienpraktikum. Einige Träger der sozialen Arbeit sind schließlich dazu übergegangen, regelmäßig Kontingente in Hochschulen für ihre Mitarbeitenden zu buchen, um notwendige (Zusatz-) Qualifikationen zu erreichen.

Es ist darauf hinzuweisen, dass Stellenanzeigen auch allgemeine kommunikative Funktionen übernehmen können. Zwar ist davon auszugehen, dass die entsprechenden Rubriken in Zeitungen, Fachzeitschriften oder im Internet lediglich von Personen studiert werden, die eine Anstellung suchen oder sich einen Überblick über das Angebot an freien Stellen in der Sozialwirtschaft verschaffen wollen. Eine Stellenanzeige bietet jedoch stets auch die Möglichkeit, die eigene Organisation einer breiteren Fachöffentlichkeit darzustellen. Die fachliche Ausrichtung, die besondere Corporate Identity und der Anspruch an die eigene Qualität und die des gesuchten Personals können in einem solchen Kontext zusätzlich zur eigentlichen Kernbotschaft mit kommuniziert werden. Stellenanzeigen gehorchen den gleichen Gesetzen wie werbliche Aktivitäten: es muss neben der Aufmerksamkeit für das Inserat ein Interesse und ein Wunsch nach Bewerbung bei den Rezipienten geweckt werden. Um unnötigen Aufwand für die Auswahl von Bewerbern zu vermeiden, sollte bei allem Bemühen um sekundäre Effekte

der Imagepflege allerdings das erforderliche Profil der ausgeschriebenen Stelle so präzise als möglich dargestellt sein.
Indirekte Maßnahmen der Akquise sind:

- Personalberatung (Einsatz professioneller Dienstleister, die eine Stelle für die Sozialorganisation ausschreiben, ein Assessment durchführen und eine (Vor-) Auswahl treffen. Eine Personalsuche mit Vorauswahl wird mittlerweile für den Sozialbereich von einigen Agenturen für höherrangige Positionen wie Abteilungsleitungen, Geschäftsführung und Vorstandschaften angeboten.)
- Führungskräftevermittlung/Arbeitsagenturen (Vermittlungsagenturen und Arbeitsagenturen beschränken sich auf die Vermittlung, Assessment und Auswahl bleiben der Sozialorganisation überlassen).
- Zeitarbeit (Die befristete Überlassung von Arbeitnehmern durch Personalleasingagenturen ist im erwerbswirtschaftlichen Sektor inzwischen weit verbreitet, im sozialen Sektor sind bislang nur Einzelfälle bekannt geworden, in welchen temporäre Kapazitätsengpässe ausgeglichen werden mussten und die Möglichkeit für eine Festanstellung beim Träger nicht gegeben war).

Zwar ist im Gegensatz zu den sozialwirtschaftlichen Absatzmärkten die soziale Organisation nicht der Anbieter von Leistungen, sondern die Nachfragerin nach dem Faktor Arbeit, bei der gezielten Marktbearbeitung können jedoch ähnliche Strategien wie in vorstehenden Kapiteln realisiert werden. Im Sinne einer Marktsegmentierung können in Phasen einer hohen Nachfrage nach Personal auf dem Arbeitsmarkt gezielt Bevölkerungsgruppen angesprochen werden, die bislang noch nicht zum Marktpotenzial gezählt worden sind. Für öffentliche Träger wurde dies bereits als Schwerpunktthema für demographisch absehbare Schwierigkeiten bei der Personalrekrutierung auf einer Fachkonferenz für Personalmanagement im öffentlichen Dienst im Jahre 2007 formuliert: »Wie schöpfen wir Mobilisierungsreserven aus bei bisher nicht berufstätigen Frauen, früheren Mitarbeiterinnen und Mitarbeitern sowie bei Partnerinnen und Partnern unserer Beschäftigten? Wie schaffen wir Anreize für externe Bewerberpotenziale wie Bevölkerungsgruppen, die bisher im öffentlichen Dienst unterrepräsentiert sind?« (Programm des Praxisforums Personal im öffentlichen Dienst zur Tagung am 23. und 24. April 2007 in Berlin).

4.5   Das Marketing von Ehrenamtlichen/Freiwilligen

Ein letzter wichtiger Unterabschnitt des Personalmarketings im sozialen Sektor soll dem mitunter schwierigen Feld der Gewinnung und Pflege ehrenamtlicher bzw. freiwilliger Mitarbeit gewidmet sein. Jeder Träger und jede Einrichtung befindet sich als Nachfrager von freiwilliger und unbezahlter Mitarbeit ebenfalls in einer Markt- und damit Marketingsituation. Erfolg in der Akquise von ehrenamtlichen/freiwilligen Personal bedeutet hier für die betroffenen Institutionen, innerhalb einer gewissen Bandbreite den Marktgesetzen von Angebot und Nachfrage zu unterliegen sowie in einer Konkurrenzsituation attraktiv zu sein für engagierte und interessierte Menschen.

Die Gewinnung von Ehrenamtlichen zählt nicht für alle, aber für viele Sozialorganisationen zu einem bedeutenden Anliegen. Eine die hauptamtliche Funktionen ergänzende oder u.u. sogar substituierende Tätigkeit ist seit einigen Jahren wieder stärker in den Fokus des Sozialmanagements gerückt, da bei stagnierenden oder gar rückläufigen finanziellen Ausstattungen bestimmte Leistungsniveaus lediglich durch ein Engagement freiwilliger unbezahlter Mitarbeit aufrecht erhalten werden können. Ehrenamt darf jedoch nicht (nur) als Lückenbüßer missverstanden werden, das private Engagement ist vielmehr in einigen Feldern des Sozialen in qualitativer Hinsicht eine wertvolle Bereicherung, ja zum Teil konstituierend für das Surplus freier Wohlfahrtspflege gegenüber staatlichen und profitorientierten Anbietern.

Als Dreh- und Angelpunkt eines erfolgreichen Marketings von Ehrenamt und Freiwilligenarbeit ist zu sehen, dass es der sozialen Organisation gelingt, den Erwartungen und Anforderungen der an einer solchen Tätigkeit interessierten Menschen so gut als möglich zu entsprechen. In Studien zu Bedarfs- und Motivlagen von Ehrenamtlichen und Interessierten konnten jenseits von Geschlecht, Alter und sozialem Status einige Gemeinsamkeiten herausgearbeitet werden, die eine soziale Organisation bei ihrer Werbung sowie in der Betreuung von bereits tätigen Mitarbeitern berücksichtigen sollte (vgl. Peglow 2002; Gensicke/Picot/Geiss 2006):

- Das Gemeinwohl entwickeln, etwas erreichen auf der Basis von sozialen, politischen und/oder religiösen Grundsätzen
- Mit anderen Menschen zusammen kommen
- Abwechslung in das Leben bringen
- Vorbild sein
- Anerkennung bekommen
- Erfahrung weitergeben
- Selbstverwirklichung
- Kenntnisse vertiefen
- Aufgaben erfüllen, die Freude machen.

Spellerberg (2010) ermittelte in einer Sekundärdatenanalyse des sozioökonomischen Panels von 2008, dass einer von sieben Lebensstilen in Deutschland als »aktiv, ehrenamtlich engagiert« identifiziert werden kann. Der Anteil an der Bevölkerung beträgt 18%. Die Werteorientierungen betreffen insbesondere Ehe, Partnerschaft und »sich gesellschaftlich einsetzen«. Sozialstrukturell bedeutsam

ist, dass zu diesem Lebensstiltypus zu 40% Frauen gehören, 16% der Menschen
älter als 65 Jahre sind, diese Menschen im Durchschnitt 48 Jahre alt sind, 24%
Abitur haben, dass das Haushaltsnettoeinkommen 400 Euro über dem Mittel
liegt und 65% dieser Teilpopulation Hauseigentümer sind. Die PC- und Internetnutzung liegt unter dem Durchschnitt.

Es scheint sich abzuzeichnen, dass mehr und mehr Freiwillige ein Engagement lediglich zeitlich begrenzt wahrnehmen können bzw. wollen. Dem ist in
der Angebotspolitik der sozialen Organisation Rechnung zu tragen. Dass die
oben genannten Basisanforderungen in der Praxis nicht immer und überall erfüllt sind, zeigen die Ergebnisse einer repräsentativen Trenderhebung zu Ehrenamt, Freiwilligenarbeit und bürgerschaftlichem Engagement aus jüngerer Zeit.

Demnach ergeben sich folgende Verbesserungswünsche der Freiwilligen an
die Organisation (vgl. Gensicke/Picot/Geiss 2006, S. 36):

Tab. 33: Verbesserungswünsche von Freiwilligen an die soziale Organisation

Wünsche	In Prozent
Bessere Bereitstellung von Räumen, Sachmittel etc.	43
Bessere Weiterbildungsmöglichkeiten	35
Bessere fachliche Unterstützung	34
Unbürokratische Kostenerstattung	33
Bessere Anerkennung der Freiwilligen durch Hauptamtliche	28

In diesem Kontext ist auch ein Hinweis der Autoren des Freiwilligensurveys
(a.a.O., S. 27) ernst zu nehmen, die konstatieren, dass öffentliche und kirchliche
Einrichtungen einen »erhöhten Bedarf« haben, »der Teilhabe und Mitsprache
von Freiwilligen mehr Raum zu geben«. Peglow (2002) betont, dass Träger der
sozialen Arbeit für geeignete Rahmenbedingungen sorgen müssen: »Das Ehrenamt muss fester Bestandteil des Grundkonzepts werden und es müssen genaue Aufgaben- und Rollenzuweisungen vorliegen, damit es nicht zu Konkurrenzsituationen zwischen den hauptamtlichen und den ehrenamtlichen Helfern
kommt. Für die Zusammenarbeit mit Ehrenamtlichen müssen ebenso von den
Institutionen personelle, finanzielle und infrastrukturelle Ressourcen zur Verfügung gestellt werden«.

Auch hier ist ersichtlich: Marketing ist weit mehr als Werbung und PR, es
zählt eigentlich die Leistung. Erst auf dieser Grundlage können Ehrenamtliche/
Freiwillige nicht nur geworben, sondern auch gehalten und damit der »alterna-
tivlose Nutzen« (Beher/Liebig/Rauschenbach 2000, S. 17) dieser gesellschaftlichen Institution zur Entfaltung gebracht werden.

H   Marketing im sozialen Bereich – Zugänge und Anforderungen an eine spezielle Marketinglehre

Es dürfte an sehr vielen verschiedenen Stellen der bisherigen Ausführungen deutlich geworden sein, dass ein Transfer von Denkhaltungen, aber auch von Methoden und Instrumenten des erwerbswirtschaftlichen Marketings auf die Belange sozialer Organisationen möglich ist. Maßgebliche Besonderheiten des Sozialen sind dabei allerdings explizit zu berücksichtigen.

Es scheint angesichts der Komplexitäten im Feld der sozialen Dienstleistungen angezeigt, vom Sozio-Marketing als einer speziellen Marketinglehre zu sprechen. Zum Abschluss dieser Publikation sollen für die weitere Ausformulierung einer solchen Lehr- und Forschungsrichtung wesentliche Eckpunkte wie folgt skizziert werden:

- situativer Zugang und systemische Perspektive des Sozio-Marketings,
- die notwendige Berücksichtigung von sozial- und wirtschaftswissenschaftlichen Grundlagen im Sozio-Marketing,
- die Stellung des Sozio-Marketings im Kontext der Managementfunktionen sozialer Organisation, sowie
- die Berücksichtigung sozialpolitischer Rahmenbedingungen und des Legitimationsdrucks in Theorie und Praxis des Sozio-Marketings.

1   Situativer Zugang und systemische Perspektive

Für eine Lehre vom Sozio-Marketing sind Zugänge über situative Kontextbildung deshalb erforderlich, weil nicht nur die externen Umfeldbedingungen, sondern auch die jeweiligen Ressourcen der Sozialunternehmung in ihrer Vielfalt und Individualität für Strategiebildung und Erfolg relevant sind:

- Bei der Gestaltung von Strukturen, Instrumenten, Prozessen usw. ist der interne und externe Kontext (Situation, Umwelt usw.) des Sozialunternehmens zu berücksichtigen.
- Je nach Ausprägung des Kontextes sind unterschiedliche Verhaltensweisen beziehungsweise Gestaltungsformen sinnvoll beziehungsweise empfehlenswert.
- Universelle Prinzipien sind aufgrund ihres die Realität verkürzenden Charakters weder möglich noch nützlich, es gibt keinen »one best way«.
- Verhaltensempfehlung gelten daher lediglich in spezifischen situativen Kontexten (vgl. Wolf 2008).

Ein zweiter Hinweis bezieht sich auf die systemische Perspektive des Sozio-Marketings mit besonderem Bezug auf die Komplexität der System-Umwelt-Relationen sozialer Organisationen. Wenn die Eigenlogik von Organisationen als sozio-technische Systeme auf die Aufrechterhaltung einer System-Umwelt-Differenz gerichtet ist, hat dies zur Folge, dass die Beziehungen zur Umwelt (beziehungsweise den wichtigen Umweltsegmenten) spezifiziert werden müssen. Die Systemrationalität hat dabei davon auszugehen, dass die Organisation für das eigene Überleben unverzichtbare Umwelten hat. Auf diese Umwelten gilt es, sich einzustellen, man spricht in diesem Zusammenhang von »viablen« Handlungsstrategien, um zu verdeutlichen, dass es Strategien des Handelns sind, die der Organisation ein Überleben ermöglichen (vgl. bspw. Willke 2005, S. 170).

Da Organisationen als sozio-technische Systeme also nicht völlig autonom abgekoppelt von ihren verschiedenen Umwelten beziehungsweise diesbezüglichen Anforderungen operieren können, sind sie »ständig irgendwelchen Irritationen (Störungen, Anregungen) ausgesetzt, auf die sie intern reagieren müssen« (Simon 2007, S. 34). Eine gewisse Funktionalität für die zentralen Umwelten muss vorhanden sein bzw. erhalten bleiben, wenn ein langfristiges Überleben gesichert sein soll. Insoweit ist es aus dieser Sicht eine sehr wichtige Frage, welche Beiträge soziale Organisationen für die jeweils zentralen Umwelten beziehungsweise die wesentlichen Umweltsegmente leisten können. Effektivität kann aus dieser Perspektive heraus dann konstatiert werden, wenn es einer sozialen Organisation gelingt, einen wesentlichen (gegebenenfalls unverzichtbaren) Beitrag für das für den Erfolg bzw. das Weiterbestehen der Organisation relevante Umweltsegment zu erbringen.

Der systemische Zugang ist für eine Lehre vom Sozio-Marketing zu empfehlen, da die komplexen Situationen der Institutionen der sozialen Arbeit eine umfassende und mehrdimensionale Betrachtungsweise nahelegt. Die systemische Betrachtungsweise verweist allerdings auch auf den für das Marketing wichtigen Umstand, dass die komplexen Außenbeziehungen sozialer Organisationen eine adäquate Entsprechung im Binnenverhältnis der jeweiligen Institution benötigen. So ist bei der Ausgestaltung der organisationalen Strukturen auf eine Entsprechung von System und Umwelt zu achten. Dies schließt eine angemessene Reduktion von Komplexität bei der Umweltbeobachtung und die Gewährleistung von Anschlussfähigkeit bei Austauschbeziehungen zwischen dem betroffenen System und den für den Bestand wesentlichen Umweltsegmenten ein.

Vor dem Hintergrund der dargelegten Spezifika sind die Zugänge des Sozio-Marketings auf die verschiedenen Bedarfe der Institutionen in der Sozialen Arbeit ebenso zuzuschneiden wie auf die berechtigten gesellschaftlichen Ansprüche, die mit diesem Handlungsfeld verbunden sind. Es gilt auch im Sozio-Marketing das Gebot zu beachten, dass lediglich mit der Befriedigung der

Bedarfe der wesentlichen Interessensgruppen auch die wirtschaftlichen und sozialen Anliegen sozialer Organisationen realisiert werden können. Hierbei muss auf eine sozialverträgliche Balance geachtet, im Regelfall ist in der Praxis eine Win-Win-Situation für die beteiligten Einheiten anzustreben. Eine einseitige Betrachtung der institutionellen Anliegen der Leistungserbringer wäre ebenso dysfunktional wie eine unreflektierte Schwerpunktsetzung auf die von Sozialpolitik, Medien und Öffentlichkeit artikulierten Anforderungen an die soziale Arbeit. Ein weiteres Analyse- und Problemfeld sehen wir in diesem Zusammenhang in der Frage der strategisch angemessenen Balance zwischen der solidarischen und der kompetitiven Ausrichtung sozialer Organisationen.

2 Berücksichtigung von sozial- und wirtschaftswissenschaftlichen Grundlagen und Zielstellungen

Eine Vielzahl von Marketingthemen und Marketinganlässen legen im sozialen Bereich die explizite Einbeziehung verhaltenswissenschaftlicher Grundlagen nahe. Als Beispiel seien hier lediglich die Erfordernisse bei der konkreten Ausgestaltung von Maßnahmen im Spendenmarketing sowie die Etablierung von Marketingperspektiven in der Organisations- und Teamentwicklung genannt. Wenn die Postulate des modernen Marketings in der Struktur und in den Prozessen der sozialen Organisation umgesetzt werden sollen, sind entsprechende Anschlussfähigkeiten an das Selbstverständnis und das konkrete Handeln in den jeweiligen Institutionen unumgänglich. Soziologische und psychologische Grundlagen sind jedoch auch bei den strategischen Ausrichtungen sozialer Organisationen unverzichtbar heranzuziehen, denn wie gesehen knüpfen die Instrumente und Verfahren des Marketings auch an die Gegebenheiten des gesellschaftlichen Umfeldes von Leistungserbringern im Sozialwesen an.

Gerade die eminente Einbindung sozialer Institutionen in gesellschaftliche Veränderungen legt es nahe, die sozialwissenschaftliche Perspektive besonders zu berücksichtigen. Soziale Organisationen sind von sozialen Trends einerseits in einem besonderen Maße passiv betroffen, sie sind andererseits in ihrem Selbstverständnis ein aktiver Motor oder ein aktives Korrektiv sozialen Wandels. Dabei ist in finanzwirtschaftlicher Hinsicht jedoch das absatzbezogene Handeln von Organisationen auch in der sozialen Arbeit nicht unterzubewerten – entsprechende Gleichgewichte in der Praxis sind herzustellen. Es sei an dieser Stelle darauf hingewiesen, dass mit gelungenen Austauschbeziehungen auch der Nutzen der jeweiligen Organisation hinreichend befriedigt werden muss. Somit ist eine Integration der absatzökonomischen Perspektive auch im Sozio-Marketing unumgänglich.

Auch in der Sozialen Arbeit gilt die Maßgabe, dass das Überleben einer Organisation gesichert werden muss, um zu gewährleisten,

- dass künftig ihre Leistungen angeboten werden können,
- dass ihre (nicht selten leitbildlich geprägten bzw. wertorientierten) sozialpolitischen Ziele realisiert werden können
- und sie letztendlich auch als arbeitgebende Institution ihrer wirtschaftlichen Verantwortung wie persönlichen Fürsorgepflicht gegenüber den Mitarbeitenden gerecht werden kann.

Markt und Wettbewerb haben in vielen Leistungsfeldern der sozialen Arbeit in einem erheblichen Maße zugenommen. In diesem Zusammenhang ist auf die zumindest latente Funktion des Marketings zu verweisen, anstelle der herkömmlichen Sozialplanung Leistungsfelder adressatengerecht und mit Blick auf die Bedarfslagen der politischen und gesellschaftlichen Interessensgruppen so auszugestalten, dass öffentliche Investitionen in das Sozialwesen

- in optimaler Hinsicht soziale Problemlagen mindern,
- Lebensqualität in den Sozialräumen und kommunalen Kontexten erhöhen,
- sozialen und sozialpolitischen Fortschritt ermöglichen,
- gegebenenfalls aber auch den Wert von Standorten sichern und verbessern und damit zur gesamtwirtschaftlichen Entwicklung beitragen können.

Die zu berücksichtigenden wirtschaftswissenschaftlichen Grundlagen sind mannigfaltig und sollen an dieser Stelle nur kurz genannt werden. Zu verweisen ist auf eine notwendige Anschlussfähigkeit des Sozio-Marketings zu essenziellen betriebswirtschaftlichen Elementen wie Rechnungslegung, Beschaffungs- und Personalmanagement. Diese haben in Einrichtungen der sozialen Arbeit eine inzwischen fast gleichwertige Bedeutung wie in erwerbswirtschaftlichen Unternehmen und müssen ihrerseits einen Bezug zum Marketing der sozialen Organisationen erhalten, um von einem ganzheitlichen Sozialmanagement sprechen zu können. Zu nennen sind in diesem Kontext ebenfalls die im Management sozialer Organisationen neueren Felder der Qualitäts- und Organisationsentwicklung sowie der Steuerung bzw. des Controllings, deren Verhältnis zum Marketing in sozialen Organisationen noch detaillierter herausgearbeitet werden muss.

3 Das Sozio-Marketing im Kontext der Managementfunktionen

Das Marketing kann eine Orientierungsfunktion im gesamten Managementhandeln sozialer Organisationen einnehmen. Es soll in dieser Schilderung von Grundlagen einer weiter zu entwickelnden Lehre des Sozio-Marketings daher nicht versäumt werden, eine Verortung dieser Disziplin im Gefüge der anderen wichtigen Bereiche des Sozialmanagements vorzuschlagen. Bei dieser Positionierung ist insbesondere das »verbindende« Potenzial zu betonen, es ist aber auch auf die Chancen zu verweisen, die in den besonderen systemübergreifenden Perspektiven des Sozio-Marketings für das gesamte Management einer sozialen Organisation verborgen sind.

Aufgrund seiner Fähigkeiten zur grenzübergreifenden Betrachtung organisationaler Sachlagen kann das Marketing in einem modernen Konzept des Sozialmanagements ohne Weiteres eine zentrale Position innehaben. Es ist dabei der Umstand hervorzuheben, dass das Marketing das verbindende Element zwischen der Organisation und der Organisationsumwelt darstellt. Über die Perspektive des Marketings kann ein Anschluss hergestellt werden zwischen Umfeldbedingungen wie insbesondere die Situation des Marktes, des Wettbewerbs oder auch der Bedarfslagen von Adressaten und der politischen Willensbildung auf der einen, der Ausgestaltung und der Organisation der Leistung sowie der Personal- und Qualitätsentwicklung auf der anderen Seite. Das Potenzial des Abgleichs der Perspektiven von Organisation und Umwelt kann verdeutlicht werden an dem Umstand, dass die organisationale Perspektive typischerweise selbstreferentiell auf den Ist-Stand konzentriert ist beziehungsweise sein muss, während das Marketing den Blick perspektivisch »nach vorne« und damit auch auf künftige Bedarfe, künftige Marktlagen usw. richtet.

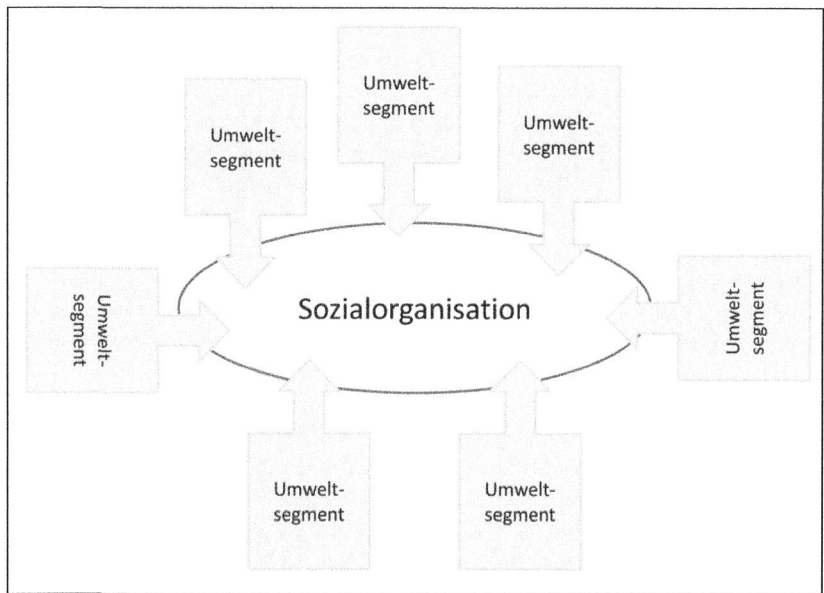

Abb. 82: System-/Umweltbezüge sozialer Organisationen

Die oben stehende Grafik zu den System-/Umweltbezügen sozialer Organisationen visualisiert den Umstand, dass keine Institution vollkommen unabhängig von Einflüssen aus dem Umfeld tätig sein kann, vielmehr auf erfolgreiche Austauschbeziehungen mit der Umwelt angewiesen ist. Gerade soziale Organisationen sind aufgrund ihrer Ausrichtung als Dienstleister, Interessensvertreter und sozialpolitische Akteure mit einer Vielfalt von Umweltbezügen und Umweltbeziehungen konfrontiert. Somit ergibt sich für jegliche Form von Organisation auch in der Wohlfahrtspflege, dass die Bezüge zu den wichtigen Umweltsegmenten einer dauerhaften und intensiven Beobachtung und Analyse unterzogen und gegebenenfalls Maßnahmen zur Optimierung in die Wege geleitet werden müssen. Nicht alles in der Umwelt einer Sozialorganisation kann jedoch beobachtet werden, die Ressourcen hierfür sind begrenzt. Es müssen folglich Zuschnitte im Monitoring der Außenwelt erfolgen. Das Marketing stellt mit seinen absatzwirtschaftlichen Bezügen eine sehr wichtige Perspektive zur angemessenen Reduktion von Komplexität bei der Beobachtung der Umfeldveränderungen bereit und schließt diese Perspektive mit den Ressourcen der Organisation (also deren Innenperspektive) kurz.

Während bei der Brückenfunktion des Marketings das systemübergreifende Denken im Vordergrund steht, kann bei der integrierenden Funktion die Fähigkeit des Marketings innerbetrieblich beziehungsweise innerorganisatorisch genutzt werden, anhand von spezifischen Themen die weiter oben genannten Disziplinen des Sozialmanagements zu verbinden. Eine neue Qualität der Verbindung zwischen den Managementbereichen kann sich dann ergeben, wenn es dem Sozio-Marketing als betriebliche Funktion gelingt, eine absatzwirtschaftliche Dimension in die Erörterungen von und zwischen Qualitätsmanagement, des Controlling, Personalwirtschaft, Organisation und Entwicklung etc. einzubringen. Diese verbindenden Themen bzw. inhaltlichen Klammern können dann durchaus einen wesentlichen und für die Organisation überlebenswichtigen Charakter (Kundenzufriedenheit, Bedarfsveränderungen etc.) haben.

Anhand einer Reihe von weiteren bestandsrelevanten Anliegen kann das Marketing den typischerweise eigenwilligen Blick einzelner Disziplinen des Sozialmanagements auf die für den (wirtschaftlichen, aber auch sozialen beziehungsweise sozialpolitischen) Erfolg der Organisation wichtigen Faktoren gleichzeitig erweitern und (rück-) zentrieren. Absatzwirtschaftlich sicherlich alles andere als irrelevante Verbindungen können beispielsweise hergestellt werden zwischen Corporate Identity bzw. Unternehmenskultur auf der einen, Qualität und Qualitätsentwicklung, Personalmanagement und Personalentwicklung sowie ggf. vielen weiteren Detailfunktionen der betrieblichen Planung und Steuerung auf der anderen Seite.

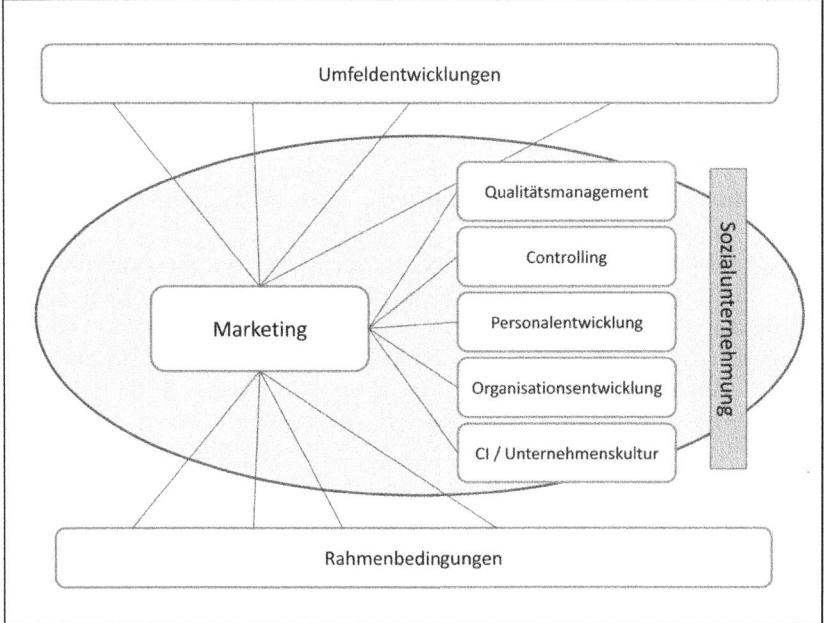

Abb. 83: Integrationsfunktion des Sozio-Marketings

Das Marketing wird darüber hinaus auch in sozialen Organisationen mit seinen Informationsfunktionen wertvolle integrierende Leistungen für die angrenzenden Managementdisziplinen anbieten können. So kann das Marketing, wenn als Denkweise in einer Sozialorganisation hinreichend tief etabliert, beispielsweise innerhalb der Organisation entsprechende Daten zur Akzeptanz von Leistungen und zur konkreten Zufriedenheit der Kostenträger verbinden können mit dem Qualitätsmanagement sowie Überlegungen zur Steuerung/zum Controlling.

4   Berücksichtigung sozialpolitischer Rahmenbedingungen im Sozio-Marketing – soziale Organisationen im Legitimationsdruck

Angesichts des zunehmenden ökonomischen Handlungsdrucks auf Seiten der öffentlichen Haushalte sieht sich die soziale Arbeit in nahezu all ihren Feldern herausgefordert, ihre Leistungen gegenüber Politik und Öffentlichkeit zu vertreten. Da die soziale Arbeit seit langer Zeit überwiegend durch staatliche Mittel (und damit Steuergelder) finanziert wird, ist sie in wachsendem Maße angehalten, diese Investitionen in ihr Tätigkeitsfeld als begründet und zukunftsfähig auszuweisen. Neben den technischen Aspekten der Bestimmung von Wirkung ist im Bereich der sozialen Arbeit noch ein erheblicher Nachholbedarf zu konstatieren, was die Kompetenzen der Kommunikation von Erfolg und Daseinsberechtigung gegenüber den politischen Entscheidern, aber auch gegenüber der allgemeinen Öffentlichkeit betrifft. Letztere sollte in ihrer Rolle als politikgestaltende Institution nicht unterschätzt werden, denn zum Einen sind die Bürger die eigentlichen Finanzgeber, zum Anderen entscheiden sie über ihre Wahl die politischen Strukturen und damit die Art und Weise der Realsierung sozialstaatlicher Programme.

Aus einer Marketingperspektive heraus betrachtet, sind die Organisationen der sozialen Arbeit im Zeichen des sparenden Staates auf allen Ebenen mit Herausforderungen durch Initiativen anderer Ressorts wie öffentliche Sicherheit, Ökologie, Wirtschaftsentwicklung, Straßenbau etc. konfrontiert. Institutionen der sozialen Arbeit sehen sich mithin nicht nur im Binnengefüge des Sozialwesens mit einer Konkurrenz um knappe öffentliche Gelder befasst, der gesamte Sektor der Wohlfahrtspflege muss sich als existenziell bedroht wahrnehmen. Die wachsende Kritik an Leistungsformen und Leistungswirkungen setzt den Sektor der sozialen Arbeit aufgrund der oben dargestellten Besonderheiten und Schwierigkeiten bei der Standardisierung und dem Ausweis von Erfolg erheblichen Problematiken aus. Eine leistungspolitische Herausforderung stellen zudem die teilweise gravierenden gesellschaftlichen Veränderungen (Individualisierung, Migration, multiethnische Kommunen, demographischer Wandel etc.), der technologische Wandel und die Globalisierung von Märkten dar. Und neue Konkurrenz erwächst schließlich aus der Internationalisierung von Sozialleistungen und dem Transfer von Arbeitskräften und Leistungen über staatliche Grenzen hinaus.

Die Sicherung des Bestands sozialpädagogischer, rehabilitativer, pflegerischer, erzieherischer und vieler anderer sozialer Dienstleistungen ist eine Aufgabe, die Marketingbestrebungen auf der Ebene jeder sozialen Institution erfordert, als Gesamtprojekt jedoch weit über das Vermögen einer einzelnen Organisation der Wohlfahrtspflege hinausgeht. Wettbewerbsfähigkeit im sektoralen Allokationskonflikt generiert sich über den Ausweis von Leistung und Nutzenstiftung ebenso wie über die konzertierte Kommunikation von Wirkung und Nutzen. Abgestimmte und abgestufte Programme der Öffentlichkeitsarbeit und der gezielten Einflussnahme auf politische Systeme sind letztendlich nur erfolgversprechend, wenn es gelingt, näher an objektiven Daten über den Social Return on Investment zu argumentieren. Lediglich über die Relevanz von fundierter Evaluation kann die Existenzberechtigung sozialer Dienstleistungen belegt und kommuniziert werden.

Literatur

Adler, H.: Diagnose und Zielerreichung: Der Zielerreichungsbogen. In: Schrappner (Hg.): Sozialpädagogische Diagnostik. Weinheim; Basel 2004, S. 85-93

Albach, H.: Relationship Marketing und Wissensmanagement. In: Rese, M./Söllner, A./Utzig, H.P. (Hg.): Relationship Marketing. Standortbestimmung und Perspektiven. Berlin; Heidelberg; New York et al. 2003, S. 141-162

Ansoff, L.: Corporate Strategy. New York 1965

Antjes, W. (Hg.): MarkenMacht Jugendarbeit. Marken als Brücke zwischen Jugendarbeit und Wirtschaft. Weinheim; München 2005

Bänsch, A.: Verkaufspsychologie und Verkaufstechnik. 8. Auflage, München 2006

Bauer, R.: Personenbezogene soziale Dienstleistungen: Begriff, Qualität und Zukunft. Wiesbaden 2001

Baum, H.: Erfolgreiche Öffentlichkeitsarbeit. Ereignisse, die »ankommen«. In: Deutscher Bundesjugendring (Hg.): Reden ist Silber, Schweigen ist Schrott. Handbuch zur Öffentlichkeitsarbeit. Münster 1996, S. 100-108

Baumgarth, C.: Markenpolitik: Markenwirkungen – Markenführung – Markencontrolling. 2. Auflage, Wiesbaden 2004

Bea, F.X./Haas, J.: Strategisches Management. 3. Auflage, Stuttgart 2004

Becker, J.: Grundlagen des ziel-strategischen und operativen Marketing-Managements. 9. Auflage, München 2009

Beher, K./Liebig, R./Rauschenbach, Th.: Strukturwandel des Ehrenamts: Gemeinwohlorientierung im Modernisierungsprozess. Weinheim; München 2000

Benkenstein, M.: Entscheidungsorientiertes Marketing: Eine Einführung. Wiesbaden 2001

Berndt, R.: Marketing 2: Marketing-Politik. Berlin; Heidelberg; New York et al. 1992

Berekoven, L./Eckert, W./Ellenrieder, P.: Marktforschung. Methodische Grundlagen und praktische Anwendung. 11. Auflage, Wiesbaden 2006

Bickhoff, N.: Quintessenz des strategischen Managements. Heidelberg 2008

Birkigt, K./Stadler, M.M./Funck, H.J.: Corporate Identity. Grundlagen, Funktionen, Fallbeispiele. 11. Auflage, München 2002

Birzele, H.-J./Thieme, L.: Sozialmarketing. Schwalbach/Ts. 2007

Buchner,M./Friedrich,F./Kunkel, D.: Zielkampagnen für NGO: strategische Kommunikation und Kampagnenmanagement. Münster 2005

Böcker, F./Helm, R.: Marketing. 7. Auflage, Stuttgart 2003

Boeßenecker, K.-H.: Spitzenverbände der freien Wohlfahrtspflege. Eine Einführung in Organisationsstrukturen und Handlungsfelder der deutschen Wohlfahrtsverbände. Weinheim und München 2005

Böllert, K.: Qualität und Wettbewerb sozialer Dienste. In: Beckmann, Chr./Otto, H.-U. et al. (Hg.): Qualität in der sozialen Arbeit: Zwischen Nutzerinteresse und Kostenkontrolle. Wiesbaden 2004, S. 121-132

Bofinger, P.: Grundzüge der Volkswirtschaftslehre. Eine Einführung in die Wissenschaft von Märkten. München 2003

Brauer, G.: Presse- und Öffentlichkeitsarbeit: Ein Handbuch. Konstanz 2005

Broda, St.: Marketing-Praxis: Ziele, Strategien, Instrumentarien. 2. Auflage, Wiesbaden 2005

Bruder, A./Pauli-Magnus, C./Sieler, V./Riehl-Emde, A.: Psychosoziale Beratung im Kontext von Pränataldiagnostik. Ein Modellprojekt und seine Folgen für die Kooperation von Ärzten und psychosozialen Fachkräften. In Theorie und Praxis der Sozialen Arbeit 5/2009, S. 347-352

Bruhn, M./Tilmes, J.: Social Marketing. Der Einsatz des Marketing für nichtkommerzielle Organisationen. 2. Auflage, Stuttgart; Berlin; Köln 1994

Bruhn, M.: Kommunikationspolitik. Systematischer Einsatz der Kommunikation für Unternehmen. 2. Auflage, München 2003

Bruhn, M.: Sponsoring. Systematische Planung und integrativer Einsatz. 4. Auflage, Wiesbaden 2003b

Bruhn, M.: Begriffsabgrenzungen und Erscheinungsformen von Marken. In: Bruhn, M. (Hg.): Handbuch Markenführung. Bd. 1. Wiesbaden 2004, S. 3-49

Bruhn, M.: Relationship Marketing. Das Management von Kundenbeziehungen. München 2001

Bruhn, M.: Marketing: Grundlagen für Studium und Praxis. 8. Auflage, Wiesbaden 2007.

Bruhn, M: Qualitätsmanagement für Dienstleistungen: Grundlagen, Konzepte, Methoden. 7. Auflage, Berlin; Heidelberg 2008

Bruhn, M.: Das kommunikationspolitische Instrumentarium. In: Bruhn, M./Esch, F.-R./Langner, T. (Hg.): Handbuch Kommunikation: Grundlagen- innovative Ansätzepraktische Umsetzungen. Wiesbaden 2009, S. 25-42

Buber, R./Holzmüller, H.H.: Qualitative Marktforschung. Konzepte, Methoden, Analysen. 2. Auflage, Wiesbaden 2009

Burens, P.-C.: Events. In: Fundraising Akademie (Hg.): Fundraising. Handbuch für Grundlagen, Strategien und Methoden. 3. Auflage, Wiesbaden 2006, S. 536-547

Busse von Colbe, W./Hammann, P./Laßmann, G.: Betriebswirtschaftstheorie: Band 2: Absatztheorie. 3. Auflage, Berlin; Heidelberg; New York et al. 1992

Callo, Chr.: Handlungstheorie in der Sozialen Arbeit. München 2005

Christa; H./Halfar, B.: Marketing für Non-Profit-Organisationen. In: H. G. Meyer (Hg.): Soziologie in Deutschland und die Transformation großer gesellschaftlicher Systeme. Protokollband des Leipziger Soziologentages 1991. Berlin 1992, S. 831-837

Christa, H./Kultscher, S.: Prozessanalyse in der sozialen Arbeit. In: Sozialmarkt aktuell 5/2001, S.4-5

Christa, H.: Sozio-Marketing für stationäre Einrichtungen der freigemeinnützigen Einrichtungen der stationären Altenhilfe. Münster 1997

Christa, H.: Sächsische Einrichtungen der Diakonie im Betriebsvergleich – Erfahrungen und Perspektiven des Benchmarking für Pflegeheime. In: Gohde, J. (Hg.) Diakonie Jahrbuch 2001: Diakonie und Qualität. Grundsätze, Methoden, Erfahrungen. Stuttgart 2001, S. 197-205.

Christa, H.: Servicequalität in der Arbeitsvermittlung – Ergebnisse der Kundenbefragung im Modellprojekt „JOBChancen" für langzeitarbeitslose Sozialhilfeempfänger. In: Nachrichtendienst des Deutschen Vereins für öffentliche und private Fürsorge 12/2004, S.

Christa, H.: Strukturelle Verantwortung in der Sozialen Arbeit. In: Christa, H./Clausnitzer, S. (Hg.): Verantwortung im Führen und Leiten in der Sozialen Arbeit. Leipzig 2006, S. 83-99

Christa, H.: Lotterie. In: Maelicke, B. (Hg.): Lexikon der Sozialwirtschaft. Baden-Baden 2008. S. 659-660.

Christa, H.: Doppelter Gewinn. Mitarbeiterbefragung im OV Dresden. In: KSA – Kinderschutz aktuell 3/08, S. 23 (2008b)

Clausnitzer, Th./Heide, G./Nasner, N.: Markenartikel-Management. Strategien und Instrumente für eine konsistente Marktbearbeitung. Stuttgart 2002

Corsten, H./Gössinger, R.: Dienstleistungsmanagement. 5. Auflage, Oldenburg 2007

Dreikurs, R./Gould, S./Corsini, R.: Familienrat. Kinder fordern uns heraus. Stuttgart 2003

Drumm, H.J.: Personalwirtschaft. 6. Auflage, Berlin; Heidelberg 2008

Duden Fremdwörterbuch. Mannheim; Wien; Zürich 1982

Eckstaller, C.: Gestaltungsfelder des Innovationsmanagements in Non-Profit-Organisationen. In: Witt, D./Eckstaller, C./Faller, P.: Non-Profit-Management im Aufwind? Festschrift für Karl Oeller zum 75. Geburtstag. Wiesbaden 2001, S. 67-86

Edles, L.P.: Fundraising. Hands-On, Tactics for Nonrprofit Groups. New York 2006

Esch, F.R.: Wirkung integrierter Kommunikation: Ein verhaltenswissenschaftlicher Ansatz für die Werbung. 4. Auflage, Wiesbaden 2006

Fantapié Altobelli, C./Sander, M.: Internet-branding.: Marketing und Markenführung im Internet. Stuttgart 2001

Förster, H.-P.: Corporate Wording. Das Strategiebuch. Frankfurt 2001

Freiling, J./Reckenfelderbäumer, M.: Markt und Unternehmung. Eine marktorientierte Einführung in die Betriebswirtschaftslehre. 3. Auflage, Wiesbaden 2010

Fritz, W.: Internet-Marketing und Electronic Commerce. Grundlagen – Rahmenbedingungen – Instrumente. 4. Auflage, Wiesbaden 2010

Fritz, W./von der Oelsnitz, P.: Marketing. Elemente marktorientierter Unternehmensführung. 4. Auflage, Stuttgart 2006

Fuchs,W./Unger, F.: Verkaufsförderung: Konzepte und Instrumente im Marketing-Mix. 2. Auflage, Wiesbaden 2003

Fuchs, N.: Messen im Marketing-Mix: Faktoren für einen erfolgreichen Messeauftritt. Saarbrücken 2006

Fürst, A.: Beschwerdemanagement. Gestaltung und Erfolgsauswirkungen. Wiesbaden 2005

Gaiser, B.: Brennpunkt Markenführung. Aufgabenbereich und aktuelle Problemfelder der Markenführung. In: Gaiser, B./Linxweiler, R./Brucker, V. (Hg.): Praxisorientierte Markenführung: Neue Strategien, innovative Instrumente und aktuelle Fallstudien. Wiesbaden 2005, S. 7-24

Gensicke, Th./Picot, S./Geiss , S.: Freiwilliges Engagement in Deutschland. 1999-2004. Wiesbaden 2006

Gerdes, St.: Das Internet als Distributionskanal. Auswirkungen von Breitband auf das Kaufverhalten. Lüneburg 2003

Görgen, F.: Kommunikationspsychologie in der Wirtschaftspraxis. München 2005

Gromberg, E.C.: Handbuch Sozial-Marketing. Strategie, Praxis, Trends. Berlin 2006

Haibach, M.: Handbuch Fundraising. Spenden, Sponsoring, Stiftungen in der Praxis. Frankfurt/M. 2006

Harms, F./Gänshirt, D.: Gesundheitsmarketing: Patienten-Empowerment als Kernkompetenz. Stuttgart 2005

Haubrock, A./Öhlschlegel-Haubrock, S.: Personalmanagement. 2. Auflage, Stuttgart 2009

Haunert, F.: Unternehmenskooperation: Firmenspenden, Corporate Volunteering, Sponsoring. In: Fundriaing Akademie (Hg.): Fundraising. Handbuch für Grundlagen, Strategien und Methoden. 3. Auflage, Wiesbaden 2006, S. 442-456

Hemmerling, A.: Der Kindergarten als Bildungsinstitution. Hintergründe und Perspektiven. Wiesbaden 2007

Herbst, D.: Corporate Identity. Aufbau einer einzigartigen Unternehmensidentität. Leitbild und Unternehmenskultur. 4. Auflage, Berlin 2009

Hermann, A./Huber, F.: Produktmanagement. Grundlagen-Methoden- Beispiele. 2. Auflage, Wiesbaden 2009

Henderson, B.D.: Construction of a Business Strategy. Boston 1971

Hentze, J./Kammel, A.: Personalwirtschaftslehre 1. Grundlagen. 7. Auflage, Bern; Stuttgart et al. 2001

Heuser, U.J.: Humanomics. Die Entdeckung des Menschen in der Wirtschaft. Frankfurt/M. 2008

Hilgenstock, R.: »Sie möchten also ins Radio…«. Möglichkeiten und Chancen des Hörfunks im Rahmen der Öffentlichkeitsarbeit. In: Deutscher Bundesjugendring (Hg.): Reden ist Silber, Schweigen ist Schrott. Handbuch zur Öffentlichkeitsarbeit. Münster 1996, S. 158-168

Hinterhuber, H./Handlbauer, G./Matzler, K.: Kundenzufriedenheit durch Kernkompetenzen. Eigene Potenziale erkennen, entwickeln, umsetzen. 2. Auflage, Wiesbaden 2003

Hohn, B.: Internet-Marketing und -Fundraising für Nonprofit-Organisationen. Wiesbaden 2004

Homburg, Chr.: Kundenzufriedenheit: Konzepte – Methoden – Erfahrungen. 7. Auflage, Wiesbaden 2008

Hosang, M. (Hg.): Event & Marketing. Konzepte – Beispiele – Trends. Frankfurt/M. 2002

Hüttner, M./Heuer, K.R.: Betriebswirtschaftslehre. 3. Auflage, München 2004

Hungenberg,H.: Strategisches Management in Unternehmen. Ziele, Prozesse, Verfahren. 3. Auflage, Wiesbaden 2004

Jacobs, P.: Auch die Basis ist gefordert. Personalgewinnung in der Pflege. In: Die Schwester-Der Pfleger 1/2010, S. 20-22

Jungblut-Wischmann, P.: Der Kunde „Patient". Ansätze zur Erreichung von Kundenzufriedenheit. In: von Eiff (Hg.): Krankenhaus Betriebsvergleich. Neuwied 2000, S. 288-316

Junker, P.: PR in einem innovativen diakonischen Unternehmen. In: Meyer-Hentschel Management Consulting (Hg.): Handbuch Senioren-Marketing. Erfolgsstrategien aus der Praxis. Frankfurt/M. 2000, S. 607-620

Kämmer, K.: Beschwerdemanagement, das Salz in der Suppe. In: Kämmer, K. (Hg.): Pflegemanagement in Altenpflegeeinrichtungen. 5. Auflage, Hannover 2008, S. 461-477

Kautt, Y.: Image: Zur Genealogie eines Kommunikationscodes der Massenmedien. Bielefeld 2008

Kern, B.: Das persönliche Gespräch (Face to Face). In: Fundraising Akademie (Hg.): Fundraising. Handbuch für Grundlagen, Strategien und Methoden. 3. Auflage, Wiesbaden 2006 S. 548-556

Kiessling, W./Babel, F.: Corporate Identity. Strategie nachhaltiger Unternehmensführung. 3. Auflage, München 2007

Knatz, B.: Online-Beratung und deren Qualifizierung als Aufgabe der sozialen Arbeit. In: Theorie und Praxis der Sozialen Arbeit 5/2009, S. 342-346

Knorr, F.: Sozialökonomie. Volkswirtschaftliche und betriebswirtschaftliche Grundlagen für die soziale Arbeit. Frankfurt/M. 2002

Koch, J.: Marktforschung: Begriffe und Methoden. 4. Auflage, München 2004

Köbler, G.: Etymologisches Rechtswörterbuch. Tübingen 1995

Köchling, E.: Finanzierung und Recht sozialer Einrichtungen: Grundlagen für die Praxis. Hannover 2004

Kolb, M.: Personalmanagement: Grundlagen- Anwendung- Umsetzung. Wiesbaden 2008

Kotler, Ph./Lew, S.: Broadening the Concept of Marketing. In: Journal of Marketing 1/1969, S.10-15

Kotler, Ph./Zaltman, G.: Social Marketing: An Approach to Planned Social Change. In: Journal of Marketing, July 1971, S. 3-12

Kotler, Ph.: Marketing für Nonprofit-Organisationen. Stuttgart 1978

Kotler, Ph./Bliemel, F.: Marketing-Management. 9. Auflage, Stuttgart 1999

Koziol, K./Pförtsch, W./Heil, St./Albrecht, K.: Social Marketing. Erfolgreiche Marketingkonzepte für Non-Profit-Organisationen. Stuttgart 2006

Krieb, Chr./Reidl, A.: Senioren Marketing. So erreichen Sie die Zielgruppe der Zukunft. Wien; Frankfurt/M. 1999

Kroeber-Riel, W./Weinberg, P.: Konsumentenverhalten, 9. Auflage, München 2008

Kubitschek, Ch.: Franchising: Effizienzvergleich mit alternativen Vertriebskonzepten. Wiesbaden 2000

Kuß, A.: Marketing-Einführung: Grundlagen, Überblick, Beispiele. 3. Auflage, Wiesbaden 2003

Kuß, A./Kleinalterkamp, M.: Marketing – Einführung. 5. Auflage, Wiesbaden 2009

Lang, R./Haunert, F.: Handbuch Sozial-Sponsoring: Grundlagen, Praxisbeispiele, Handlungsempfehlungen. Weinheim; München 1995

Lewis, H.G: Werbebriefe mit Power. 100 Tipps, Regeln und Erfolgsbeispiele. 4. Auflage, Landesberg/L. 2000

Limbeck, M.: Das neue Hardselling. 3. Auflage, Wiesbaden 2009

Linxweiler, R.: Markendesign: Marken entwickeln, Markenstrategien erfolgreich umsetzen. 2. Auflage, Wiesbaden 2004

Löwenhaupt, St.: Benchmarking. In: Maelicke, B. (Hg.): Lexikon der Sozialwirtschaft. Baden-Baden 2008, S. 95-96

Lüdkemeier, W.: Erziehungshilfe im konkurrierenden Wettbewerb. In: Forum Erziehungshilfen, 2/2004, S. 79-83

Macharzina,K.: Unternehmensführung. Das internationale Managementwissen. Wiesbaden 1999

Mann, A.: Dialogmarketing: Konzeption und empirische Befunde. Wiesbaden 2004

Meffert, H./Bruhn, M.: Dienstleistungsmarketing. Grundlagen-Konzepte-Methoden. 6. Auflage, Wiesbaden 2009

Meffert, H./Burmann, Chr./Kirchgeorg, M.: Marketing. Grundlagen marktorientierter Unternehmensführung. Konzepte-Instrumente-Praxisbeispiele. 10. Auflage, Wiesbaden 2008

Meffert, H.: Marketing. Grundlagen der Absatzpolitik. 7. Auflage, Wiesbaden 1993

Mende, M.: Strategische Planung im Beschwerdemanagement. Wiesbaden 2006

Merchel, M.: Qualitätsmanagement in der Sozialen Arbeit. Weinheim; Münster 2004

Meyer-Hentschel, H./Meyer-Hentschel, G.: Seniorenmarketing: Generationsgerechte Entwicklung und Vermarktung. 2. Auflage, Göttingen 2009

Nieschlag, R./Dichtl, E./Hörschgen, H.: Marketing. 17. Auflage, Berlin 1994

Olbrich, R./Battenfeld, D.: Preispolitik. Berlin; Heidelberg; New York 2007

Ossadnik, W.: Controlling. München; Wien 2003

Pechtl, H.: Preispolitik. Stuttgart 2005

Peglow, M.: Das neue Ehrenamt: Erwartungen und Konsequenzen für die soziale Arbeit. Marburg 2002

Pepels, W.: Segmentierungsdeterminanten im Käuferverhalten. In: Pepels, W. (Hg.): Marktsegmentierung. Erfolgsnischen finden und besetzen. 2. Auflage, Düsseldorf 2007, S. 75-108

Peter, G.: MÜNCHENSTIFT – die Antwort auf die Pflegeversicherung. In: Meyer-Hentschel Management Consulting (Hg.): Handbuch Senioren-Marketing. Erfolgsstrategien aus der Praxis. Frankfurt/M. 2000, S. 579-606

Petermann F./Petermann, U.: Training mit aggressiven Kindern. 11. Auflage, Weinheim und Basel 2005

Pfannendörfer, G.: Kommunikationsmanagement. Das ABC der Öffentlichkeitsarbeit für soziale Organisationen. Baden-Baden 1995

Pfitzinger, E.: Die Weiterentwicklung zur DIN EN ISO 9000. Berlin; Wien; Zürich et al. 2001

Pfitzinger, E.: Der Weg von DIN EN ISO 9000 FF zu Total Quality Management (TQM). Berlin; Wien; Zürich et al. 2002

Picot, A./Reichwald, R./Wigand, R.T.: Die grenzenlose Unternehmung. Information, Organisation und Management. 5. Auflage, Wiesbaden 2003

Porter, M.E.: Wettbewerbsstrategie (Competitive Strategy). Methoden zur Analyse von Branchen und Konkurrenten. Frankfurt 1995

Prange, Chr.: Organisationales Lernen und Wissensmanagement: Fallbeispiele aus der Unternehmenspraxis. Wiesbaden 2002

Preißler, R.: Controlling. Oldenburg 2000

Preißler, P.: Betriebswirtschaftliche Kennzahlen. München; Wien 2008

Priller, E./Sommerfeld, J.: Spenden in Deutschland. Berlin 2009

Puhl, R.: Klappern gehört zum Handwerk: Funktion und Perspektive von Öffentlichkeitsarbeit in der Sozialen Arbeit. Weinheim; München 2003

Puhl, R.: Öffentlichkeitsarbeit. In: Kreft, D. (Hg.): Wörterbuch soziale Arbeit: Aufgaben, Praxisfelder, Begriffe und Methoden. 6. Auflage, Weinheim; Basel 2008, S. 626-628

Quartapelle, A.Q.: Kundenzufriedenheit. Wie Kundentreue im Dienstleistungsbereich die Rentabilität steigert. Berlin; Heidelberg et al. 1996

Regenthal, G.: Identität & Image: Praxishilfen für den Umgang mit Corporate Identity. 2. Auflage, Köln 1996

Regenthal, G.: Ganzheitliche Corporate Identity: Form, Verhalten und Kommunikation erfolgreich steuern. Wiesbaden 2003

Reidl, A.: Seniorenmarketing: Mit älteren Zielgruppen neue Märkte erschließen. 2. Auflage, Landesberg am Lech 2007

Reinfelder, E.-Chr.: Social Marketing in der Sozialwirtschaft. Strategische und operative Marketingplanung für soziale Unternehmen. Saarbrücken 2007

Romppel, A.: Competitive Intelligence. Konkurrenzanalyse als Navigationssystem im Wettbewerb. Berlin 2006

Riebel, P.: Einzelkosten- und Deckungsbeitragsrechnung: Grundfragen einer markt- und entscheidungsorientierten Unternehmensführung. Wiesbaden 1994

Romain, R./Tiberius, V.A.: Kommunikation. In: Deutscher Manager-Verband e.V. (Hg.): Handbuch Soft Skills, Band 1.: Soziale Kompetenz. Zürich 2003, S. 11-71

Sander, M.: Marketing-Management: Märkte, Marktinformationen und Marktbearbeitung. Stuttgart 2004

Scharnbacher, K./Kiefer, G.: Kundenzufriedenheit. Analyse, Messbarkeit und Zertifizierung. München 2003

Scheuch, F.: Dienstleistungsmarketing. 8. Auflage, München 2002

Schellberg, K.: Kostenmanagement in Sozialunternehmen. München 2002

Schick, St.: Steuerratgeber für Soziale Organisationen. Regensburg 2009

Schiefer, G.: Motive des Blutspendens: Eine tiefenpsychologische Untersuchung. Wiesbaden 2006

Schiewe, K.: Sozial-Sponsoring. Ein Ratgeber. Freiburg/Br. 1994

Schindewolf, K.: Betriebswirtschaftslehre. Organisation und Betriebsführung in der Altenpflege. München; Jena 2002

Schmitt, A.: Mitleid, Mitgefühl und Hilfsbereitschaft. In: Mummert, U./Sell, F.L. (Hg.): Emotionen, Markt und Moral. Berlin 2005, S. 263-278

Schneider-Hufschmidt, M./Pernsteiner, P.: Der Weg zum seniorengerechten Telefon. In: Meyer-Hentschel Management Consulting (Hg.): Handbuch Senioren-Marketing. Erfolgsstrategie aus der Praxis. Frankfurt/M. 2000, S. 415-439

Schürmann, E.: Öffentlichkeitsarbeit für soziale Organisationen. Praxishandbuch für Strategien und Aktionen. Weinheim; München 2004

Schreiber, N.: Erwartungen und Einschätzungen von Eltern, Erzieherinnen und Erziehern. http://kita.bildung-rp.de/fileadmin/downloads/Folien_SchreiberMainz04.pdf (2005)

Schrödter, M./Ziegler, H.: Was wirkt in der Kinder-und Jugendhilfe? Internationaler Überblick und Entwurf eines Indikatorensystems von Verwirklichungschancen. Schriftenreihe des ISA zur Qualifizierung der Hilfen zur Erziehung. Wirkungsorientierte Jugendhilfe Bd. 2. Berlin 2008

Sen, A.: Strategisches Sozialmarketing. Am Beispiel der stationären Altenpflege. Berlin 2006.

Siegert, G./Brecheis, D.: Werbung in der Medien- und Informationsgesellschaft. Eine kommunikationswissenschaftliche Einführung. Wiesbaden 2005

Simon, F.B.: Einführung in die systemische Organisationstheorie. Heidelberg 2007

Spellerberg, A.: Soziale Lage prägender für Lebensstile als regionale Zugehörigkeit. Raumstrukturelle Analysen zu Mustern der Lebensführung in Deutschland. In: Informationsdienst Soziale Indikatoren, Ausgabe 43, Januar 2010, S. 9-12

Steffenhagen,H.: Marketing. 6. Auflage, Stuttgart 2008

Stelling, J.N.: Kostenmanagement und Controlling. 2. Auflage, München 2005

Stender-Monhemius, K.: Marketing: Grundlagen mit Fallstudien. München; Wien 2003

Szyska, P: Publicrelations und Öffentlichkeitsarbeit. Einführung in die Grundlagen. In: Gemeinschaftswerk der Evangelischen Publizistik (Hg.): Öffentlichkeitsarbeit für Nonprofit Organisationen. Wiesbaden 2004, S. 31-61

Thommen, J.-P./Achtleitner, A.-K.: Allgemeine Betriebswirtschaftslehre. Umfassende Einführung aus managementorientierter Sicht. 6. Auflage, Wiesbaden 2009

Trachsel, M.: Nischenstrategien und ihre Bedeutung für den Unternehmenserfolg. Wiesbaden 2007

Trommsdorf, V.: Konsumentenverhalten. 3. Auflage, Stuttgart 1998

Urselmann, M.: Erfolgsfaktoren im Fundraising von Nonprofit-Organisationen. 2. Nachdruck, Wiesbaden 2006

Urselmann, M.: Fundraising. Professionelle Mittelbeschaffung für Nonprofit-Organisationen. 4. Auflage, Bern 2007

Vergnaud, M.: Beschwerdemanagement. Leistungssteigerung durch Kundenkritik. Quedlinburg 2002

Wächter, H./Wedder, G.: Qualitätsmanagement in Organisationen. DIN ISO 9000 und TQM auf dem Prüfstand. Wiesbaden 2001

Welge, M.K./Al-Lahm, A.: Strategisches Management. Grundlagen-Prozess-Implementierung. 5. Auflage, Wiesbaden 2008

Wenske, A.V.: Management und Wirkungen von Marke-Kunden-Beziehungen im Konsumgüterbereich. Wiesbaden 2008

Wiedenhofer, M.: Bewertung von Kernkompetenzen. Strategische Ressourcen als Realoption. Wiesbaden 2003

Willke, H.: Systemtheorie II: Interventionstheorie. 4. Auflage, Stuttgart 2005

Wöhe, G.: Einführung in die Allgemeine Betriebswirtschaftslehre. 23. Auflage, München 2008

Wolf, J.: Unternehmensführung. 5. Auflage, Wiesbaden 2005

Wolf, J.: Organisation, Management, Unternehmensführung. Theorien, Praxisbeispiele und Kritik. 5. Auflage, Wiesbaden 2008

Woll, A.: Volkswirtschaftslehre. 4. Auflage, München 1974

Wymer, W./Knowles,P./Gomes, R.: Nonprofit Marketing: Marketing Management for Charitable and nongovernmental Organisations. London 2005

Ziesche, A.: Patientenzufriedenheit im Krankenhaus: Maßnahmen zur Verbesserung. Wismar 2008

zu Knyphausen-Aufseß, D.: Strategisches Management. In: Schreyögg, G./v. Werder, A.: Handwörterbuch Unternehmensführung und Organisation. 4. Auflage, Stuttgart 2004, Sp. 1383-1390

Internetquellen

www.welt.de
http://www.welt.de/wissenschaft/article95983/Das_Jahr_2050_Endstation_Pflegeroboter
_Heim.html (11.01.2010)

www.netzpolitik.org
http://www.netzpolitik.org/2009/internet-nutzung-in-deutschland-2009/

http://de.statista.com
http://de.statista.com/statistik/daten/studie/13070/umfrage/entwicklung-der-internetnut
zung-in-deutschland-von-2001-bis-2009/

www.entenrennen-hamburg.de

http://www.dstgb.de
http://www.dstgb.de/homepage/artikel/schwerpunkte/oeffentlicher_dienst/herausforde
rung_demografie/modernes_personalmanagement_gegen_drohenden_personaleng
pass/modernes_personalmanagement_gegen_drohenden_personalengpasa.pdf

http://www.hessischer-pflegemonitor.de/

www.v3d.de
http://www.v3d.de/Variable-Verguetungsbe.26.0.html

www.bmbf.de
http://www.bmbf.de/press/2093.php

www.hsi-zabih.de
www.hsi-zabih.de/de/hsi-netzwerk.html

Abbildungsverzeichnis

Tabellenverzeichnis

Lehrbücher Soziale Arbeit

Printed by Printforce, the Netherlands